Tim Renner, Jahrgang 1964, war Musikjournalist und nahm 1986 bei der Plattenfirma Polydor, einem Tochterunternehmen des multinationalen PolyGram-Konzerns, einen Job an, um bei dem »bösen« Major-Label eine Undercover-Geschichte à la Wallraff zu schreiben. Bald entdeckte er, dass die Industrie ihm Möglichkeiten bot, Künstler aus der Nische in den Mainstream zu tragen. Nach einer Kontroverse mit dem internationalen Top-Management über die zukünftige Ausrichtung des Marktführers Universal Music legte Renner Anfang 2004 den Job als Deutschlandchef nieder.

KINDER, DER TOD IST GAR NICHT SO SCHLIMM!

TIM RENNER

KINDER, DER TOD IST GAR NICHT SO SCHLIMM!

ÜBER DIE ZUKUNFT DER MUSIK- UND MEDIENINDUSTRIE

CAMPUS VERLAG
FRANKFURT/NEW YORK

Bibliografische Information der Deutschen Bibliothek:
Die Deutsche Bibliothek verzeichnet diese Publikation in der
Deutschen Nationalbibliografie. Detaillierte bibliografische Daten sind
im Internet über http://dnb.ddb.de abrufbar.
ISBN 3-593-37636-9

Copyright © 2004 Campus Verlag GmbH, Frankfurt/Main
Umschlaggestaltung: Dirk Rudolph, Bochum
Satz: Fotosatz L. Huhn, Maintal-Bischofsheim
Druck und Bindung: FGB, Freiburg
Gedruckt auf säurefreiem und chlorfrei gebleichtem Papier.
Printed in Germany

Besuchen Sie uns im Internet: www.campus.de

INHALT

TEIL ZWEI:
DAS NEUE TESTAMENT

EINLEITUNG

Dies ist die Geschichte eines Scheiterns. Meines Scheiterns. Schließlich trat ich vor 18 Jahren nicht an, um in der Musikindustrie Karriere zu machen. Im Gegenteil, ich wollte sie entlarven. Mein Job als so genannter Junior A&R und Produktmanager des Musikkonzerns PolyGram (also als ein Scout, der Künstler findet, deren Produktionen organisiert, diese überwacht und die Veröffentlichung ihrer Platten dann mit Marketingmaßnahmen begleitet) war Tarnung. Als Undercover-Journalist wollte ich recherchieren und das Erlebte und Gefundene zum ersten deutschen Enthüllungsbuch über die Musikindustrie verarbeiten.

Dieses Vorhaben ist mir gründlich misslungen. Und auch das vorliegende Buch ist kein spätes Produkt meiner damaligen Ambitionen als Westentaschen-Wallraff. Denn um das Enthüllen geht es mir nicht wirklich. Ich könnte nur aufzeigen, dass die Industrie nicht – wie von mir damals angenommen – böse, sondern bestenfalls blöde ist. Aber wen interessiert das? Und sollte ein Buch auf Schadenfreude basieren? Interessanter ist diese Industrie vielmehr als Seismograph.

Das Beben der Digitalisierung konnte man in der Musikwirtschaft, wenn man nur wollte, schon vor weit mehr als einem Jahrzehnt wahrnehmen. Die Krise der Inhalte, die eintreten kann, wenn Kapital ungebremst und ungemanaged auf Kultur trifft, beutelt sie schon länger. Der Kampf um Identität, Abgrenzung und natürlich Macht zwischen Publikum, Künstlern und Managern, gehört bei ihr seit jeher zum Programm. Die Zukunft der Medienindustrie hat also einiges mit der Vergangenheit der Musikwirtschaft zu tun.

Bei meinem Vorstellungsgespräch im Juni 1986 waren meine Pupillen geweitet. Ich gab den beiden Polydor-Managern, die mir gegenübersaßen, gerade mal die Zeit, mir drei Fragen zu stellen. Dann redete ich über eine Stunde lang, nahezu ununterbrochen. Kurz vor dem Gespräch hatte mich eine Heuschnupfenattacke heimgesucht und Avil, das brandneue Mittel, welches mir mein Arzt verschrieben hatte, zeigte eigenwillige Nebenwirkungen. Mittlerweile ist es vom Markt genommen worden, aber damals führte es dazu, dass meine Freundin Petra mich zusammengesackt über dem Küchentisch fand. So konnte sie mich nicht gehen lassen. Ein Piccolo sollte den Kreislauf pushen. Sekt und Avil – das entpuppte sich jedoch als perfektes Substitut für Speed. Später haben wir das ab und an gezielt für Partys eingesetzt.

Mit wippenden Beinen saß ich da und starrte auf den Repertoire-Katalog der Polydor. Auf der Liste standen die Namen aller deutschen Künstler, welche die zur PolyGram-Gruppe gehörende Schallplattenfirma unter Vertrag hatte. Ein Kabinett des Grauens, meinte ich damals als 21-Jähriger, und sagte das auch meinen erstaunten Gesprächspartnern: Den einen Künstler hätte man schon vor Jahren entlassen müssen, den anderen von Anfang an mit Berufsverbot belegen sollen und den Dritten könne man vielleicht zum Heilpraktiker umschulen. Zu alt waren sie meiner Analyse nach alle, und ich machte deutlich, dass der Job der Polydor in diesem Bereich über Jahre hinweg lausig verrichtet worden war.

In fast jeder anderen Industrie hätte für den drogenverdächtigen, vorlauten Renner zu Recht der Bewerbungs-Countdown begonnen und ich hätte wenig später nach einem gepflegten Tritt in den Hintern auf der Straße gesessen. Doch der Polydor-Geschäftsführer und der Abteilungsleiter für nationales Repertoire horchten stattdessen auf. Sie wussten schon lange, dass diese Industrie in Plastik gegossene Revolution verkauft, und dieser junge Typ hatte gerade in ihrem Büro die rote Fahne gehisst. Mein Vertrag lag am nächsten Tag in der Post.

Die Geschichte der Popmusik war immer schon die Geschichte eines Aufstands. Man bekämpfte den Schrecken des Krieges mit Swing, die Bürgerlichkeit der fünfziger Jahre samt angrenzendem Rassismus mit der »Negermusik« Rock 'n' Roll, die elterliche Tätergeneration, deren bestenfalls harmlose Schlager das Vergessen befördern sollten, mit ernsthaften Singer-Songwritern, die Hippies und ihr ewiges Sinn- und Geborgenheitsstreben mit dem groben Punk und die 68er, an der kritischen Theorie geschult, mit minimalistischem, »kalten« Techno. Musik ist das erste eigene Ausdrucksmittel junger Menschen und wird dies immer bleiben. Handwerklich kann sie leichter zu produzieren sein als fast alle anderen Kunstformen. Am Anfang reichen drei Akkorde, das wissen wir spätestens seit dem Punk. Oder zwei Plattenspieler und ein bisschen Übung. Das Ergebnis stellt sich schnell ein: Auf der Bühne kann man sich bewundern, zu Hause wegen des Krachs von den Eltern anfeinden lassen.

Genau um diese beiden Dinge geht es zunächst in der Rock- und Popmusik: Sexualität und Abgrenzung. Später, mit zunehmendem Alter, kommt der Wunsch nach ewiger Jugend hinzu.

Kein Computer-Game kann das Gefühl ersetzen, das zwischen Bühne und Publikum entsteht. Am Rechner oder der Game-Console spielt man allein oder bestenfalls vernetzt. Das Konzert oder die Party, auf der ein DJ seine Performance hat, ist hingegen immer ein kollektives und verdammt körperliches Erlebnis. Junge Menschen, die noch nicht genau wissen, wie sie mit dem anderen Geschlecht umgehen sollen, wie man es ansprechen und von sich überzeugen kann, haben Musik und Bewegung als gemeinsame Brücke. Wohl dem, der in einer solchen Situation auf der Bühne oder hinter den Plattenspielern steht. Wenn nicht, sollte man zumindest den Gitarristen kennen oder die Songs und die Leistungen der jeweiligen Protagonisten beurteilen können, um später nicht allein im Dunkeln vor der Pausenhalle zu stehen. Ist dieses Schema einmal erlernt und verinnerlicht, funktioniert es auch noch Jahre nach der Pubertät und schafft gleichzeitig wieder und wieder neue Generationen junger Popfans.

Der Konsument von Popmusik ist bereits längst mehrheitlich über dreißig, doch die Erneuerung der Kunstform kommt nach wie vor von den Heranwachsenden. In der Musik finden sie Ausdrucksformen, die die Eltern und Lehrer nicht auf Anhieb verstehen, Musik hilft ihnen bei der Persönlichkeitsfindung. Nur wenn ich weiß, wo ich eigen bin, weiß ich, dass ich eigenständig bin. Doch von Generation zu Generation wird diese Abgrenzung schwieriger, zuletzt gelang das auf innovative Weise nur noch durch die völlige Auflösung von Songstrukturen – im Techno. Für die Kulturform Pop ist es dennoch ein Gottesgeschenk, so eng mit der Pubertät verwoben zu sein. So wird sie zuverlässig immer wieder hinterfragt. Das macht sie zur innovativsten Kunst. Und weil sie so nötig gebraucht wird, auch zu einer der Kommerziellsten.

Pop = Kunst + Kapital × Massenmedien. Mittel zum Zweck zu sein ist ein Schicksal, das der Kunst schon lange vertraut ist und das sie noch jedes Mal mit tiefer innerer Müdigkeit überlebt hat. Man singt, komponiert, dichtet und malt für die Christianisierung, die Glorifizierung reicher und mächtiger Mäzene und schließlich, nach der industriellen Revolution, für die Markteinführung von Seifen, technischem Gerät, Kurzgebratenem und vielem mehr. Ein Künstler will mit gutem Recht nicht arm sein. Auf diese Form der Romantik kann er dankend verzichten. Gefordert wird diese nur von einem Publikum, welches als Voyeur die Authentizität des Werks durch das echte Leid des Künstlers zu steigern hofft. Am liebsten würde es ihn sowieso erst nach seinem Tode entdecken und fördern. Das Feuilleton unterstützt es dabei entschlossen – häufig eifersüchtig auf lebende Künstler.

Den souveränen Künstler schert das nicht. Ihm ist wichtiger, dass er überhaupt in irgendeiner Weise Gehör findet, Fläche bekommt, um sich und sein Werk zu projizieren. Er drückt seine Befindlichkeit, die er im Alltag nicht vermitteln kann, durch Musik, Bild, geschriebenes Wort oder Darstellung aus. Er sehnt sich nach Ruhm und Anerkennung und das zugestandenermaßen umso mehr, je lauter sein Magen knurrt. Natürlich ist er bereit, sein Tun in den Dienst einer anderen Sache zu stellen, so lange zumindest, wie sie diesem Tun nicht widerspricht – zumindest nicht zu offensichtlich.

An Pop fasziniert mich, dass diese Kultur am souveränsten mit der Beziehung zum Kapital umgeht. Klar, die Geschichte der Kunst ist immer auch eine Geschichte von finanziellen Abhängigkeiten. Aber Pop heißt, darüber nicht zu jammern. Die Kunst der Popkultur besteht darin, das Kapital nicht verschämt zu verneinen, keine unbefleckte Empfängnis des Werks vorzugaukeln, sondern sich des Kapitals zu bedienen, mit ihm zu spielen, es sogar ab und an zu verhöhnen. Da Geld keine Seele hat, ist ihm das übrigens völlig egal. Ich brauchte selbst einige Zeit, das zu begreifen.

»You fucked up your life, why don't you smile?«, sangen Element of Crime, die erste Band, die ich als Mitarbeiter der großen Plattenfirma Polydor unter Vertrag genommen hatte – 1986 im Westwerk in Hamburg. Ich drückte meine damalige Freundin und heutige Mutter unserer Kinder fest an mich, denn statt eines Lächelns waren Tränen auf meinem Gesicht. Ich fühlte mich ertappt: als derjenige, der sein Leben damit verschwendete, einem Konzern zu dienen, der keinen Inhalt hat. Das wäre vielleicht das Einzige gewesen, was ich – auf Wallraffs Spuren – noch hätte entlarven können. Aber nun, da ich diese netten Kreuzberger Jungs genötigt hatte, bei meiner Firma zu unterschreiben, war ich natürlich Teil des Systems.

Doch das System ließ sich benutzen und beschwerte sich nicht einmal. Mit seinem Geld wurde die Legende John Cale, der John Lennon von Velvet Underground, überzeugt, die Band zu produzieren. Wir sparten ansonsten jeden Pfennig. Die Band wohnte zu viert in einem Zimmer in Swiss Cottage, einem Stadtteil Londons, der nur irreführenderweise nach Alpenromantik klingt. Wollte man heizen, musste man alle zehn Minuten Münzen nachwerfen, doch dafür hatten wir Fotos von Derek Ridgers, einem der gefragtesten Fotografen des damals angesagtesten Musikmagazins *NME* (*New Musical Express*).

Pop braucht Kapital, aber noch mehr braucht es Massenmedien, die natürlich wiederum nur aufgrund von Kapitaleinsatz existieren und gemäß Kapitallogik funktionieren. Die Medien bekamen wir für Element of Crime, zumindest was die Presse anging, – weil John Cale und Derek Ridgers nach großer, weiter Welt rochen und die Platte *Try To Be Mensch* dennoch so schön nach nebenan klang. Die Inszenierung für die Medien ist im Pop fester Bestandteil des Werks. Massenmedien sind sein Transportmittel direkt in den Alltag des Betrachters, Lesers, Hörers hinein. Am besten geschieht das ohne Vorwarnung. Als Song im Taxi, Text in der Tageszeitung oder Bild im TV, das dich kalt erwischt und bewegt. Nicht selten wird das Medium dabei selbst zum Pop. Pop funktioniert dann perfekt, wenn durch das Alltägliche der Alltag beeinflusst wird. Pop misst seinen Erfolg daran, in welcher Tiefe, welcher Breite dies gelingt. Das hat maßgeblich mit der Häufigkeit und Intensität zu tun, mit der das Werk den Konsumenten erreicht.

Das offensive und ehrliche Verhältnis zu Massenmedien und Kapital macht Pop aber auch so furchtbar verletzlich, wenn auf der anderen Seite die Verantwortung des Künstlers und der ihn umgebenden Managementstrukturen nicht mehr wahrgenommen wird. Management bedeutet im besten Sinne Moderation, bedeutet, im Interesse beider Seiten anzubremsen, wenn Inhalt durch Kapital und/oder Medium bedroht wird. Denn Inhaltsleere zerstört auf Dauer nicht nur unsere Gesellschaft, sondern auch das Geschäft. Wie soll man einen Konsumenten dazu bringen, für etwas Geld auszugeben, wenn es doch scheinbar um nichts mehr geht? Wenn die Wertschöpfung allein schon der Wert ist, darf sich niemand wundern, wenn die Charts nur noch eine Karaokebar sind. Gute Karaoke-Sänger sind sicher nette Nachbarn oder Arbeitskollegen, aber eben keine Popstars. Innovation gehört nicht zum Programm von Casting-Shows. Doch eine Kultur, die sich nicht erneuert, nivelliert sich irgendwann. Pop führt somit gerade eindrucksvoll vor, wie man sich selbst abschaffen kann, wenn auf Dauer die Inhalte fehlen.

Nach genau diesen Inhalten jedoch sucht der Konsument, um sich selbst zu definieren. Er steht nicht mehr auf der vierten Stufe der berühmten »Bedürfnispyramide«, die Verhaltensforscher Abraham Maslow vor mehr als 60 Jahren publizierte. Auf das Bedürfniss nach Nahrung, nach Fortpflanzung und nach Sicherheit folgt dort das nach Gruppenzugehörigkeit. Auf Stufe fünf winkt in sehr entwickelten Gesellschaften die Individualisierung. Man will nicht mehr nur Teil der wärmenden Masse sein, man wendet sich eher vom klassischen Mainstream ab und versucht, Eigenständigkeit zu demonstrieren. Das gelingt in den meisten Fällen nur bedingt. Es führt aber dazu, dass nicht mehr der »ideale« Schwiegersohn oder die tumbe, blonde Sexbombe den neuen Mainstream ausmachen, sondern durchaus eigenwillige Typen, die die Spitzen der jeweiligen Szenen darstellen. Der Konsument dokumentiert seine vermeintliche Eigenständigkeit, indem er sich musikalische Bouquets zusammenstellt: Norah Jones und U2, Shania Twain und Eminem – und natürlich Robbie Williams. Das bedeutet: Jazz und Alternative Rock, Country, Hip-Hop und natürlich Pop; Künstler aus unterschiedlichen Genres, die sich als Stilrichtungen eigentlich widersprechen. Zusammen bilden sie nun eine Plattensammlung, die vor Jahren noch schizoid erschienen wäre, die ich so aber schon oft vorgefunden habe. Alle genannten Interpreten haben ein eigenständiges Profil, kommen authentisch aus ihren jeweiligen Szenen und sie stehen, jeweils auf ihre Art, für Inhalte. Nebenbei bemerkt, sind sie die weltweit erfolgreichsten Pop-Künstler …

Die Musikwirtschaft ignorierte lange, dass sich der Konsument in seinem Drang nach Individualität längst selbst einen neuen Mainstream zusammengestellt hat. Gemeint ist damit jedoch nicht mehr die einheitliche Soße, die man klassisch unter Mainstream verstand. Die neue Mischung besteht vielmehr aus den Spitzen der jeweiligen Szenen. Statt aus diesen Szenen die neuen Ikonen aufzubauen, wurde das eigene Bild von Mainstream dagegengesetzt: *TV makes the superstar* und *Bravo*-Compilations. Ignoriert die Musikwirtschaft aber dieses Bedürfnis und bringt obendrein der nächste Digitalisierungsschub einen Formatwechsel (wie von der CD zum Internet) mit sich, der auf extreme Weise die Individualität des Konsumenten fördert, dann habe ich ein richtig handfestes Problem. Eines, das die Musikindustrie zu ersticken droht und das in ähnlicher Weise zumindest auf Film und Fernsehen zurollt. Die Musikwirtschaft hat hier die Rolle der Avantgarde, weil ein Popsong die Kunst der kleinen Datenmenge repräsentiert. Doch je mehr sich Datenkompression und Übertragungsgeschwindigkeiten entwickeln, desto eher holt dieses Problem auch andere Medien ein. Diese können aus der Geschichte der Musikindustrie lernen und sollten nicht denselben Fehler begehen und die Warnsignale überhören.

Auf der ersten internationalen Managementtagung der PolyGram, an der ich als frisch gebackener Geschäftsführer von Motor Music 1994 teilnehmen durfte, gönnte man sich Nicholas Negroponte als Gastredner, den Gründer und Leiter des legendären Media Laboratory des Massachusetts Institute of Technology (MIT). Der Visionär Negroponte, Mitgründer des Magazins *Wired*, erklärte, wie Datenkompression und Peer-to-Peer-Netzwerke funktionieren würden. Er prognostizierte, dass in zehn Jahren schon die Hälfte aller Musiktitel über das Netz kommen würde. Der Geschäftsführer von A&M Records schlief während des Vortrags ein, andere begannen zu plaudern und in der Pause stand Negroponte ganz alleine da. Als er gegangen war, entschuldigte sich der Chairman bei seinen Mitarbeitern. Das sei natürlich alles Quatsch, der Mensch sei haptisch veranlagt, ein

Download würde niemals als Besitz begriffen werden. Zur selben Zeit kauften sich bereits Tausende von Kids Computer-Games für über 100 Mark, schmissen deren Verpackungen weg und nannten einen Game-Icon auf dem Bildschirm ihr Eigen.

Sowohl Negroponte als auch der PolyGram-Chairman hatten Unrecht: Schon sieben Jahre später kamen mehr Titel aus dem Netz, als über die Ladentheke gingen. Das Dumme daran war, dass dies fast ausschließlich über illegale Quellen geschah. Der Konsument hatte eine perfekte Entschuldigung: Die Industrie ließ ihn allein, zu häufig hatte er erleben müssen, dass ihre Inhalte nicht mehr als Blendwerk waren, ein legales Angebot gab es nicht, also konnte er zum Dieb mit gutem Gewissen werden. Als Möchtegern-Robin-Hood streift er durchs Netz, nimmt von den vermeintlich Dummen und Reichen und gibt – sich selbst.

Und nun stelle man sich vor, wie der gleiche Konsument in naher Zukunft mit Film im Netz, mit Internet- und Handy-Radio, mit TV, über digitale Videorekorder mitgeschnitten, von Werbung befreit und zeitversetzt konsumiert, und selbst mit Büchern bei einer anderen Art von Bildschirmen umgehen wird. Die Konsumenten-Demokratie wird zur Konsumenten-Anarchie, zu einem kurzfristigen, selbstzerstörerischen Bad im kulturellen Überfluss, wenn die Anbieter nicht in Führung gehen, indem sie glaubwürdige Inhalte und legale Strukturen schaffen. Das und vieles mehr kann man von der Geschichte der Musikindustrie lernen. Und wenn man es weiß und sich darauf einstellt, ist der Tod der alten Strukturen und Geschäftsmodelle plötzlich gar nicht mehr so schlimm.

TEIL EINS:
DAS ALTE TESTAMENT

DAS PARADIES

DAS PARADIES – GERETTET VON HERBERT VON KARAJAN UND JAN TIMMER

Mein erster Tag am 1. August 1986 bei Polydor als Junior Artist & Repertoire Manager begann damit, dass mir mein zukünftiger Chef mitteilte, heute sei sein letzter. Was für eine sprunghafte Branche, dachte ich, als ich ihm viel Glück auf seinen Wegen wünschte. Ich ging nicht zu Unrecht davon aus, nun ein bisschen unbeobachteter recherchieren zu können. Noch immer wollte ich die schmutzigen Geheimnisse des Musikbusiness aufdecken, indem ich als verdeckter Ermittler arbeitete. Wäre ich aufmerksam genug gewesen, hätte mir auffallen müssen, dass mir schon kurz darauf der Stoff für eine viel gewaltigere Story in den Schoß fiel: Die Geschichte vom Anfang des Endes der Musikindustrie, wie wir sie kannten. Und ich war live dabei.

Ein dicker Mann mit Halbglatze, der mich stark an den damaligen südafrikanischen Staatspräsidenten Piet Botha erinnerte, stand im Ostseebad Timmendorf auf der Bühne des Golf & Sporthotels. Mir und den meisten anderen Anwesenden ging es schlecht. Der Tag war noch jung und der Abend zuvor ein unglaubliches Kräftemessen mit Schnäpsen und Bier zwischen uns, den Produktmanagern, und dem Außendienst gewesen, welches Letzterer nach Punkten klar für sich entschieden hatte. Auf den nächsten Vertriebstagungen, das schwor ich mir, würde ich, was das Trinken angeht, besser vorbereitet sein. Jetzt sah ich nur Kreise. Sie hatten alle ein Loch in der Mitte und wurden per Overhead-Folien an die Leinwand projiziert. Der große, korpulente Herr, der sich als Jan Timmer, Weltchef der PolyGram, vorgestellt hatte, gab den Dingern Namen. Das eine war eine Daten-CD, die auf Computer-Bildschirmen lustige Bilder zeigen konnte: die spätere CD-ROM. Das andere war eine bespielbare CD, die Daten aufnehmen konnte – die spätere CD-R. Nicht nur der Kater ließ den Vortrag reichlich abstrakt erscheinen. Bei der ganzen Polydor stand ein einziger Computer und den durfte nur bedienen, wer dafür eine spezielle Ausbildung nachweisen konnte. Mein Ferienjob als Datentypist bei der Albingia Versicherung hatte mich jedenfalls noch nicht qualifiziert. Bespielbar – das klang in der Tat nicht gut, wenn ich an unsere Rechte dachte. Aber die Kassette war genauso bespielbar und sie hatte die Branche schließlich auch nicht umgebracht. Ich erinnerte mich schmunzelnd an die hilflose »Hometaping is killing Music«-Kampagne der Industrie.

Keiner sprach mehr davon, seit die CD ansetzte, das schwächelnde Vinyl zu ersetzen. Die hatte Timmer gegen den anfänglichen Widerstand der restlichen Musikwirtschaft durchgeboxt. Konnte er es dabei nicht bewenden lassen? Wir hatten Kopfschmerzen und wollten heute alles, nur eins nicht: den nächsten Formatwechsel.

Denn endlich ging es der Branche wieder gut, der Schrecken von 1979, als der Markt erstmals deutlich einbrach, steckte ihr allerdings noch tief in den Knochen. Bei PolyGram hatte man ein Jahr zuvor auf spektakuläre Weise die Korken knallen lassen. *Saturday Night Fever* und andere Platten der ausklingenden Discowelle bescherten 1978 traumhafte Gewinne. Das musste gefeiert werden. Bei der Jahrestagung in Florida ließ man den ehemaligen US-Außenminister Henry Kissinger als Gastredner antreten, per Firmenjet eingeflogene Flamingos staksten durch einen künstlichen, für diesen Abend angelegten See und man gönnte sich Kaviar satt. Ein Jahr später fehlten die Hits, die die Absatzschwäche des Formats Vinyl hätten überdecken können, es drohte die Pleite.

Ich war leider nicht dabei, kenne dieses Fest aber aus der eindringlichen Schilderung des ernst dreinblickenden Personalchefs auf einem Mitarbeiterseminar in Noordweik. Damals, 1990, schüttelten wir nur die Köpfe bei der Betrachtung dieser »Case Study«. Diese Idioten – das dachten und sagten wir. Jedes Kind, das ein Marketing-Proseminar von innen gesehen hat, weiß doch, dass es so etwas wie einen Produktlebenszyklus gibt. Erst kommt die Einführungsphase, dann die

Wachstumsphase, die Reifephase, die Sättigungsphase und schlussendlich die Degenerationsphase. Dafür gibt es sogar mathematische Formeln, das ist vorhersehbar. Das Ende des Vinyls war also keine Überraschung, die Naivität unserer Vorgänger hingegen schon.

Jan Timmer und sein Vortrag kamen mir dabei nicht in den Sinn. Nichts anderes war damals schon seine Botschaft gewesen. Und diese galt eben genauso für die nächste Generation von Tonträgern, für die edle CD, die uns gerade ungeahnte Renditen deutlich über 20 Prozent bescherte. Er stellte uns noch keine Prototypen der CD-R vor, zeigte aber, was die logischen und technisch möglichen Schritte seien, an denen der CD-Patentinhaber, unsere holländische Mutterfirma Philips, selbstredend arbeiten würde. Der Tag würde kommen und somit der Anfang vom Ende der CD und des Geschäfts mit ihr, wie wir es kannten.

1990 übernahm Jan Timmer für sechs Jahre den obersten Chefposten des gesamten Philips-Konzerns. Und obwohl er bei dem schwer angeschlagenen holländischen Elektrogiganten ein hartes Sanierungsprogramm namens »Centurio« fuhr, dem mehr als 50 000 Kollegen aus der Hardware-Sparte zum Opfer fielen – das brachte Timmer den Beinamen »der Schlächter von Eindhoven« ein –, wurden die Interessen der Software immer gewahrt, solange er an der Spitze stand. Sein Interesse galt der Neuerfindung von Philips als Medienkonzern mit starker vertikaler Integration – ab einer bestimmten Größenordnung der Firma, der Territorien und der zu vermarktenden Themen ist es immer weniger sinnvoll, Profitmaximierung durch Kostenreduzierung zu suchen. Das geschieht vielmehr durch Absorption von Kosten im Konzern. Wenn eine Firma viele Phasen der Wertschöpfung kontrolliert, kehren viele Kosten als Einnahmen in anderen Bereichen zurück.

Das Zentrum von Timmers Strategie war das Musiksegment PolyGram; damit kannte er sich aus und er sah in Inhalten wie Musik die größten Entwicklungschancen. Sein Ziel: Content mit Hardware-Interessen zu verknüpfen und sich gegenseitig treiben zu lassen. Die Einführung der CD war ein perfektes Beispiel für diese Strategie.

Die Geschichte der CD begann 1969, als der holländische Physiker Klaas Compaan die Idee einer laserabgetasteten Platte hatte. Ein Jahr später arbeitete er zusammen mit seinem Kollegen Piet Kramer am Prototypen. Mitte der siebziger Jahre setzte sich dann das Kapital in Bewegung – Lou Ottens, damaliger Direktor von Philips, vertrat die Meinung, dass kompakte Abmessungen Grundbedingung für eine erfolgreiche Vermarktung seien. Er nannte das Projekt »Compact Disc« und wurde so zum Namensgeber. 1979 stellte Philips den Prototyp des CD-Players vor und ging mit Sony eine strategische Partnerschaft ein. Die Kooperation sollte sich als brillanter Doppelschlag herausstellen. Einerseits technologisch, denn Sonys Know-how bei der Digitalumwandlung ergänzte sich mit Philips CD-Entwicklung ideal. Andererseits besaß Sony bereits Anteile an CBS und konnte so dabei helfen, die ursprüngliche Ablehnung sämtlicher Plattenfirmen gegenüber dem neuen Format zumindest bei einem der großen Player zu durchbrechen. Philips hatte zu diesem Zeitpunkt bereits 60 Millionen US-Dollar in die Entwicklung der CD gesteckt und teilte das auf unmissverständliche Weise der Konzern-Tochter PolyGram mit – her mit dem Repertoire, hieß die Devise. Am 17. August 1982 präsentierte Philips dann gemeinsam mit PolyGram der Öffentlichkeit den ersten Player samt CD: Walzer von Frédéric Chopin, in einer Einspielung des Pianisten Claudio Arrau. Kurze Zeit später erschien das erste Popalbum: *The Visitors* von ABBA.

Die Entwicklung der CD und des dazugehörigen Players zeigt beispielhaft, wie entscheidend Bequemlichkeit und Emotionalität für den Konsumenten und damit für den Erfolg einer Markteinführung sind: Gerade weil sich in der einfachen äußeren Benutzbarkeit des CD-Systems die zugrunde liegende technische Komplexität nicht spiegelte, gelang die extrem schnelle Markteinführung mit gewaltigen Verkaufserfolgen. Im ersten Jahr produzierte PolyGram 376 000 CDs – dann explodierte die Nachfrage. 950 Millionen CD-Player und Milliarden bespielter CDs wurden bis heute verkauft.

Das Phänomen Digitalisierung erreichte durch die CD zum ersten Mal massiv den Massenmarkt; aber nicht als furchteinflößender Datenmoloch, sondern als hörbarer, spürbarer Qualitätssprung für den Nutzer. Die CD war unempfindlicher als Vinyl, die Titel ließen sich einfach anwählen – eigentlich konnte man kaum noch etwas falsch machen. Die CD war zwar eine technische Innovation, eine »kalte«

Entwicklung, eigentlich nur die Umwandlung von Musik in zahllose Nullen und Einsen, aber sie wurde »warm«, also emotional verkauft.

Ihr Inhalt – Musik – war dabei entscheidend. Und die Künstler: Herbert von Karajan gab auf zweifache Weise den Standard vor. Bereits im Frühjahr 1981 hatte der Dirigent der Berliner Philharmoniker als erster Künstler eine CD-Demonstration erhalten. Er liebte das neue Format. Und er erzählte bereitwillig jedem von seiner jungen Liebe. »Eine technologische Errungenschaft«, schwärmte von Karajan, »vergleichbar dem Übergang von der Gaslampe zu elektrischem Licht.«

Gleichzeitig gab es zwischen Philips und Sony Diskussionen über die Größe der CD. Ursprünglich war der Disc-Durchmesser von Philips auf 115 Millimeter festgelegt worden – das entsprach einer Spielzeit von 66 Minuten. Doch auf Betreiben von Sony wurde er auf 120 Millimeter und 78 Minuten Maximalspielzeit nach oben korrigiert. Der Grund: Sony-Präsident Norio Ahga, ein ehemaliger Opernsänger und Klassikfanatiker, verlangte, dass Beethovens *Neunte*, seine Lieblingssymphonie, in der Einspielung von Karajan auf der CD Platz finden müsse. Und diese Einspielung dauerte nun mal 72 Minuten. Die Auswirkungen waren dramatisch: Sony-Mitarbeiter hatten bisher ihre Demo-CDs bei Vorführungen locker aus der Brusttasche gezogen, um die praktischen Ausmaße der neuen Schallplatte zu verdeutlichen. Die vergrößerte CD passte nun aber nicht mehr in normale Brusttaschen. Also erhielten alle Sony-Mitarbeiter Hemden mit größeren Brusttaschen. Und dieses neue Maß wurde dann wiederum als Herrenhemden-Standard in Japan eingeführt.

Nur die Plattenfirmen weigerten sich, die CD als neues Speichermedium für Musik zu akzeptieren und als Chance zu begreifen. Und das, obwohl ihnen bereits das Wasser bis zum Hals stand, weil die Umsätze mit Vinyl wegbrachen. PolyGram-Chef Jan Timmer reagierte, übernahm die Führung und kündigte ein 500-Tage-Programm an, innerhalb dessen er für sämtliche Territorien CD-Fabriken bauen ließ und damit den Markt vor sich hertrieb.

Gleichzeitig entwickelte der damalige Chef von Philips, Cor van der Klugt, gemeinsam mit Sony-Präsident Akio Morita eine bauernschlaue Verhandlungstaktik: Auf einem US-Meeting mit den Chefs der großen Musikfirmen, denen 3 US-Cent Lizenz pro CD zu hoch erschienen und die einen Boykott planten, sollte das weitere Vorgehen besprochen werden. Als alle Manager zusammensaßen, erklärte van der Klugt: »PolyGram hat zwei Anwälte mitgebracht. Jeder, der einen CD-Boykott zum Thema macht, erhält umgehend eine gerichtliche Vorladung und wird verhaftet, sobald er diesen Raum verlässt. Denn es ist in den USA illegal, einen Boykott auszusprechen.« Die Musikchefs waren überrumpelt, der Schachzug gelang, es kam nie zu einem Boykott.

Kurz darauf sah Philips davon ab, den Plattenfirmen Lizenzen für die Nutzung des CD-Patentes zu berechnen. Stattdessen wurden von allen Presswerken (die meist den Muttergesellschaften gehörten und diese Gebühr als Bestandteil der Fertigungspreise einfach aufschlugen) 3 US-Cent pro Disc eingeholt. Gleichzeitig pendelte sich der Preis für eine CD fast 100 Prozent über dem einer LP ein. Nun begann die Skepsis der Musikmanager zu weichen.

Während die CD rasend schnell vom Spielzeug für Klassik-Snobs zum Spielzeug für Rock-Snobs, also zum Musikalltag von Millionen wurde, begann die Musikindustrie mit wachsender Begeisterung, ihre zuvor ängstlich geschützten Master in digitaler Form ans Volk zu verteilen.

DAS PARADIES – ERSCHAFFEN DURCH EMILE BERLINER UND FRED GAISBERG

Ich kam gerade rechtzeitig zum 100. Geburtstag der Schallplatte in den PolyGram-Konzern. 1987 wurden Emil Berliner und seine Erfindung gefeiert. Wir bekamen einen Ersttagsbrief mit den Jubiläumsbriefmarken der Deutschen Bundespost und eine Festschrift geschenkt. In der konnten wir nachlesen, dass Emil mit 14 die Schule abgebrochen hatte, um dann mit 19 Jahren vor dem preußischen Wehrdienst nach Amerika zu fliehen. Die Lektüre eines physikalischen und meteorologischen Lehrbuchs des Freiburger Professors Johannes Müller brachte Emile – um amerikanischer zu erscheinen, hatte er mittlerweile ein »e« an seinen Vornamen gehängt – dazu, sich mit elektronischen und akustischen Phänomenen zu beschäftigen. Die Begeisterung dürfte durch Nachbarstochter Cora gesteigert worden sein. Berliner, der seine Brötchen eigentlich als Buchhalter verdiente, musste für seine akustischen Experimente nach Feierabend auch Strippen durch die Zimmer ihrer Familie ziehen. Die geduldigen Adlers von nebenan ließen ihn gewähren und schließlich ihre Tochter heiraten. Ergebnis der hormongetriebenen Forschung war die Erfindung des Telefonmikrofons. Das Patent verkaufte er Alexander Graham Bell und ermöglichte diesem die Massenproduktion des Telefonapparats. Seinen Brüdern Joseph und Jacob baute er daheim in Hannover eine eigene Fabrik. Mit Telekommunikation verdienten die Berliners 20 000 Mark Startkapital, um im Jahr 1892 die Grammophon Gesellschaft zu gründen.

Thomas Alva Edison hatte derweil den Phonographen erfunden, um Stimmen aufzuzeichnen. Einige Hundert Exemplare tourten ab 1877 über die amerikanischen Jahrmärkte und versetzten das Volk in Staunen. Edison selbst hatte längst das Interesse verloren und wendete sich der Erfindung der Glühbirne zu. Emil Berliner hingegen setzte statt auf das Büro und die Tonaufzeichnung fürs Diktat lieber auf den Hausgebrauch. Sein 1887 zum Patent angemeldetes Grammophon verwendete anstelle von Walzen leicht austauschbare Platten und war deutlich billiger zu produzieren.

Das »Vaterunser«, gesprochen vom Straßenhändler John O'Terrel, hieß der erste Bestseller. Dieser Hit war geplant, die Technik hingegen noch nicht ganz ausgereift und Berliners Kalkül, dass das Vaterunser jedermann mitsprechen könne und deshalb die Aussetzer auf der Platte nicht so sehr stören würden, ging auf. Die Software diente lediglich als Mittel zum Verkauf der Ware Grammophon. Das Niveau der ersten Schallplatten war deshalb eher niedrig und das Image der Hardware litt darunter. Im Volksmund hieß das Grammophon plötzlich »des Spießers Wunderhorn«. Um das zu ändern, brauchte es den ersten künstlerischen Leiter, also den Urvater aller späteren Artist & Repertoire Manager, den die junge Grammophone-Gesellschaft sich leistete.

Er hieß Fred Gaisberg und kam als 21-Jähriger von der Columbia Phonograph. Die Firma war von einem ehemaligen Gerichts- und

Kongress-Stenographen gegründet worden. Das sagte viel darüber aus, worum es ihr bei der neuen Aufnahmetechnik eigentlich ging. Gaisberg versuchte sich als Pianist auf ersten, eher lustlos wirkenden Musikaufnahmen, stieß aber bei Columbia Phonograph auf wenig Interesse. So zog er es vor, fasziniert von den neuen Möglichkeiten des Grammophons, bei Emil Berliner erst einmal die Tontechnik zu erlernen. Der junge Musiker erlangte schnell dessen Vertrauen und wurde 1898 nach London geschickt, wo er die Grammophone Company Ltd. anmeldete und das erste Tonstudio aufbaute. Die räumliche Trennung hatte einen guten Grund. Berliner wusste, dass er auf dem europäischen Kontinent nicht auf Dauer ausschließlich mit amerikanischem Repertoire reüssieren konnte. Gaisberg hatte ihn sogar davon überzeugt, dass sie Aufnahmen von authentischen Künstlern aus allen Ländern bräuchten, in denen sie seine Erfindung auf den Markt bringen wollten. Musik, die von einer Scheibe wie der Schallplatte kam, war schon abstrakt genug – wenigstens die Interpreten und ihre Lieder sollten den ersten Konsumenten Vertrautes vermitteln. So zog Gaisberg von London aus quer über den europäischen Kontinent, durch Russland, Indien bis in den Fernen Osten. Er nahm Heurigenlieder in Wien, Fandangos in Madrid, Chansons in Paris, Tablas in Hyderabad, Pipamusik in Shanghai und Opernarien in Berlin und Leipzig auf.

Immer nach Talent und Repertoire suchend, kam er 1902 selbstverständlich auch in die legendäre Mailänder Scala. Dort war ein junger, bislang wenig bekannter Tenor namens Caruso in einer Inszenierung der Oper *Germania* zu sehen. Fred Gaisberg war hingerissen, eine solche Stimme war selbst ihm noch nicht untergekommen. Er bot dem jungen Mann nach seinem Auftritt hinter der Bühne enthusiastisch gleich mehrere Schallplattenaufnahmen an. Doch Enrico Caruso war ein selbstbewusster Künstler und schätzte, obwohl er erst am Anfang der Karriere stand, seinen Wert durchaus richtig ein. 100 englische Pfund für zehn kurze Arien forderte er. Eine unglaubliche Summe für die damalige Zeit und für ein Format, das sich noch in der Markteinführung befand. Gaisberg versuchte, sich im Mutterhaus rückzuversichern, bekam aber eine deutliche Abfuhr gekabelt. Wie viel Apparate man wohl mehr verkaufen würde, wenn dieser Caruso und nicht irgendein anderer italienischer Viehhirte oder Fischer in den Aufnahmetrichter singen würde ...

Fred Gaisberg war zu stolz und zu überzeugt, um sich auf diese Diskussion einzulassen. Kurz entschlossen bezahlte er Caruso aus eigener Tasche. In nur zwei Stunden sang dieser ihm alles ein. Besonders die Arie *E lucevan le stelle* aus Puccinis *Tosca* sorgte für Furore, und das nicht nur in Italien. Der Intendant der Metropolitan Opera in New York bekam eine Aufnahme in die Hand und engagierte Enrico Caruso vom Fleck weg. Die erste musikalische Weltkarriere begann und mit ihr setzte die Schallplatte zum Quantensprung an. Sie emanzipierte sich vom Abspielgerät, wurde plötzlich in den Zeitungen und den besseren Kreisen als Kulturträger entdeckt und geachtet. Zu verdanken hat sie das dem unbeirrbaren Glauben einer einzelnen Persönlichkeit, seinem Glauben an Regionalität und Qualität.

Joseph und Jacob Berliner, die für ihren Bruder die Platten in einem Kuhstall neben ihrer Telefonfabrik pressten, wussten gar nicht, wie ihnen geschah. Nach Caruso boomte der Markt. Ein neues Presswerk musste her, um den Bedarf an den aus England von Fred Gaisberg angelieferten Aufnahmen zu decken. 1907 wurden in Hannover bereits 36 000 Exemplare am Tag gepresst. Auch in Amerika zog mit etwas Verspätung der Markt an, aber dafür dann umso kräftiger. Die junge Schallplattenindustrie wurde in den frühen zwanziger Jahren der größte Player im amerikanischen Entertainment-Business. 1921 wurden bereits für 106 Millionen US-Dollar Tonträger umgesetzt. Der scheinbar so mächtige Film kam im Vergleich auf nur 93 Millionen.

Die Freude währte nicht lange. Ohne dass es die im Expansionstaumel befindliche Industrie gemerkt hätte, wurde in Amerika eine Technik entwickelt, die es dem Konsumenten ermöglichte, Musik zu konsumieren, ohne dafür zu bezahlen. Das Teufelsding hieß Radio. Es war, wie später das Internet, ursprünglich für militärische Zwecke entwickelt worden, und ab 1922 mit zwei großen Netzwerken, der Radio Corporation of America (RCA) und dem Columbia Broadcasting System (CBS) plötzlich in jedem Haushalt zu empfangen. CBS wurde von einem Künstlermanager und Konzertveranstalter, einem verkrachten, ehemaligen Violinisten namens Sarnoff Judson gegründet, weil er Angst hatte, dass durch Radiokonzerte das Livegeschäft leiden würde. Das tat es nicht, dafür aber umso mehr die Schallplatteninindustrie, die nicht so entschlossen wie Judson handelte. Durch die Weltwirtschaftskrise geriet sie weiter unter Druck und ging in den frühen dreißiger Jahren in die Knie: Nur noch 6 Millionen US-Dollar – 5,7 Prozent von der Herrlichkeit zwölf Jahre zuvor – betrug der Umsatz mit Tonträgern in den USA im Jahr 1933.

Die Radiokonzerne RCA und Erzrivale CBS schluckten ab 1934 fast vollständig den traurigen Rest. Einerseits geschah das als strategisches Investment, andererseits weil die Schallplattenfirmen gerade so günstig zu haben waren. Irgendwoher mussten schließlich auch die Aufnahmen von den Künstlern kommen, die man senden wollte.

Lange blieb das Radio-Oligopol nicht allein. Mitten in die Krise hinein, der Logik des antizyklischen Handelns folgend, wurde in England die Firma Decca gegründet. Für ihren amerikanischen Ableger warb man A&R Jack Kapp ab, der es leid war, als geduldeter Subventionsempfänger der CBS seine Arbeit zu verrichten. Er holte nicht nur Künstler wie Guy Lombardo, Louis Armstrong und Bing Crosby peu à peu von seinem früheren Label Brunswick zu Decca hinüber, sondern entwickelte mit seinem englischen Chef Sir Ted Lewis eine Idee, die das Ende der Krise bringen sollte. Zur großen Verblüffung von RCA und CBS bot der kleine, neue Konkurrent seine Platten für nur 35, statt der üblichen 75 Cent an. Die radikale Politik, den Preis um mehr als die Hälfte abzusenken, bescherte Decca einen so gigantischen Erfolg, dass die beiden Riesen nachziehen mussten. Der Konsument belohnte das Entertainment-Angebot, das er sich wieder leisten konnte. Kurz vor dem Krieg hatte sich der amerikanische Markt mit 44 Millionen US-Dollar Umsatz mehr als versiebenfacht. Bis 1947 wuchsen die Umsätze in den USA auf 224 Millionen US-Dollar. Der Markt diversifizierte – neben RCA, CBS und Decca entstanden Capitol (spezialisiert auf Country und Rhythm & Blues), MGM (als Ableger der Filmgesellschaft Metro-Goldwyn-Mayer) und Mercury (als Tochterfirma eines Kunststoffherstellers, der sein Presswerk auslasten wollte) sowie viele kleine spezialisierte Labels. Der Musikmarkt stand stabil neben Film, Radio und dem noch neuen Medium Fernsehen.

Während das Entertainment-Geschäft im Nachkriegseuropa zum Erliegen kam, entstand unter dem Dach der CBS die nächste technische Revolution: Schallplatten hatten damals alle einen Durchmesser von 30 Zentimetern, aber eine maximale Spielzeit von nur fünf Minuten pro Seite. Zudem war Schellack, das Material, aus dem sie bestanden, schwer und zerbrechlich. Besonders genervt zeigte sich davon ein gewisser Dr. Peter Goldmark. Der in die USA ausgewanderte Österreicher war ein glühender Klassikfan und sah nicht ein, weshalb er für eine vollständige Symphonie durchschnittlich 32-mal aufstehen sollte, um die Seite zu wechseln oder die nächste Platte aufzulegen. Er brauchte ein Material, das eine engere Rillenführung erlaubte und fand es 1948 im Kunststoff Vinylite. Als Chef der CBS-eigenen Labors entwickelte er einen Spezialmotor für geringere Abspielgeschwindigkeit, baute einen neuen Tonarm, optimierte die Nadel als Abnehmer und erfand gleich noch das Kondensatormikrophon, um die klangliche Qualität seiner neuen Vinylplatte auch ausreizen zu können. Quasi im Alleingang begründete Dr. Goldmark die High Fidelity.

45 Minuten Spieldauer pro Schallplatte und ein Frequenzumfang von 30 Hz bis 15 000 Hz boten dem Konsumenten ein völlig neues Klangerlebnis und bescherten der Schallplattenindustrie ihren zweiten Boom. Die Langspielplatte war geboren und mit ihr das für die Anbieter von Musikaufnahmen wunderbare Prinzip, dem Kunden zehn, zwölf Songs eines Interpreten verkaufen zu können, obwohl dieser vielleicht nur drei oder vier bestimmte Lieder haben wollte.

Die neue Technik machte das Geschäft mit der Musik auch für die Hardwarehersteller wieder attraktiv. Siemens hatte bereits während des Krieges die Deutsche Grammophon in Hannover erworben, Philips stieg 1950 mit der Phonogram ein, kaufte amerikanische Labels wie die Mercury hinzu und fusionierte dieses Bouquet zusammen mit der Siemens-Tochter Deutsche Grammophon und deren Pop-Label Polydor 1972 zur PolyGram, der größten Plattenfirma der Welt. Das war zuvor lange Zeit die Electric and Musical Industries Ltd., kurz EMI, gewesen, eine Vereinigung aus dem englischen, von Fred Gaisberg kontrollierten Arm der Grammophone und der Columbia Phonograph, seinem früheren Arbeitgeber. EMI verstand sich, wie ihr

Name schon sagte, ursprünglich als Mischunternehmen, verkaufte aber 1954 zur Konsolidierung die Grammophon- und Radioproduktion an den Konsumartikel- und Waffenfabrikanten Thorn, der 25 Jahre später auch die restliche EMI erwarb. Die Decca, das Wunderkind der Rezession, fand bei Telefunken unter dem verkoppelten Namen Teldec eine neue Heimat.

Bei CBS dachte man vertikaler. Neben Fernsehen, Radio und Schallplatten gab es auch einen Musikinstrumente-Sektor (die Firma fertigte zum Beispiel die legendären Fender Gitarren und Steinway Flügel), HiFi-Geräte und eine eigene Handelskette. Mitte der sechziger Jahre war es kaum möglich, in den USA mehr als ein paar Dollar für Musik auszugeben, ohne dass CBS davon profitiert hätte. Damals machten die Schallplatten noch 15 Prozent des Konzernumsatzes aus, 1972 war es dann schon die Hälfte. Dieser maßgebliche Anteil relativierte sich wieder, nachdem CBS für 2 Milliarden US-Dollar von Sony geschluckt worden war. Sony war zuvor im Videobereich mit dem Beta-System und im Audio-Segment mit der DAT-Kassette am fehlenden Einfluss auf die Inhalte gescheitert – trotz überlegener Technik, aber eben ohne Mehrheit an einem Content-Unternehmen. Diese frustrierenden Erfahrungen sollten durch den Kauf von CBS in Zukunft ausgeschlossen werden.

Vertikale Integration scheint für die Musikindustrie eigentlich immer nur zu bedeuten, dass sie sich integrieren lässt, sobald eine technische Innovation durchzusetzen ist. Auch in Zeiten gewaltiger Umsätze und Renditen, ob in den zwanziger, sechziger, siebziger oder neunziger Jahren, unternahm sie selbst nie einen ernsthaften Anlauf, den Spieß umzudrehen, die Geräte und Kanäle offensiv an sich zu binden und somit Entwicklungen selbst moderieren zu können. Es scheint, als würde sich die Innovationskraft der Musikfirmen in der Konzentration auf den Inhalt erschöpfen. Als gesellschaftlicher Treiber agieren die Künstler und ihre Inhalte. Als Firmen werden sie weiterhin getrieben – von technologischen Neuerungen.

Aber selbst dort, wo das integrierte Denken leichter fällt, weil es auch um Inhalte geht, sind es meist Dritte, die agieren. Die Warner nimmt als Filmgesellschaft über ihren Musikarm ab 1958 zunächst die Nebenrechte selbst wahr und wächst dann mit dem Kauf von Atlantic und Elektra zur weltumspannenden WEA. Bei Bertelsmann erweitert man das Buchclubangebot 1956 konsequent um die Schallplatte, da diese – Vinyl sei Dank – nun endlich ohne Schäden versandt werden kann. Erst gründet man 1958 die Ariola, dann wird zwecks Internationalisierung erst Arista (1979) und schließlich die große RCA (1985) gekauft.

DAS PARADIES – BESCHÜTZT VON AHMED UND NESUHI ERTEGUN

1986, als ich bei der Philips-Tochter PolyGram begann, war keine große Schallplattenfirma wirklich noch ihr eigener Herr. Aber dafür befand sie sich auch nicht direkt im Schussfeld von Anlegern oder Besitzern. Ihre Produkte stützten jeweils eine übergeordnete Firmenstrategie und leisteten insofern auch jenseits der direkt erwirtschafteten Rendite einen Beitrag.

Besorgniserregend war hingegen die zunehmende Konzentration. Mit nur fünf wirklich marktbestimmenden Anbietern (Teldec geht wenig später in der Warner Music auf) sind nach all den Fusionen und Aufkäufen über die Jahre ziemlich gewaltige, internationale Gebilde entstanden. Mit Tochterunternehmen in allen wichtigen Territorien, Tausenden Mitarbeitern, mit zig Unter-Labels und zahllosen Künstlerverträgen haben die Bertelsmann Music Group, EMI, Sony, PolyGram (später die Universal) und Warner Apparate geschaffen, die als Folge ihrer schieren Masse Kreativität eher zu erdrücken drohen als sie zu fördern. Nur starke Persönlichkeiten, die diesen Systemen Identität und Halt geben, können das abfedern und so strukturieren, dass weder Künstler noch Mitarbeiter Schaden nehmen. Zu ihnen zählen klassische Musikunternehmensführer wie Ahmed Ertegun, der Atlantic-Gründer, Clive Davis, der als CBS-Präsident, später als Arista-Chef zum Prototyp des Talent-Scouts und -Förderers wurde, und Siggi Loch, der Warner Deutschland aufgebaut hat.

Als Ahmed Ertegun 1947 vom New Yorker Ritz aus aufbrach, um die Welt der schwarzen Musik, der so genannten »race music« zu erkunden, war das ein ungeheuerliches Unterfangen. Seine Künstler hätten im Bus für ihn aufstehen und ihren Sitzplatz freigeben müssen, sonst wären sie festgenommen worden – so wie Rosa Parks acht Jahre später in Montgomery. Rassentrennung war seit dem Spruch »separate but equal« des Obersten Gerichtshofs von 1894 in den USA Gesetz, Martin Luther King zu diesem Zeitpunkt noch ein einfacher Priester und der friedliche Widerstand gegen die amerikanische Form der Apartheid begann gerade erst, als Idee in den Köpfen einiger weniger zu entstehen.

Der junge, verwöhnte Sohn des türkischen Botschafters ließ das beste Hotel der Stadt hinter sich und überschritt nördlich der 125sten Straße die Grenze zu einer für das weiße Amerika unbekannten Welt. Doch in Harlem gab es die aufregendsten Jazzclubs, hier feierte man den Rhythm & Blues (R&B). Hier hörte Ahmed Ertegun so viel heiße Musik wie nie zuvor. Er kam immer wieder und fasste den Entschluss, den Rest Amerikas nach Harlem mitzunehmen. Er wollte aufnehmen, was er hörte, es auf Platten pressen und der weißen Mittelschicht verkaufen. Harlem wäre dann plötzlich in jedermanns Wohnzimmer.

Ertegun war viersprachig aufgewachsen, hatte sich auf Privatschulen in der Schweiz, in Paris, London und Washington den letzten Schliff geholt, hatte Kierkegaard gelesen und die besten Weine getrunken – und er liebte den Jazz, seit ihn sein Bruder Nesuhi 1932 in ein Konzert von Duke Ellington und Cab Calloway ins London Palladium mitgeschleppt hatte. Gemeinsam waren sie stolze Besitzer einer üppigen Sammlung von 15 000 Schellack-78ern.

Wie er seinen Traum von einer Plattenfirma umsetzen sollte, davon hatte Ahmed Ertegun allerdings keinen Schimmer. Bis er in New York auf seinen alten Bekannten Herb Abramson stieß, der neben seiner Ausbildung zum Zahnarzt jede Menge Jazzkonzerte veranstaltete und in seiner Freizeit zudem Platten für National Records produzierte. Er führte Ertegun vom Konsumenten zum Produzenten, dafür infizierte ihn Ertegun mit der Idee eines eigenen Labels.

Atlantic Records hieß die Firma der beiden Freunde. Ihre Stärke war die innovative Produktionsarbeit, gekoppelt mit einer fairen Art, Künstler zu behandeln. Das bedeutete damals vor allem: Atlantic zahlte Lizenzen. Vertragsgemäß und pünktlich. Das war selbst bei großen Plattenfirmen wie Columbia oder RCA keineswegs üblich, und deshalb kamen die Künstler immer wieder zu Ertegun, unterschrieben langfristige Verträge und vertrauten ihm blind. »Sie lieben Ahmed«, erzählte der Produzent Phil Spector später im *Rolling Stone*: »Er sieht aus wie Lenin, trägt diesen Bart, ist smart und sensibel, hat die Sprache der Schwarzen gelernt, hängt in Harlem rum, raucht Shit und alle stehen auf ihn.« In einer Zeit, in der die meisten Amerikaner Schwarze bestenfalls als Bedienstete, aber nicht als ernst zu nehmende Künstler, geschweige denn als passendes soziales Umfeld für einen Diplomatensohn betrachteten, tauchte Ertegun in ihre Welt ein. Nicht als Voyeur, sondern als ein Teil davon. Gleichzeitig blieb er Geschäftsmann, er wurde zur Brücke zwischen den beiden Kulturen, lebte das Gegenteil von Rassentrennung und verdiente gutes Geld dabei. Seine Glaubwürdigkeit half ihm, Größen wie Ray Charles, Joe Turner oder Aretha Franklin zu einem neuen, moderneren und erfolgreicheren Stil zu verhelfen. Und Atlantic feierte schnell große Erfolge. Es gelang Ertegun, die fordernde, neuartige, schwarze Musik des Nachkriegsamerikas auch für Weiße interessant zu machen – nicht für die Upper Class, aber für Millionen Menschen in ganz Amerika, deren Erfahrungen, Gefühle und Träume der neue Sound besang. »Die meisten Leute im Musikbusiness wussten nicht, was der echte ›American taste‹ war«, erinnert sich Ahmed Ertegun. »Die großen Labels machten Musik für eine bourgeoise Gesellschaft. Sie verstanden nicht, dass der Hafenarbeiter in Seattle oder der Baumwollpflücker in Alabama unsere Musik hören wollte – egal ob er schwarz oder weiß war.«[1] Das Gespür für den Crossover machte Ertegun aus – die Übergänge zwischen den Szenen, zwischen R&B und Pop interessierten ihn. Er war getrieben von der Vision, seiner geliebten schwarzen Musik einen Markt zu verschaffen. Atlantic wurde so zum Synonym für einen musikalischen und gesellschaftlichen Aufbruch.

1967 verkauften Ahmed Ertegun, sein Bruder Nesuhi und Partner Jerry Wexler Atlantic an Warner Music – für 17,5 Millionen US-Dollar plus wohldotierte Jobs an der Spitze der neuen Firma WEA (Warner Elektra Atlantic). Nach zwanzig Jahren als Independent ein wenig ermüdet, suchten sie Sicherheit, und das Geld war eine zusätzliche Honorierung. Ertegun verkaufte seine Firma, nicht aber die Verantwortung für seine Künstler. Er schaffte es, Atlantic als eigenständiges Label unter dem Dach des Konzerns zu erhalten. Er machte den Warner-Managern klar, dass man am stärksten sei, wenn sich der Konzern als Verbindung von verschiedenen, autarken, internen Kulturen verstünde. Man hörte auf den erfahrenen Musikmanager Ertegun und erlebte so mit der WEA in den Folgejahren einen ungeahnten Boom. Ertegun gelang es, dem Unternehmen Warner immer wieder neue inhaltliche Impulse zu geben und mit seinem kleinen Label den Riesenkonzern vor sich her zu treiben. Selbst heute, als 81-Jähriger, ist Ertegun bei Atlantic noch als *Founding Chairman* aktiv und mischt sich immer wieder in die Tagespolitik der Konzernmutter Warner Music ein.

Als die Branche in den sechziger und siebziger Jahren durch den Boom von Rock und Soul in Amerika erwachsen wurde, brauchte es Menschen, die sie anführten, ihr Charakter gaben. Menschen wie Clive Davis, der einer bitterarmen jüdischen Familie aus Brooklyn entstammte und seiner glamourösen Vision von Pop bis heute hinterherjagt, oder David Geffen, der als schwuler Manager in einer homophoben Gesellschaft auf seine Weise Erfolg haben wollte, und eben Typen wie Ahmed Ertegun. Leidenschaftliche Menschen, die nicht nur rational handelten und deshalb für Künstler so glaubwürdig waren. In der breiten Öffentlichkeit machte sie das jedoch angreifbar. Es gefiel bei weitem nicht allen, dass eine Industrie, die für liberales Gedankengut stand, eng mit der Gegenkultur verbunden war und von Außenseitern geführt wurde, so viel wirtschaftliche Macht erlangte. US-Präsident Richard Nixon setzte sogar eine Untersuchungskommission ein, um der merkwürdigen Branche auf den Zahn zu fühlen. Er wusste wohl aus eigener Anschauung nur zu gut, dass Menschen mit einer Mission auch über das Ziel hinausschießen können.

In Deutschland gab es nicht viele Menschen, die nach dem Krieg noch bereit waren, irgendeiner Mission zu folgen. Die meisten Impulsgeber und Innovatoren deutscher Kultur waren vor den Nazis geflüchtet oder von ihnen ermordet worden. Darüber hinaus war man nach diesem ungeheuren Verbrechen nicht in der Lage, auch nur ansatzweise über eine eigene popkulturelle Identität nachzudenken. Die braucht es aber, wenn man glaubwürdig agieren will. Zutiefst verunsichert und zugleich überrollt vom amerikanischen Nachkriegs-Entertainment machten die Deutschen stattdessen zweierlei: Sie suchten

Unterhaltung und Trost in der Tradition des deutschen Schlagers, eines der wenigen authentischen Elemente unserer Kultur, das die Katastrophe überlebte, oder sie hörten importierten Besatzer-Pop aus den USA oder England. Und die großen, internationalen Plattenfirmen gaben ihnen, was sie wollten.

In Siggi Loch fanden die Brüder Ertegun einen der wenigen Macher mit anderen Zielen. Auch Loch liebte den Jazz. Als 15-Jähriger hatte er in Hannover ein Sidney-Bechet-Konzert besucht, war hingerissen und für die Banalitäten des Schlagers fortan verloren. Er brachte den Mut auf, nach einem eigenen Sound zu suchen. Er sollte seine Erfahrungen als Jugendlicher in Deutschland mit den musikalischen Einflüssen aus den USA verbinden.

Als Verkäufer für den Importdienst der EMI Electrola kam er in die Industrie und sammelte ab 1962 erste Erfahrungen als Produzent und Jazzlabel-Manager bei Philips. Mitte der Sechziger war er dann als Deutschlands jüngster Plattenfirmen-Chef in der Position, an der Entwicklung eigener, lokaler Musik und Künstler arbeiten zu können. Er entdeckte und förderte Amon Düül und CAN, produzierte die Debüt-Alben von Katja Ebstein, Sigi Schwaab und Jean-Luc Ponty. Immer an der Schwelle vom Jazz zum Pop, immer auf der Suche nach etwas Eigenem.

1970 entschied er sich nach vier Jahren an der Spitze von Liberty/ United Artists zur Kündigung. Siggi Loch wollte sein eigenes Jazz-Label gründen. Doch dann sprach ihn Nesuhi Ertegun an, der internationale WEA-Chef: Er solle die Filiale in Deutschland aufbauen. Siggi Loch bewunderte die Erteguns schon lange für ihre Jazzproduktionen und die kluge Label-Politik mit Atlantic. »Es war eine Entscheidung für die Persönlichkeit Ertegun«, sagt Siggi Loch.[2]

Und er nutzte die Chance. WEA Deutschland entwickelte sich prächtig – nicht nur wegen des starken internationalen Repertoires, sondern gerade aufgrund der lokalen Erfolge: Mit Klaus Doldingers Passport, mit dem er zuvor schon als Produzent gearbeitet hatte, entstand die erfolgreichste deutsche Jazzband, mit Marius Müller-Westernhagen der erste deutsche Stadionstar, mit Alphaville wurde deutscher Synthie-Pop weltweit zum Begriff. 1980 wurde Siggi Loch zum Präsidenten von WEA Europe ernannt, um die europäische Ausdehnung des Konzerns zu steuern. Ein Deutscher in dieser Position war damals eine Sensation.

Siggi Loch ist von Kunst besessen, und wie jeder Besessene hat er sich auch Feinde geschaffen. Sein Verständnis für Menschen, die seine Leidenschaft nicht teilten, war als WEA-Chef durchaus begrenzt. In seiner Funktion war er auch für die Computerspiel-Tochter Atari zuständig und musste selbstverständlich deren Präsidenten Ray Kassar zum Essen ausführen, als dieser in Deutschland weilte. Nach der Vorspeise teilte Loch seinem amerikanischen Gast unverblümt mit, dass Computerspiele doch von erheblich geringerem Wert seien als gute Musik. Es fehle den Games der künstlerische Ausdruck. Kassar schäumte. Atari trennte sich im Jahr darauf von der Mutterfirma, um bereits zwölf Monate später die WEA an Umsatz und Rendite deutlich hinter sich zu lassen.

Dass Kunst sein Motiv, sein Antrieb ist, war nicht zu übersehen. Auch bei meinem ersten Besuch bei ihm zu Hause in Hamburg-Uhlenhorst. Das war 1988. Bevor ich die Marketingkampagne für den damaligen Pop-Sänger Wigald Boning präsentieren konnte, den Siggi Loch auf seinem Label ACT unter Vertrag genommen hatte, wurde ich mit den Bildern vertraut gemacht. Die Wände waren tapeziert mit geschmackvoll ausgewählter Kunst, die Erklärungen zu den Bildern auch für mich, der ich wenig beschlagen war in der Materie, einleuchtend und spannend.

Ich war nicht unvorbereitet gekommen. Mein Chef hatte einige Zeit unter Loch gearbeitet. Die Geschichten über die Industrielegende hatten bei mir eine Mischung aus Respekt und Angst erzeugt. Gefürchtet war Loch, wenn er wütend wurde. Wütend wurde er, wenn man mit Kunst in seinen Augen nicht richtig umging. Einige seiner Bilder hatte er der WEA geliehen. Sie waren nicht zufällig auf die Räume verteilt worden, sondern den jeweiligen Mitarbeitern bewusst zugeordnet. Leider hatte das mein damaliger Chef erst gemerkt, als Loch mit hochrotem Kopf in seinem Büro nach »der Blume« suchte. Auf diese reichlich abstrakte Blume hatte mein Boss einen Monat lang geguckt. Er hatte begonnen, sie zu hassen, und deshalb mit dem Bild seiner Assistentin getauscht. Loch fand das gar nicht komisch ...

Lachen konnte er hingegen über das Konzept, das ich mit Freunden für Wigald Boning ersonnen hatte. Auf Fotos sollte dieser einen aufgeschlitzten Lachs auf dem Kopf tragen, das Video seine zärtliche Beziehung zu dem Fisch thematisieren und Hunderte von Modellen dieses Tieres wollten wir in Schallplattenläden von den Decken hängen. Flankiert wurde diese Ode an den Meeresbewohner mit großen Textanzeigen wie »Wigald zeigt Madonna, wo der Fisch hängt«. Geld spielte keine Rolle. Den Vertrag für Lochs Label ACT hatte der damalige PolyGram-Präsident, ein früherer Mitarbeiter Lochs, etwas selbstherrlich und zu wahnsinnigen Konditionen ausgehandelt. Das ACT-Label schwamm in Marketingetats und Lizenzvorschüssen, doch das Management bei PolyGram schüttelte den Kopf und ließ Loch mitsamt seinen Künstlern gegen die Wand fahren. Der Präsident musste wegen des Vertrages gehen, der ungeliebte Deal wurde aufgelöst und Siggi Loch machte alleine weiter. Heute ist ACT ein kleines, feines, hoch geachtetes Jazz-Label.

Siggi Loch hatte sich über die Jahre einen »executive flair« zugelegt, der ihn zum Anführer der deutschen Musikmanager werden ließ. Als Gründer der Phonoakademie und Vorstand des Phonoverbandes war er der Chef eines Käfigs voller Narren: Die Geschäftsführer der großen Plattenfirmen waren damals noch keine Betriebswirte oder Anwälte, sondern Rocker, die zur Verhandlung eines Vertrags auch mal mit der Harley vorfuhren und, um ihre Künstler zu motivieren, auch mal spontan eine goldene Rolex auf den Deal drauflegten. Es gab Society-Löwen, die eigene Tennisturniere veranstalteten, um die Bussi-Bussi-Gesellschaft mit Rock und Pop vertraut zu machen, und es gab ehemalige Sänger an der Spitze der Konzerne, über deren hautenge Beziehungen zu ihren Künstlerinnen ausgiebig getratscht wurde. Alle hatten sie ihre Spleens und begründeten so den Mythos der Musikindustrie als halbseidene Glamour-Branche – aber sie waren echte Charaktere, die neben dem Wunsch, viel Geld zu verdienen, auch den festen Willen hatten, das zu verbreiten, was sie für gute Musik und spannende Künstler hielten. Später war das keine Selbstverständlichkeit mehr.

DAS PARADIES – BESEELT VON CHRIS BLACKWELL UND ALFRED HILSBERG

Während der globale Markt für Popkultur auf rasante Weise wuchs, entstand ein weiterer Typus des Musikunternehmers: der klassische Independent-Entrepreneur, der sich nicht jahrelang mühsam bis in den Chefsessel eines Major-Konzerns durchgeboxt hatte, sondern auf seiner Vision das eigene Unternehmen gründete.

Chris Blackwell, klassischer Tunichtgut aus einer wohlsituierten Commonwealth-Familie, die auf Jamaika größere Besitzungen ihr Eigen nannte, hatte im Jahr 1962 seine kleine Firma namens Island Records nach London verlegt. Bereits auf Jamaika trieb er sich – zum Leidwesen seiner Eltern – im Ghetto von Kingston herum. Er hatte dort begonnen, mit lokalen Musikern erste Platten zu produzieren, aber nach einiger Zeit festgestellt, dass er mehr Platten nach England verkaufte als auf Jamaika selbst. Die Zahl der jamaikanischen Immigranten wuchs Anfang der sechziger Jahre dramatisch – und sie liebten die Musik von Island Records, denn sie erinnerte an die Heimat.

Blackwell fuhr anfangs mit seinem Mini Cooper durch England, um den wichtigsten Plattenläden seine Produktionen eigenhändig zu verkaufen. Doch bald entwickelte sich das Geschäft sprunghaft: 1964 ließ er die 15-jährige jamaikanische Sängerin Millie Small den Rhythm&Blues-Song *My Boy Lollipop* covern. Der erste Ska-Welthit verkaufte sich 7 Millionen Mal und erreichte Platz 2 in den englischen und amerikanischen Charts. Erstmals hatte Musik aus der Dritten Welt einen Platz im Mainstream beansprucht und erhalten. Blackwell liebte es, mit seinen Künstlern auf Tour zu gehen, zog im Bandbus mit durchs Land und flog mit ihnen Economy, während sich auf seinem Konto bereits Millionen stapelten. Island fuhr mit Bands wie Traffic oder dem Singer/Songwriter Cat Stevens, mit Robert Palmer und Roxy Music seit den sechziger Jahren riesige Erfolge ein.

Anfang 1970 marschierte ein junger Musiker aus dem jamaikanischen Ghetto Trenchtown in Blackwells Büro. Er war mit seiner Tour-Band in England gestrandet, heiß auf einen guten Plattendeal und ein Rückflugticket. Blackwell kannte und mochte seine zornigen ersten Aufnahmen und sah im Rebellenimage eine Chance. Der Name des

Sängers: Bob Marley. Blackwell schickte ihn samt Band und 7 000 Pfund zurück nach Jamaika, wo das erste Album *Catch A Fire* entstand. »Wir haben die fertigen Songs genommen und intensiv an ihnen gearbeitet«, erinnert sich Blackwell im Gespräch. »Wir kürzten sie hier, verlängerten dort, nahmen Gesang heraus, fügten Gitarren hinzu. Ich wusste, dass wir die Musik nur ein bisschen massieren mussten, um am Ende ein viel größeres Publikum zu erreichen.« Bob Marley verkaufte Millionen Platten, wurde zum Sprachrohr der Dritten Welt, seine Songs besangen das Ende des Kolonialismus.

Blackwell gab seinen Künstlern stets das Gefühl künstlerischer Freiheit, er schaffte es dennoch mit Beharrlichkeit und Fingerspitzengefühl, sie in die richtige Richtung zu lenken. Er übernahm Verantwortung, indem er sie nicht einfach gewähren ließ, sondern sie auf dem Weg zum Publikum an die Hand nahm und an seiner erfolgreichen Vision teilhaben ließ: erst Jamaika, dann die ganze Welt – aus der Szene in den Mainstream.

Der zweite britische Independent-Unternehmer begann 1966. Ausgestattet mit nichts als einer guten Idee, akquirierte Richard Branson von einem Schultelefon aus 6 000 Pfund und gründete das Magazin *Student*. Schon damals wusste Branson, dass man Künstler vor allem durch Enthusiasmus überzeugt; es gelingt ihm, Stars wie James Baldwin, Vanessa Redgrave, Alice Walker und Jean-Paul Sartre als Autoren oder für Interviews zu gewinnen. Zu diesem Zeitpunkt war Branson 16 Jahre alt. Der extrem kurzsichtige Legastheniker kämpfte gegen den Frust an der provinziellen Schule und im konservativen Elternhaus an.

Virgin Records entstand zunächst als Schallplatten-Mail-Order innerhalb des Studentenmagazins. Branson sorgte penibel für die angesagte Repertoire-Auswahl: Zappa statt Cliff Richard. Dem naseweisen Entrepreneur wurde seine Welt rasch zu klein, er verließ Schule und Elternhaus, um in das aufregendere Londoner Leben einzutauchen. Branson war überaus geschäftstüchtig – er verstand die Regeln des Kapitalismus und hatte keine Probleme damit, sie auf seine jeweiligen Inhalte anzuwenden. 1971 gründete er seinen ersten Plattenladen in der Oxford Street. »Zwei langweilige, steife Anbieter, W. H. Smith und John Menzies, dominierten das Geschäft«, erinnert sich Branson.[3] »Die Schallplattenabteilungen waren generell im Keller, und die Verkäufer Gestalten in traurigen braunen oder blauen Uniformen, die sich für Musik nicht wirklich interessierten.« 1972 baute er ein Aufnahmestudio in Oxfordshire, hauptsächlich um endlich Kontakt zu Künstlern aufzunehmen und um seinem Freund Mike Oldfield die Aufnahmen zum ersten Album zu ermöglichen. 1973 erschien schließlich *Tubular Bells* auf Virgin und verkaufte mehr als 5 Millionen Stück. Branson war 22 Jahre alt und endlich im Geschäft.

1978 nahm er die Sex Pistols unter Vertrag. EMI hatte sie bereits nach einer Single und diversen »Fuck Offs« in einer Fernsehsendung fallen lassen. Bei A&M Records erbrach sich der Schlagzeuger unmittelbar nach Vertragsunterzeichnung über dem Tisch des Präsidenten. Branson ließ sich nicht abschrecken. Er ahnte, dass sich etwas Neues zusammenbraute und brauchte dringend einen Imagewechsel für Virgin, denn als Hippie-Label würde er auf Dauer nicht mitspielen können. »Wissen Sie überhaupt, auf was Sie sich da einlassen?« fragte ihn Sex-Pistols-Manager Malcolm McLaren. »Ich glaube, ich weiß es schon«, sagte Branson und unterschrieb den Vertrag, »aber wissen Sie es?«.

McLarens Strategie, die Vorauszahlung einzustecken und dann die jeweilige Firma so zu beleidigen oder in solche Verlegenheiten zu bringen, dass er und die Band entlassen würden, ging bei Virgin nicht auf. »Ich war mein eigener Chef, hatte keine Shareholder, musste mich für nichts rechtfertigen«, erklärt Branson seine Geduld. Sie zahlte sich aus. Durch das Album *Never Mind The Bollocks* von den Sex Pistols war Virgin über Nacht repositioniert. Mit Bands wie Human League, XTC, Orchestral Manoeuvres in The Dark, Japan, Simple Minds, Heaven 17 und vielen anderen mehr wurde Virgin das Label der Stunde für die englische New Wave. Der Marke konnte man vertrauen.

1982 betrat ich erstmals den Vernon Yard hinter der Portobello Road in London. In einem Gebäude, das aussah wie eine Doppelgarage, befand sich Virgin. Im ersten Stock arbeitete Sue, die Pressefrau, die mir Karten für ein Konzert geben sollte. Der Raum hatte vielleicht 50 Quadratmeter, beherbergte aber mindestens 14 Schreibtische. An allen wurde telefoniert, Musik abgehört, gelacht, geschwatzt. Die Luft brannte. Ich rief gegen den Lärm an: »Sue!!« Ganz hinten rechts winkte jemand. Ich machte mich über Stapel von Plattenkartons hinweg auf den Weg. Virgin zog wenig später in eine Villa um, und auch das Programm wurde deutlich breiter. Durch Verträge mit Genesis, Bryan Ferry, Rolling Stones und Janet Jackson gab Branson seiner Firma langsam das Gesicht eines ganz normalen, erfolgreichen Labels. Seinen Hang zum Abenteuer lebte er nun anders aus. Er nahm mit seiner Fluggesellschaft Virgin Atlantic den Kampf gegen den gigantischen Konkurrenten British Airways auf.

Auch in Deutschland dachte man unabhängig – independent. Im zweiten Stock links im Hinterhof in der Hamburger Glashüttenstraße wurde der Aufstand gegen die Plattenindustrie geplant und begonnen. Hier wohnte der Journalist Alfred Hilsberg. In seinem *Spiegel*-Artikel »Rodenkirchen is burning« war 1978 das erste Mal die deutsche Punkbewegung für die breite Öffentlichkeit thematisiert worden. Die Zwischenüberschrift »Neue Deutsche Welle – Die Revolution ist vorbei – Wir haben gesiegt« in seiner dreiteiligen Serie »Aus grauer Städte Mauern« in der Musikzeitschrift *Sounds* verlieh der Bewegung einen Namen: Neue Deutsche Welle. Alfred wurde ihre Stimme, zumindest für mich während so mancher Mittagessen bei meinen Eltern zu Hause. Denn der mutige NDR-Redakteur Klaus Wellershaus lud sich Hilsberg häufig als Gast in seine Sendung *Musik für junge Leute nach der Schule*.

Mit ruhiger Stimme erzählte er von Bands wie Mittagspause, Deutsch Amerikanische Freundschaft, S.Y.P.H., Geisterfahrer, Vorsprung oder Abwärts. Ich ließ die Spaghetti mit Tomatensoße kalt werden und stürzte ins Kinderzimmer zu meinem Kassettenrecorder, um die Aufnahmetaste zu drücken. Früh hatte ich Gefallen an elektronischer Musik gefunden, Kraftwerks *Trans Europa Express* war mein erstes Album gewesen (natürlich ist das unerträglich politisch korrekt, aber leider wahr). Doch auch als abgeklärter 15-jähriger Bubi staunte ich über das, was ich von der Neuen Deutschen Welle hörte.

Der Punk war für meine neuen Helden eine Inspiration. Nicht mehr – aber auch nicht weniger. Deutliche, deutsche Texte trafen auf minimalistische Kompositionen, deren Refrains nicht selten leichte Schlageranleihen hatten. Lustig war das überhaupt nicht, lustig fand das nur die Musikindustrie, die wieder mal rein gar nichts verstanden hatte. Und darum machte man es einfach selbst. Allen voran Alfred Hilsberg, der mit Zick Zack das wohl wichtigste Independent-Label der Bewegung gründete. Das Büro war seine Wohnung, und vor der stand ich im Frühsommer 1980 mit schlotternden Knien. Gleich würde mir der Punk-Papst öffnen.

Der Mann an der Tür war alt, ungefähr Anfang dreißig, hatte schwarze, schulterlange Haare, die leicht ölig glänzten. Sein weit geschnittener Anzug war aus einem samtartigen Stoff und sah ein wenig abgewetzt aus. Zwei Wellensittiche flogen aufgeregt durch die beiden kleinen Räume, die sich hinter seinem Rücken auftaten. Alfred schloss deshalb schnell die Tür hinter mir und schlurfte zu seinem mit schwarzem Cord bezogenen Bett, auf das er sich sogleich fallen ließ. Außer dem Bett und dem darauf befindlichen roten Tastentelefon sah ich nur Plattenregale aus Sperrholz, die alle Wände und sogar noch den Platz über dem Bett bedeckten. Teilweise waren sie unter ihrer Last zusammengebrochen. Ich hatte weiß getünchte, spärlich eingerichtete Räume, Neonröhren, Punk-Graffitis und einen Mittzwanziger mit Irokesenschnitt erwartet. An diesem Nachmittag lernte ich, dass man nicht cool sein muss, um die coolste Bewegung aus der Taufe zu heben.

Ich nahm auf dem Bett Platz, wo vor mir schon die Einstürzenden Neubauten, Abwärts, Palais Schaumburg und viele andere gesessen hatten, um ihre Verträge zu verhandeln oder mit Alfred die nächste Produktion zu diskutieren. Immer wieder unterbrochen vom Telefonklingeln und den Sturzflugattacken der neurotischen Wellensittiche, diktierte mir Hilsberg seine Weltsicht für meine Sozialkunde-Arbeitsgruppe »Freizeit in unserer Stadt« aufs Band. Wer etwas verändern wolle, könne sich unmöglich etablierter Strukturen bedienen, sondern müsse selbst neue erschaffen. Der Gang durch die Institutionen sei ein tragischer Irrtum der 68er, der nur dazu führen würde, dass man am Ende selbst wie diese strukturiert sei.

Hilsbergs Konsequenz hieß Zick Zack, und dieses Ein-Mann-Label schien der Beweis dafür zu sein, wie viel besser es mit Independent-Idealismus statt innerhalb der etablierten Musikindustrie ging. Bereits die ersten Veröffentlichungen gerieten zur kleinen Sensation. Auch ohne Marketingapparat und großen Vertrieb wurden Platten wie

Amok Koma von der Hamburger Gruppe Abwärts, von Palais Schaumburg oder Die Radierer aus Limburg zu Hits. Bereits 1981 machte Zick Zack 1,5 Millionen Mark Umsatz. Alfred Hilsberg rotierte auf seinem schwarzen Bettbezug und entdeckte eine aufregende, neue Gruppe nach der anderen. Doch wenn er den erfolgreichen Künstlern dann beim allabendlichen Wodka in der Punk-Kneipe Marktstube mit leuchtenden Augen von neuen Veröffentlichungen wie *Knusperkeks* erzählte, ihnen jedoch nicht so recht beantworten konnte, wann sie ihre Tantiemen für die verkauften Platten bekämen, hörte für viele der Spaß auf. Keiner hat jemals geglaubt, dass sich der Asket Hilsberg selbst bereichert hätte, aber auch kaum ein Künstler war bereit, mit seinen Einnahmen die vielen anderen Gruppen bei Zick Zack zu subventionieren.

Getreu des Zick-Zack-Firmenmottos »Lieber zu viel als zu wenig« veröffentlichte Hilsberg mehr als 100 verschiedene Platten in fünf Jahren. Anders als die internationalen Independent-Macher Branson oder Blackwell versuchte der ehemalige Linksaktivist, innerhalb des Kapitalismus ein Unternehmen jenseits jeglicher Regeln des Kapitals zu führen. Die Konsequenz war, dass seine erfolgreichsten Bands wie Wirtschaftswunder, Abwärts oder Palais Schaumburg nach und nach bei großen Firmen landeten, weil sie es nicht mehr einsahen, dauerhaft ein zuzahlender Bestandteil der Solidargemeinschaft Zick Zack zu sein. Doch auch in der Welt der so genannten Majors, zu denen sie dann wechselten, sahen sie kaum mehr Geld – vor allem, nachdem ihre sicherlich beachtlichen ersten Vorschüsse auf Lizenzeinnahmen überwiesen waren. Sie litten unter ständig wechselnden Ansprechpartnern und dadurch unter Erfolglosigkeit, mit dem großen, fremden System schwand oft auch die Bandchemie. Alfred jedoch macht, verfolgt von Gläubigern, weiter bis zum heutigen Tag. Nur das Bett mit dem schwarzem Cordbezug gibt es nicht mehr.

Die Geschichte Zick Zacks wiederholte sich damals vielfach, die Labels hießen Pure Freude (S.Y.P.H.), Rondo (Mittagspause), Ata Tak (Der Plan, Andreas Dorau) oder No Fun (Hans-a-plast) und hatten alle eines gemein: den absoluten Willen zur Selbstausbeutung, einen guten, innovativen Geschmack, wenig Kapital und meist noch weniger Neigung zu einer funktionierenden Administration. Independent

Labels, die von ehemaligen Banklehrlingen gegründet wurden, wie L'Age D'Or (Tocotronic) blieben bis heute die große Ausnahme.

DAS PARADIES – ERMÖGLICHT DURCH FEHLFARBEN UND JOHN CALE

Obwohl viele der Neue-Deutsche-Welle-Bands veritable Erfolge feierten, fanden sie damals in den etablierten Medien kaum Unterstützung. Denn am Drücker saß dort, wie auch in den großen Plattenfirmen, die Generation der Eltern und Lehrer. Sie verstanden gar nicht, was es mit der komischen neuen Welle auf sich hatte, die da unvermeidbar auf sie zuschwappte. Instinktiv griff man auf das zurück, was man kannte, was man verstand: Deutschrocker wie Extrabreit wurden in Streifenhosen gesteckt und als Punk verkauft, potenzielle Schlagersternchen wie Markus und Hubert Kah mit lustigen Textchen und Inszenierungen aus dem Kasperletheater versehen und als Neue Deutsche Welle unter die Leute gebracht. Der Minimalismus der Bewegung wurde als Chance zur Billigproduktion missverstanden, der Markt mit schlechten Kopien der Originale überschwemmt.

Kurzfristig verdienten die Konzerne damit viel Geld. Doch langfristig wurde die Chance vertan, die erste deutschsprachige Jugendbewegung als Aggregator vieler dauerhaft erfolgreicher, lokaler Stars und eines starken Katalogs zu nutzen. Stattdessen trieb man die Bewegung in den Kollaps. Meine Einstellung bei PolyGram war der freundliche, aber zaghafte Versuch, die Szene endlich innerhalb des eigenen Systems zu verankern. Doch dafür war es 1986 schon zu spät, der Patient Neue Deutsche Welle bereits tot.

Die Organisation, die ich vorfand, war auf dergleichen auch gar nicht eingestellt. Der Herkunftsort, nicht die Inhalte waren entscheidend. Gemäß der altbackenen Logik, der Deutsche macht Schlager, der Brite und der Amerikaner rocken, war die Firma in eine nationale und eine internationale Abteilung aufgeteilt. Doch diese Logik griff seit langem schon nicht mehr. Die nationale Fernseh-Promoterin, die begnadet auf der Klaviatur des Mainstreams spielte, durfte den britischen Schmalzgott Chris de Burgh oder die von ihr verehrten Bee Gees nicht bearbeiten und musste sich stattdessen am Independent-

Neurotiker Phillip Boa die Zähne ausbeißen. Dessen sperriges Wesen und Inhalte waren ihr völlig fremd, und in die ZDF-Hitparade mit Dieter Thomas Heck, die sie mit ihrem Charme spielend besetzte, passte er partout nicht rein. Die internationale Presse-Promoterin hätte hingegen liebend gerne Chris de Burgh zum Teufel geschickt und Boa in die Underground-Presse gebracht, durfte aber nicht.

Meine neuen Kollegen hatten fast alle eine Leidenschaft und eine klare musikalische Identität, doch die Organisationsstruktur sah diese nicht vor. Hier führte keiner etwas Böses im Schilde, war kein Masterplan des Konzerns erkennbar. Man hatte lediglich nicht gemerkt, dass die Zeiten sich gewandelt hatten, dass Musiker ungeachtet ihrer nationalen Herkunft aus unterschiedlichen Szenen kamen. Vieles machte man wieder wett, weil alle sich darin einig waren, Musik zu lieben. Man freute sich sogar an den Erfolgen der anderen Plattenfirmen. Wenn dienstagabends die Charts über den Ticker kamen, saß der harte Kern nicht selten im großzügigen Zimmer des nationalen Abteilungsleiters (meines Chefs, der an meinem ersten Tag seinen letzten hatte und für den einen Nachfolger zu finden eine Ewigkeit dauerte) zusammen und hörte sich in Ermangelung eigener Neueinsteiger die Hitlisten der Konkurrenz an. Auf Platten, die gefielen, wurde getrunken, und wenn es viele gute waren, floss Mumm-Sekt, bis der Morgen graute.

Die Musiker, die ich zu betreuen hatte, wirkten alle nicht glücklich. Viele waren mit Unsummen von der Konkurrenz weggekauft worden und nun in einer Welt gelandet, die sie nicht wirklich verstand. Das wurde durch mich auch nicht gerade besser. Ich hatte die so genannten progressiven Künstler zu vertreten, und das hieß, im Sinne der damaligen Polydor, Popper aus Hamburg, die wie Amerikaner klingen wollten, Buren aus Südafrika, die vorgaben, Briten zu sein, und viele Spätausläufer der Neuen Deutschen Welle. Nett fand ich sie eigentlich alle, die Südafrikaner halfen mir sogar beim Umzug, aber nach meiner Meinung zu ihrer Musik gefragt, konnte ich leider nicht lügen. Überholt, nicht eigen, also eigentlich überflüssig. Ich hoffe, ich drückte das damals freundlicher aus, aber aus ihren Verträgen wollten sie trotzdem fast alle raus. Und das nicht erst, seitdem ich auf den Plan getreten war. Ich ließ es meist zu, und keiner stoppte mich dabei ...

Einen Musiker unter Vertrag zu nehmen, das versuchte ich später meinen Mitarbeitern immer einzubläuen, hat ein bisschen etwas von einem Adoptionsakt. Das darf man nicht leichtfertig machen, das hat Konsequenzen und bringt Verpflichtungen mit sich. Ein Kind würde man ja auch nicht aus einer Laune heraus unter seine Fittiche nehmen. Ähnlich hilflos steht der unerfahrene Künstler anfangs mit großen Kulleraugen der Maschine Musikindustrie gegenüber. Er braucht jemanden, der ihn und seine Mission versteht, sich damit in der Tiefe auseinander gesetzt hat, seine Anliegen und sein Werk in das System hinein übersetzt und dort auch der Anwalt seiner Interessen ist. Häufig bricht er für die vermeintliche Karriere, die durch den Vertrag am Horizont zu winken scheint, Studium oder Lehre ab. Manchmal schmeißt er deshalb sogar seinen Beruf hin. Der Vertrag ist für den Musiker Chance und Gefahr zugleich. Der Artist & Repertoire Manager muss sich dieser Verantwortung bewusst sein.

Der Künstler braucht Kontinuität. Für ihn ist es fatal, wenn sein Ansprechpartner geht. Es ist keinesfalls gewährleistet, dass ihn der Nachfolger, welchem automatisch die Rolle der Stiefmutter zukommt, überhaupt versteht. Besonders nicht in Firmen, die sich nicht nach Genres, sondern nach Herkunftsregion organisieren. Die unterschiedlichen musikalischen Szenen und Gruppen haben eigene Codes, eigene Sprachen. Die mir übertragenen Künstler und ich redeten häufig aneinander vorbei, kamen künstlerisch aus zu unterschiedlichen Welten. Sie waren zudem zermürbt und misstrauisch wegen des ständigen Wechsels der Ansprechpartner. Viele meiner Vorgänger hatten sich schnell wieder aus dem Staub gemacht, als sie merkten, dass dieser Teil der Firma scheinbar den Misserfolg gepachtet hatte.

Schützen kann man sich als Künstler vor diesem Problem nicht. Die Festschreibung der Betreuung durch einzelne Mitarbeiter, die so genannte »Keyman Clause«, lässt keine große Plattenfirma mehr zu. Whitney Houston war wohl eine der Letzten, der es gelang, eine solche Klausel in ihren Vertrag hineinzuverhandeln. Nutznießer war Clive Davis, auf dessen Dienste die Diva bestand. Auf dem Höhepunkt ihres Erfolgs – sie spielte damals fast die Hälfte des Jahresumsatzes der Arista ein – wies er seinen Arbeitgeber freundlich darauf hin, was passieren würde, sollte er den Wunsch verspüren, die Firma zu verlassen: Der Vertrag mit Whitney wäre ebenfalls sofort Geschichte. Seiner als Bitte getarnten Forderung, ab sofort an der Firma beteiligt zu sein und 15 Prozent seiner Arbeitszeit jenseits von Arista verbringen zu dürfen, konnte keiner mehr widersprechen. Gleichzeitig war dies das Ende einer jeden Chance auf die »Keyman Clause« in Künstlerverträgen, und das nicht nur bei Arista, der späteren BMG.

Bei den Indies war auch das anders. Zumeist nahm ja der Besitzer selbst den Künstler unter Vertrag und nicht einer dieser Konzern-Talentsucher auf ihren wackligen Stühlen. Dafür hatte man hier natürlich die Gefahr der Ablösung durch Konkurs oder Verkauf, die damals bei den Majors noch vergleichsweise gering war. Ein anderes schlagendes Independent-Argument war die künstlerische Freiheit. Bei den Major-Labels hatte diese in der Tat keine große Tradition. Ihr Künstlerbild war in Deutschland noch häufig von den goldenen Jahren des Schlagers geprägt. Da wurde meist gesungen, was einem der Produzent im Studio vorlegte, und das eigene Album-Cover sah man oft erst nach Veröffentlichung der Platte. Spätestens seit dem Punk wollten die Künstler aber mitreden, ihre eigenen Songs schreiben, den Sound mitbestimmen, das Image und das Marketing mitsteuern. Und gerne strichen sie auch die Silbe »mit« aus dem vorigen Satz.

Bei der ersten Band, die ich unter Vertrag nehmen durfte, würde alles anders sein. Das war mit mir selbst abgemachte Sache. Wenn sich das System mit aller Macht dagegenstemmen würde – umso besser. Der Verleger meines Enthüllungsbuches würde sich sicher freuen. Aber welchen Künstler wollte ich eigentlich »signen«, wie sie es hier nannten, wen wollte ich verpflichten? Ich tastete mich ran, hatte aber selbst die Schere im Kopf. Ich wollte einerseits die coolsten Bands, die man damals nur finden konnte, aber andererseits irgendwie inhaltlich auch die Erwartungen des konservativen Systems erfüllen. Das Ergebnis ist immer halb-cool. Und halb-cool ist schlimmer als uncool. Das, was ich in die Meetings mitschleppte, war gewagt für die Polydor, aber immer auch ein wenig zu altbacken für die Welt, aus der ich kam. Meine Kollegen merkten zum Glück, dass ich nie wirklich selbst begeistert war, und vermieden durch geschicktes Nachfragen, dass ich den typischen Fehler eines jungen A&R-Managers machte: das zu signen, von dem ich glaubte, dass das System es will, und nicht das zu machen, von dem ich weiß, dass es richtig ist. Das System hat nämlich keine Ideologie. Es will nur Erfolg. Und der kommt am ehesten dann, wenn du weißt, dass du Recht hast. Dann bist du bereit zu kämpfen, dann leuchten deine Augen, dann reißt du andere mit.

Der Geschäftsführer der Polydor kam aus Berlin zurück und stürzte in mein winziges Zimmer, das er ob seiner Körperfülle fast komplett einnahm. Seine Augen leuchteten. Während des Fluges hatte er im *Tagesspiegel* eine begeisterte Konzertkritik gelesen. Vielleicht lag es nur daran, dass er die Fehlfarben mochte, eine Band, die mit ihrer Platte *Monarchie und Alltag* tatsächlich sechs Jahre zuvor einen echten Meilenstein deutscher Popmusik hingelegt hatte. »Keine Atempause, Geschichte wird gemacht, es geht voran«, diese Zeile aus einem ihrer Songs war quasi die Zwischenunterschrift der Neuen Deutschen Welle geworden. Und einer von diesen Jungs spielte bei der Band, die der *Tagesspiegel*-Journalist frenetisch gefeiert hatte. Den Bandnamen hatte mein Chef vergessen, und die Zeitung lag im Flugzeug. Nur eins, das wusste er noch, der Name war wahnsinnig negativ, eigentlich lebenverachtend.

Komisch, dass man vergisst, was einen begeistert, dachte ich, wollte den guten Mann aber auch nicht enttäuschen und recherchierte, wie ich es als Journalist gelernt hatte. Eine kleine Kieler Band namens No More hatte gerade einen Underground-Hit namens *Suicide Commando*, das passte perfekt ins Bild. Ich kontaktierte sie, weckte Hoffnungen, aber leider spielte keiner von den Fehlfarben mit. Deren neue Bands gaben an Negativem im Bandnamen nicht viel her, hießen Family 5, der Plan oder eben Element of Crime. Letztere hatten eine sehr passable Debut-LP herausgebracht und spielten demnächst wieder in Berlin an der Hochschule der bildenden Künste. Einen Versuch war es wert, schließlich arbeitete meine Freundin zu der Zeit auch in Berlin beim Radio, und eine Dienstreise zu ihr hatte ich auch noch nicht gehabt.

Element of Crime waren ein Treffer, die hatte der Geschäftsführer gemeint. Zumindest glaubte er sich daran zu erinnern. Mittlerweile bin ich fast sicher, dass er gar nicht so sehr von der Rezension begeistert war. Ich glaube, er freute sich, etwas über einen Musiker von Fehlfarben zu lesen, eine der wenigen Bands, von denen er wusste, dass ich sie auch mochte. Sie gaben ihm Anlass, mir einen Schubs zu geben, damit der unorthodoxe junge Mann, den er eingestellt hatte, endlich auf die Szene zuging, aus der er kam. Nun hatte ich also einen Freifahrtschein in der Hand. Und der führte mich nicht nur nach Berlin zu meiner Freundin, sondern auch auf Geheiß meines obersten Chefs zu Vertragsverhandlungen mit einer Band aus dem Underground. Ich wollte die Möglichkeit unbedingt nutzen. Ein Zufall und ein besorgter Chef gaben mir die Klarheit, die ich selbst zuvor nicht hatte.

Das Konzert von Element of Crime in der Aula war ein Fiasko. Ein Lichtmast stürzte ins Publikum. Zum Glück war er so klein wie damals die Band und erschlug deshalb keinen Zuschauer. Die Stimmung stieg dadurch aber auch nicht gerade ins Unermessliche. Genauso wenig wie durch den Hörsturz des Schlagzeugers, dem das Publikum und ich beiwohnen konnten. Er war ausgerechnet der Einzige in der Band, der von Fehlfarben kam. Auch das Klingelbrett in dem Kreuzberger Haus, wo man mich am nächsten Tag erwartete, wirkte nicht gerade einladend. Es war über und über mit Hundekot beschmiert. Ich überwand den Ekel mithilfe von Tempotaschentüchern. In der Wohnung des Bassisten angekommen, musste ich feststellen, dass die ARD-Sportschau bedeutend interessanter war als ich und dass der prominente Schlagzeuger eh mit dem Gedanken spielte auszusteigen. Auf dem gemeinsamen Weg zur U-Bahn erwähnte ich wenigstens John Cale, den ich ein paar Monate zuvor interviewt hatte. Die Aussicht, die Legende Cale zu treffen, und der Sänger der Band, Sven Regener, dem man von dem Treffen mit mir erst gar nichts erzählt hatte, gaben den Ausschlag und führten dazu, dass Elemente of Crime als erste Band bei mir unterschrieben.

Bald darauf begannen die Plattenaufnahmen von Element of Crime in London mit John Cale als Produzent – und es wurde plötzlich ernst. Natürlich war jeder Schritt mit der Band genauestens abgestimmt. Keine leichte Sache, denn die Jungs waren sich oft selbst nicht einig. Der Sänger preschte in der Regel nach vorn, der Bassist stand auf der Bremse. Das Cover sollte ein befreundeter Stempelkünstler namens »Der Prinz von Kreuzberg« machen. Das schwarze Stück Pappe mit den vielen weißen Abdrücken war weder künstlerisch hochwertig, noch hatte es viel mit Element of Crime zu tun. Meine Polydor-Kollegen erkannten in den Stempeln kopulierende Heuschrecken. Die Band war zwar zufrieden – ich aber die Diskussion leid. Handschriftlich wand ich mich an den »Prinzen« und erklärte ihm, dass sein Cover ganz klasse sei, aber die Polydor eine dieser üblen Major-Firmen aus der Musikbranche, von denen er sicher schon mal gehört habe, bei der man solche Kunstwerke unmöglich durchsetzen könne. Danach war Ruhe. Ich hatte ein schlechtes Gewissen und die Musikindustrie einen noch schlechteren Ruf.

Auch der nächste Anlauf ging schief. Diesmal war es der Gitarrist, der in einem Kalender ein passendes Motiv gefunden zu haben meinte. Zwei resolute Putzfrauen einer sozialistischen Reinigungsbrigade hatten ein riesiges Kruzifix auf die Stufen vor einer Dresdner Kirche gezerrt, um es dort mit einem Wasserschlauch abzuspritzen. Das gefiel auch mir, passte zu Bandnamen und Albumtitel. Die Präsentation vor dem Vertrieb war ein Desaster. Wie man das denn in Oberammergau oder anderen erzkatholischen Gegenden platzieren solle, zeterte es mir entgegen. Doch statt festzustellen, dass Element of Crime dann vielleicht erst nach Oberammergau oder in andere erzkatholische Gegenden kommen sollten, wenn sie sich mit klaren Aussagen wie diesem Cover durchgesetzt hatten, zog ich den Schwanz ein, verbannte das Bild ins Innere der Verpackung und holte ein Bandfoto nach vorn.

Wem gegenüber war ich verantwortlich? Der Band, die provozieren wollte, dem Vertreter, der verkaufen musste? Die Antwort lautet natürlich: beiden. Damit der Vertreter verkaufen kann, muss die Ware eine Relevanz haben. Die bekommt sie aber nur, wenn ich als Co-Produzent darauf achte, dass ich sie in dem, was sie ausmacht, stärke. In diesem Sinne hätte ich beiden Seiten mit dem Kruzifix einen Gefallen getan, auch wenn es der Vertrieb vielleicht erst später gemerkt hätte. So ging die Platte umhüllt von einem schnell gestrickten Cover raus, das aussah wie eine schlechte Kopie von Dexy's Midnight Runners *Searching for the Young Soul Rebels*. Es hatte etwas Billiges, Improvisiertes, aber das passte zu *Try To Be Mensch* immer noch besser als die vermeintlichen Heuschrecken des Kreuzberger Prinzen.

Zu Beginn war ich mit meiner Historie und Haltung noch ein ziemlicher Exot in dieser Industrie. Man ließ mich gewähren, denn was man suchte, waren Leute, die für das einstanden, was sie taten. Was das nun genau war, schien dem System ziemlich egal zu sein. »Machen Sie, was sie wollen, Herr Renner«, sagte mir später der Polydor-Geschäftsführer, als er mich zum Chef meiner eigenen Abteilung ernannte, »solange ich es weiterhin furchtbar finde, ist alles in Ordnung.« Man schaute sich meine Aktivitäten in Ruhe an, weil die Wege und die Inhalte ungewöhnlich, aber die Ziele verständlich waren. Das galt selbst für die Controller. Der holländische Kollege unterstützte mich und meine Bands, ohne dass ich es merkte. Er legte die Accounting-Richtlinien des Konzerns so flexibel aus, dass alle meine Künstler als »proven« galten. Die Tatsache, dass ich sie unter Vertrag genommen hatte, schien für ihn Begründung genug, das Investment als gesichert zu sehen. Der Vorschuss eines »Proven Artist« musste nicht als Kosten in die Bilanz, umgekehrt gehört er sofort abgeschrieben. Ich bemerkte seine Form der Unterstützung erst dann, als sein Nachfolger kam ...

Ungewöhnliche Wege wurden damals akzeptiert, das hatte aber nichts mit unverantwortbaren Wegen zu tun. Es ist kein Glaubensbekenntnis und auch kein mutiger Akt, wenn man gleich bei der ersten Produktion eines Künstlers Hunderttausende von Euros in die Aufnahme, das Marketing und in Videos investiert oder die Künstler mit Vorauszahlungen beglückt, von denen man im Grunde weiß, dass sie diese noch viele, viele Jahre abbezahlen werden. Je länger der Künstler oder die Band für ihre Entwicklung brauchen, desto unverantwortlicher und feiger ist es, so zu agieren. Feige, weil die meisten Künstler wirtschaftliche Zusammenhänge nicht wirklich durchschauen, aber das Maximum an Aufmerksamkeit wollen. Sie fordern nicht nur Zeit, sondern auch Geld als Zeichen der Wertschätzung. Und je weniger Zeit sie bekommen, desto größer wird der Ruf nach teuren Videos oder Budgetgräbern. Unverantwortbar ist es, weil eine Schallplattenfirma natürlich ein Wirtschaftsunternehmen ist und ergebnisorientiert arbeitet. Wer seine Künstler überschuldet, raubt ihnen die Zukunft.

Über die Jahre kamen rein generationsbedingt mehr und mehr Menschen in die Musikindustrie, die mit den Ideen von Punk und Independent Labels groß geworden waren. Sie hatten in der Regel auch den Anspruch, eine andere Beziehung zwischen Künstler und Label zu etablieren. Häufig hieß dies aber, dass einfach nur der Konflikt vermieden und dadurch beiden Seiten kein Gefallen getan wurde. In den schlimmsten Fällen bekamen die Bands jeden Wunsch von den Lippen abgelesen, und der A&R-Manager genoss es, ihr Held zu sein, der dem System riesige Summen abgerungen hatte. Aber es war gar nicht schwer, die Summen zu bekommen. Man musste nur den entsprechenden Erfolg prognostizieren. Trat dieser nicht sofort ein, kam die Rechnung. Die Konsequenz hatte erst mal der Künstler zu tragen, sein Vertrag wurde angesichts der tiefroten Zahlen nicht verlängert. Der A&R beschwerte sich dann, dass heutzutage die Plattenfirmen den Musikern keine Zeit mehr für ihre Entwicklung geben würden.

Umgekehrt ist es richtig. Wer seine Künstler überschuldet, nimmt ihnen Zeit und Zukunft. Die Aufgabe eines A&R ist auch die Moderation. Er darf weder die Befindlichkeiten der einen noch der anderen Seite komplett zu seiner eigenen machen. Seine Verantwortung gegenüber dem Künstler bedeutet gerade, häufig auch Nein zu sagen. Nur weil die Kosten von Element of Crime so eisern kontrolliert wurden, war es möglich, mit ihnen fünf Platten aufzunehmen, bis der Durchbruch kam. Alle Veröffentlichungen davor hatten bereits mit geringen Verkaufszahlen eine schwarze Null oder nur einen winzigen Verlust generiert. Natürlich macht man sich mit einer solchen Politik nicht immer beliebt bei seinen Klienten, aber das ist auch nicht der Job. Man darf niemals die Mutter sein, die versucht, die beste Freundin ihrer Tochter zu werden. Irgendwann wird sie dich dafür hassen, und das mit Recht.

DAS PARADIES – BESCHALLT VON KLAUS WELLERSHAUS UND MIT KAROL WOJTYLA

»Der Bericht zur Lage der Nation« hallte es über den Äther. Aber das war nicht die Stimme des Bundestagspräsidenten, sondern meine, und sogleich würde auch nicht der Kanzler hinters Mikrofon treten, denn da saß ja schon ich. Der NDR-Redakteur Klaus Wellershaus hatte sich *Festival der guten Taten* besorgt, angehört und mir daraufhin meine erste Sendung gegeben. Auf der ersten Ausgabe dieser als Zeitung erscheinenden Musikkassette waren meine Interviews für das Sozialkundeprojekt zusammen mit einigen Rezensionen von Independent-Platten zu hören. Der einzige Redakteur war ich, die Tapedecks zum Kopieren der vielen MCs hatten mir meine Klassenkameraden geliehen. Vertrieben wurden sie bundesweit über einen Laden namens Rip Off. Die Auflage lag knapp unter 1 000, immer wieder hatte Rip Off angerufen und nachbestellt. Alle drei Monate gab es eine neue Ausgabe. Jedes Kassetten-Cover war mit der Hand ausgeschnitten, jede Kassette in realer Laufzeit überspielt. Wie viel leichter war es da, eine Radiosendung zu machen.

Es waren nur noch wenige Sekunden bis zur Sendung. »Ruhig bleiben«, empfahl der erfahrene Redakteur, »wir sind gleich live drauf. Da draußen warten jetzt 1,2 Millionen Menschen darauf, dass du ihnen etwas sagst, konzentrier dich auf sie.« Damals gab es im Norden ja nur drei Programme, und ein Schnitt von über einer Million Hörer war deshalb auf der Frequenz vom NDR die Regel. Gerade mal 16 Jahre alt geworden, hatte ich nie mehr Menschen gesehen als bei einem ausverkauften Heimspiel des HSV. Vor meinem geistigen Auge stapelte sich deshalb das vollbesetzte Hamburger Volksparkstadion zwanzigmal übereinander. Ich stand vor diesem merkwürdigen Gebilde aus wahnsinnig vielen Menschen auf einem kleinen Podium. Mein Hals schnürte sich zu, aber endlich krächzte ich »Guten Abend« ins Mikrofon.

Danach präsentierte ich eine Stunde lang die englischen Independent Charts, schaltete zu meinen Außenreportern Burkhard Seiler in Berlin und Christoph Schlingensief in München, um zu hören, was sich in den anderen Metropolen Neues tat. Dazwischen gab es Musik zu hören, die ich gerade wichtig und spannend fand. Von acht bis neun Uhr abends, einmal im Monat, immer am ersten Montag. Was ich spielte, war komplett mir überlassen. Wenn man mir sagen müsste, was ich auflegen sollte, meinte damals Wellershaus, bräuchte man mir keine Sendung zu geben.

»Nur was mich selbst überrascht, mute ich auch anderen zu«, lautete das Credo von Klaus Wellershaus. Auf diese Weise hat er damals eine ganze Generation von Pop- und Rockmusikkonsumenten von

Flensburg bis nach Hildesheim und in der ganzen nördlichen DDR geprägt. Der ausgebildete Dirigent Wellershaus hatte mit wenigen Mitstreitern beim NDR ab 1965 ein Jugendprogramm durchgedrückt. »Es gab damals so genannte Abhörkonferenzen beim NDR«, erzählte er, »bei denen die neuen Platten daraufhin abgehört wurden, ob sie archiviert oder aussortiert werden sollten. Immer, wenn es ›schräg‹ wurde, guckten alle mich an – etwa bei den Beatles oder den Kinks. Die Platten bekamen dann den Vermerk: Nur für junge Leute!‹«[4]

Konsequenterweise entstand daraus die Sendung *Musik für junge Leute nach der Schule,* später kam im Abendprogramm des NDR 2 noch *Der Club* dazu. Als ich das erste Mal am Mikrofon saß, hatte Wellershaus bereits ein anderes Rollenverständnis. Er ermöglichte es nun den Nachwuchskräften, das zu machen, woran sie glaubten; er fungierte als Gastgeber und Mentor.

Das Vertrauen wurde mit spannenden Sendungen hoch engagierter Mitarbeiter belohnt. Das Programm war unberechenbar, aber gerade das machte es so aufregend und sorgte bei mir und vielen anderen für einen Grundstock musikalischer Bildung. Mal gab es Blues und Jazz – ein freundlicher Herr verkündete mit Grabesstimme, wer diese Woche wieder das Zeitliche gesegnet hatte und spielte dann deren Werke. Man merkte schnell, dass Jazz und Blues viel mehr zu bieten hatten als eine überaus hohe Letalitätsquote. Einmal kam eine Sendung für frisch erweckte Christen: Ein Mann mit schwerem, englischem Akzent namens Baskerville spielte mir so das erste Mal die damals noch bibelfesten U2 vor. Tags drauf öffnete Werner Voss sein Rock 'n' Roll Museum, und auch Alfred Hilsberg bekam die Chance, Zuhörer wie mich mit seiner Neuen Deutschen Welle bekannt zu machen.

Immer wieder führte das Vertrauen und die Loyalität von Klaus Wellershaus zu seinem jungen Team aber auch zu Rüffeln des Rundfunkrats. Ich dachte mir nicht viel dabei, als ich fast auf den Tag genau ein Jahr nach dem Papst-Attentat eine Single von Der Favorit auflegte. Unterlegt von Gitarren und einem technoiden Beat war auf diesem Projekt des Abwärts-Bassisten Axel Dill der Papst zu hören. Auf Deutsch sprach Karol Wojtyla salbungsvolle Worte – nur unterbrochen von der einen oder anderen hineingemischten Maschinengewehr-Salve. Ich dachte an freie Meinungsäußerung und die Freiheit der Kunst, der Rundfunkrat nach einigen Anrufen an die Verletzung religiöser Gefühle. Klaus Wellershaus steckte diese Rüge, die eigentlich mir galt (aber ich war ja noch minderjährig und zudem nur freier Mitarbeiter), mannhaft ein und ließ mich unbehelligt weitermachen. Ich durfte auch zukünftig unter dem Kopfschütteln von verbeamteten Cutterinnen meine Sendungen vorbereiten, in denen Jugendliche zum Geräusch aufeinander krachender Einkaufswagen Lyrik sangen oder Punks aus Eisenhüttenstadt auf Tapes, die in Seife herübergeschmuggelt wurden, das Ende der DDR herbeischrieen. Der Taxifahrer, der mich nach der Sendung nach Hause brachte, meinte einmal, ich hätte heute wieder ziemlich laute Musik gespielt ...

Einen Monat, bevor ich bei der Polydor meine Arbeit aufnahm, begann der NDR, leise zu werden. Seit dem Regierungswechsel 1982 hatte Helmut Kohl die Einführung des so genannten dualen Systems vorangetrieben. In seiner Heimat Ludwigshafen begann am 1. Januar 1984 der Testbetrieb, am 1. Juli 1986 um 11:55 Uhr startete vor den Toren Hamburgs mit Radio Schleswig-Holstein der erste Privatsender, der landesweit sendete. Der Programmdirektor von RSH, Hermann Stümpert, versprach in den ersten Sendeminuten »ein Programm, das den Machern und den Hörern Spaß macht«. Beim NDR war man darüber nicht sehr vergnügt. Im Vorfeld war schon *Musik für junge Leute* auf die bedeutend kleinere NDR 1 Hamburg Welle verschoben worden, der Einfluss der Redaktion Wellershaus auf *Der Club* schwand zusehends. Stattdessen wurden für ihn, fast jenseits der Wahrnehmbarkeit, Nischen im Programmumfeld des später gegründeten NDR 4 gesucht und gefunden. Mit dem *Radiokonzert* konnte Wellershaus schließlich noch eine echte Musiksendung im Abendprogramm der Servicewelle NDR 2 verankern, in der »eine Band länger als eine Single spielt«. Am 31. Januar 2002 ließ sich Klaus Wellershaus in den Vorruhestand versetzen.

Helmut Kohl träumte davon, dass die neuen Radiostationen den Bürgern abseits der öffentlich-rechtlichen Sender, die von seiner Partei gern als »Rotfunk« beschimpft wurden, »geistige Orientierung« bieten könnten. Ein Irrtum, wie auch bald seine Parteifreunde eingestehen mussten. Der von Stümpert und Kollegen angekündigte Spaß hatte mit geistiger Orientierung wenig gemein. Er bedeutete »die Hits der Sechziger und Siebziger und das Beste von heute« und führte bei Radio Schleswig Holstein dazu, dass schließlich nur noch 7,7 Prozent des Programms aus Neuheiten bestand, also aus Songs, die das Publikum nicht schon in- und auswendig kannte. Radio, das war plötzlich die Kunst, keinen mehr zu stören. Das Geschäftsmodell der privaten Sender war darauf abgestellt, mit einer homogenen Mischung aus mindestens 80 Prozent Musik und ein bisschen Moderation möglichst viel Werbung zu akquirieren.

Die öffentlich-rechtlichen Kanäle steckten in einer Zwickmühle. Auf der einen Seite saß ihnen ein Verfassungsauftrag im Nacken, der sie zur Pluralität verpflichtete. Auf der anderen Seite gab es Druck von der Politik, die ihren Wählern nicht erklären wollte, wozu man einen gebührenfinanzierten Rundfunk braucht, wenn dieser deutlich weniger Hörer hat als der private. Man löste das Dilemma, indem man sich bei den populären öffentlich-rechtlichen Servicewellen bedingungslos dem Format und den Methoden der Privatradios anpasste und alles, was diesem eingeschränkten Schema nicht entsprach, zu nachtschlafender Zeit oder im Umfeld von Klassik- oder Infowellen sendete. Das Ergebnis: Aus der Wahrnehmung der breiten Öffentlichkeit verschwanden Hörfunk-Helden wie Klaus Wellershaus und die mutigen Töne dieser Welt.

Kohls Vorgänger, Bundeskanzler Helmut Schmidt, hatte im Zusammenhang mit der Diskussion um Verkabelung und mögliche private Anbietern bereits 1979 gewarnt: »Wir dürfen nicht in Gefahren hineintaumeln, die akuter und gefährlicher sind als die Kernenergie.« Aus der Sicht eines klassischen Radioredakteurs wahre Worte. Denn mit dem privaten Rundfunk kam auch die Musikplanungssoftware aus den USA, allen voran der Marktführer Selector. Sie veränderte das Berufsbild eines Radio-DJs radikal. Früher war er so gut, wie er die Dramaturgie seiner Sendung aufbauen konnte, mit Musik auf Situation und Stimmung spontan einging, durch die richtigen Übergänge einen einzigartigen Fluss schuf und zugleich durch die Auswahl sein Wissen und seinen Geschmack dokumentierte. In der neuen Zeit wurde die optimale Einstellung der Software und die Aufarbeitung von Daten zu seiner Kernkompetenz. Der Computer komponiert die tägliche Playlist, holt sich die Songs aus dem digitalen Archiv, wo sie vom Redakteur aufwändig kategorisiert wurden: nach Länge, Tempo, Künstlerbekanntheit, Genre, Sprache, bisheriger Rotation und verschiedenen weiteren Punkten.

Neben dem Computer samt Selector-Programm bekam der menschliche Programmmacher eine weitere Hilfe zur Verfügung gestellt: den Research-Spezialisten. Kein Ton geht über den Sender, den er nicht mit aufwändigen Tests überprüft und für gut befunden hat. Zunächst wird ein Sender musikstrategisch positioniert. Der Researcher stellt unterschiedliche Genreblöcke zusammen, die aus jeweils drei Hooks bestehen, das sind etwa 12 Sekunden lange Refrainmelodien alter wie neuer Hits. Diese Genreblöcke werden per Telefon einer repräsentativen Gruppe von 800 bis 1 000 Hörern vorgespielt. Das Ergebnis wird nach musikalischen Kompatibilitäten ausgewertet – welche Genres passen laut Hörergeschmack am besten zueinander: Modern Pop und achtziger Hits oder doch besser R&B und Techno? Dann wird das Klangbild eines Senders festgelegt. Anhand dieses ständig wechselnden Formates, das sich den Trendwünschen seines Publikums flexibel anpasst, werden sämtliche Musiktitel hinterfragt. Der Redakteur kontrolliert die Daten, vergleicht seine Playlist mit der des Wettbewerbers und stellt die »Musikuhr« ein. Sie schreibt fest, welches Profil der Sender zu welcher Tageszeit haben soll. Darf es also eher ein langsamer Oldie, oder ein internationaler Hit im Mid-Tempo sein, der die Mittagszeit einläutet? Es obliegt der Entscheidung des Redakteurs, in welche Rotation der jeweilige Titel kommt, wie häufig am Tag er also im Programm auftauchen darf. Aber auch diese Freiheit ist im Vergleich zu früheren Zeiten sehr begrenzt. Alle Songs, neue wie alte, werden vom Research etwa alle zwei Wochen auf ihre Beliebtheit beim Publikum getestet. In so genannten Callouts und Auditions werden Hörern die Titel vorgespielt. Je nach Finanzkraft des Senders sind das Gruppen von 70 bis 150 Personen, denen entweder am Telefon oder in einem großen Saal die Hooks jener Titel präsentiert werden, die auf dem Sender laufen. Ihre Reaktion auf die Musik wird in Abstufungen nach Begeisterung, Ablehnung, Burn Out, also dem Zustand zu hoher Rotation eines Titels, und Zuordnung zur Senderfarbe gemessen. Die Daten werden mit aufwändigen Algorithmen und Tabellenkalkulationen ausgewertet und der Redaktion samt programmlicher Empfehlungen präsentiert.

Die Ergebnisse mögen den Status quo des Hörergeschmacks in Bezug auf den jeweiligen Sender präzise erfassen, die emotionale Wirkung von Musik geben sie nicht wieder. Die Kategorisierung versucht, Musik zu objektivieren, die Befragung bringt zwangsläufig den kleinsten gemeinsamen Nenner hervor. Außerdem nivellieren diese Tests zwangsläufig alle Ecken und Kanten von Titeln, die sich nicht bereits als Hit durchgesetzt haben. Um dem System gerecht zu werden, kann der Redakteur also nur mit Titeln arbeiten, die entweder so klingen, als würde man sie kennen, oder die schon im eigenen Sender oder von anderen »warm gespielt« wurden. Mit den Interessen von Künstlern und ihren Labels hat das nur noch wenig zu tun. Das Geschäftsmodell ist ein grundsätzlich anderes. Die einen wollen über das Radio Neuheiten kommunizieren, die auch mal anecken. Die anderen brauchen Musik, die auch dezent im Hintergrund funktioniert und sich dem ermittelten Hörergeschmack perfekt anpasst.

Vorzuwerfen ist das keinem, denn die Privaten arbeiten nach einer klaren Logik: Sie sind ein Sender- und kein Sendungsmedium. Sie müssen als Station mit einem möglichst klaren Profil jederzeit erkennbar bleiben, denn finanziert werden sie ausschließlich durch Werbung. Und die wird gemäß der Hörermenge pro Stunde berechnet. Gemessen wird diese aber nicht wie beim Fernsehen über kleine Geräte, die das Radioverhalten der Testpersonen dokumentieren, sondern durch Anrufe bei mindestens 50 000 Haushalten zweimal im Jahr. Zwischen Januar und Mai und zwischen September und Dezember lässt die Arbeitsgemeinschaft Media Analyse (AG MA) die Telefone klingeln. Die Nummern ermittelt ein Zufallsgenerator, aber natürlich macht nicht jeder mit. Wer Lust und Zeit hat, lässt sich nun Sendernamen samt jeweiligem Claim vorlesen, gibt Auskunft, wie häufig er diesen Sender in den letzten vier Wochen gehört hat, an wie vielen Tagen und wie lange. Mehr als dreimal pro Woche weist ihn als Stammhörer aus. Danach erfragt der Interviewer den Tagesablauf, um eine Hörerfrequenz pro Stunde ermitteln zu können. Immer geht es aber um den Sender und seine Erkennbarkeit. Es werden keine herausragenden Moderatoren oder besondere Radio-Highlights ermittelt; es geht um die jeweilige Station und wie viele Hörer sich ihr zuordnen lassen.

Das alles klingt relativ schwammig und wenig zuverlässig, entscheidet aber halbjährlich über Gedeih und Verderb ganzer Stationen, ihrer Programmchefs und Chefredakteure. Selbst die beeindruckende Summe von 50 000 Befragten relativiert sich, wenn man bedenkt, dass, in Relation gesetzt, die amtlichen Messergebnisse beispielsweise eines Senders aus dem Raum München auf weniger als 1 000 Anrufen basieren. Es erklärt aber, warum die Sender ihren Musiktests vertrauen. Denn es sind dieselben Menschen, die sich an Research und Media Analyse beteiligen: Leute, die sich freuen, mal mit einbezogen, mal gefragt zu werden. Alle anderen haben keine Zeit für die penetranten Anrufe aus dem Call-Center. Wenn aber Marktforschungsteilnehmer über den Erfolg oder Misserfolg eines Radioprogramms entscheiden, dann muss das Programm folgerichtig auch maßgeschneidert für Marktforschungteilnehmer sein. Und so sind die Verfahren von Media Analyse und Sender-Research konsequent aufeinander eingestellt.

Zu Anfang pilgerten fast alle Verantwortlichen der Sender zu Ad Roland, um von ihm zu lernen, wie das geht. Der in die Jahre gekommene DJ aus Holland war einer der wenigen, der sich schon lange mit den Modalitäten des Privatfunks auskannte. Noch unter dem Monopol des Staatsfunks hatten die so genannten Seesender von internationalen Hoheitsgewässern aus in Richtung England und Benelux ihre Programme ausgestrahlt. Ad Roland war mit *Radio Mi Amigo* dabei, so lange bis der Frachter Magdalene, der als Basis diente, 1979 strandete und von den niederländischen Behörden aufgebracht wurde.

Als Radio-Consultant ging es ihm aber deutlich besser als auf hoher See. Er brachte privaten und auch öffentlich-rechtlichen Mitarbeitern bei, wie man die Musikarchive drastisch zusammenstreicht (teilweise auf bis zu 500 Titeln, also 5 Prozent dessen, was auf einen gewöhnlichen Apple iPod passt), um das Format des Senders klar herauszuarbeiten, wie man mit Jingles umgeht, damit der Claim des Senders einem jeden geläufig und die Station bei der nächsten Media Analyse bekannt genug ist, damit der Befragte meint, sie gehört zu haben. Er brachte den Moderatoren die ewig gute Laune bei und schulte sie darin, ein Tonstudio komplett selbstständig zu bedienen.

Letzteres war sicher ein Segen. Ich musste dereinst noch dem Ton-techniker ein Zeichen geben, »abwinken«, bevor der nächste Titel kam. Beim letzten Satz hieß es: Arm hoch. Wenn einem dann doch noch etwas einfiel, saß man blöd hinter der Scheibe, mit ausgestreck-tem Arm, der sich erst senken durfte, wenn das letzte Wort gespro-chen war.

Derselbe Lehrer, dieselbe Zielgruppe, identische Erhebungstechni-ken – aus der medialen Vielfalt wurde in der Breite Einfalt. Die meis-ten Sender klangen einfach gleich und tun das bis heute. Der Radio-berater und die Auswirkungen seiner Ratschläge auf das Programm war nicht allein ein deutsches Phänomen. In Amerika dankten es die Rapper von Public Enemy dieser Berufsgruppe 1992 mit dem Song *How To Kill a Radio Consultant*.

DAS PARADIES – GEFILMT VON PETER RÜCHEL UND ANDREAS THIESMEYER

In den sechziger Jahren begann der lange Marsch des Fernsehens ins Herz der deutschen Familie. Während 1954 noch mickrige 88 278 Fernseher angemeldet waren, gab es 1964 bereits 10 Millionen Ge-räte. Anfang der siebziger Jahre war das Fernsehen praktisch in jedem deutschen Haushalt präsent. Es hatte stillschweigend das Radio als Zentrum des Familienverbandes ersetzt – aus dem Prinzip Volksemp-fänger war das elektronische Lagerfeuer geworden. Die beiden öffent-lich-rechtlichen Anstalten teilten sich den Kuchen auf: hier die föderal strukturierte ARD mit ihren unterschiedlich mächtigen Regionalsen-dern, dort das ZDF als zentralisierter Riesenapparat. Popmusik tröp-felte ganz langsam ins Programm. Einzelne streitbare Redakteure in den jeweiligen Funkhäusern erkämpften sich die Flächen.

»Nun ist es endlich so weit. In wenigen Sekunden beginnt die erste Show im Deutschen Fernsehen, die nur für Euch gemacht ist. Und Sie, meine Damen und Herren, die Sie Beatmusik nicht so mögen, bitten wir um Ihr Verständnis.« Mit diesen Worten kündigte der spätere *Ta-gesschau*-Sprecher Wilhelm Wieben den ersten *Beat Club* am 25. Sep-tember 1965 an. Michael »Mike« Leckebusch hieß der ambitionierte

Unterhaltungsredakteur bei Radio Bremen, der das neue Format bei den Senderverantwortlichen durchgesetzt hatte; Uschi Nerke war seine Moderatorin. Anfangs tastete man sich mit lokalen Stars wie den Rattles oder den Lords ans Publikum heran, später kamen dann Bands wie Steppenwolf, Jethro Tull oder Status Quo, aber auch die Beach Boys, The Doors oder Kraftwerk dazu. Die Auftritte waren selbstverständlich live, eine Hand voll überdrehter Studiogäste feierte jede Band. Die Jugendlichen waren begeistert, die Eltern empört, die Medien ratlos. Zum ersten Mal öffnete sich das deutsche Fernsehen für die musikalischen Innovatoren aus den USA und aus England.

Schnell sprach sich das TV-Ereignis herum und wurde für jeden halbwegs angesagten Jugendlichen unverzichtbar. Da es noch keinen eigenen Fernseher im Kinderzimmer gab, kam es am Samstagnachmittag in zahllosen Familien zum Generationenkonflikt. Die Eltern schimpften auf »Negermusik« und »langhaarige Gammler«, deren Darbietungen keinen schlechten Einfluss auf den Sohn oder die Tochter ausüben sollten. Die Kinder moderierten, übersetzten, erklärten – ständig darum bemüht, keine Sekunde der kostbaren Sendung zu verpassen. Von Empörung und Ablehnung bis zu Annäherung und gemeinsamer Begeisterung: Popmusik und Fernsehen waren die Grundlage eines großen Identitätsdiskurses im Wohnzimmer.

Bis 1972 produzierte Leckebusch 86 Sendungen vom *Beat Club*. »Zum Schluss hatte ich nur noch die Kiffer vor der Röhre«, klagte er, und tauschte das Auslaufmodell gegen ein neues Format aus – den *Musikladen*. Psychedelische Farbspielereien, poppige Überblendungen, Go-Go-Tänzerinnen ohne Hemd, aber noch mit Höschen, und kreischende Bildverfremdungen waren Zeichen einer neuen Zeit. Das bewährte Team wurde ab 1973 mit dem präpotenten Co-Moderator Manfred Sexauer aufgefrischt. Und wieder prägte Leckebusch die deutsche Pop-Geschichte: Ein Auftritt in seiner Sendung galt unter Künstlern und Plattenfirmen als Garant für den Einstieg in die Charts. Leckebusch war das Nadelöhr, sein Geschmack entschied, bei ihm standen die Promoter Schlange. Um einen Auftritt im *Musikladen* und im Nachfolger *Musikladen Eurotops* wurde mit allen Mitteln gekämpft. Leckebusch hatte beim Sender irgendwann durchgesetzt, dass die Sendung ohne störendes Publikum produziert werden konnte, und kurzerhand das Studio zu sich nach Hause verlegt. Etwas schaurig war die Anreise schon, denn sein Anwesen lag mitten im Wald, nah der Autobahn nach Bremerhaven. Im Stil typischer »Ich-hab-es-geschafft«-Architektur der siebziger Jahre wirkte es wie ein reichlich aufgepumptes Reihenhaus. Das Studio befand sich im Anbau – auf 50 Quadratmetern. Hierhin reisten also die Pop-Legenden, drängelten sich zwischen Kabeln und Kameras auf die Bühne und erfreuten sich an der clubartigen Atmosphäre und den ebenso freundlichen wie hübschen Praktikantinnen. Newcomer, von denen Leckebusch noch nicht völlig überzeugt war, konnten sich bei ihm für 10 000 Mark einen Blue-Screen-Auftritt für spätere Promotionzwecke erkaufen. Der wurde dann mit für den *Musikladen* typischen Psychedelic-Effekten hinterlegt. So entwickelte Leckebusch die frühe deutsche Variante des Musikvideos.

Ohne ihn lief gar nichts, er war Regisseur, Produzent und Redakteur in einer Person. In den siebziger Jahren galt er als mächtigster Mann der Branche. Und er nutzte diese Macht für höchst individuelle Entscheidungen – spielte Tina Turner, als niemand sonst das tat, boxte Roxy Music in die Charts und brachte Boney M. unglaubliche 15-mal, bis auch der letzte Zuschauer *Rivers of Babylon* mitsingen konnte. 1984 endete der *Musikladen* nach 90 Ausgaben mit *Do They Know It's Christmas Time*.

Andere Musikformate waren dazugekommen und hatten Leckebuschs Sendung das Monopol streitig gemacht – die WDR *Plattenküche* mit Helga Feddersen und Frank Zander, *Bananas* und *Känguruh* mit Hape Kerkeling. Hier war Erfinder und Redakteur Rolf Spinnrads höchst individuell um die Musik bemüht. Was ihm gefiel, bekam volle Unterstützung. Und sei es die völlig unbekannte Deutschrockband Düsenberg, die so oft in seiner *Plattenküche* angekündigt wurde, ohne dort zu erscheinen, dass ihr allein der Auftritt in der letzten Folge den ersten und einzigen Hit einbrachte. Es gab *Disco* mit Ilja Richter und dem damals schon entscheidungsstarken, aber nicht immer geschmackssicheren Redakteur und späteren Musikmanager Thomas Stein. Es gab die *Music Box* im Kabel mit den Redakteuren Jörg Hoppe und Christoph Post, die später als Mitgründer von VIVA das deutsche Musikfernsehen erheblich prägen sollten.

Das Musikvideo wurde im deutschen Fernsehen von *Formel Eins* entdeckt. Andreas Thiesmeyer, ehemaliger Polydor-Außendienstmitarbeiter und späterer Produktmanager von James Last und der Kelly Family, überzeugte die ARD-Sendeverantwortlichen, ihm für das ungewöhnliche Konzept in den dritten Programmen eine Versuchsfläche einzuräumen. Internationale Künstler hatten 1983, als *Formel Eins* im April zu senden begann, in der Regel ein Video; bei lokalen Künstlern war es die absolute Ausnahme. Thiesmeyer löste das Problem, indem er einfach selbst Videos produzierte. Über seinen Geschmack mag man streiten, aber alle deutschen Bands, die in die Charts wollten, standen irgendwann auf dem Bavariagelände zwischen Oldtimer-Wracks und brennenden Mülltonnen vor den Kameras seines Teams. Ein unglaublicher Aufwand wurde betrieben. Mehr noch als zuvor im *Musikladen* konnte ein Auftritt in *Formel Eins* über die Karriere eines Künstlers entscheiden. Thiesmeyer war sich dessen bewusst, stellte sich zusammen mit Redakteur Roman Colm manch scharfer Diskussion mit Künstlern und Plattenfirmen. Der Erfolg wurde ab Januar 1988 mit einem Sendeplatz im ersten Programm am Samstag um 15 Uhr belohnt. Vorher lief *Formel Eins* am Abend. Mit der neuen Uhrzeit entfernte sich das Format von der Musik und seiner eigentlichen Zielgruppe – um 15 Uhr schauten Kinder oder Rentner zu, aber immer weniger Fans. Mit Reisereportagen versuchte man vergeblich, den Verfall der Sendung zu stoppen. Ab 1990 übernahm konsequenterweise der *Disney Club*.

Im *Rockpalast* konnte sich sogar der gehobene Fan wiederfinden. Peter Rüchel, der engagierte Chef des WDR-Jugendfernsehens hatte eine Sendung mit Livemusik durchgesetzt, die im hauseigenen Studio vor 80 Gästen aufgezeichnet wurde. Die Idee flog nicht, Versuchskaninchen wie die Band Procul Harum waren reichlich frustriert. Zum einen kann man Rockkonzerte nicht auf 30 Minuten begrenzen, zum anderen kam im kleinen Rahmen keine rechte Stimmung auf. Rüchel gab nicht auf, sondern dachte groß. Er brauchte eine richtige Halle, er brauchte eine ganze Nacht. Besessen von der Idee, aber ohne Beleg dafür, dass es klappen könnte, überzeugte er dennoch seine Vorgesetzten, ihm pro *Rockpalast*-Nacht fünf bis sechs Stunden Sendezeit einzuräumen. Und er gewann auch andere für seine Idee: Von Anfang an machten sieben Nationen von Italien bis Norwegen mit.

»Learning by doing – europaweit live! Denn im technischen Sinne hatten wir damals keine Ahnung«, erinnert sich Rüchel. »Als Produzent mittendrin stehend, habe ich gedacht: ›Die lassen uns nie wieder auf den Sender!‹ Die Umbaupause von Rory Gallagher auf Little Feat dauerte 45 Minuten, den Moderatoren ging der Stoff zum Moderieren aus – es war einfach ganz furchtbar.« Rüchel hat das Unmögliche gewagt und deshalb gewonnen. Die lange Nacht des *Rockpalast* wurde im ersten Programm zur Institution. Man traf sich bei Freunden, drehte den Ton des Fernsehers ab und das Radio aus Vaters Anlage auf volle Lautstärke (alle ARD-Radiostationen übertrugen das Ereignis parallel) und genoss am späten Samstagabend stundenlang die Crème der Rockmusik im HiFi-Stereosound: The Who, Van Morrison, The Police bis zu Einstürzende Neubauten, live und ungekürzt aus der Grugahalle in Essen oder der Philipshalle in Düsseldorf, unterbrochen von Interviews in den Umbaupausen und eingestimmt von Albrecht Metzger: »German Television prrroudly prrresents ...«

Es gab verschiedene Plattformen, die sich unterschiedlich definierten. Es ging um Schlager oder Rock, Single-Stars oder Album-Acts, Live oder Playback, und immer standen dahinter klare Entscheider. Es gab Fernsehpersönlichkeiten, die für ihre Inhalte kämpften und sich dann auch dafür verantwortlich fühlten. Niemand verschanzte sich hinter einer Redaktionskonferenz oder einer Abhör-Jury wie später die Videokanäle. Es gab den Redakteur, den man anrufen konnte, der für weibliche Überredungskünste anfällig war oder sich gerne mal zum Essen einladen ließ. Das war niemals gerecht oder objektiv, das konnte hoch korrupt sein, war aber in jedem Fall individuell und vom Ergebnis her emotional und spannend. In den öffentlich-rechtlichen Sendern gab es für aktive Redakteure Spielräume, Quotenangst spürte man dank fehlender Konkurrenz noch nicht. Dass Musik kein leichter Sendeinhalt ist, war bekannt: Zwischen den bundesdeutschen Wasserwerken und dem ZDF bestand die Absprache, die Wasserwerke vorzuwarnen, bevor in der Sendung *Wetten, dass ..?* die musikalischen Pausen kämen. Nur so hätten sie die Chance, für die Pinkelpause die Kapazitäten rechtzeitig hochzufahren ... Dass dies dem Harndrang von mindestens zwölf Millionen Menschen geschuldet war, wusste man schon damals.

Messungen von Reichweiten und Zuschauerzahlen wurden schon länger vorgenommen, doch wirklich wichtig waren die Analysen erst ab 1988, als sich die öffentlich-rechtlichen Sender mit den großen Privaten zur Arbeitsgemeinschaft Fernsehforschung zusammentaten und die Gesellschaft für Konsumforschung (GfK) mit der sekundengenauen Erschließung des Programms beauftragten.

Schritt für Schritt begannen die privaten Anbieter, ihre Logik der Quantität, der Reichweite, der Zielgruppenpräsenz auf die gesamte Fernsehlandschaft zu übertragen. Auf welche Weise die Zuschauer mit dem umgehen, was sie sehen, ob und wie Fernsehen sie bewegt hat, wird immer weniger wichtig – das Einzige, was in den Sendern zählt, wenn am Morgen nach der Ausstrahlung die Quoten herumgereicht werden, ist die schlichte Zahl. Und bei den Analysten in den Sendern ist Musik zunehmend verpönt, denn sie führt zu Dellen in der Quotenkurve, zu den verhassten »Umschaltern«. Der Grund ist einfach: Alles, was emotional ist, führt auch zu Ablehnung. Je emotionaler, umso heftiger. Je heftiger, umso schneller wird umgeschaltet. Da sich die Qualität von Musik und ihrer Darbietung aber nun mal danach bemisst, so emotional wie möglich zu sein, widerspricht das zutiefst einem Fernsehideal, das auf stabilen Quoten, auf purer Quantität beruht.

Parallel zum Start des Privatfernsehens und den diversen neuen Kanälen kam ein weiteres Phänomen hinzu: Die Zahl der Zweitgeräte wuchs. Ende der achtziger Jahre besaß bereits jeder dritte Haushalt eines. Meist stand es im Kinderzimmer. Resultat: Der Familienverbund vor dem Fernseher wurde gesprengt. Immer seltener kam es zu TV-Ereignissen, die generationsübergreifend erlebt wurden – samt Geschmackskollisionen und Identitätsreibung. Popmusik wurde zur Privatangelegenheit. Bald regierten die Musiksender MTV und VIVA im Kinderzimmer. Und die Eltern waren froh, in Ruhe den *Tatort* sehen zu können. Die dringend notwendige Erneuerung des Mainstreams, der Moment, da die Jüngeren den Älteren erklären, worum es der neuen Band geht, die gerade in der Abendshow spielt, blieb dadurch aus.

DAS PARADIES – BESCHRIEBEN VON FRANK BIELMEIER UND ANDREAS BANASKI

Gegen Ende der siebziger Jahre schoss an fast jeder Ecke einer Studentenstadt oder eines Univiertels ein Copyshop aus dem Boden. Die Firma Xerox hatte den Fotokopierer zwar schon 1949 erfunden, aber erst jetzt war das Gerät so günstig geworden, dass man eine Kopie für 10 Pfennige anbieten konnte. Keine Schriftsetzer, keine Filme, keine Druckkosten, eine ungeahnte Freiheit für jeden, der etwas mitteilen wollte und es sich zuvor nicht leisten konnte. Es wurde wie im Rausch kopiert, und das nicht nur vom AStA, den Atomkraftgegnern und studentischen Dritte-Welt-Gruppen, auch die Punks standen hinter den modernen Maschinen. In so genannten »Fanzines« (kurz für Fan-Magazines) schrieben sie über ihre eigene Bewegung, emanzipierten sich von der bürgerlichen Presse, die sie nicht verstand und von der sie nicht verstanden werden wollten.

Die ersten Fanzines tauchten 1976 in London auf, hießen *Sniffin' Glue*, *Ripped and Torn* oder *London Outrage*. Die Bilder klebten krumm und schief, die Texte waren mit mechanischen Schreibmaschinen oder gar mit der Hand geschrieben, Korrekturen blieben einfach im Text stehen, Grammatik und Orthografie interessierten nicht und die Überschriften klebte man aus einzelnen ausgeschnittenen Zeitungsbuchstaben zusammen. Sie sahen aus wie Erpresserbriefe. Der Wille zum eigenen Medium schaffte einen eigenen Stil, der sich radikal von allen Hochglanzmagazinen abhob. Man war schneller, günstiger, direkter und dreckiger als sie. Die Auflagen waren meist gering, überschritten kaum 100 Exemplare und wurden im Bekanntenkreis oder über den örtlichen Schallplattenladen vertrieben. Meist kamen sie über ihre Region nicht hinaus. Da man Fanzines weiterreichte, ein Exemplar viele Leser hatte, schafften sie ein dichtes lokales Informationsnetz. Die Punks hatten ein steinzeitliches Internet aus Papier erfunden.

Jeder war plötzlich Journalist, und alle schrieben es so auf, wie sie es erlebten. Sie hatten es nicht anders gelernt, und es entsprach genau dem eigenen Anspruch an Wahrhaftigkeit. Thema waren die eigenen Bands oder die von nebenan. Das System sah in Deutschland nicht anders aus als anderswo. Sein Epizentrum befand sich 1977 noch rund um Düsseldorf, wo auch unweit, in Grevenbroich, *The Ostrich* von Frank Bielmeier erschien. Bezeichnenderweise lag in Neuss, auf halber Strecke zwischen beiden Städten, die Zentrale des Kopiererherstellers Xerox. In der ersten Ausgabe des selbst kopierten Hefts heißt es vom Herausgeber: »Suche Typen, die Lust haben, eine Punk-Band zu machen! Brauche Bassist und Schlagzeuger.« In der zweiten Ausgabe fragt er schon: »Wer interessiert sich für Kassetten von Charley's Girls???«

Gemeldet hatte sich ein gewisser Peter Hein. Man nahm ihn in die Gruppe auf, sie wurde zur Keimzelle für Mittagspause, aus denen wiederum mit Fehlfarben die wohl wichtigste Band der Neuen Deutschen Welle hervorging. Deren Sänger Peter Hein stand zu der Zeit bei Xerox in Lohn und Brot: »Innerhalb kürzester Zeit begann ein Spiel mit Formen und Inhalten, es wurde Kunst der zwanziger Jahre, Propaganda und Pop-Art in die Gestaltung der Zeitung und der Zettel eingebracht, geschrieben, wie man gerade las, hardboiled, surreal, Stream-of-consciousness, was man will«, begeistert Hein sich noch heute. »Und wer beim Kopierhersteller arbeitet, wird ja unfreiwillig bestens gesponsert, so konnten herrliche, endlos vergrößerte Detailausschnitte und Mehrfachbelichtungen zu unerkennbaren Konzertankündigungen und Plattencovern werden.«[5]

Weil die Szene bewusst und spielerisch auf eine neue Technik zuging, verschaffte sie sich einen gewaltigen Vorsprung. Die Medienindustrie beschäftigte sich noch mit den Auswirkungen der epidemieartig auftauchenden Kopierer auf das Urheberrecht, stritt um den Kopiergroschen, während die Maschinen längst ein Fanzine nach dem anderen ausspuckten. Auch die Leerkassetten, vor denen die Musikwirtschaft so viel Angst hatte, trugen zur Freiheit der Punks bei. Eine Mark-II-Kassette aus Taiwan, die ich auch für mein Fanzine *Festival der guten Taten* verwendete, kostete nur noch 90 Pfennig im Handel. Der kleine HiFi-Händler ums Eck in Hamburg-Poppenbüttel wunderte sich, dass ich und andere merkwürdige Gestalten sie immer gleich kistenweise kauften.

Die Musik wurde über kleine Kassettenlabels zum Selbstkostenpreis ausgetauscht. Nur scheinbar eroberte die Neue Deutsche Welle die Republik später im Sturm. Als die Massenmedien entdeckten, dass Punk und die Neue Welle weit mehr waren als der Mut zur Hässlichkeit (»Schocken ist schick« schrieb die *Cosmopolitan* Ende der Siebziger), hat sich jenseits des Mainstreams schon längst eine unabhängige, gefestigte Kultur entwickelt. Das Medienestablishment hatte unterschätzt, wie selbstständig der Underground mithilfe von neuer Technik werden konnte. Ratlose Artdirektoren saßen Anfang der achtziger Jahre über Fanzines wie *Willkürakt*, *Bauernblatt* oder *Arschtritt* und versuchten, deren ästhetische Codes, die plötzlich so gefragt waren, zu entschlüsseln. Die Anzeigen von Musikkonzernen sahen nun wie die von Independents aus. Die Bertelsmann-Tochter Ariola verteilte quietschgelbe Buttons, die wie Badges der Punks wirken sollten, auf denen in roten, zusammengewürfelten Buchstaben »Keine Angst vor den Achtzigern« stand, während dem Management die Knie schlotterten, weil sie glaubten, den Trend verschlafen zu haben. Auch in der *Bravo* waren auf einmal die Schriften schief und krumm. »Wir dachten schon, das ist der Sieg«, sangen Peter Hein und die Fehlfarben.

Wenn mein Nachbar eine Zeitung machen kann, wieso soll ich dann einem Journalisten glauben, den ich doch gar nicht kenne? Eine berechtigte Frage. Die klassische Musikpresse kam durch die Fanzines enorm unter Druck. Man versuchte, Musik zu objektivieren, schrieb seitenlang über Keyboardflächen, Gitarrenarbeit und Live-Qualität eines Sängers oder versuchte, jeden Ton in einen gesellschaftspolitischen Kontext zu zwängen. Über den Schreiber erfuhren die Leser in der Regel nichts. Das Private im Politischen gab es nicht. Das Feuilleton schrieb über Emotionen, doch die eigenen blieben außen vor? Unglaubwürdig.

Als Erstes ließen die Mitarbeiter des *Sounds* die Maske fallen und wurden dadurch zum Zentralorgan der Neuen Deutschen Welle. Allen voran Andreas Banaski alias Kid P. Seine Artikel handelten fast ausschließlich von seinen Befindlichkeiten, die Musik wurde so beschrieben, wie sie in seinem Leben vorkam. Der Leser tauchte in Banaskis Tagesablauf ein, begann zu verstehen, warum dieser das eine mochte und das andere strikt ablehnte, ohne mit ihm einer Meinung sein zu müssen. Journalisten waren plötzlich angehalten, ihr Innerstes nach außen zu kehren. In ihrer Subjektivität wurden sie so angreifbar wie die Musik, die sie rezensierten. Objektivität war natürlich einfacher, aber nicht ehrlicher und schon gar nicht fairer.

Offenheit wird belohnt. Ich erfuhr das durch einen Artikel über Tears For Fears, den ich unter Tränen schrieb.

Der fünf Jahre ältere Bob hatte alles, was man braucht, um Erfolg bei den Frauen zu haben: reiche Eltern, gutes Aussehen, einen Honda Civic und jede Menge Charme. Aber er war furchtbar schüchtern. Mit einer Mitschülerin, die ich ihm vorgestellt hatte, war es schon wieder vorbei. Er bat abermals um meine Hilfe als Kuppler. Im Visier hatte er diesmal Ute, ein 23-jähriges Mädchen aus der Independent-Szene, auf deren Freundschaft ich als 17-Jähriger mächtig stolz war. Bob mit der extrem coolen Ute zu verkuppeln war nicht leicht, und es nervte mich sowieso, ständig für ihn die Mädchen klarzumachen. Ich verlangte für den Erfolgsfall 1 000 Mark Honorar. Kein Problem für Bob.

Also spannte ich beide in die Dreharbeiten meines Abschlussfilms für den Kunstkurs meiner Schule ein. Film und Beziehung waren fast im Kasten, als wir alle am Abend des 30. April 1982 in Bobs Auto saßen; ich hinten, Ute fuhr. An einer Kreuzung wurde der Wagen von links mit voller Wucht gerammt. Jemand hatte die rote Ampel übersehen. Ich sprang nach vorne und riss Ute aus dem Wrack. Aufgeregt führte ich die Sanitäter, die kurz darauf eintrafen, zur geschockten Fahrerin. Ihr und Bob ging es gut, nur aus meinem Bein floß reichlich Blut.

Auf dem Weg ins Krankenhaus begriff ich es endlich: Ich hatte mich schon lange in Ute verliebt. Sechs Jahre Altersunterschied, aus meiner damaligen Perspektive eine gewaltige Spanne, waren plötzlich egal. Ich hatte mich vorher nur nicht getraut, mir diese Liebe einzugestehen. Ich kratzte so lange in meinem Pass herum, bis 1964, mein Geburtsjahr, wie 1954 ausah. Ich hätte noch viel mehr getan, um mit Ute zusammen zu sein.

Als ich wieder entlassen wurde, war die Sache mit ihr und Bob längst gelaufen, die beiden waren ein Paar. Voller Bitternis und Hass auf mich selbst verlangte ich von ihm die vereinbarten 1 000 Mark. Ich wollte Ute damit zu einer Reise nach Paris einladen, aber Bob verwehrte mir den üblen Lohn. Ich fuhr sofort zu ihr, gestand meine Liebe, erzählte alles. Zu spät. Es war früher Nachmittag, und sie tröstete mich auf dem Balkon ihrer kleinen Wohnung mit viel Aufmerksamkeit und noch mehr Wein.

Irgendwann dämmerte mir, dass ich noch einen Termin hatte: Tears For Fears, ein New-Wave-Pop-Duo aus England, gaben in der Hamburger Markthalle ihr erstes Deutschlandkonzert. Im Club wurde ich aufgefangen von einem warmen Synthie-Sound und einer traurigen Stimme, die mir aus der Seele sprach: »You don't give me love. You gave me pale shelter!« Das Konzert war eine Offenbarung, die ich mir unter Tränen anguckte. Wie vereinbart, aber betrunken und verheult, torkelte ich danach zum Interview hinter die Bühne. Das Gespräch hatte ich nicht vorbereitet. Es blieb mir gar nichts anderes übrig, als mit Roland Orzabal und Curt Smith über meine Geschichte mit Bob und Ute zu reden und was das mit der Musik von Tears For Fears zu tun hat.

Genau davon, wie ich meine große Liebe versehentlich verkaufte, handelte auch der Artikel über die Band, den ich bei der Zeitschrift *Scritti* ablieferte. Ihn zu schreiben war für mich liebeskranken Teenager wie eine Therapie. Die Reaktionen waren überwältigend: jede Menge Zuschriften, vornehmlich von Mädchen, die mich trösten wollten oder selbst Trost suchten. Dazu noch einige Jobangebote. Der Ton der Zeit war gnadenlos subjektiv, da fand selbst Teenage-Romantik ihren Platz. Dafür hatten die Fanzines gesorgt. Kid P., der in einem seiner letzten Artikel für *Sounds* öffentlich der Redaktionsassistentin Tina seine Liebe gestand (die das angeblich erst beim Korrekturlesen erfuhr, ihn aber verschmähte), hatte das zur Kunstform veredelt. Leute, die es beherrschten, über die eigene Geschichte zu den Themen der Zeit zu führen, wurden damals händeringend gesucht.

Überall entstanden neue Zeitungen, die großen Verlage bekamen vielfältige Konkurrenz, und das nicht nur von der Musikpresse. Auch der Markt der Stadtzeitungen boomte. Es gab jede Menge Neugründungen, und die alten Titel erhielten ein völlig neues Gesicht. Ausgestattet mit einem Selbstverständnis als studentische Kampfpresse, der von den Fanzines erlernten Subjektivität und dem Glamour des Pop, den *The Face* und andere britische Post-Punk-Magazine vormachten, legten sie los und gelangten Mitte der Achtziger zu ungeahnter Blüte. Deutlich über eine Million Exemplare wurden in Westdeutschland verkauft – diese Zahl kam durch die Addition kleiner, unabhängiger Titel zustande. Starke Regionalität, große Glaubwürdigkeit, maximale Unabhängigkeit, das waren die Stärken der Stadtmagazine.

Die großen Häuser, allen voran der Jahreszeiten Verlag aus Hamburg, wollten mitspielen. Die Brüder Edmund und Werner Marcinowski machten es möglich. Mit dem Geld des Großverlages im Rücken kauften sie ab 1988 eine Stadtzeitung nach der anderen auf und fassten sie unter dem Namen ihrer eigenen Ruhrpost-Postille *Prinz* zusammen. Im Sinne der Kostenoptimierung wurden Redaktionen zusammengelegt, das Big Business hatte man stets im Auge. Die Szene hatte ihre Unschuld verloren und damit erstaunlich schnell ihre Relevanz als Trendsetter. Im Jahreszeiten Verlag behinderten sich das innovative Magazin *Tempo* und die Stadtzeitungskette *Prinz* gegenseitig, sie kämpften als so genannte »Zeitgeist-Presse« um die Gunst eines identischen Publikums.

Diedrich Diederichsen, Lothar Gorris, Wolfgang Höbel, Thomas Hüetlin, Christian Kracht, Andrian Kreye, Hans Nieswandt, Kester Schlenz, die Gebrüder Seidel, Helge Timmerberg, Moritz von Uslar und viele andere mehr, die heute in den großen Wochenmagazinen und Tageszeitungen schreiben oder über die dort geschrieben wird, sind in der Welt des *Sounds* der Stadtzeitungen und Fanzines groß geworden. Und sie versuchen noch immer, ihrer Art von Journalismus treu zu bleiben. Vielleicht gibt es deshalb in der Presse mehr Freiräume: Sie steht am ehesten noch für Haltung, Inhalt, Verantwortung und den Mut, gegen den Strom zu schwimmen.

Das entspricht auch der Historie großer, traditionsreicher Titel wie *Spiegel*, *Stern* und mancher Objekte aus dem Hause Axel Springer. Die Gründer wollten mit ihren Medien gestalten, sie stellten aber, geprägt durch die Erfahrungen des Dritten Reichs und der damit einhergehenden Gleichschaltung der Massenmedien, ihre gesellschaftliche Verantwortung all ihrem Tun voran. Man mag politisch nicht auf einer Linie gewesen sein, aber ihre Publikationen verbreiteten immer eine klare Meinung, eine klare Haltung war stets erkennbar. Sie richtete sich nicht nach den jeweiligen vermeintlichen Mehrheiten in der

Bevölkerung. Über diese Haltung definierten sich die Werte der Verlagshäuser, so entstand Identität. Sie wurden gepflegt, auch wenn das richtig teuer wurde und bedeutete, dass man all seine Mitarbeiter am Unternehmen beteiligte, wie es Rudolph Augstein tat, oder ein einzigartiges, millionenschweres Sozialprogramm für sie auflegte wie Axel Cäsar Springer.

Der Konsument dankte es ihnen, über mangelndes wirtschaftliches Wachstum ihrer Häuser konnten Henri Nannen, Rudolph Augstein und Axel Cäsar Springer in ihrer aktiven Laufbahn nicht klagen. Die Krise der Presse begann erst, als Manager die Unternehmer ersetzten und der Glanz der alten Herren verblasste. So schwärmte selbst die *taz* über die großen drei Presse-Mogule: »Diese Männer waren nicht pc. Aber sie wussten, was sie wollten. Sie hatten eine Vision und sie hatten Charisma. Sie waren Persönlichkeiten. Keine Etat verwaltenden Knödelpupser, die über die Lage jammern, statt ihre Ideenlosigkeit als Ausgang des Niedergangs zu begreifen. Vielleicht ist die Lösung der medialen Krise ganz einfach: Vielleicht sollten die Magazine und Zeitungen dieses Landes mal wieder von Leuten gemacht werden, die etwas zu sagen haben. Von Menschen, die bereit sind, für die Wahrheit ins Gefängnis zu gehen, oder so naiv sind, anzunehmen, die Welt würde ein Stück fairer werden, wenn sie selbst mal ein Staatsoberhaupt aufsuchen.«

DAS PARADIES – DAS FAZIT

Ja, es war ein Paradies. Ein Paradies der klaren Verantwortlichkeiten. Menschen wie der erste A&R-Manager Fred Gaisberg setzten im Zweifel ihr eigenes Geld ein und gingen in Führung. Radioredakteur Klaus Wellershaus riskierte Kopf und Kragen, aber er sah seine Verantwortung darin, neuen Ideen Flächen zu schaffen und stand für sie ein. Auch bei der Polydor erlebte ich Verantwortung. Meine Chefs ließen mich machen. Und nahmen mich damit schlauerweise umso mehr in die Verantwortung.

Große Systeme an sich sind nicht das Problem, solange sie die Verantwortung in geschlossenen Blöcken verteilen. Der Einzelne darf sich nicht als Rad im Getriebe fühlen, der nur einen Auftrag für »die da oben« ausführt und nicht begreift, in welchem Gesamtzusammenhang sein Tun steht. Am Satz »Dafür bin ich nicht zuständig« kann ein ganzes Projekt, eine ganze Karriere scheitern.

Gefährlich wird es immer dann, wenn die Organisationsform sich nicht am Prinzip Verantwortung orientiert. Segmentierte Arbeitsabläufe sind grausam gegenüber dem Künstler. Er wird durch die Firma gereicht: vom Artist & Repertoire Manager, mit dem er sich verbunden fühlt und wegen dem er eigentlich unterschrieben hat, zur Marketingabteilung und dann rüber zur Promotion. Keiner ist und fühlt sich wirklich verantwortlich, denn jeder kann immer die andere Abteilung beschuldigen. Den Künstler kann aber nicht interessieren, wer denn eigentlich schuld ist, ihn muss interessieren, dass sein Vertragspartner funktioniert.

Je arbeitsteiliger, je abstrakter eine Firma ihre Arbeit organisiert, desto schwieriger wird für den Einzelnen die Identifikation. Die Plattenfirma WEA Deutschland teilte ihre Künstler Ende der achtziger Jahre in der Presseabteilung nach Alphabet auf. Als Mitarbeiter war man also angehalten, sich beispielsweise nur mit Künstlern von A bis K zu identifizieren und nur sie vertreten. Ist nicht wahrscheinlicher, dass man sich für seine Arbeit begeistert, wenn einem die Inhalte wichtig sind – und zwar von A bis Z? Braucht man deshalb nicht gerade innerhalb großer Firmen viele kleine Einheiten, die ihre Künstler von vorne bis hinten betreuen, sie verstehen, ihnen Heimat geben und voll verantwortlich sind? Nicht mehr wegen des Künstleregos, auch wegen der Erfolgswahrscheinlichkeit.

Es ist schwer zu verstehen für Manager, die keinen oder einen überholten Kunstbegriff haben, dass man dem Firmenziel schaden kann, wenn man auf technische Spezialisierung setzt. Ihnen ist es wichtiger, dass eine Platte mit einem vernünftigen Marketingplan in exakt dem richtigen Timing auf den Markt kommt, als zunächst einmal auf die Exzellenz des Werkes zu pochen.

Verantwortung endet nicht dort, wo produziert oder vermarktet wird – sie liegt auch bei dem, der kommuniziert. Wenn man Menschen immer nur das erzählt, was sie sowieso schon wissen, wird Kommunikation selbst irgendwann überflüssig. Aber genau das fragen Radiosender in ihren Research-Call-outs ab: Was klingt bekannt, worauf könnt ihr euch alle einigen? Aus den modernen Hörfunk- oder Fernsehchefs drohen reine Demoskopen zu werden. Ihre Aufgabe liegt aber nicht darin, stur die Meinungen anderer zu erforschen, sie sollten selbst eine haben und für diese einstehen. Durch Marktforschung wird es keine Innovation geben, sie zementiert immer nur den Status quo. Wenn das Medium sich aber nicht mehr bewegt, verliert es auf Dauer seine Existenzberechtigung, es setzt keine Impulse mehr und verliert an Wert.

Wir müssen damit aufhören, uns hinter einem vermeintlichen Plebiszit oder Effizienzanalysen zu verschanzen, die wir für enorm viel Geld von Beraterfirmen einkaufen. Die Wirtschaft braucht Entscheider, die den Mut haben, auch mal Fehler zu machen, und die Konsequenzen aus diesen ziehen. Wir brauchen keine Managementtechnokraten, die das verfügbare Kapital in Gefälligkeitsgutachten und Status-quo-Analysen investieren, sondern Persönlichkeiten, die ihr Geschäft verstehen und Werte produzieren – statt Entschuldigungen und Erklärungen.

Der Autor im Hintergrundgespräch mit Jan Timmer unter:
www.motor.de/interviews/timmer

DER SÜNDENFALL

POLYGRAM AN DER BÖRSE – HAVE A TENSE TIME

Meine eigene kleine Abteilung namens Polydor Progressive existierte noch nicht einmal ein Jahr, als Mitte 1989 das Telefon meiner Assistentin klingelte und sie aufgefordert wurde, mich umgehend zum PolyGram-Präsidenten in den fünften Stock zu schicken. Wir waren damals zu viert und machten für unsere Künstler Phillip Boa, The Jeremy Days, Westbam, Element of Crime und einige andere eigentlich alles selbst. Egal ob Promotion, A&R, Marketing, Organisation von Fertigung und Vertrieb, es lief alles über unser kleines Team. Insofern hatte ich auch das Gefühl, mich für alle auf den Weg zu machen, als ich der Weisung mit einem etwas mulmigen Gefühl folgte. Bislang hatte der Chef meines Chefs nicht viel Kontakt gesucht, von einem Mittagessen abgesehen, bei dem er mich unvermittelt fragte: »Was wollen Sie eigentlich hier, Tim?« Ich fühlte mich angegriffen, mochte zudem noch nie mit Vornamen angesprochen und zugleich gesiezt werden und entgegnete patzig: »Ihren Stuhl, was denn sonst?«

Doch statt eines Nachspiels erwartete mich ein Geschenk. »Wie Sie wissen, gehen wir an die Börse, Tim«, hörte ich den Präsidenten sagen, während ich die etwa zehn Meter von der Tür bis zu seinem gigantischen, schwarzen Schreibtisch ging, auf dem, für denjenigen, der es noch nicht wusste, ein weißes Schild mit der Aufschrift »Präsident« stand. Ich hatte keine Ahnung, nickte aber präventiv. »PolyGram gibt uns die Chance mitzugehen. Die wichtigsten Manager des Hauses werden in das Share-Option-Programm einbezogen. Sie sollen spüren, wie die ganze Firma atmet, profitieren, wenn sie wächst. Sie, Tim, gehören dazu.« Ich fühlte mich geehrt, hatte aber keine Ahnung, wovon der Mann redete. Ich war 24 und Aktien kannte ich nur aus dem Börsenspiel von Ravensburger, das ich als Kind mit meiner Familie gespielt hatte. Dass vor der *Tagesschau* aufs Frankfurter Parkett geschaltet wird, war damals noch undenkbar. Das kam erst mit der New Economy.

Die gute Nachricht war: Ich musste nichts kaufen, wie ich zuerst angenommen hatte. Share-Options sichern dem Halter zu, eine bestimmte Zahl der Aktien des Unternehmens zu einem festgelegten, meist dem aktuellen Kurs, erwerben zu dürfen. Das kann zwar jeder, aber der Witz dabei ist, dass dieser Kurs den Inhabern der Share-Options auch noch Jahre später garantiert wird. Hat sich der Wert der Aktie deutlich nach oben entwickelt, fällt einem die ganze Differenz als Gewinn ohne jegliches Risiko in den Schoß. Meist muss man zwei, drei Jahre warten, bis man die ersten dieser Optionsscheine ziehen darf. So will das Unternehmen die Manager binden und zugleich sicherstellen, dass sie alles Menschenmögliche tun, um den Kurs hoch zu treiben. Ich bekam 500 Share-Options zum Ausgabekurs der Poly-Gram-Aktie überreicht.

Initial wurden nur 10 Prozent der Firma gefloatet, also an die Börse gebracht. PolyGram sammelte dadurch 560 Millionen US-Dollar ein. Philips blieb aber auf dem Geld nicht sitzen, sondern reinvestierte es durch den Kauf mehrerer, in erster Linie amerikanischer Labels. Die europäische PolyGram war in den USA notorisch schwach auf der Brust. Ein Schicksal, das sie auch mit den anderen Firmen vom »alten Kontinent« wie EMI und Bertelsmann teilte. A&M, das von den Musikern Herb Alpert und David Moss gegründete Label mit Künstlern wie Bryan Adams, Sting und Sheryl Crow, war bereits bei PolyGram im Vertrieb. Nun wurde es gekauft – eine logische Investition, mit der man endlich jenseits des Atlantiks als echter Player wahrgenommen wurde.

PolyGrams Hunger in Amerika war aber noch lange nicht gestillt. 1993 war als Nächstes das legendäre Soul-Label Motown auf der Shoppingliste der Holländer. Ein Jahr später kam mit Def Jam das führende New Yorker Hip-Hop-Label mit LL Cool J, Run DMC und vielen anderen hinzu. Der Preis für diese teuren Akquisitionen war der Verkauf von weiteren 15 Prozent der PolyGram an der Börse von

Amsterdam, sodass Phillips selbst noch 75 Prozent hielt. Ähnlich wie es die Ertegun-Brüder bei Warner durchgesetzt hatten, glaubte man bei PolyGram, der kontinentaleuropäischen Tradition folgend, an unterschiedliche Kulturen. Zentralisiert wurden bei all den Zukäufen immer nur die kreativitätsunabhängigen Bereiche wie Vertrieb, Administration und Management der Rechte. Die Labels selbst hatten bei PolyGram weitreichende Autonomie und Freiheit. Sie behielten ihre Identität und waren, was die Verwendung ihrer Mittel anging, im Rahmen des vereinbarten Jahresbudgets weitgehend unabhängig.

Das war eine ungewöhnliche Philosophie für die amerikanischen Musikmanager: Sie demonstrierten uns eindrucksvoll, wie der ungehinderte Zugriff aufs Kapital schnell dazu führen kann, dass der Einzelne es auf bizarre Weise zur Inszenierung seiner selbst nutzt. Bis zu einem gewissen Grad wurde das im europäischen Mutterkonzern als Lokalkolorit akzeptiert, doch schließlich eskalierten die Egos.

Zum Abschluss der PolyGram-Jahrestagung 1994 hatten die kanadischen Gastgeber in Vancouver zum Dinner in den Bergen geladen. Gemeinsam wurden die Geschäftsführer aus aller Welt zu einer Hütte mit wundervoller Aussicht gefahren. Während die Busse, in denen auch der Präsident des Konzerns saß, sich die Serpentinen hochquälten, konnte man hinter ihnen eine lange Kette schwarzer Stretch-Limousinen sehen. Sie beförderten die amerikanischen Kollegen der PolyGram-Musiklabels und Filmproduktionsfirmen. Anders als im übrigen Konzern waren ihre Geschäfte damals noch immer sehr defizitär. Staunend schauten wir aus den Fenstern der Busse. Der englische Geschäftsführer kommentierte: »Mensch, wir hätten damals bei dieser Tee-Sache in Boston nicht so lasch agieren dürfen ...«

Andre Harrel war 1994 noch nicht dabei. Er hätte wahrscheinlich gleich einen Hubschrauber gebucht. Bei der letzten Jahrestagung der PolyGram-Geschäftsführer 1997 in New Orleans war der Motown-Chef gar nicht erst ins Hotel, zu seinen anderen Kollegen, gezogen. Harrel, damals Mitte dreißig und durch den Verkauf seines Labels Uptown an den Unterhaltungskonzern MCA längst millionenschwer, empfand das Zimmer im Fünf-Sterne-Hotel in der Altstadt als nicht angemessen und mietete sich anderswo eine gigantische Suite. Erst die Intervention des Präsidenten brachte ihn auf den Boden und in das

Tagungshotel zurück. Die Stimmung hatte eine Delle, der Welt-Marketingchef verteilte an die Teilnehmer T-Shirts, auf denen »Have a Tense Time« (»Habt eine angespannte Zeit«) zu lesen war. Die Gelassenheit gegenüber den amerikanischen Eigenarten ging allmählich zu Ende – vor allem aufgrund der noch immer mageren Ergebnisse des PolyGram-Filmsegments.

Man hatte Harrel, der als junger Star-Manager der Black Music galt, einen mit 35 Millionen US-Dollar dotierten Deal über fünf Jahre und alle Freiheiten gegeben. Bei PolyGram verstand man, wo Motown herkam, gegründet von Barry Gordy als kleines Indie-Label in der Motorstadt Detroit, mit einer eigenen Vision, fernab der großen Industrie. Harrel sollte der Firma wieder diesen Atem einblasen, der die Jackson Five, Marvin Gaye, The Supremes, Diana Ross und viele andere Topkünstler hervorgebracht hatte. Harrel blies, aber es waren eher die eigenen Backen, die sich da wölbten. Wir saßen im Tagungssaal und sahen uns ein Präsentationsvideo von Motown an. Auf Basketball-Plätzen, auf der Straße, in der U-Bahn, quer durch Amerika freuten sich angesprochene Passanten in den offensichtlich gestellten Szenen ein Loch in den Bauch, dass Andre Harrel nun der neue Motown-Chef sei. Gerade so, als sei endlich der Heiland wiederauferstanden.

Unsere Blicke wanderten zwischen ihm und dem PolyGram-Präsidenten hin und her. Beide verzogen keine Miene. Dies war keine selbstironische Inszenierung, das war ernst gemeint. Das viele Geld, die große Freiheit – der Motown-Manager dachte, er sei Gott, denn man behandelte ihn wie einen. Harrel hatte eine eigene Friseurin und eine Stylistin auf Firmenkosten beschäftigt. Seine Assistentin hatte eine Assistentin. Als der Finanzchef der PolyGram die Bühne betrat, wurde zeitgleich ein Bild auf die Wand projiziert, das ihn mit Zigarre in einem Ungetüm von Sessel zeigte, der eher einem Thron glich. Man sah von dem riesigen, mit rotem Plüsch bezogenen Möbel nur die Rückenlehne, der Finanzchef guckte schelmisch ums Eck und blies Rauch Richtung Kamera. Die Amerikaner im Raum lachten laut auf. Sie kannten das Motiv. Andre Harrel hatte es mit seinem Konterfei zuvor in New York, Los Angeles und Detroit plakatieren lassen. Die Europäer waren sprachlos.

In seiner unsäglichen endlosen Selbstinszenierung vergaß Harrel jedoch, sich um neue Künstler zu kümmern. Auch ohne Merger mit Universal wäre das seine letzte Tagung gewesen. Dank ihm hatte Motown bei einem Umsatz von 90 Millionen ein negatives Ergebnis von 70 Millionen US-Dollar.

Anders als in Europa ist die amerikanische Gesellschaft nicht so neidgetrieben. Man darf stolz auf seinen Erfolg sein und führt das Erreichte gern vor. Bono von U2 hat mir das während eines Dinners in Dublin am Beispiel seiner Villa erklärt, die in Frankreich steht und nicht im heißgeliebten Irland: »Wenn du so ein Haus baust, denkt man sich in Irland: ›Was für ein Prachtklotz, wenn der Typ von seinem Hügel runterkommt, bekommt der erst mal eins auf die Schnauze.‹ In Kontinentaleuropa sagt man sich: ›Was für eine übertrieben große Villa, wenn der Bewohner vorbeikommt, tun wir besser so, als würden wir ihn nicht kennen.‹ In Amerika hingegen stehen sie da, schauen andächtig und sagen: ›Was für ein prächtiges Anwesen, die Bewohner müssen ganz tolle Menschen sein, die haben es wirklich geschafft.‹«

Wenn also Geld alles möglich macht und die respektvolle Wahrnehmung durch andere ermöglicht, dann hat eine Aktienbeteiligung am Firmenerfolg natürlich einen ganz anderen Reiz. Das erklärt die ursprüngliche Diskrepanz zwischen amerikanischen und europäischen Managementgehältern. Der europäische Manager braucht für die gesellschaftliche Anerkennung nicht nur das gute Gehalt, sondern auch ein gutes Umfeld. Seine Firma sollte ein vernünftiges Produkt herstellen und ein akzeptables internes Klima haben. Auf die elegante Exekutierung von Kündigungen ist hier kaum ein Manager stolz. In Amerika hingegen zählt das Ergebnis, ob es per »Hire and Fire« oder sonstwie erlangt wurde und wie nachhaltig das Geschaffene wirklich ist, rückt angesichts der Zahlen in den Hintergrund. Die USA sind eine Nation, die gelernt hat, dass es um den Moment geht. Morgen bricht der Treck sowieso weiter gen Westen auf, und der neue Rastplatz bietet wieder neue Herausforderungen.

Dementsprechend war bei den US-Kollegen die Freude über die PolyGram-Share-Options groß und der Schrecken über die daraus folgende Quartalsplanung gering. Doch was wir damals im Kleinen erlebten, wurde das vorherrschende Thema der späten neunziger Jahre. Je mehr das Management aus dem Kapital, das ihm zur Verfügung steht, selbst seine Vorteile zieht, desto weniger wird es sich seiner Aura widersetzen können, um es vernünftig zu lenken. Anders als der patriarchalische Unternehmer, der Eigentümer, der lange das Bild der Wirtschaft prägte, ist der Manager keineswegs Herr über das Kapital, sondern er dient ihm gemäß seinen Regeln. Egal ob diese Regeln für das Unternehmen und seine Produkte sinnvoll sind oder auch nicht.

Früher interessierten wir uns für das Geschäftsjahr. Welche Finanzmittel wir zur Verfügung hatten und welche Ziele wir uns steckten oder gesteckt bekamen, das wurde in einem zähen Prozess im Detail verhandelt. Danach war es Gesetz: »A budget is a contract written in blood«, verlautbarte der PolyGram-Präsident bei der legendären, letzten Jahrestagung. Die Aufgabe bestand darin, über das Jahr Wege zur Umsetzung zu finden, egal wann, Hauptsache am Ende stimmte die Kasse.

Die Börse hingegen interessierte plötzlich die Quartale. Eine gewaltige Beschleunigung aller Prozesse begann: Wir wurden angehalten, für jedes Quartal eine Planung abzuliefern. Und als wäre es das Ende eines jeweiligen Geschäftsjahres, brach kurz vor Quartalsschluss Panik aus. Die eine oder andere Band hatte nicht rechtzeitig ihre Platte abgeliefert, trotz anstehendem Quartalsende einfach eine kreative Krise gehabt. Oder die erste Single war gefloppt, und es wäre für diese Gruppe Selbstmord gewesen, nun schon das Album hinterherzuschieben. Verzweifelt versuchte man, das mit immer neuen, immer absurderen Vertriebsaktionen zur Quartalsrettung zu kompensieren. Im März war es das »Frühlingserwachen«, das die Nettopreise für den Handel purzeln ließ und zu erhöhten Bestellungen verleitete, im Juni schmolz die Aktion »Sonnenbrand« die Preise ein, im September war es der »Herbst-Preis-Sturm« und im Dezember zog »Nikolausi« seine Präsente aus dem Sack und sorgte dafür, dass kein Händler zahlen musste, was in der Liste stand.

Die Künstler waren nicht planbar, wie von der Börse vorgesehen, und deshalb war ihr Katalog, also die Backlist, die einzige Rettung. Die ständige Wiederholung von Katalogaktionen führte aber sehr schnell dazu, dass die Händler nur noch im letzten Monat eines Quartals Platten kauften, die keine Neuveröffentlichung waren. Sie wussten, dass sie dann vom gestressten Vertreter garantiert bedeutend bessere Konditionen erhalten würden. Zwischenzeitliche Repertoirelücken im eigenen Laden nahm man aus kaufmännischen Gründen hin. Normalerweise ist die Backlist das Rückgrat einer Plattenfirma. Die alten Veröffentlichungen brauchen kaum ein Investment, bringen aber durchgängig eine hohe Rendite, die hilft, den Druck von den Neuheiten zu nehmen. Die Logik der Börse zwang uns dazu, das Rückgrat biegsamer zu machen. Die Preise erodierten und mit ihnen der Wert des Katalogs. Die Anbieter standen auf wackeligeren Beinen als zuvor.

Das erging nicht nur PolyGram so: Überall dort, wo der Musikanteil im Konzern groß genug war, um an die Börse gehen zu können, veränderte sich das Geschäft. Die englische EMI wurde 1996 von ihrem Mutterkonzern Thorn abgespalten, um die Musikaktivitäten an der Börse zu versilbern. Aber auch bei den amerikanisch dominierten Konzernen wie Warner und CBS regierte das Quartal. Für das Management lohnte sich ein Börsengang in der Regel. Der Kurs von PolyGram verdoppelte sich bis zum Verkauf im Jahr 1998; so mancher Manager besaß plötzlich ein Vermögen. Das ließ ihn verschmerzen, dass er plötzlich eher die Quartale als die Künstler im Auge haben musste.

Künstler und einfache Mitarbeiter hatten keine Share-Options, dafür den Controller im Nacken. Je weniger der Katalog für die Deckung der Grundkosten sorgte, desto mehr kam die Kostenstruktur unter Druck. Zunächst mussten wir uns um die Marketingkosten kümmern: Es wurden Kalkulationsprogramme angeschafft, die Grundlage alles Handelns werden sollten. In die schwerfälligen DOS-Masken unserer Computer war eine Flut von Daten einzutippen. Katalognummer, Fertigungsstückkosten, Verkaufserwartung, Veröffentlichungstermine, jede einzelne Marketingmaßnahme, Erstellungskosten für das Cover, Foto- und Videoproduktion, Name des Künstlers und der Produktion und so manches, was ich sicher längst verdrängt habe. Mit ernstem Gesicht wurde uns erklärt, dass kein Pfennig mehr ausgegeben werden dürfe, ohne dass dieses Programm bemüht und die dadurch generierte Kalkulation vom Vorgesetzten freigezeichnet worden sei.

Technisch war das gar nicht machbar, denn über viele der abgefragten Daten verfügte man noch gar nicht, wenn die ersten Marketinggelder bewegt wurden. Wie sollte man die Herstellungskosten des Albums kennen, wenn gerade das Video zur Single in Auftrag gegeben wurde? Wie sollte man überhaupt die Investitionen für die Single von denen des Albums trennen, wo doch die Auskoppelung die Funktion hat, die Langspielplatte anzuschieben? Ist es nicht die Aufgabe des Marketingmanagers, den Markt und das Produkt zu verstehen und auf dieser Basis funktionierende Kommunikationsideen zu entwickeln, anstatt zum Spezialisten im Ausfüllen von Formularen zu werden – zumal wenn diese Programme nur so gut sein können, wie eine Verkaufseinschätzung realistisch ist?

Die Wahrheit ist viel einfacher. Als meine ersten Veröffentlichungen bei der Polydor anstanden, hatte ich gerade keinen Chef, der mir etwas erklären konnte. Bevor ich also anfing, Geld für Marketingmaßnahmen auszugeben, fragte ich deshalb meinen Zimmernachbarn, den Senior-Produktmanager Holger Müssener. Ohne vom Papier aufzublicken, das er gerade bearbeitete, sagte er: »Pro verkauftem Album fünf Mark, alle Kosten für die Single inklusive. Bei internationalen Künstlern und etablierten Acts die Hälfte.« Unzählige Controller haben sich später über meine Fähigkeit gewundert, blitzartig Empfehlungen für Projektkosten-Planungen geben zu können. Danke Holger.

Dem Versuch, die Planung zu verwissenschaftlichen, den ganzen Vorgang des Marketings zu objektivieren und dabei Back-Up-Papiere zu produzieren, die bei Misserfolg wegen falscher Verkaufserwartungen keinem nützen, begegnete man damals schon am besten mit Ignoranz. Mit der Einführung solcher Programme als Rechtfertigung statt als Hilfestellung fing es an: Der Job des Controllers mutierte zu dem eines Prognostikers, der viel Energie darauf verwendet, das Geschäft als planbar darzustellen. Sollte die Planung nicht eintreten, werden Daten besorgt, die dieses begründen und gegebenenfalls Schuldige benennen. Stattdessen müsste es seine Aufgabe sein, den Kollegen zu helfen, durch optimierten Einsatz der Ressourcen die Planung zu erreichen. Das wäre mehr im Sinne der Gewinnerzielung, als Scheinsicherheiten für Shareholder in Form unendlicher Datenmengen zu produzieren. Die Frage »Was machst du eigentlich, wenn ich mich einfach nicht an dein Computerprogramm halte? Werden wir dann die Rechnungen, die der Lieferant berechtigterweise stellt, nicht zahlen?« hinterließ den Polydor-Controller nach seinem Einführungsvortrag ratlos. Der Widerspruch und die Weigerung, das Programm zu nutzen, funktionierte perfekt. Wie so häufig in großen Konzernen siegte die normative Kraft des Faktischen. Das reale Tun bestimmt irgendwann die Vorgaben, man muss einfach starke Nerven und viel Geduld haben. Diese Variante von zivilem Ungehorsam muss wohldosiert sein, doch Sturheit kann funktionieren. Nicht nur in meiner Abteilung funktionierte das, später verzichtete die ganze Firma auf den automatisierten Marketingplan.

TECHNO-BOOM UND EIGENES LABEL – WENIGSTENS WAREN WIR ALLE ZIEMLICH JUNG

Je tiefer man im System steckt, je mehr man selbst auf das Kapital Zugriff hat, desto schwieriger wird es, mit der Unverfrorenheit eines jungen A&R- oder Marketingmanagers einfach Nein zu sagen. Plötzlich steht mehr auf dem Spiel. Für einen selbst und für Dritte, denen man verantwortlich ist. Aus der Sicht eines Konzernmanagers, der mit übergeordneten nationalen oder internationalen Hierarchien konfrontiert ist, haben selbstständige Unternehmer dieses Problem nicht. Sie hängen nicht im System, denn sie definieren es selbst und können es jederzeit ändern. Sie haben Macht – nicht nur geliehene. Umso gefährlicher kann es werden, wenn sie Schwäche zeigen: Bei Chris Blackwell, der Ikone der Unabhängigkeit, war es so weit, als PolyGram nach dem Börsengang auch ihm 1989 viel Geld auf den Tisch legte. Es waren 272 Millionen Pfund Sterling (damals entsprach diese Summe ungefähr 450 Millionen US-Dollar) für die vollständige Kontrolle über sein Label Island.

Blackwell hatte mit der Firma sein eigenes Ideal verwirklicht. Island war zum Synonym für die mögliche Verbindung von gutem Geschmack, langfristigem Künstleraufbau und Kommerzialität geworden. »Irgendwann war Island sehr groß«, sagt Blackwell rückwirkend.

»Und große Konglomerate werden von Verwaltungsbeamten und strategischen Planern geführt – das bin ich nicht. In meiner neuen Firma Palm Pictures ist alles wieder auf mich und ein winziges Team konzentriert.«

Blackwells Rückzug in seine Filmproduktion Palm Pictures blieb nicht der einzige Schock für die Freidenker in der Branche. Nur drei Jahre später verkaufte auch der andere große unabhängige Unternehmer der Musikindustrie seine Firma. Richard Bransons Virgin ging 1992 für fast 1 Milliarde US-Dollar an die EMI. Branson schied vollständig aus dem Label aus, konzentrierte sich stattdessen auf Virgin Airline, Mobilfunkfirmen, Beteiligungen an Eisenbahnnetzen, Fitness-Center und sogar eine eigene Cola-Marke, für deren Markteinführung er symbolträchtig als Brite mit einem Panzer auf den New Yorker Times Square fuhr. Musik ließ das unternehmerische Enfant terrible aber nicht wirklich los, mit der Firma V2 machte er fünf Jahre später einen zweiten, bislang mäßig erfolgreichen Anlauf im Geschäft. Von der früheren Reputation als Musikmanager war nicht mehr viel übrig geblieben.

Beide Unternehmer haben stets die Regeln des Kapitals befolgt, haben die Ausdehnung der Firma und den Profit gesucht – aber sie haben das mit einem Verantwortungsbewusstsein getan, das während der guten Jahre ihre Künstler in den Erfolg mit einschloss. Branson und Blackwell haben beide sehr viel Geld verdient, aber dennoch ihre Vision weiterverfolgt, bis sie ihr Ziel erreicht hatten, müde wurden oder sich anderen Herausforderungen stellen wollten. Vorzuwerfen ist ihnen das kaum. Dennoch haben auch sie am Ende einen Teil ihrer Vision den Gesetzen des Kapitals geopfert, denn sie müssen gewusst haben, dass ihre Künstler und Mitarbeiter, ihre Schutzbefohlenen, das Opfer sein würden, wenn man sie dem Synergiestreben des Konzerns aussetzt.

Bei Virgin verloren von weltweit 1 200 Mitarbeitern nach der Eingliederung in die EMI 450 umgehend ihren Job. Die Verträge der Hälfte aller Künstler wurden gekündigt. Genauso hart traf es sie bei Island, die Mitarbeiter sogar noch heftiger als bei Virgin. 40 Prozent von ihnen verloren bei der Integration in PolyGram ihren Arbeitsplatz. Und das, obwohl man Chris Blackwell einen Vorstandsposten im Konzern geschaffen hatte. Man wollte ihn halten, aber er konnte in diesem System nichts mehr ausrichten und trat 1997 frustriert von allen Posten zurück.

Ich glaubte, trotz der verlustreichen Vereinnahmung von Virgin und Island, innerhalb eines Musikkonzerns im Geiste der Blackwells und Bransons operieren zu können. PolyGram glaubte es mit mir und ermöglichte 1994 die Gründung von Motor Music. Mit neun Mitarbeitern und dem Leitspruch »Es gibt ein Leben jenseits des Mainstream« fingen wir auf der anderen Seite des Hamburger Hauptbahnhofs am 1. Februar an. Nur eine Brücke über die Gleise trennte uns von der Mutterfirma, aber die war wesentlich länger, als sie aussah. Wir befanden uns im Stadtteil St. Georg, und vor unserer Tür standen Junkies und Obdachlose. Über die Brücke in die schnieke Hamburger Innenstadt gingen diese Leute genauso wenig, wie die Administratoren der PolyGram von dort zu Motor Music kamen. Standesbewusst blieb jeder dort, wo er hinzugehören schien. Für uns war das die maximale Freiheit.

Ganz alleine wollte man uns natürlich im Funktionalbau aus den fünfziger Jahren auch nicht lassen. Eine Mitarbeiterin des Rechnungswesens wurde abgestellt, um als Controllerin auf uns »Chaoten« aufzupassen. Wenn sie morgens ins Büro kam, war der Rest wegen der Partys oder Konzerte am Abend zuvor garantiert noch im Bett. Sie nutzte die Zeit, um jedem, der seine Kosten überschritten hatte, einen Post-it-Zettel auf den PC-Bildschirm zu kleben. »Du hast kein Geld mehr« stand meist darauf, aber ernst genommen hat das keiner. Die Firma lag in der Regel klar über ihren Vorgaben im Umsatz und gab daher einfach mehr Geld als budgetiert aus. Solange es uns gelang, auch ein höheres Ergebnis als erwartet zu erwirtschaften, hatte keiner ein Interesse daran, noch weitergehender zu optimieren. Man konzentrierte sich lieber auf die nächste Idee, die dem Unternehmen wieder viel Geld bringen konnte. Nach einem halben Jahr gab die einsame junge Frau auf und wechselte zu einem Hersteller für Edelstahlnuten ins Hamburger Umland.

Wir gingen unbeirrt unseren Weg weiter, nun mit einem Controller an unserer Seite, den wir uns selbst ausgesucht hatten und der unsere Musik genauso liebte wie wir. Irgendwann fragte ich ihn, was eigentlich Houseklaus verdienen würde, der lustige DJ-Promoter, dessen Telefonanrufe und Plattenpäckchen die DJs so sehr liebten. Zu meiner Überraschung antwortete er: »Gar nichts«. Houseklaus, bürgerlich Klaus Balzer, den ich auf einer Party kennen gelernt hatte, auf der er in einem Zustand jenseits von Gut und Böse mit einem Helm herumsprang, auf dem »Techno-Polizei« stand, kam einfach so jeden Tag zu Motor. Er machte sich unentbehrlich, hatte längst ein eigenes Telefon, Schreibtisch und Briefpapier und bald darauf auch ein Gehalt. Eine Planstelle gab es nicht, aber Klaus hatte die normative Kraft des Faktischen auf seiner Seite.

Die Firma bestand fast ausnahmslos aus Menschen, deren erste Qualifikation ihre bedingungslose Identifikation mit der Szene war. Die meisten Mitarbeiter kamen nicht von anderen Plattenfirmen, sondern aus dem wirklichen Leben. Den Leiter der Dance-Abteilung Urban qualifizierte seine Vergangenheit als Produzent und Partyveranstalter in Münster, die Chefin der Alternative Rock Unit ihr abgebrochenes Studium der Philosophie, den Jazz-Chef sein Engagement als Saxophonist bei den Neue-Deutsche-Welle-Bands Andreas Dorau und die Marinas, Zimmermänner und Palais Schaumburg. Sein Intermezzo als Produktmanager bei der Plattenfirma Teldec verziehen wir ihm, weil er damals vergessen hatte, eine englische Top-Ten-Single des von uns allen gehassten Popsängers Jason Donovan zu veröffentlichen.

Motor Music kümmerte sich um Musik mit Haltung, um all das, was in großen Plattenfirmen unter die Räder zu kommen drohte, weil es außerhalb der Norm lag. Techno war dabei eine logische Erweiterung, denn seit Jahren arbeiteten wir schon eng mit dem DJ und Produzenten Westbam und seinem Label Low Spirit zusammen. Er war einer der entscheidenden Vordenker der Szene. Als DJ für die Deutsch Amerikanische Freundschaft und durch Projekte mit Musikern der Einstürzenden Neubauten hatte er dafür gesorgt, dass ich mich für eine Jugend- und Musikbewegung begeistern konnte, die meine eigene ablöste. Punk und Neue Deutsche Welle war gestern – heute war Techno. »No More Fucking Rock'n'Roll«, war Low Spirits Leitspruch. Die Faszination für elektronische Musik verband uns obendrein, und Motor entwickelte frühzeitig einen erheblichen Wissens-

und Glaubwürdigkeitsvorsprung in der Szene. Unsere kleine Firma, die nur eigene, selbst entwickelte deutsche Künstler unter Vertrag hatte, wurde zwei Jahre nach Gründung plötzlich Marktführer für Singles, hatte mehr Hits als jedes andere Label. Marktführer im Jazz waren wir auch, aber da hatten wir, um der Ehrlichkeit Genüge zu tun, auch den starken Katalog des internationalen Anbieters Verve, eine PolyGram-Akquisition, auf unserer Seite.

Der Erfolg trieb Motor. Wir nahmen immer mehr Fläche im Poly-Gram-Nebengebäude ein, verbanden Etagen durch Wendeltreppen, prägten die Stimmung. Peter vom Empfang winkte die Gruppe Rammstein, deren Vertrag meine Frau Petra Husemann, mittlerweile Chefin der Alternative-Abteilung, endlich abschließen wollte, gelangweilt durch – mit dem Kommentar: »Mann, seht ihr fertig aus, ihr wollt sicher zu Motor.« Auf der anderen Seite des Hauptbahnhofs, im PolyGram-Haupthaus kamen Die Ärzte, längst Spitzenverkäufer des Konzerns, wegen ihres Aussehens als merkwürdige Subjekte gebrandmarkt, nicht einmal zu ihrem eigenen Produkt Manager hoch. Sie mussten von ihm unten vor dem Fahrstuhl abgeholt werden.

Doch die ständige Expansion von Motor hatte auch ihren Preis. Wir wurden zusehends wichtiger für PolyGram, weshalb man erstmals versuchte, uns hineinzuregieren. Mitarbeiter unseres Dance-Labels Urban sollten zur Stützung von schwächeren Firmen des Konzerns dorthin verschoben werden. Wir wehrten uns hartnäckig, aber ohne Erfolg. Parallel wuchs der ökonomische Druck durch die Bedeutung, die wir uns erkämpft hatten. Mit diesem Druck verlor auch das musikalische Konzept an Klarheit. Wir ließen Artverwandtes zu. Das hatte zwar mit der ursprünglichen Vision der Firma wenig zu tun, versprach jedoch genug Profit und half, den Quartalsdruck zu lindern. Andererseits redeten wir uns ein, dass wir es nicht zulassen könnten, wenn andere mit schlechten Kopien dessen, was wir angeschoben hatten, Geld verdienten. Also veröffentlichten wir es lieber selbst.

Damals kam auf einer Vernissage im Hamburger Erotic Art Museum der Journalist Benjamin von Stuckrad-Barre auf mich zu. »Ich bin der junge Tim Renner«, stellte er sich vor, und ich stellte ihn ein. Die Presse jubelte zu der Zeit: »Studenten spielen Firma und das funktioniert auch noch«. Benjamin legte später in seinem Bestseller *Soloalbum* den Finger in die Wunde: »Wenn die ›Gegenbewegung‹ ein fetter Hip-Hop-Neger ist (vorbestraft wegen schwerer Körperverletzung) oder ein Technoschlager namens ›Robby Roboter‹, oder der Richard Clayderman des Techno (Robert Miles), dann ist ja gut. Richtig ist, wir beschäftigen uns mit der Entdeckung und Vermarktung durchaus zeitgemäßer Musik und sind, genau, wenigstens das: alle ziemlich jung.« Motor ist in seinem Roman »eine Wohngemeinschaft mit einem durchgedrehten Seitenscheitel an der Spitze, der sich für Bill Gates hält (...)«.

Gerade als die Technowelle abebbte, auf der wir höchst erfolgreich gesurft waren, starteten Rammstein weltweit durch. In Deutschland verkauften die Underground-Rocker aus der ehemaligen DDR, deren Sänger Till sich auf der Bühne immer wieder selbst entflammte, bereits mehr als eine Million Tonträger. In Amerika öffnete Filmregisseur David Lynch (*Blue Velvet*, *Wild at Heart*) ihnen die Türen. Wir hatten ihm das Tape mit den Demos der Band geschickt, weil wir gern einen Videoclip mit ihm gedreht hätten. Beide, Rammstein und Lynch, verbindet eine gewisse Düsternis, ein Gefühl, das man vor 100 Jahren mit Fin de siècle umschrieb und das sich in den neunziger Jahren des letzten Jahrtausends auch in Büchern wie *American Psycho* von Bret Easton Ellis wiederfand. Von Lynch hatte ich über Umwege eine Adresse organisiert, mehr nicht. Wie wir später erfuhren, nahm er die Musikkassette des unbekannten Absenders mit ins Auto und spielte sie auf den langen Fahrten zum Dreh seines Films *Lost Highway* im Death Valley. Aus dem Videoclip wurde nichts, aber Rammsteins Musik dominierte später seinen Kinofilm.

Rammstein verkauften in Amerika mehr Platten als jemals zuvor irgendeine Band mit deutschsprachiger Musik. Es blieb nicht bei den USA, Rammstein wurden als deutsche Rockmusiker zum globalen Phänomen. Noch zwei Jahre zuvor waren sie bei einer PolyGram-Tagung in Hongkong auf völliges Unverständnis gestoßen. Sie spielten drei Songs live im Tagungsraum des Hotels. Während der Mantel des Sängers lichterloh brannte, krochen panische Hotelangestellte unter ihm herum, um spritzende Feuertropfen auszudrücken. Ein bizarres Bild. Die Kollegen aus der Klassik gratulierten begeistert und sprachen von deutscher Romantik und Richard Wagner. Die Reaktion des Frankreich-Chefs war noch die freundlichste, die sie aus der Pop-Fraktion bekamen: »Wenigstens zünden die Deutschen sich diesmal selbst an ...«.

Durch Rammstein fand Motor zu seiner ursprünglichen, provokativen Linie zurück, doch ich verlor dadurch die Firma. Unsere Position im Konzern war optimal, wir hatten uns als eigenständige, weltweit relevante Einheit bewiesen, die nicht von einem Trend abhängig war. Doch anders als der von Stuckrad-Barre herbeizitierte Unternehmer Bill Gates konnte ich nicht mit ihr wachsen, sondern nur im Konzern aufsteigen. Damals überlegten wir uns, zwei Chancen zu haben: Entweder wir globalisieren Motor, oder wir motorisieren PolyGram. Motor-Ableger im Ausland kamen für den Konzern nicht infrage, stattdessen wurden meine Zuständigkeiten auf alle Labels der Poly-Gram in Deutschland erweitert. Ab März 1998 wurde ich so genannter Musik-Präsident und mein Chef tauschte sein Schild auf dem Schreibtisch gegen eins aus, auf dem nun Chairman zu lesen war. Zum Nachfolger bei Motor ernannte er meine Frau, was zwar die Wahrung der inhaltlichen Linie sicherstellte, aber für uns beide nicht immer einfach war.

DER POLYGRAM/UNIVERSAL-MERGER – SHOOT THEM, SHOOT THEM, SHOOT THEM

Ich weiß nicht, ob Philips-Chef Jan Timmer die Recordable CD wirklich zurückgehalten hat. Es gibt Kollegen, die diese Behauptung an der Tatsache festmachen, dass er die aberwitzige Digital Compact Cassette (DCC) in den Markt zu drücken versuchte – und scheiterte. Auf jeden Fall ging Timmer anders vor als sein Nachfolger, der kaltschnäuzige Cor Boonstra, der 1996 Präsident von Philips wurde. Ich lernte Boonstra kennen, als ich während der PolyGram-Jahrestagung in Hongkong hektisch aus dem Fahrstuhl stieg, weil ich meine Unterlagen auf dem Zimmer vergessen hatte. Mir war so ein graues Männchen im Weg und wich mir nicht aus. Ich konnte nicht mehr stoppen, kurz darauf lag er auf dem weichen Teppich des Grand Hyatt. Die holländischen Flüche kommentierte ich mit »blöder Kaaskopp« und schämte mich ziemlich dafür, als ich ihn wenig später auf der Bühne sah. Timmer stellte ihn dort dem PolyGram-Management vor. In der kurzen Rede beschwor Boonstra die Mannschaft, Gerüchten über einen Verkauf der Musiksparte keinen Glauben zu schenken.

Parallel dazu hatte er bereits den Markt sondiert. Im März 1998, just als ich meinen neuen Platz als Musik-Präsident der PolyGram Deutschland einnehmen wollte, war der Deal mit dem kanadischen Whiskey-Hersteller Seagram, der drei Jahre zuvor die Universal erworben hatte, perfekt. PolyGram-Chairman Alain Levy erfuhr das, wie der Rest des Managements, erst aus der Presse. Edgar Bronfman Junior, der das von seiner Familie dominierte Unternehmen Seagram leitete, brachte sein Bedauern darüber gleich im ersten Meeting zum Ausdruck. Die Präsidenten der PolyGram-Landesgesellschaften waren kurzfristig zum Treffen ins Londoner Hotel Le Meridien eingeflogen worden und schauten nun den Aufkäufer verunsichert an. Er habe es auch noch nicht erlebt, dass ein Management so vorgeführt worden sei, habe das Spiel aber mitmachen müssen, um an das Objekt der Begierde ranzukommen, führte Bronfman vor Levy und dem Rest des Managements aus.

Der »blöde Kaaskopp« tat mir nicht mehr ganz so leid. Cor Boonstra startete nun, da keine Software-Interessen mehr im Weg waren, ab Herbst des gleichen Jahres die Einführung des Philips CD-Brenners. Für die Initialkampagne in Deutschland, Belgien und den Niederlanden setzte er einen winzigen Bruchteil des Erlöses aus dem Verkauf der PolyGram von 10,6 Milliarden US-Dollar ein, aber das Ergebnis für die Musikwirtschaft war nachhaltig.

Auf die Idee, dass strategische Gedanken um die Einführung des CD-Brenners hinter unserem Verkauf stehen könnten, kamen wir PolyGram-Präsidenten nicht, als wir – kaum schlauer als zuvor – von Bronfmans Ansprache zurück zum Headquarter am St. James Square schlenderten. Wir wussten nun, dass Edgar Bronfman jr. einen rötlichen Dreitagebart hatte, einen überaus sympathischen Eindruck machte, selbst Songs schrieb und PolyGram logischerweise mit Universal fusionieren wollte. Für uns ein komisches Gefühl, war Universal außerhalb von Nordamerika doch ein Zwerg. Der Marktanteil, den man mit Universal Music international erreichte, betrug nicht einmal 3 Prozent. Die ganze globale Organisation war also jenseits des amerikanischen Heimatmarktes kaum größer als PolyGram Deutschland allein. »Die Maus hat sich eine Katze gekauft«, kommentierte das Heinz Canibol, der für Universal das Deutschlandgeschäft aufgebaut hatte.

Unsere Stimmung war dementsprechend düster, als wir im Büro des PolyGram-Europachefs saßen und unter all seinen Baseball-Memorabilien aus der Heimat die Lage diskutierten. »Es wird sein wie bei jedem Merger«, meinte er lakonisch. »Jetzt kommt die Stunde der Suits.« Und er erzählte, was er 1986 in Amerika erlebt hatte, als General Electrics (GE) die RCA kaufte. »Ein kleiner Mann aus der Verwaltung von GE erschien und teilte uns kurz und bündig mit, dass wir 20 Prozent aller Mitarbeiter zu entlassen hätten. Als wir ihn fragten, wie das denn bitteschön gehen sollte, formte er mit seiner rechten Hand eine Pistole, zeigte nacheinander auf jeden Einzelnen von uns und sagte ›you shoot them, you shoot them, you shoot them ...‹ Dann klappte er seine Aktentasche zu und ging.«

Beim Entertainmentkonzern RCA tat man wie geheißen, doch kaum zwei Monate später wurde der Musikarm von General Electrics wiederum aus dem Unternehmen herausgelöst, separat an Bertelsmann verkauft und nach abermaliger Reduktion von Künstlern und Mitarbeitern mit den BMG Amerika-Firmen verschmolzen. Musikkonzerne waren damals schon zum Spekulationsobjekt geworden.

Seagram schickte keine Anzugträger aus der Finanzverwaltung. Ihre Suits suchten uns am Ende des Jahres in Hamburg heim, hatten streng zurückgegelte Haare, bestenfalls vor drei Jahren die Uni absolviert, kamen paarweise und arbeiteten für die Boston Consulting Group (BCG). 300 Millionen US-Dollar Einsparungen pro Jahr hatte Edgar Bronfman seinen Aktionären und seiner Familie versprochen, um grünes Licht für die gewagte Expansion zu bekommen. Die Beraterfirma Boston Consulting Group hatte angeboten, die Summe ausfindig zu machen und den Merger zu betreuen. Die beiden Jungs in schwarzen Anzügen hatten noch nie eine Musikfirma von innen gesehen, doch der großen Aufgabe schienen sie gelassen ins Auge zu schauen.

Am 1. November 1998 eröffneten sie meinem Chef, dem Chairman von PolyGram, sowie dem Chief Financial Controller und mir, sie hätten errechnet, dass circa 10 Prozent des Gesamtbetrages in Deutschland zu sparen seien. Wir sollten uns aber keine Sorgen machen, ein Großteil sei schon aus den Fixkosten zu holen. Würden wir die neue Firma, die aus der Addition von Universal und PolyGram entstehen würde, mit 530 Mitarbeitern fahren, sei schon die Hälfte der Einsparungen im Kasten, lautete die aus ihrer Sicht ermutigende Botschaft. Der Vergleich mit anderen Ländern habe ergeben, dass wir besonders in den Labels zu hohe Personalkosten hätten, da sollten wir zuerst ran.

Völlig verdattert blätterten wir in einem riesigen Stapel Papier, bedruckt mit unzähligen Diagrammen, Verlaufskurven und Effizienzstatistiken, die der Sache einen ungeheuer wissenschaftlichen Charakter geben sollten. Ich begegnete diesen Darstellungen von Beraterfirmen später noch häufig. Sie sehen immer ähnlich aus und werden quasi am Fließband auf Basis der tags zuvor von den einzelnen Consultants übermittelten Daten im indischen Bangalore über Nacht erstellt. Das ist nicht nur kosteneffizient, es sorgt auch dafür, dass der Mitarbeiter jeden Tag mit einem neuen so genannten Deck in die zu beratende Firma marschieren und den Fortschritt seiner Arbeit dokumentieren kann.

Während wir noch nach den Belegen für die Analyse der Consultants suchten, fragte einer von uns, ob ihnen bekannt sei, dass PolyGram allein schon 620 Mitarbeiter und Universal sicher auch noch mal 110 hätte. »Klar doch«, strahlten sie, »sonst würde die Einsparungssumme doch gar nicht zustande kommen!« Unser Finanzchef hatte derweil die entscheidende Seite gefunden. Er zeigte den BCG-Jungs, dass in Frankreich und Großbritannien, an denen wir gemessen wurden, die Geschäftsführer der Labels als Bestandteil der Holding gezeigt würden. Bei uns hingegen wurden sie und ihre Personalkosten direkt in den Labels geführt, für die sie zuständig waren. Dadurch wurde im Vergleich die Holding entlastet und die Labels belastet. Beide Accounting-Techniken waren legitim. Die BCG-Mitarbeiter schauten nervös durch ihre Papiere und gaben schließlich zu, einen Fehler gemacht zu haben. Es war ihnen sichtlich peinlich. »Mist, die

Briten und die Franzosen bekommen gerade die Vorgabe, wegen Deutschlands schlanken Kosten in der Holding ihre erheblich zu reduzieren – das bekommen wir nicht mehr zurückgedreht ...«

Mir war speiübel und ich wette, meinen beiden Kollegen ging es genauso. Ursprünglich wollten sie zur Goldverleihung für den gerade überaus erfolgreichen Rapper Nana und seinen Kollegen Pappa Bear mitkommen, die ausgerechnet an diesem Abend in einem großen Fotostudio mitten im Hamburger Hafen angesetzt war. Die Goldverleihung war eine Gemeinschaftsidee des Universal-Geschäftsführers Heinz Canibol und des Motor-Produktmanagers Neffi Temur gewesen. Während Pappa Bear bei Universal unter Vertrag war, gehörte Nana zu meinem alten PolyGram-Label Motor. Beide hatten dasselbe Produzententeam und kamen eigentlich aus dem gleichen Stall, hatten aber unabhängig voneinander Karriere gemacht. Ein wunderbarer Anlass, vor dem Merger bereits gemeinsam mit beiden Firmen zu feiern und dafür zu sorgen, dass sich die zukünftigen Kollegen näherkommen. Angesichts der Fakten, von denen ich gerade erfahren hatte, war die Goldverleihung plötzlich ein unglaublich zynisches Unterfangen.

Wenig später stand ich im Scheinwerferlicht und rund 300 Menschen, von denen beim aktuellen Stand der Pläne mindestens 75 ihren Job verlieren würden, guckten mich erwartungsvoll an. Die BCG-Berater waren auch mitgekommen und hatten ihren Spaß, wie sie später erzählten. Sie zu hassen wäre zu einfach gewesen. Sie zogen das ganze Manöver mit einer Unschuld durch, als wäre es eine akademische Übung. Der Kapitalmarkt verlangte die Einsparungen infolge des Mergers, und sie wollten uns dabei helfen, das Ziel auch zu erreichen. Sie hatten gelernt, niemals die Zahlen, mit denen sie jonglierten, mit den wirklichen Menschen zu verbinden, zwischen denen sie an jenem Abend standen. Diese Ausbildung fehlte mir, und das erste Mal seit meinen Sendungen im NDR hatte ich Angst vor dem Mikrofon. Was immer ich sagen würde, es war mit Sicherheit falsch und unehrlich. Ich schämte mich schon, bevor ich den Mund aufmachte, um Phrasen wie »zukünftige, gemeinsame Kraft«, »Sicherheit des Einzelnen in der Gemeinschaft« und ähnliches zu dreschen. Danach betrank ich mich ganz fürchterlich.

Die Überlebenden des Mergers – in den großen Territorien außerhalb Amerikas waren das in der Regel die früheren PolyGram-Präsidenten, in den kleinen und bei den amerikanischen Labels meist die Chefs von Universal – sollten sich Ende Januar in Marina del Rey/Los Angeles treffen. Dort im Ritz Charlton Hotel würden auch die finalen Strukturen und Einsparungen beschlossen werden. Im Vorfeld wurde hektisch zusammen mit BCG gerechnet, Pläne und Strukturen in Deutschland geschribbelt, in Indien gemalt. Dass man die Einsparungen erbringen müsste, war nicht wegzudiskutieren, nur beim Wie schien ein gewisser Spielraum zu bestehen. Mit Mut und ein wenig Chuzpe konnte man versuchen, die ursprünglich von den Beratern verkündeten Lösungen zu umgehen.

Der beste Ratschlag kam von meinem französischen Kollegen Pascal Nègre, einem kettenrauchenden, exzentrischen Hawaiihemdträger mit einer unglaublichen Nase für Hits, der nebenbei auch diplomierter Mathematiker ist. »Du musst sie mit ihren eigenen Waffen schlagen, Darling« machte er mir am Telefon zwischen zwei Zügen an seiner Zigarette klar. »Diese kleinen Jungs verstehen nur Statistik und Zahlen, also fick sie damit ...« Er hatte sich die Arbeit gemacht, die durchschnittlichen Kosten pro aktivem Künstler per anno zu ermitteln. Nicht einfach pauschal, sondern säuberlich nach fünf verschiedenen Kategorien getrennt. Seine These war simpel: Wenn man die Arbeit mit einzelnen Künstlern in Zukunft nicht fortsetzen würde, könnte man zwangsläufig Jahr für Jahr deren Kosten einsparen. Gewertet hatte er dabei aber jede künstlerische Aktivität in seinem Programm, egal ob es ein Hörbuch, eine uralte Aufnahme im Kinderprogramm oder ein einmaliges Jazzprojekt war – Hauptsache, er hätte theoretisch eine Fortsetzung produzieren können. Dadurch entstand eine gigantische Menge an scheinbar aktiven Verträgen. Ein großer Teil davon waren allerdings reine Katalogprodukte ohne real fortlaufende Kosten. Indem er Durchschnittswerte nutzte und lediglich festhalten musste, mit diesen Künstlern in dem jeweils spezifizierten Projekt zukünftig nicht mehr zusammenzuarbeiten, konnte er eine hohe Einsparungssumme vorweisen, ohne dass irgendjemand wirklich betroffen war. Er baute einen Popanz auf, dessen Beseitigung den Effizienznachweis bringen konnte.

All die Synergien, all diese Einsparungen, die sich ergeben sollen, wenn eine Firma aufgekauft und fusioniert wird, müssen zunächst einmal finanziert werden. Ob Abfindungen von altgedienten Mitarbeitern bei der Auflösung ihrer Verträge, ob Produktverpflichtungen gegenüber Künstlern, die zu Ausfallgeldern führen – alles muss bezahlt werden. Dafür gibt es den Purchase-Account, einen Topf für die vereinigungsbedingten Kosten. Alle entstehenden Ausgaben für die Nutzung der Synergien und Einsparungen in der neuen Struktur werden hier eingestellt. Abgeschrieben wird dieser Kostenpunkt über 40 Jahre. Das heißt: Die Folgen des Universal/PolyGram-Mergers werden noch 2038 von der Firma oder ihren Rechtsnachfolgern abbezahlt. Stellt sich ein Unternehmen in EBITDA dar, spielt das absurderweise an den Finanzmärkten keine Rolle. Denn das Kürzel steht für Einkünfte vor Zinsen, Steuern, Abschreibung und Amortisation. Um den Erfolg an der Börse zu messen, wird so getan, als sei es egal, wie viele Schulden man für Akquisitionen aufnimmt, wie viel Geld man verbrennt, welche Werte man im Prozess eines Mergers oder Aufkaufs über Bord kippt. Die Hauptsache ist: dass die Nachricht über die Einsparungen stimmt. In manchen Punkten ist der Kapitalmarkt fast so irrational wie die Kunst.

Noch nicht vollständig abgeschriebene Produktionskosten oder Lizenzvorauszahlungen müssen auf einen Schlag aktiviert und aus dem Purchase-Account gedeckt werden, wenn man – wie von Pascal Nègre vorgeschlagen – Projekte nicht weiterführt. Damit entlasten sie nicht nur umgehend die Bilanz und erzeugen ergo eine Einsparung, sondern alle zukünftigen Einspielungen, egal ob es Lizenzen für die Künstler oder die Deckung der Vorkosten sind, gehen sogar als Gewinn durch. Schließlich ist alles bereits abgeschrieben, sind theoretisch keine Einnahmen mehr vorgesehen. Meinem Einwand, dass eine solche Praxis doch betriebswirtschaftlich irgendwann in sich zusammenbrechen müsse, da es keine dauerhafte Substanz habe, widersprach der Mathematiker nicht:»Stimmt Schatz, aber dann bricht nicht nur Universal zusammen, sondern noch einiges mehr an der Börse. Davon abgesehen, hat das kanadische Sweetheart uns bis dahin längst wieder verkauft, die Einsparungen sind vergessen und der nächste Purchase-Account steht bereit.« Er sollte in jedem Punkt Recht behalten.

In Marina del Rey wurde deutlich, dass die PolyGram-Strategie der eigenständigen Label-Kulturen nicht mehr angesagt war. Der ganze amerikanische Konzern wurde auf vier Firmen eingedampft. MCA und Universal Records blieben unverändert, aber das Label Interscope, mit Künstlern wie Limp Bizkit und Marilyn Manson eher alternativ positioniert, schluckte die Mainstream-Firmen A&M und Geffen. Interscope-Chef und Produzentenlegende Jimmy Iovine baute sich auf, dankte dem neuen Universal-Weltchef Doug Morris und verkündete:»Bislang war ich Kapitän auf einem Piratenschiff, nun werde ich Kapitän auf einem verdammt großen Piratenschiff sein.« Das legendäre Label Island von Independent-Held Chris Blackwell und Mercury, die Heimat von Bon Jovi oder Shania Twain, wurden wiederum in das Hip-Hop-Label Def Jam integriert. Dessen Chef Lyor Cohen stellte sich vor die im Ritz Carlton angetretene Mannschaft und weinte. Pascal Nègre präsentierte sich überraschend einsilbig:»Bonjour, I am the Queen of France« und ließ ein Video mit französischer Musik laufen.

Meinem Chef und mir war nicht ganz wohl bei der Sache. Entgegen dem Anraten der Berater hatten wir für Deutschland auf einer Strategie mit vier Firmen bestanden. Einerseits ließen sich so die meisten Mitarbeiter herüberretten, andererseits konnten wir so die Labels klar auf musikalische Farben zuspitzen. Spätestens hier in Los Angeles wurde uns aber klar, dass wir das einzige Territorium außerhalb der USA sein würden, das mit so vielen Labels operieren wollte. Außerdem schien sich unsere repertoireorientierte Strategie nicht unbedingt im internationalen Gleichklang zu befinden. Am nächsten Tag würden wir unsere Pläne morgens vor dem internationalen Management, den amerikanischen Labelchefs und Edgar Bronfman jr. präsentieren müssen. Beim Abendessen kam einer der anwesenden Mitarbeiter der Boston Consulting Group auf uns zu. Er habe gehört, dass es Probleme mit unserer Struktur geben würde, ob wir nicht zusammen frühstücken wollten, fragte der Mann, dessen Akzent ihn eindeutig als Franzosen auswies.

Ruhig guckte er am nächsten Morgen beim dünnen, amerikanischen Kaffee die Papiere durch, die wir gleich vorzulegen hatten. »Das sind nicht vier Plattenfirmen, sondern nur drei«, stellte er gelassen fest. »Zumindest so lange, wie Sie es behaupten.« Der Trick bestand darin, dass Motor und Universal zukünftig eine gemeinsame Radiopromotion haben sollten. Er bläute uns ein, dass diese Abteilung die eigentliche Firma sei, die nun mal zwei Repertoire-Arme namens Motor und Universal habe. Alles sei eine Frage des Blickwinkels. Offensichtlich hatte der Mann schon mit Pascal Nègre gearbeitet.

Das entscheidende Treffen fand kurz danach statt. Der Druck, die vorgegebenen Zahlen zu erreichen, war in dem Raum deutlich zu spüren. Doch schnell stellte sich heraus, dass unsere leicht adjustierte Drei-Label-Strategie für Deutschland in Ordnung gehen würde. Wer dem Kapital dient, muss unter Umständen die eigenen Wahrheiten so erzählen, wie es das Kapital hören will. Dadurch muss aus wahr nicht falsch werden. Die Diskussion in der Runde entzündete sich eher daran, dass auch MCA und nicht nur Interscope unbedingt von Motor betreut werden wollte, obwohl man bei Motor mit internationalen Produkten kaum Erfahrung hatte. Die klare Positionierung des Labels erschien den Amerikanern hochgradig attraktiv. Es entstand eine Debatte darüber, wie man alternative Rock-Acts durchsetzt, und jeder war froh, eine Weile nicht über Synergiepotenziale reden zu müssen.

In Marina del Rey wurde schnell klar, dass in einem wirklich globalisierten Entertainment-Konzern, so wie es Universal nun war, die Amerikaner nicht nur eine Sonderrolle, sondern die eindeutige Vormachtstellung einnehmen würden. Das musste man akzeptieren – aber der Wirkung konnte man sich widersetzen. Das System der alten Universal sah vor, dass die europäischen Schwesterfirmen nicht nur die üblichen, sehr hohen Lizenzgebühren, sondern auch alle mit Tourneen verbundenen Kosten für die internationalen, sprich: amerikanischen Künstler zahlen mussten. Auf der Tagung bekamen wir mit, dass dies übernommen werden sollte. »Prima«, sagte Pascal Nègre den Amerikanern ins Gesicht, »dann steigt mein Marktanteil ja noch weiter. Denn über 60 Prozent mache ich sowieso schon mit lokalem Repertoire, und das bekommt dann noch mehr Aufmerksamkeit und Budgets, weil wir uns eure Künstler in Frankreich nicht mehr leisten können ...« Europäisches Selbstbewusstsein dieser Art war man nicht gewohnt, das Thema damit für alle Zeiten vom Tisch.

Der Purchase-Account ermöglichte es uns wenigstens, die Opfer des Finanzgeschäfts großzügig abzufinden, doch was nutzt ein fairer Betrag, wenn man die Schicksale kennt? Man steht zum Beispiel noch lange mit dem Bewusstsein auf, den Berliner Radiopromoter entlassen zu haben, weil er nicht nach Hamburg in die zentralisierte Promotionabteilung kommen konnte. Er wollte schon, aber nach den ersten Gesprächen über die mögliche, zukünftige Position fand er daheim seine Frau bewusstlos auf dem Fußboden vor. Nach dem schweren gesundheitlichen Vorfall war sie ein Pflegefall, er konnte sie unmöglich allein mit den Kindern zurücklassen.

Er war nur einer von fast 3 000 Menschen, die in diesem Merger weltweit ihren Job verloren, aber ein konkreter Fall. Das lässt sich in den Präsentationen von Boston Consulting natürlich nicht wiederfinden. Je abstrakter der Einzelne wird, desto leichter lässt sich Gewalt anwenden. Das ist nicht nur die Gefahr moderner, computerisierter Kriegsführung, sie droht genauso durch abstrakte, analytisch vorangetriebene Wirtschaftsabläufe. Natürlich muss man die Bedürfnisse des Kapitalmarkts befriedigen, wenn man ihn nutzt. Natürlich muss man für Synergien und Optimierungen sorgen, dort wo es nur irgend geht. Damit schützt man im Zweifel die Mehrheit, ermöglicht ihnen eine Zukunft. Aber als Manager, der die Schicksale kennt, muss man auch imstande sein, sich im Zweifel gegen die Konzernlogik vor den Einzelnen zu stellen. Tut man das nicht, macht man sich schuldig, schuldig wie ich im Fall unseres Berliner Radiopromoters.

Je mehr ein Mensch glaubt, am Gestaltungsprozess teilzuhaben, desto mehr interessieren ihn auch die Details. Als Anhängsel eines großen Elektronikkonzerns verlangte man von der früheren Poly-Gram Zuverlässigkeit. Dementsprechend wichtig waren die jährlichen Etatbesprechungen: Man war zwar sein eigener Herr, aber das, was man sich fürs Jahr vorgenommen hatte, musste auch unbedingt eintreffen. Das internationale Management ging persönlich jede einzelne Zahl wichtiger Veröffentlichungen durch, hinterfragte und veränderte sie gegebenenfalls. Bunte Bilder, Charts und Grafiken waren verpönt, das Einzige, was interessierte, war eine realistische Einschätzung des Marktes, die man mündlich vorzutragen hatte – und alle Zahlen. Das war jedes Mal ein zäher, drängender Prozess, der in London mehrere Tage dauern konnte. Ich versuchte, den PolyGram-Chef Levy bei einer meiner ersten Budgetbesprechungen damit zu stoppen, dass ich ihm erzählte, ich hätte den Baum schon geschüttelt. Alles, was aus Motor realistisch herauszuholen sei, läge als Planung vor ihm. In Wirklichkeit hatte ich natürlich reichlich Luft fürs nächste Jahr gelassen. Er guckte nur auf die Zahlen und schnaubte:»Du willst nicht wirklich, dass ich deinen Baum schüttle, Tim. Denn dann ist da kein Baum mehr …«

Plötzlich kam das Management zu uns. Der Prozess der Planfindung bei Universal war deutlich entspannter. Man ging am Abend zuvor nett essen, fuhr am nächsten Tag eine fünfstündige Power-Point-Präsentation ab, spielte ein wenig Musik vor, ließ die Konzernspitze mit den Geschäftsführern der Labels parlieren und war sich schnell einig. Nachgefragt wurde eher wenig, einzelne Zahlen von Veröffentlichungen nicht diskutiert. Anders als zuvor waren wir danach aber nicht wirklich schlauer. Die Zahlen, die man präsentiert hatte, veränderten sich während des Meetings zumeist gar nicht, aber ob das nun wirklich der Deal für das nächste Jahr sein würde, wusste man auch nicht. Der wurde direkt mit Edgar Bronfman in New York besprochen. Beim ersten Mal durften wir noch dabei sein, später fand das ohne uns statt. An diese Begegnung kann ich mich noch sehr gut erinnern.

Ich schwitzte gerade auf dem Crosstrainer im Fitnessraum meines Hotels am Union Square. Auf der Mattscheibe vor mir flimmerte das Gesicht von Edgar Bronfman jr. Die Analystin von CNN präsentierte ihn als Verlierer des Tages, denn seit heute Morgen hatte der Kurs des Seagram-Konzerns um mehr als 5 Prozent nachgegeben. Ich trat noch schneller in die Pedale, als könne ich mit dem Gerät dem Dilemma davonfahren. In weniger als zwei Stunden war unsere deutsche Delegation an der Reihe, um mit ihm die Jahresplanung durchzusprechen. Das alles klang nach wenig optimalen Voraussetzungen für das Unterfangen.

Von Durchsprache konnte dann auch nicht die Rede sein. Im Seagram-Headquarter, dem beeindruckenden, von Mies van der Rohe gestalteten Gebäude an der Park Avenue, warteten in einem kleinen, abgedunkelten Besprechungsraum das Universal Music International

Management, ein Mann mit Turban und Bronfman selbst schweigend auf uns. Ich weiß bis heute nicht, wer der Mann mit Turban war. Unser internationaler Chef behauptete, es sei Bronfmans Guru gewesen, der bei schlechten Nachrichten ein gutes Karma verbreiten soll. Ein schnell geschnittenes Video präsentierte auf einem eilig herbeigeholten kleinen Fernsehgerät die deutsche Musikszene und unsere Künstler. Mein Chef, der deutsche Chairman, hielt einen engagierten Vortrag über die Krise der lokalen Musikwirtschaft, die sich abzuzeichnen begann. All das sollte erklären, weshalb das von uns vorgeschlagene Wachstum von 1,2 Prozent das höchste der Gefühle sein müsste.

Niemand guckte wirklich in die Mappen mit den sorgfältig aufbereiteten Zahlen, die wir ihnen auf den Tisch gelegt hatten. Stattdessen schaute uns Edgar Bronfman jr. erschöpft an und gestand, dass nach dem PolyGram-Kauf ein zweistelliges Wachstum hermüsse, damit Seagram seine Glaubwürdigkeit im Finanzmarkt erhalten könne – natürlich im Verhältnis zu den aufaddierten Vorjahresergebnissen beider Firmen. Wir bekamen 10 Prozent verordnet und fragten uns frustriert, weshalb wir dafür den weiten Weg nach New York auf uns nehmen mussten. Wenn das so lief, konnte man auch anrufen und die Vorgaben kundtun.

So geschah es dann auch in den Folgejahren. Je mehr wir von freien Investoren abhängig waren, desto mehr mussten wir uns ihren Erwartungen beugen, die man geweckt hatte, um sie erst einmal anzulocken. Das Problem war nur, dass diese Erwartungen auf keinerlei Prüfung der wirklichen Gegebenheiten basierten. Sie glichen eher einem Hype, der die Begeisterung beim Kapital hervorrufen sollte. Je tiefer der ganze Markt in eine Krise stürzte, desto weniger hatte dieser Hype mit dem wirklichen Geschäft zu tun, desto weniger konnte man die Erwartungen erfüllen. Ein Teufelskreis.

Das wusste auch das internationale Management, das ja auch nicht weltfremd war. Statt einmal im Quartal stand deshalb nun jeden Monat eine neue Planung an. Man nannte das Forecast, später Management Close-out, was so klingt, als habe man die Tür abgeschlossen, und das ausgesperrte, lokale Management wolle verzweifelt herein. Das Gegenteil war der Fall, es wollte heraus. Heraus aus den ewigen Besprechungen, die sich leicht über drei Tage zogen. Stattdessen hätten wir uns in derselben Zeit, lieber bemüht, eine Planung zu erarbeiten, für die wir uns hätten verantwortlich fühlen können. Doch erst mussten für diese Übung die Zahlen jeder einzelnen Veröffentlichung angepackt und überprüft werden. Danach wurden sie mit dem Vertrieb gemäß dessen Markteinschätzung abgeglichen, schließlich über all die Labels konsolidiert und mit den ursprünglichen Zielen verglichen. Monat für Monat verloren die Spitzenkräfte des Unternehmens dadurch mehr als 10 Prozent ihrer Arbeitszeit, fast jedes Mal ließ der Prozess sie frustriert zurück, denn die Vorgaben waren kaum zu schaffen, und London wollte zwar die Updates, aber keine Profitwarnungen.

Der einzige schwache Trost bestand darin, dass das wirklich nicht nur uns so erging. Bei fast allen großen Plattenfirmen beschäftigte man sich in dieser bedrohlichen Situation immer mehr damit, für die Zentralen immer wieder Zahlen aufzubereiten. Je enger es im Markt wurde, je weniger die ursprünglichen Ziele erreicht werden konnten, desto größer wurde der Hunger nach Zahlen, die vielleicht helfen konnten, die Situation zu verstehen, Entlastung zu sein. Zugleich blieb immer weniger Zeit, um die eigentlichen Probleme zu lösen.

Als wir bereits zwei Jahre später wieder verkauft wurden, diesmal zusammen mit der ganzen Seagram-Gruppe vom französischen Mischkonzern Vivendi geschluckt wurden, waren wir voller Hoffnung, dass es mit dem Zahlenwahn nun ein Ende haben würde. Der neue Partner wirkte so viel kräftiger. Der charismatische Vivendi-Chef Jean-Marie Messier ließ das ganze Management in den Universal Park bei Orlando einfliegen und nachts durch das legendäre US-Vergnügungszentrum toben. Die Amerikaner schauten verwirrt aus der Wäsche, wenn eine Achterbahn über sie hinwegdonnerte, in der die zahlreich vertretenen Franzosen nachts um zwölf die Marseillaise grölten. Sie waren wenig amüsiert, auf ihrem Kopfkissen ein Lernprogramm mit dem Titel »Französisch für Dummies« zu finden. Doch schon bald nach diesem anfänglichen Muskelspiel wurde deutlich: Das neue französische Imperium war komplett auf Sand gebaut und deshalb viel abhängiger vom internationalen Kapitalmarkt, als wir es bislang je erlebt hatten.

ZWEITAUSWERTUNG UND ONE-HIT-WONDERS –
DA WEDELT DER SCHWANZ MIT DEM HUND

Phillip Lives aus Winnipeg im kanadischen Bundesstaat Ontario war kein Freund der leisen Töne. Wenn er seine Mitbürger davon überzeugen wollte, eines seiner Produkte zu kaufen, brüllte er sie an. Nicht persönlich natürlich, sondern in Form von Fernsehspots. »Hard sell« nannte er seine Methode, überdrehte Sprecher in kurzen Werbeblöcken sämtliche Produktinformationen herunterrattern zu lassen, das Ganze mit schnell geschnittenen Bildern und Musik unterlegt. So verkaufte Phillip Lives Bratpfannen, Kochtöpfe und andere Haushaltswaren. Seine Firma nannte sich K-tel.

Nach zehn erfolgreichen Jahren im Direktmarketinggeschäft überlegte er sich 1971, dass sich auf diese Weise auch Musik über das Fernsehen verkaufen lassen müsste. Da er aber weder eine Plattenfirma besaß, noch sich die Mühe machen wollte, Künstler aufzubauen, kam ihm eine brillante Idee: Phillip Lives würfelte 25 Songs verschiedener Künstler zusammen, besorgte sich bei ihren Labels gegen eine solide Lizenzbeteiligung die Genehmigung, presste sie auf Platte und bewarb diese mit seinen gewohnt brachialen Fernsehspots. Das erste Album hieß *25 Polka Greats*. Die Idee funktionierte prächtig, die Leute rissen ihm seine Platten aus den Händen. Die fernsehbeworbene Compilation war geboren.

K-tel erfand ein neues, höchst effizientes und lukratives Geschäftsmodell: die Zweitauswertung. Man nahm alte und neue Hits, gab der Sammlung ein griffiges Motto und verkaufte sie zu einem entspannten Preis: 25 Hits auf einer Platte für 5,98 US-Dollar. Die Klangqualität war anfangs erbärmlich, das Vinyl dünn und brüchig und das Cover-Artwork bestand aus verzerrten Fonds und kreischenden Farben. K-tel war ein früher Vertreter der Pulp Fiction, jener amerikanischen Kultur aus B-Movies, One-Hit-Wonders und Bubblegum-Poesie, der Quentin Tarantino mit seinem Film ein Denkmal setzte.

Zwei bis drei Compilations wurden pro Monat veröffentlicht, Lives war immer auf der Suche nach einem neuen Motto, dem nächsten Trend. Das Geschäft boomte, viele Konsumenten wollten lieber eine obskure Hitkollektion kaufen, die sich einen Dreck um Stil oder Geschmack kümmerte, als mühsam die einzelnen Singles zusammenzusuchen oder gar ganze Künstleralben zu erwerben. K-tel eröffnete Dependancen weltweit und überzog die lokalen Fernsehsender in den siebziger und frühen achtziger Jahren mit ihren ebenso markanten wie enervierenden Werbespots. Auch in Deutschland tobten gepitchte Stimmen, fliegende Schriften und jede Menge ineinander verschachtelte Musikfetzen im Namen von K-tel durch den Fernsehvorabend.

Die großen Plattenfirmen lizensierten ihre Titel eine lange Zeit gerne an K-tel, schließlich verdienten sie an jeder verkauften Platte anteilig mit. Sie nahmen den Compilation-Markt nicht wirklich ernst, Zweitauswertung galt unter den meisten Künstlern und ihren Labels als etwas unfein, daran sollten sich andere die Finger schmutzig machen.

Erst Mitte der achtziger Jahre, mit der Durchsetzung der CD, einer zunehmenden Zahl an erfolgreichen Musikformaten im Fernsehen und einer neuen Controller-Generation, begannen die Musikkonzerne, in Deutschland den Markt konsequent zu erschließen. Zunächst drehten sie K-tel den Hahn ab, lizensierten einfach keine Titel mehr an den Wettbewerber. Doch statt danach eigene Compilation-Marken zu entwickeln, gingen sie den vermeintlich einfacheren Weg. Es entstanden Compilations zu TV-Sendungen wie *Ronny's Popshow*, *Formel Eins*, später *VIVA Hits* oder *The Dome*. Bestehende und etablierte Medienmarken musste man nicht mehr mit eigenem unternehmerischem Risiko durchsetzen. Dafür machte man sich jedoch langfristig von Dritten abhängig. In Amerika versucht die Musikindustrie bis heute, diese Falle zu vermeiden, indem sie Filme als verkaufsfördernde Marke für Hitkopplungen nutzt. Der US-Konsument erwartet auf einem Soundtrack in der Regel gar nicht die Musik aus dem Motion-Picture, sondern eine aktuelle Sammlung von Hits – und wenn die Filmmusik doch mal drauf ist, wird zur Warnung in großen Lettern »Score« aufgedruckt. Nur selten, wie im Fall von *Kuschelrock* oder der legendären englischen *Now ... that's what I call music*-Serie, mühen sich die Konzerne mit eigenen Konzepten ab. Meistens jedoch setzt man stattdessen auf die vermeintliche Nummer Sicher.

Bekanntestes und erfolgreichstes Beispiel für die bewährte Strategie ist *Bravo Hits*: Die vierteljährlich erscheinende Compilation-Serie entstand 1992 in Partnerschaft mit dem Bauer Verlag. Der Erfinder von *Bravo Hits*, Warner-Special-Marketing-Chef Thomas Schenk, hatte die Idee, dass die größte europäische Jugendzeitschrift eine gute, weil glaubwürdige Rampe für die neue Compilation sein könnte. Außerdem brauchte Warner dringend eine erfolgreiche eigene Kopplung, die Mitbewerber hatten mit ihren fernsehbeworbenen Angeboten die Nase vorn. *Bravo Hits* wurde zur Königsidee: mittlerweile steht die 45ste Ausgabe im Handel, in den besten Jahren wurden von jeder einzelnen Edition mehr als 1,2 Millionen Stück verkauft. Der Aufwand für die Plattenfirmen hielt sich in Grenzen – 40 aktuelle Hits wurden auf einer Doppel-CD versammelt, eine Agentur kümmerte sich um die Verpackung und den passenden Fernsehspot. In wechselnden, politisch heiß umkämpften Konstellationen nahm Warner die anderen großen Konzerne in ein Joint Venture, das für die Sicherstellung des Hit-Nachschubs und den Vertrieb sorgte und eine stetig wachsende Summe in Fernsehwerbung investierte. Der Umsatz konnte sich sehen lassen. Bei einem Verkaufspreis von 28 Mark kam man auf etwa 40 Millionen Mark – auf das Jahr gerechnet, brachte das bei vier Ausgaben rund 150 Millionen Mark. *Bravo Hits* wuchs zur wichtigsten Marke des deutschen Musikmarktes heran.

Das war planbar, das erzielte ein vortreffliches Ergebnis – die Controller waren zufrieden. Und die Präsidenten der beteiligten Firmen sowieso, denn sie konnten erstklassige Zahlen an ihre internationalen Chefs abliefern und kassierten am Jahresende ihre Bonuszahlungen. Das Kapital verlangte nach Optimierung, in der Zweitauswertung als Hit-Kopplung schien man das perfekte Mittel gefunden zu haben. Alle waren glücklich, das kurzfristige Ziel erreicht.

Die Tatsache, dass man sich mit der Lizensierung einer Marke wie *Bravo Hits* in die Hände eines Zeitschriftenverlags begeben hatte, wurde geflissentlich übersehen: Die Beteiligung des Bauer Verlags an *Bravo Hits* belief sich auf 50 Pfennig pro Doppel-CD, das entsprach etwa 2 Prozent. Ein guter Deal. Doch mit dem Erfolg stiegen logischerweise auch die Ansprüche des Partners: bis auf 1,70 Mark pro Stück, was in den neunziger Jahren bei vier Ausgaben im Jahr auf rund 8 Millionen Mark kumulierte. Der Verlag musste nicht mehr tun, als der Sache zwei Seiten im Heft einzuräumen, dafür kassierte er eine stattliche Summe ab. Aufgrund der ebenso aggressiven wie penetranten, jedes Quartal wiederkehrenden TV-Werbung für *Bravo Hits* überholte die Compilation das Heft sogar in der Beliebtheit und Bekanntheit bei der Zielgruppe. Im Grunde zahlte sie auf die Zeitschrift ein und nicht umgekehrt.

Bis zum Jahr 2000 ging das Spiel gut: In allen großen Musikkonzernen hatten sich eigene Abteilungen namens Polymedia bei Universal, Warner Strategic Marketing oder Sony Music & Media gebildet. Ihre Aufgabe war die Zweitauswertung, sie galten als Gelddruckmaschinen der Konzerne. Mehr als 50 Prozent des Ergebnisses kam über die Zweitauswertung; mit einem kalkulierbaren Investment und geringen Personalkosten.

Nie konnte man die Veröffentlichung von Musik besser planen. Compilations ließen sich anstandslos zwischen den Quartalen verschieben. Kein Künstler trödelte, kein Management quengelte; man koppelte einfach die fertigen Hits zusammen, schaltete bei RTL oder SAT1 Werbung – und verkaufte massenweise CDs. Die Chefs der Marketingabteilungen leisteten sich Trüffelrunden, zu denen sie ihre Partner einluden, oder alljährliche Partys auf der Branchenmesse Popkomm, die mit Hummer-Büffets und Champagner-Kaskaden alles in den Schatten stellten.

Der ehemalige MCA- und EMI-Präsident Heinz Canibol brachte es auf den Punkt: »Da wedelt der Schwanz mit dem Hund.« Statt Künstler mit dauerhaftem Wert aufzubauen, investierten die Musikfirmen jede Menge Zeit und viel Geld in den Aufbau von Marken, die ihnen noch nicht einmal gehörten. Der Ergebnisdruck, den sie zu spüren bekamen, war immer ein kurzfristiger; der Aufbau von Werten ist aber eine Angelegenheit, die viel Zeit braucht. Die Fixierung auf Hit-Compilations als Schwerpunkt des Geschäfts gleicht eigentlich dem Pilotenspiel. Wer zuerst in der Kanzel sitzt, kassiert ab – die Mehrheit der Beteiligten verliert. Der Kollaps ist unausweichlich, denn irgendwann gibt es keinen mehr, den man zum Einzahlen noch bewegen könnte. Eingezahlt wurde über Hits, aber wenn auf Dauer keine neuen Künstler und Kataloge entwickelt werden, verlieren auch diese ihre Nachhaltigkeit und bringen die Compilation-Maschine in Turbulenzen. Obwohl eine Zweitauswertung, zumal mit entliehenen Fremdmarken, eigentlich günstiger ist als die Kreation neuer Produkte, standen pro Compilation im Schnitt 4 Euro für das Marketing zur Verfügung, für einen eigenen Künstler und seine Platte war es jedoch eher die Hälfte. Der kurzfristige Profit rechtfertigte es.

1998 schien sich dann der Traum jedes Zweitauswerters zu erfüllen. Die Firma edel music, gegründet vom Marketingspezialisten Michael Haentjes, ging an die Börse und entwickelte sich schnell zum Star am Neuen Markt. Mit dem Mailorderversand von Soundtracks und David-Hasselhoff-Devotionalien hatte Haentjes angefangen, war dann mit Compilations zur RTL-Soap *Gute Zeiten, Schlechte Zeiten* groß geworden, um schließlich auf den sicheren Umsätzen des Special Marketings den größten europäischen Independent aufzubauen. Geschwindigkeit war eine der Stärken von edel music. Niemand brachte neue Singles oder Compilation-Ideen schneller auf den Markt als die Firma aus Hamburg.

Schon früh hatte Michael Haentjes auf das neue Marktsegment Dance gesetzt. Die Clubkultur passte zu seinem Unternehmen – es gab keine Künstler mehr, die langfristige Karrieren anpeilten, stattdessen produzierten DJs und kurzfristig zusammengestellte Projekte Titel für den schnellen Gebrauch. Die Digitalisierung fegte durch die Musikproduktion, die Produktionsmittel demokratisierten sich. Statt in sündhaft teuren Riesenstudios mit hochspezialisierten Produzenten und Tonmeistern zu arbeiten, konnten kreative Köpfe plötzlich auf Laptop-Computern unter dem Dach ihre Titel zusammenbasteln. Die Qualität war verblüffend gut, der Zeitaufwand minimal und das Initialinvestment seitens der Plattenfirma gering.

Die A&Rs von edel music, dem kleinen hessischen Anbieter ZYX oder auch von unserer Firma Motor Music zogen mit 10 000-Mark-Schecks von einem DJ zum nächsten und kauften neue Titel im Dutzend – oder sie produzierten gleich selbst und steckten das Geld in die eigene Tasche. Der ehemalige Telefonverkäufer von edel music schrie »Hyper Hyper« ins Mikrofon – und schon war er Sänger der Gruppe Scooter. Teilweise genügte ein Anruf: Der Produzent spielte seinen Song am Telefon vor, die andere Seite schickte per Fax sofort den Vertrag. Am nächsten Tag kam das Master per Post, wurde auf Vinyl gepresst und lief spätestens in der Folgewoche in den Clubs. Sobald der

Titel vorne in den Diskothekencharts auftauchte, wurde für VIVA ein Video produziert und ein so genanntes »Chartpowergimmick« geordert, eine Kleinigkeit wie zum Beispiel ein T-Shirt, damit die Händler an den Titel erinnert würden. Von Vertragsunterschrift bis Top Ten vergingen selten mehr als fünf Wochen. Die Trends änderten sich monatlich, Sounds wurden voneinander gesampelt, also jede Idee auch ganz schnell wieder im nächsten Song zitiert. Der Erste machte das Rennen.

Den großen Labels ging das alles zu schnell, aber als der Sound der Großraumdiskos endgültig die Top Ten dominierte, kamen auch sie in die Gänge, und die Preise für neue Produktionen stiegen. Es herrschten Goldgräberzeiten. Das Risiko einer Single-Veröffentlichung ging gegen null, denn notfalls wurde der Titel auf ein paar Compilations gekoppelt und spielte so seine Kosten wieder ein. In den Plattenfirmen beschäftigte man sich mit Warenterminhandel statt mit Künstleraufbau. Unzählige One-Hit-Wonder kamen und gingen. Als der Nachschub an originellen Dance-Titeln stockte, griff man auf den bisher sorgsam gehegten Katalog zurück und produzierte Coverversionen. Das Kalkül war einfach: Wenn schon kein Künstler, kein Gesicht mehr vorne steht, sondern ein pausbäckiger Producer samt Hupfdohlen-Choreographie, dann musste zumindest der Song wiedererkennbar sein. Also unterlegte man alles mit Dance-Beats, was sich in früheren Jahrzehnten als Hit bewährt hatte; von *Tränen lügen nicht* bis *Eine Insel mit zwei Bergen*. Das Ergebnis: eine radikale Überflutung des Marktes. Im Wettbewerb der Plattenfirmen um die neuesten Titel entstand eine Unmenge Trash. Auf all den Doppel-CDs der Zweitauswerter fand aber auch der eine Heimat.

Ursprünglich, als Dance noch Techno hieß, war es das musikalisch Innovativste, was Deutschland seit langem hervorgebracht hatte. DJs machten elektronische Musik für DJs, ohne Mittelmänner in der Kommunikation, unabhängig von Radio und TV. Anfangs haben wir die Songs nur auf Maxis veröffentlicht und den Promotern verboten, sie überhaupt ans Radio weiterzugeben. Selten waren Künstler so frei, konnten sie so schnell Erfolg haben. Es ging nicht mehr um Refrains, meist hatten die Stücke nicht einmal Gesangsparts. Stattdessen wurden kunstvoll Klangflächen ineinander verwoben und Klänge oder

Beats aus alten Stücken in einen neuen Bezug gestellt. Techno war die Kunst der größtmöglichen Abstraktion. Aber genau das machte ihn so anfällig. Abstraktion kann auch als Debilität missdeutet werden. Besonders dann, wenn die Produktionsmittel in der Hand von fast jedermann liegen. Irgendjemand findet sich immer, der Freiheit als Aufforderung zur Entgleisung versteht. Das führte schließlich zu Platten, auf denen die Schlümpfe im Beat der neuen Zeit Pophits nachsangen – und das verkaufte sich auch noch ...

Diese Form der Abstraktion und ihre neuen Regeln machten es den Plattenfirmen nicht immer leicht. Eines Abends, wir diskutierten mit dem DJ-Promoter Houseklaus die neusten Trends beim Bier in seinem Büro, kam Jens Thele, Chef der Motor-Dance-Abteilung hinzu, um stolz ein Weißmuster vorzuspielen, eine dieser unbeschrifteten Vinylpressungen, die vorab an DJs gingen. Er wollte den Titel am nächsten Morgen einkaufen. Die Nummer war schnell, die Nummer war hart, hatte einen eigenartigen Gitarrensound und gefiel uns allen. Endlich wieder ein richtiger Techno, wir bestärkten Jens darin, sich diesen Titel eines italienischen DJs unbedingt zu sichern. Als bald darauf die DAT mit dem Master eintraf, war die Verwirrung groß. Statt Techno war darauf Trance zu hören, eine bedeutend langsamere und weichere Spielart der Clubmusik. Jens beschwerte sich, kam aber kleinlaut zurück. Er hatte das Weißmuster stets in der falschen Geschwindigkeit abgespielt, auf 45 statt 33 UpM.

In den Clubs störte das keinen: *Children* von Robert Miles wurde uns auch langsam abgespielt aus den Händen gerissen. Da der Song keinerlei Gesang oder andere markante Elemente enthielt, versahen wir die CD mit dem Sticker »Der Clubhit mit der Gitarre«. Das muss den Konsumenten ordentlich verunsichert haben, konnte ihn aber nicht stoppen. Denn eine Gitarre war im ganzen Song nicht zu hören. In der richtigen Geschwindigkeit spielte Robert Miles Piano – und mit diesem Sound verkauften wir in Deutschland über eine Million Singles und 600 000 Alben.

Ausgestattet mit den richtigen Kontakten und der nötigen Portion Aggressivität war es möglich, über Nacht reich zu werden. Man war aber auch immer nur so gut wie der letzte Hit, und ein neuer Katalog entstand bei den Plattenfirmen nicht. Da die Arbeit mit Dance keine aufwändigen administrativen Strukturen brauchte, sondern vor allem Geschwindigkeit, machten sich nach und nach alle guten A&Rs selbstständig. Sascha Basler, der Motors Technoabteilung Urban aus der Taufe gehoben hatte, gründete seine eigene Firma namens Orbit. Nachfolger Jens Thele besaß schon bald mit Kontor ein außerordentlich erfolgreiches Label. Der Industrie blieb nichts erhalten: die Halbwertszeit der Hits lag bei etwa zwei Monaten und dauerhafte Künstler gab es, bis auf die großen Ausnahmeerscheinungen Westbam und Scooter, keine.

Techno und die dadurch ausgelöste Dance-Welle allein wären nicht das Problem gewesen. In der Doppelung mit dem Boom der Hit-Compilations wuchs jedoch die Gefahr: Einerseits wurde Popmusik zur Fließbandproduktion banalisiert, andererseits gelang unter ökonomischen Gesichtspunkten ihre Veredelung durch die Compilations. Beides war jedoch nicht geeignet, dauerhafte Werte zu schaffen, und gleichzeitig durchaus kapitalintensiv. Aber eben auch hoch profitabel. Compilations schafften es, den Druck aus den Unternehmen zu nehmen, die Illusion von Konstanz zu schaffen. Im verzweifelten Bemühen um gute Nachrichten für die Shareholder und somit Ruhe und Frieden für Mitarbeiter und Künstler wurden die Gewinne durchgereicht, meist nicht die nötigen Rücklagen gebildet, ein zu geringer Teil der großartigen Rendite in neue Künstler jenseits des Dance-Booms investiert.

Für die Kostenexplosion sorgten Musikanwälte, die plötzlich wie Manager auftraten. Ihre Mandanten kamen mit Dance-Produktionen und DJ-Gagen von über 20 000 Mark rasend schnell zu Geld, waren aber mit dieser plötzlichen Bedeutung und dem Reichtum überfordert. Viele der Branchenanwälte nutzten diese Hilflosigkeit aus. Plötzlich waren sie viel mehr als die rechtlichen Berater bei Vertragsabschluss. Sie versuchten, bestehende Verträge zu sprengen, fädelten neue Deals ein, verhandelten auch die wirtschaftlichen Rahmenbedingungen und meinten häufig, den DJ oder Produzenten auch künstlerisch coachen zu müssen. Doch ihre Kompetenz für den Job eines Managers, dessen Ziel in der Gestaltung und Führung einer langfristig angelegten Künstlerkarriere liegen sollte, war naturgemäß begrenzt. Jahrelang hatten sie ein dröges Jurastudium, Staatsexamen und eine freudlose Zeit als Referendar über sich ergehen lassen und waren nun fasziniert vom leichten Leben ihrer jungen, neureichen Mandanten. Im Alkohol- und Betäubungsmittelkonsum standen sie ihnen nicht nach, beteiligten sich finanziell an ihren Diskotheken oder Labels, residierten in Stadtvillen oder Maisonettebüros in bester Lage, schmissen elegante Partys und empfingen am Rande der Musikmessen zu Geschäftsgesprächen im Fünf-Sterne-Luxus.

Finanziert wurde der neue Glamour durch möglichst kurzfristige Verträge mit hohen Vorschüssen für ihre Mandanten, die die Produktion aufwändiger Videos und enorme Marketingverpflichtungen umfassten. Sie spielten die Plattenfirmen gegeneinander aus, trieben die finanziellen Vertragsverpflichtungen in schwindelerregende Höhen. Das lohnte sich vor allem für die Anwälte selbst. Sie wurden prozentual gemäß dem Verkehrswert des Vertrages bezahlt. Dazu gehört alles, was den potenziellen Streitwert in die Höhe treibt; selbst das Videoshooting in Guadeloupe. Gewissenlosere Exemplare unter den Musikanwälten ließen sich für ihre Dienste sogar mit prozentualen Beteiligungen am Gewinn ihrer Mandanten beteiligen – ein klarer Verstoß gegen die Standesregeln, die dieses Vorgehen unter dem Begriff »quota litis« geißeln. Andere schlossen für ihre Mandanten Verträge bei Firmen ab, an denen sie selbst beteiligt waren. Die Moral ging flöten, die Künstler blieben häufig überschuldet zurück.

Die zunehmende Unverbindlichkeit im Verhältnis zwischen Plattenfirma und Künstler reflektierte ein neuer Vertragstyp, den die Musikanwälte besonders gern aushandelten: der Bandübernahmevertrag. Anders als im bisher üblichen Künstlervertrag, der eine exklusive persönliche Bindung mit großer Nähe und entsprechender gegenseitiger Verantwortung bedeutete, definierte der Bandübernahmevertrag nur noch die Lizenzen für ein fertiges Masterband. Statt Persönlichkeiten an sich zu binden und als Produzent einen Katalog für die Ewigkeit aufzubauen, mietete man die Lizenz zur Auswertung einer Aufnahme für eine begrenzte Zeit; meist zehn Jahre. Der Rechteverlust für die Plattenfirmen war ungeheuer. Doch die gewaltigen Margen, die mit dem Dance-Trend und seinen Protagonisten auf die Schnelle zu machen waren, verdeckten die Gefahren. Zumindest in der Bilanz. 1995 brach dann ein weiterer Damm. Die Düsseldorfer Punkband

Die Toten Hosen ließ ihren Manager Jochen Hülder mithilfe des Branchenanwalts Walter Lichte einen revolutionären Vertrag aushandeln. Anstatt sich im Rahmen eines Künstlervertrages mit umfassender Rechteübertragung direkt an den neuen Partner eastwest, eine Tochterfirma von Warner Deutschland, zu binden, gründete man das eigene Label JKP (Jochens Kleine Plattenfirma) und schloss mit eastwest nur einen Vertriebsvertrag ab. Das bedeutete: Die Toten Hosen finanzierten ihre Studioaufnahmen samt Mastering, die Gestaltung des Covers, die Pressung der CDs und deren Auslieferung sowie das Marketing inklusive Videoproduktion und Promotion selbst und lieferten fertige CDs bei Warner ab, um deren flächendeckenden Vertrieb zu nutzen. Ein Risiko für die Band gab es dennoch nicht, da Manager Jochen Hülder, ehemaliger Punk, smarter Unternehmer und knallharter Verhandlungspartner, eastwest auf einen millionenschweren Vorschuss auf zu erwartende Umsätze festgenagelt hatte. Das Initialinvestment der Toten Hosen war somit gedeckt, Vertragspartner eastwest/Warner hingegen auf die reine Dienstleistung mit angeschlossener Kreditfunktion reduziert.

Die Plattenfirma war plötzlich ein Taxifahrer, der den Passagieren Geld dafür gibt, dass sie seinen Wagen nutzen. Campino, Hülder und Co nahmen breit grinsend im Fond Platz und ließen den Warner-Vertrieb hinterm Steuer schwitzen, während sie ihre unglaublich vervielfältigten Gewinne zählen konnten. Die Branche war empört, als das erste Mal das Gerücht die Runde machte, dass ein solcher Deal verhandelt wurde. Eastwest-Geschäftsführer Jürgen Otterstein wurde während eines Vorstandstreffens des deutschen Phonoverbandes in die Ecke gestellt und bekam den üblen Spitznamen »das kleine Arschloch« verpasst. Er brauchte den Umsatz, das letzte Jahr war eher mäßig ausgefallen. Also schloss er den neuartigen Vertrag ab. Auch wenn sich die Marge bei einem Vertriebsdeal nur auf Pfennige belief, waren die Stückzahlen, die mit den Toten Hosen bewegt wurden, dennoch wahrnehmbar. Und der Umsatz entwickelte sich positiv, denn das erste Album in der neuen Vertragskonstellation, *Opium fürs Volk*, verkaufte sich mehr als eine Million Mal.

Während Jochen Hülder zufrieden kommentierte: »Ich habe aus vier Akkorden das meiste rausgeholt, was rauszuholen war«, wurde sein Vertriebsdeal mit eastwest/Warner innerhalb der Branche noch lange diskutiert. Der Konzern brach eine der eisernen Regeln: Eine erfolgreiche Band muss mindestens 20 weniger erfolgreiche Künstler mit durchziehen. Denn nur 10 Prozent aller Tonträger erzielen Gewinne. Weitere 10 Prozent decken immerhin die Kosten. Der Rest muss als Verlust abgeschrieben werden. Das macht die Musikwirtschaft zu einem der riskantesten Investitionsbereiche – aber zugleich auch zu einem der lukrativsten, wenn eine Albumproduktion durch die Decke geht und man die umfassenden Auswertungsrechte besitzt. Entfällt aber genau eines dieser wenigen hochlukrativen Themen – weil die Band genügend Selbstbewusstsein besitzt und dazu einen organisatorisch fähigen Manager, der die komplexen Abläufe während der Entstehung und Vermarktung einer Platte unter Kontrolle hat – dann bricht die Mischkalkulation der Musikkonzerne in sich zusammen. Die Misserfolgsquote von 80 Prozent kann nur dann als Teil des Geschäftes und nicht als Unfall betrachtet werden, wenn Überproduktion als Schlüsselstrategie gilt, um die Kontrolle über ein unkalkulierbares, weil emotional und geschmacklich gesteuertes Absatzgebiet zu erlangen. Es müssen mindestens fünfmal so viele Produkte hergestellt werden, wie der Markt aufnehmen kann, will eine Plattenfirma am Ende des Jahres positive Bilanzen vorweisen. Dieses Risiko lässt sich aber wiederum nur kontrollieren, solange sichere Erfolge gewährleistet sind, mit denen die Überproduktion finanziert wird. Deshalb ist das Starsystem existenzieller Bestandteil der Musikwirtschaft.

Wenn sich die Stars aber emanzipieren, das nötige Investment aus den Gewinnen früherer Erfolge kommt und sie eigene Vermarktungsstrukturen schaffen, die ihre Interessen umfassend vertreten, bleibt den großen Plattenfirmen nur noch der Vertriebsapparat als Attraktivitätsmerkmal. Wenn dann für dieses reine Dienstleistungsgeschäft mit geringen Margen auch noch hohe Vorschüsse gebunden werden, knebeln sich die Musikkonzerne eigenhändig. »Unser Vertrag war der Anfang vom Ende der Majors«, konstatiert Jochen Hülder süffisant.

Eine der erfolgreichsten deutschen Rockbands im Katalog zu haben reizte natürlich jeden im Musikgeschäft. So ist es trotz der Aufregung um den Deal durchaus glaubwürdig, wenn Jochen Hülder erzählt: »Nachdem sie eastwest-Chef Otterstein beschimpft hatten, riefen alle Konzerne bis auf Sony bei mir an, um herauszufinden, ob sie vielleicht neben eastwest auch eine Chance auf den Vertriebsvertrag hätten.« Kein Wunder, dass das clevere Beispiel der Toten Hosen in Deutschland Schule machen konnte: Herbert Grönemeyer, Die Ärzte, Die Fantastischen Vier oder Xavier Naidoo – sie alle gründeten eigene Plattenfirmen und boten den Konzernen nur noch Vertriebsdeals an. Wenn eine Band gut gemanaged wird oder der Künstler selbst einen ausgeprägten Geschäftssinn hat, macht das für sie allemal Sinn. Dass sich die Plattenfirmen in Zeiten des Umbruchs zum Dienstleister für den Transport von CDs degradieren lassen, ist grenzwertig, aber verständlich. Ihre Vertriebsapparate stehen unter Druck, ein solcher Vertrag hilft Grundkosten zu decken und somit Arbeitsplätze und Unternehmensstruktur zu schützen. Zumindest vorübergehend. Unter dem Vertriebsvertrag der Ärzte von 1998 steht auch meine Unterschrift.

CHARTS UND OBJEKTIVITÄT – MIT PLASTIKTÜTEN-ULI DIREKT IN DIE TOP 10

Kaum ein Präsident der großen Plattenfirmen wollte Uli Jonas kennen. Nur die EMI konnte seine Existenz nicht ganz leugnen. Von ihren Faxgeräten aus sendete der langhaarige Kölner jeden Donnerstag seine handgeschriebenen Zettel, über die unzählige Gerüchte in der Branche kursierten. Es hieß, Uli Jonas könne die Charts beeinflussen. Wollte man sicherstellen, dass der eigene Titel auf seinen Chart-Zetteln vermerkt war, musste man den stets ein wenig ungepflegt wirkenden ehemaligen EMI-Vertriebsmitarbeiter mit 2 bis 3 Prozent am Umsatz beteiligen. Das war kein großes Risiko, denn Jonas war zugleich offizieller Berater der *Bravo Hits*-Compilation und sorgte im Gegenzug schon dafür, dass die von ihm angeblich in die Charts gedrückten Titel auch auf dieser vertreten sein würden.

Die Charts besitzen für das Musikgeschäft eine geradezu mystische Bedeutung. Sie werden seit 1977 vom Baden-Badener Marktforschungsinstitut media control erhoben und hängen in zig Plattenläden. Jeder kann an ihnen ablesen, welcher Künstler gerade zu den Gewinnern gehört, wer steigt, wer fällt und natürlich auch, wer gar nicht dabei ist. Wenn das Kunstwerk im Zeitalter seiner technischen Reproduzierbarkeit tatsächlich an Aura verloren haben sollte, wanderte ebendiese Aura offensichtlich weiter – in die Charts. Es gibt zig Radioshows oder Fernsehformate wie *Top Of The Pops*, die sich mit den Single- und Album-Charts beschäftigen. Es wurden Bücher geschrieben, Essays veröffentlicht, Internet-Foren eröffnet, um ihren Reiz und ihre Relevanz zu durchleuchten.

Neben ihrer Bedeutung als Trendbarometer sind die Charts aber auch schlichtweg ein Orientierungs- und Selektionsinstrument: für den Kunden, der sich früher im unüberschaubaren Laden an den aktuellen Hits orientieren konnte und dadurch einen Überblick über das Riesenangebot bekam. Aber auch heute, trotz drastisch schrumpfender Flächen für Musik im Handel, behalten die Charts ihren Wert. Häufig ist das so genannte »Chart-Rack« der letzte Regalplatz, auf dem im Laden Musik prominent präsentiert wird. Auch was die Medienresonanz angeht, verbessern sich die Chancen für Künstler und Song durch einen Charts-Eintritt. Redakteure können ihre Sendungen am scheinbaren Massengeschmack ausrichten und erhalten zugleich die Legitimation für ihre Programmentscheidungen. Mehr noch als beim Buch, Film oder bei Games garantieren die Musikcharts umfangreiche Aufmerksamkeit: im Handel, in den Medien und natürlich beim Konsumenten.

Bis zur Einführung der elektronischen Ermittlung von Verkaufsdaten über Scannerkassen im Jahr 1996 wurden Woche für Woche mehr als 1 000 Abverkaufsfragebögen verschickt. Etwa 600 Händler füllten diese im Durchschnitt aus und schickten sie an media control zurück. Neben 92 bereits vorgegebenen Titeln, bei denen nur noch die Verkaufszahlen eingetragen werden mussten, gab es den Freiraum für neue, noch nicht platzierte Platten – genau zehn Plätze. Hier konnten die Händler ihre Favoriten eintragen. Da kaum einer von ihnen eine wöchentliche Inventur machte, wurde die Anzahl der verkauften Platten grundsätzlich nach Ehre und Gewissen angegeben. Die Stückzahlen wurden rein nach Gefühl angegeben.

Der Kampf zwischen den Plattenfirmen um die Einträge der Händler in die Freifelder wurde erbittert geführt. Jede größere Firma hatte pro Woche vier bis sechs Neuveröffentlichungen – sowohl Alben als auch Singles. Und sie versuchte, ihre Titel mit Chartpower-Aktionen in die Hitparade zu bugsieren. So nennt man die Bündelung spezieller Preise, gesonderter Händleransprachen und kleiner Aufmerksamkeiten für die Chart-Tipper. Dafür gab es sogar extra Planstellen: für die Chartmarketing-Manager. Mächtige Leute, denn sie wogen auch intern sorgfältig ab, welche Veröffentlichung so weit war, dass sie mit der nötigen Unterstützung den Sprung schaffen könnte. Kleine unabhängige Vertriebe, die Independents, waren durch eine solche Mechanik benachteiligt, denn sie konnten niemals die nötigen Stellen für diese flächendeckende Einflussnahme schaffen.

Media control gab und gibt sich größte Mühe, die Charts so wenig beeinflussbar wie nur irgend möglich zu machen. Große Händler oder gar Handelsgruppen, deren Stückzahlen überproportional zu der Hitparade beitragen und deren Reports deshalb bei möglichen Absprachen mit einem Anbieter das Bild verfälschen könnten, werden heruntergewichtet. Regional deutliche Abweichungen, die für eine lokale Einflussnahme sprechen könnten, werden ausgeglichen. Das ist natürlich bitter für Bands, die nur in einer bestimmten Region bekannt sind, aber sicherer für die Charts. Hinter all dem steht eine hoch komplexe Marktforschungsarithmetik, die eine Manipulation der Ergebnisse nahezu ausschließt. Das gilt bis heute. Kommt auch nur der kleinste Verdacht einer Unregelmäßigkeit auf, treten die Prüfungsbeauftragten des Charts- und Marketingausschusses des Bundesverbandes der Phonographischen Industrie auf den Plan. Eine gefürchtete Gruppe von Fachleuten aus nahezu allen Wettbewerbsfirmen.

Dennoch gab es Uli Jonas und der ließ es sich gut gehen. Erreichen konnte man ihn zumeist im Freibad, neben sich zwei Plastiktüten im Aldi-Design, auf denen vielfach in kleinen Lettern sein Name gedruckt stand. Darin befanden sich die Namenslisten all der Händler, die als Tipper halfen, die Charts wöchentlich zu erstellen. Glaubte man ihm, dann war da weit mehr als nur ihr Name notiert. Laut Jonas basierte sein System auf ungewöhnlich engen Kontakten: Er kannte und erinnerte sich nicht nur an ihren Geburtstag, sondern auch an ihr Lieblingsparfum und ihr letztes Ferienziel. Jonas konnte einem ziemlich genau sagen, welche Titel nächste Woche in die Charts einsteigen würden. Seine guten Kontakte schienen sich so auf irgendeine Art und Weise bezahlt zu machen. Viele Bands waren abergläubisch, wenn es um Jonas ging. Obwohl sie längst Stars waren und damit sichere Chartsanwärter, bestanden sie auf seine Dienste. Doch die bekam man nicht garantiert, Jonas bestimmte den Zeitpunkt. Dafür erhielt man ab und an einen seiner gerüchteumwobenen Charts-Bögen zugefaxt, auf denen er mit krakeliger Schrift einen Titel notiert hatte, an dem er gar nicht beteiligt war. Das sollte dann seine Freundschaft dokumentieren.

Ich vermute, dass Uli Jonas viele Millionen durch einen genialen Bluff verdient hat. Auffällig war, dass er Leute wie mich regelmäßig anrief und sich ausführlich darüber unterhielt, für welche Platten wir gerade Chartpower machen würden. Außerdem interessierte ihn, wie es um deren jeweiliges Umfeld und Abverkäufe stand. Hintergrund war immer die Frage, ob man bei einem Titel noch Hilfe brauchen würde. Nach diesen wöchentlichen Anrufen in der ganzen Runde der Wettbewerber wusste er genau, woran die Anbieter mit welchen Argumenten arbeiteten. Wenn er dann noch bei ein paar wirklich eng verbundenen Händlern die Stimmung für neue Titel testete, konnte er mit seiner Berufserfahrung und Cleverness ziemlich genau voraussagen, welche Songs in der nächsten Woche in die Charts einsteigen würden. Dazu brauchte es keine besonderen Fähigkeiten. Egal ob Jonas nun einen Auftrag hatte oder nicht, genau diese Titel nahm er auf seinen Bogen, den er dann per Fax versendete. Das Fax bewegte zwar nicht die Charts, gaukelte aber Plattenfirmen und ihren Künstlern vor, sie seien durch Uli Jonas beeinflusst worden. Er erhielt Beteiligungen für die Illusion käuflicher Charts von Leuten, die sich gegenseitig geschworen hatten, so etwas niemals zuzulassen. Er betrog die Betrüger und verdiente ein Vermögen damit – es sei ihm gegönnt.

Die Charts waren beeinflussbar, aber nicht auf solchen Wegen. Man musste dem Händler zum Beispiel nur geschickt genug vermitteln, dass er bereits viel mehr Platten verkauft hatte, als er eigentlich dachte. Viele neue Veröffentlichungen kamen schon damals als Limited Edition heraus. Die Erstauflage beinhaltete weitere Titel oder gar eine Extra-Maxi, die die Fans schneller in die Läden bringen sollte.

Man kommunizierte gerne eine Zahl der Limited Editions, die bestenfalls die Hälfte der wirklichen Auflage darstellte, um den Käufern Beine zu machen und ihnen das Gefühl zu geben, die Sonderausgabe sei eine besonders wertvolle Sache. Mit unserem Künstler Phillip Boa zusammen kamen wir auf die Idee, es genau umgekehrt zu machen. Der Sticker auf dem Tonträger besagte, dass diese Auflage inklusive Bonus-Maxisingle nur 25 000 Mal gefertigt worden sei, hatten aber nicht einmal 12 000 Stück auf Lager. Schon bei der ersten Nachbestellung gingen die meisten Händler leer aus, die scheinbar so hohe Erstauflage war zu ihrem Erstaunen umgehend verkauft. Ergo hatte der Eindruck sie wohl getäuscht, waren sie wahrscheinlich mehr Boa-Platten losgeworden als angenommen. Dementsprechend trugen sie ihre Zahlen in die Tippbögen ein und verblüfften den Vertrieb mit einem deutlichen Chart-Einstieg von Phillip Boas Platte *Copperfield*, den dieser nicht vorausgesehen hatte.

Die Charts waren subjektiv, sie gaben den Eindruck der Händler, aber nicht die Wirklichkeit wieder. Sie ließen den Betreibern der Schallplattenläden aber auch gestalterische Freiräume. Als Dieter Bohlen etwas zu großspurig in der Fernsehsendung *Formel Eins* verkündete, dass noch jedes seiner Modern-Talking-Alben auf Platz eins gekommen sei und diese Regel selbstredend auch für das kommende gelten würde, schaffte es die Platte prompt nicht. An den Verkäufen soll es nicht gelegen haben.

Damit war es ab dem 1. Juli 1996 genauso vorbei wie mit Uli Jonas' Lizenz zum Gelddrucken und kleinen schlitzohrigen Aktionen, die man sich als Marketingmanager einfallen lassen konnte. Das 1991 von der Phonoindustrie gegründete Serviceunternehmen PhonoNet sorgte für harte Daten in den Computern von media control und den Charts. PhonoNet ist eine zentralisierte, einheitliche Schnittstelle zwischen Herstellern und Händlern. Direkt verbunden mit den Kassensystemen des Handels, sorgt es für einen bedeutend einfacheren Bestellvorgang. Die Kasse meldet Bedarf, PhonoNet sortiert und platziert die Orders, egal von welchem Major oder Independent die Ware kommen muss. Das Programm bearbeitet auf diese Weise jährlich etwa 18 Millionen Auftragspositionen und fast 100 Millionen Abverkaufssätze. Von den insgesamt etwa 4 000 Plattenläden in

Deutschland sind momentan 2 200 an PhonoNet angeschlossen, die ihre Abverkaufsdaten per Scannerkasse an media control liefern. Eine Gesamterhebung aller verkauften Platten zu einem bestimmten Zeitpunkt in Deutschland ist also nicht möglich. Um die Rangfolge der Charts zu erstellen, wird eine Stichprobe – ein so genanntes Panel – genommen und von dort aus hochgerechnet.

Das alles erscheint viel objektiver und somit seriöser als das vorherige Verfahren. Es ist aber nicht zwingend besser. Denn durch das neue System, mit dem man nun auf den Punkt genau die Verkäufe einer Woche bestimmen konnte, wurden die Charts plötzlich bedeutend schneller. Es belohnt Künstler, die sehr junge und agile Zielgruppen haben oder eine sehr homogen gewachsene, gut betreute Fangemeinde. Denn die Charts bilden Mobilisierungsgeschwindigkeit ab. Hat ein Künstler oder eine Band nur 4 000 Fans, können diese aber gleich nach einer Veröffentlichung motiviert werden, diese Platte zu erwerben, ist sie in den Top Ten. So können sich plötzlich obskure Altrocker und deren treue Fans über ein Comeback für eine Woche freuen. So schießen Teenie-Singles ganz schnell ganz nach oben und genauso fix wieder runter. Durch die Inflation an Scheinerfolgen geht aber der Wert der Charts für jeden Einzelnen verloren. Das Dilemma: Anders als früher ist es kaum mehr möglich, einen Künstler als erfolgreich darzustellen, der langsam, aber kontinuierlich gut verkauft. Auf diese Weise verdient die Industrie aber am meisten, solche Künstler sorgen für Stabilität und Substanz in der Musikszene.

Das Korsett der wochengenauen Abbildung zwingt zu mechanisierten, wohlberechneten Abläufen. Da das Radio als initialer Kommunikationskanal für einen neuen Song in der Regel ausfällt, muss die Kommunikation fast ausschließlich über die Videosender VIVA und MTV laufen. Die traditionellen Musikmedien Presse und Live-Tour entfalten ihre Wirkung zu langsam, um einen Hype zu erzeugen, der auf eine einzige Woche zugespitzt werden muss. Der Nachteil für deutsche Künstler ist der fast notorische Zwang zum Videodreh, eine heftige Investition von durchschnittlich 35 000 Euro ab der ersten Single, ohne Gewissheit zu haben, dass das Video jemals irgendwer sieht.

Die Programmkommission bei VIVA oder MTV entscheidet über

Gedeih und Verderb einer Single und des dahinterstehenden Künstlers. Im Idealfall gibt es eine dreiwöchige N1-Rotation bei VIVA mit 14 Einsätzen pro Woche. Zwei Wochen läuft das Video dann vor der Veröffentlichung im Handel auf dem Sender, um die Fans heiß zu machen. Die bekommen den Song zeitgleich nur im Internet, illegal. Ab Samstag vor der Veröffentlichung am Wochenanfang laufen die »Reminder-Spots«. Kurze Schnipsel aus dem Video informieren in den Werbeblöcken den Konsumenten darüber, dass er ab dem kommenden Montag die Single im Handel erwerben könne – das markige »out now« am Ende des Spots soll die Dringlichkeit klarmachen. Nach drei Tagen auf dem Markt fällt die Entscheidung. Zeigen die Trends – das sind die täglich ermittelten, aber der Öffentlichkeit nicht zugänglichen Charts – am Mittwoch keine positive Entwicklung, werden von der Plattenfirma die für den Rest der Woche optierten Werbespots gekippt, genauso wie häufig auch ihre Arbeit an dem Song.

VIVA und MTV geben dem Künstler wenigstens drei Tage mehr, also eine ganze Woche Zeit. Erreicht der Titel innerhalb dieser nicht die ersten 65 Plätze der Charts, fliegt er umgehend von der Playlist. Das ist verständlich, solange die Videosender auf eine sehr junge Publikumsstruktur bauen. Diese schnelle und durch häufigen Geschmackswandel illoyale Zielgruppe repräsentiert aber schon lange nicht mehr die Stammkunden der Musikindustrie. Das bedeutet: Eine kleine Gruppe von jungen und sehr schnell agierenden Konsumenten bestimmt, was die Chance hat, ein Hit zu werden, und lässt die ältere Konsumentenmehrheit mit ihrer Auswahl ratlos zurück. Die Betrachtung der täglichen Auswertung und die Anpassung an die Logik von VIVA oder MTV zwingt die Plattenfirmen, sich auf Songs zu beschränken, die unmittelbar verständlich sind, auf direkteste Weise beim Hörer und Betrachter funktionieren. Das sind aber meist gerade nicht die Songs, die mehr Tiefe haben und zum mehrmaligen Hören einladen. Zum Vergleich: Nur Deutschland hat Trendcharts auf Tagesbasis, den Briten reicht ein wöchentlicher Zwischenstand. Hierzulande hofft man, durch das Mehr an Daten das Marketing zu optimieren, erreicht aber in Wirklichkeit eine Angebotsverengung zulasten von potenziell nachhaltiger Musik.

Bei den Alben sieht es auch nicht viel anders aus. Kommunikation und Marketing konzentrieren sich auf die erste und die dritte Woche nach Veröffentlichung. In der dritten, der so genannten »Jo-Jo-Woche«, steht das Album in den Chartsregalen beim Händler, hat daher eine höhere Präsenz im Laden und die Chance, Hitparadenplätze gutzumachen. Es kann nicht häufig genug wiederholt werden: Wir reden hier von einer Industrie, deren Kundschaft mehrheitlich über 30 ist. Eine solche verdichtete, aggressive Kommunikation entspricht nicht ihren Lebensumständen. Abgelenkt durch Beruf, Familie und dem einen oder anderen Hobby neben der Musik, brauchen sie potenziell langfristige, subtile Ansprachen, um ein Thema für sich zu entdecken. Doch die Branche reagiert stattdessen auf die Nachfrage von Medien und internationalen Konzernzentralen nach Chartperformance.

Die alte Chartserhebung über Händlertipps ließ Freiräume. Das System passte sich der Musik an und nicht umgekehrt. Die Charts waren eine Mischung aus Verkaufszahlen und Stimmungsbarometer. Die Plattenfirmen strebten nach objektiven Kriterien, sie wollten die notorisch unkontrollierbaren Händler besser in den Griff bekommen und Chartsgewinnern wie Uli Jonas den Hahn abdrehen. Der Phonoverband und media control erledigten ihre Aufgabe perfekt. Sie schufen ein scheinbar unverwundbares System, das sich dank komplexer Erhebungsregeln und geheimer Gewichtungen, verstanden als Bollwerk gegenüber drohender Manipulation, aller Kritik entzog.

In der Begeisterung für die technologische Leistung übersah man aber, dass sich Musik und Objektivierung zutiefst widersprechen – sogar in der Chartsermittlung. Es wäre ehrlicher, die Erhebungskriterien und Gewichtungen komplett transparent zu gestalten, anstatt sie in konspirativen Sitzungen des Chartsausschusses zu verhandeln. Es wäre besser, die Schwierigkeiten und Ungerechtigkeiten der Chartsermittlung offen zu legen, zu diskutieren, womöglich zu verändern und sich im Zweifel eindeutig zu ihrer Subjektivität zu bekennen. Die Musikwirtschaft bezahlt ihre Mitarbeiter, Künstler und Shareholder aus den Erlösen verkaufter Platten und Songs, nicht mit Chartpositionen. Charts sind ein Hilfsmittel, nicht der Zweck. Sie dürfen nicht bestimmen, welche Art Musik mit welcher Art Marketing gemacht werden kann, oder eben nicht. Wir werden aus einer technologiegestützten

Ermittlung nie wieder zu einer händischen zurückkehren können, aber die Industrie kann die Attitüde, mit der sie die Charts betreibt und nutzt, deutlich ändern.

Endgültig ad absurdum führt sich das System anhand der Jahrescharts, die fatalerweise Grundlage für die Vergabe des Branchenpreises ECHO sind. Statt die tatsächlichen Verkäufe eines Künstlers zusammenzuzählen, die PhonoNet durch die einzelnen Meldungen vorliegen, werden Chartswochen addiert. So kann es kommen, dass Band A einen ECHO erhält, die ihre Platte im Sommer veröffentlicht und exzellente Chartspositionen erreicht, aber nur mäßige Stückzahlen verkauft hat, während Band B, deren CD im Herbst erschien und sich sehr gut verkauft hat, aber aufgrund der starken Konkurrenz weniger auffällig chartete, leer ausgeht. Das Musikgeschäft ist stark saisonal. Im Herbst und Winter, besonders zu Weihnachten, werden bis zu 70 Prozent des Jahresumsatzes gemacht. Im Sommer herrscht Verkaufsflaute.

Wenn der ECHO von der veranstaltenden Phonoakademie Jahr für Jahr quasi als Ergebnis der »Abstimmung an der Ladentheke« präsentiert wird, ist das schlichtweg falsch. Das würde nämlich bedeuten, dass der bestverkaufende Künstler eines Jahres gewinnt. In Wahrheit wird demjenigen ein ECHO verliehen, der die besten Positionen in den Jahrescharts erreicht hat. Da nur die Chartsplatzierungen pro Woche zusammengezählt werden, nicht aber das Verkaufsniveau der jeweiligen Woche eingerechnet wird, entsteht eine grobe Ungerechtigkeit. Ignoriert wird dabei nebenbei auch der Fan: Denn wenn eine beliebte Band ihre Platte veröffentlicht, stürzen die Fans in die Läden und kaufen sofort nach Veröffentlichung. Das bedeutet: sehr hohe Abverkäufe in den ersten zwei bis drei Wochen und entsprechend gute Chartspositionen. Doch höher als auf Platz eins geht es nun mal nicht. Egal ob eine Band das Dreifache dessen verkauft hat, was die Nummer zwei umsetzt, gezählt wird nur die Platzierung, nicht die im Computer festgehaltenen Stückzahlen. Absurderweise wird durch die Art, wie die Jahrescharts erhoben und demensprechend der ECHO verliehen wird, gerade die Band bestraft, auf die sich zu konzentrieren die Mechanik der Charts normalerweise zwingt.

Die Vergabe von Preisen hat stets etwas mit Subjektivität zu tun, irgendjemand wird sich immer falsch behandelt fühlen – das ist kaum zu vermeiden. Problematisch wird es aber, wenn ein Organ wie die Phonoakademie eine scheinbare Objektivität in die Preisvergabe hineinbringt, sich sogar darüber definiert. Wenn stets von der »größten Jury der Welt«, den Fans nämlich, gesprochen wird, die mit ihrer Kaufentscheidung den ECHO vergeben, dann ist das einfach nicht wahr.

Wie es anders gehen kann, zeigt seit Jahr und Tag das ECHO-Vorbild in Amerika: Hinter dem amerikanischen Musikpreis Grammy steht eine Jury aus 13 000 Branchenmitgliedern – Musiker, Produzenten, Verleger, Händler, Journalisten und auch, zu einem kleinen Prozentsatz, Mitarbeiter von Plattenfirmen. Der andere international bedeutsame Musikpreis, der Brit Award, wird von einer tausendköpfigen Jury vergeben; hoch subjektiv, aber in der Breite repräsentativ. Zugleich lässt das Verfahren Überraschungen und innovative Vorschläge zu. Nur so konnte man plötzlich eine exzeptionelle Jazz-Sängerin wie Norah Jones 2002 verdienterweise mit Preisen überhäufen und ins internationale Rampenlicht schieben; in den Jahrescharts wäre sie niemals weit genug vorne aufgetaucht. In England und Amerika hat man den Mut, mit seinen Preisen Position zu beziehen, man versteckt sich nicht hinter einer Scheinobjektivität.

Die deutsche Phonoakademie hat einen exzellenten Job gemacht, was die Bedeutung und Positionierung des von ihr ins Leben gerufenen ECHO angeht. Angesichts dessen hätte die Erhebung mehr Courage, mehr Ehrlichkeit verdient. Der ECHO ist wichtig: nicht nur ökonomisch, denn er kann zum zweiten Verkaufsschub für eine ausgezeichnete Platte führen. Auch für das Ego eines Künstlers ist der ECHO bedeutsam, er ist die Bestätigung seiner Labelmanager, gerade wenn es um »schwierige« Musik geht, für die man als A&R oder Produktmanager auch im eigenen Haus kämpfen musste. Dieser Preis ist wichtig für das Image der ganzen Branche – um aufzuzeigen, über welchen Inhaltsreichtum sie verfügt. Es geht um das Bekenntnis zur Subjektivität. Von ihr lebt die Musikwirtschaft. Durch sie entsteht das Produkt, das der Kunde kaufen soll. Und er wird niemals objektive Gründe haben, dies zu tun.

Der Erfolg hatte dafür gesorgt, dass die Musikindustrie schnell erwachsen wurde. Seit Einführung der CD waren Margen um die 20 Prozent eine Selbstverständlichkeit. Selbst für eine Softwareindustrie sind das beeindruckende Zahlen. Verständlicherweise bekam die Musikwirtschaft dadurch mehr Aufmerksamkeit: einerseits von Spekulanten, andererseits von ihren Eignern. Letztere wollten sicherstellen, dass diese Quelle nie versiegen möge. So unstrukturiert und chaotisch wie die Musikindustrie entstanden war, konnte es nur ein glücklicher Zufall sein, dass es aus ihr plötzlich so lustig sprudelte. Man bemühte sich deshalb, nach und nach ein Management zu installieren, das einen dem Besitzer vertrauten Hintergrund mitbrachte. Man suchte nach kaufmännischer Substanz, nach Ansprechpartnern, von denen man sich als Konzern, der sich auch in der Musikwirtschaft engagiert, weniger abhängig fühlt. Man wollte das Geschäft professionalisieren. Egal ob aus der Werbewirtschaft, der Autoindustrie, dem TV-Business oder ganz häufig aus Rechtsanwaltskanzleien – Externe waren herzlich willkommen. Schlechte Zeiten für eben jene Persönlichkeiten, die das Musikgeschäft durch Visionen und verantwortliches Handeln aufgebaut und geprägt hatten.

Der Drang zur Professionalisierung, die Unterfütterung des Managements mit Know-how aus anderen Branchen, ist prinzipiell eine gute Sache. Es kann Inzest und Stillstand verhindern und neue Ideen bringen. Schwierig wird es aber dann, wenn diese Abläufe nicht hinterfragt werden, wenn die neuen Manager gleich auf dem Chefsessel landen oder umfassende Controlling-Verantwortung tragen. Es fehlen ihnen Zeit und Möglichkeit zu lernen, worum es in dieser Industrie wirklich geht. Vom ersten Moment an müssen sie entscheiden, Wirklichkeit schaffen. Als verantwortungsvolle Manager tun sie das und folgen dabei der erlernten Logik. Sie versuchen instinktiv, auch in der neuen Branche Unsicherheitsfaktoren zu umschiffen oder zu beseitigen. Der Künstler ist als planloser, chaotischer Zeitgenosse prinzipiell ein solcher Unsicherheitsfaktor. Da er, der trockenen Analyse folgend, unglückseligerweise auch das Produkt ist, muss man andere, eigene Produkte erschaffen, die bessere Eigenschaften haben: Compilation-

Marken können nicht widersprechen, sind niemals indisponiert, kennen keine Exzesse. Der Katalog verhält sich ähnlich vorbildlich. Beides ist dazu noch verdammt profitabel und übersteigt die Einkünfte aus neuen Platten von Künstlern bei weitem – das ist die perfekte Lösung. Aber auch hier trügt das Bild des zynischen Managers, dem alles außer seinem eigenen Wohlergehen egal ist. Es ist verständlich und durchaus vernünftig, als Eigentümer einem boomenden Geschäft mehr Tiefe und Substanz verschaffen zu wollen. Es ist logisch, sich dafür auch Hilfe von außen zu holen und im Inneren auf eine Professionalisierung zu drängen, die sich an anderen erfolgreichen Industrien orientiert. Schließlich will man das Optimum erreichen. Im Interesse aller.

Doch gerade der Drang zur Optimierung kann ein hochsensibles Feld zum Kippen bringen. Der Wunsch nach Sicherheit kann die kreative Spannung und dadurch das Geschäftsfeld zerstören. Die großen Compilation-Abteilungen, die Special Marketing Units und die Fließbandproduzenten des Dance stellten ein Netz dar, welches man nicht aus Raffgier, sondern aus falsch verstandenem Verantwortungsbewusstsein zuließ. Das deutsche Management der großen Musikfirmen steckte so viel Energie in den Aufbau dieser Sicherheit, dass allmählich ein Netz entstand, in dem es unglaublich bequem war. Wieso sollte man den Geschäftszweck länger am gefährlichen Trapez schwingen lassen und von neuen Künstlern abhängig sein, die mit Trefferquoten von gerade mal 10 Prozent daherkamen, wenn es unten, zwischen den eng geknüpften Seilen der Zweitauswertung und schnell produzierten One-Hit-Wonders, doch so viel bequemer und sicherer war? Das dachte sich auch so mancher Mitarbeiter, der bisher in der Kuppel hing – er ließ sich fallen und blieb entspannt im Netz liegen. Wie sollte das Management auch wissen, dass das Netz für die Besucher nur so lange spannend ist, wie jemand hineinplumpsen kann? Liegen alle drin, schwingen die Schaukeln und Seile nicht mehr, geht das Publikum nach Hause. Die Vorstellung ist zu Ende.

Optimierung, Planbarkeit, Professionalisierung sind für das Kapital eine Selbstverständlichkeit. Für die Kunst war es der rot schimmernde Apfel am Baum der Versuchung, mit dem die Verheißung von noch besseren Arbeitsbedingungen und mehr Anerkennung daherkam. Natürlich wollte die Musikwirtschaft gerne so ernst genommen werden wie andere Industrien auch. Natürlich freut sich jeder, wenn die viele Energie, die im Job steckt, Jahr für Jahr durch einen ordentlichen Bonus entgolten wird. Dass Unternehmer wie Branson und Blackwell verkaufen, wenn sie einen guten Preis bekommen können, ist verständlich – es muss nur klar sein, dass die Folgen ihres Handelns sie der ursprünglichen Idee und ihrer Unschuld berauben können. »Es ist so, als hätte jemand plötzlich das Licht in dem Club angeknipst, in dem du jahrelang gefeiert hast«, beschrieb mir Lyor Cohen, Mitgründer des legendären Hip-Hop-Labels Def Jam, das Gefühl nach dem Verkauf seiner Firma, als wir uns zum Lunch in New York trafen. Er blieb ihr als Chef erhalten, aber PolyGrams Controller stellten erst mal alles auf den Kopf, beleuchteten das neu erworbene Unternehmen gründlich. »Die Ecke, in der du mit deiner Freundin im Halbdunkel geknutscht hast, ist in Wirklichkeit speckig und abgewetzt, der Tresen, an dem du getrunken hast, schmierig und befleckt. Du wirst hier nie wieder deinen Spaß haben können.«

Der Drang nach Optimierung und Objektivierung führt weg von Kreativität und Emotion, er birgt die Gefahr, alles auszutrocknen, was nicht messbar ist. Planbarkeit bremst Spontaneität und zwingt zur Fokussierung auf die Technik – anstelle der Idee. Doch Professionalisierung muss keineswegs zwanghaft zum Problem für die Medienwirtschaft werden, solange man sich bewusst macht, was für ein Feld man beackert. Der Einsatz von Mähdreschern in der Landwirtschaft stellt einen gigantischen Professionalisierungssprung durch Technologie dar, dennoch ist es ein ungeeignetes Gerät für die Ernte von Erdbeeren. Da braucht man immer noch Menschen, die sich bücken und vorsichtig pflücken. Abläufe in der Musikindustrie von starren, computerisierten Kalkulations- und Buchungsprogrammen abhängig zu machen, Zeitabläufe nach strikten und logischen Regeln zu steuern, die sich streng an Medien und Charts orientieren, klingt nach Fortschritt – scheitert aber wie der Mähdrescher auf dem Erdbeerfeld am sensiblen Charakter des Produktes, dem eigentlich gedient werden soll. Es sei denn, der Konsument gibt sich mit Erdbeermarmelade zufrieden.

Traditionell stand die Musikwirtschaft nicht im Mittelpunkt des Kapitalinteresses, sondern half anderen Industrien beim Verkauf ihrer Produkte oder dabei, ihre Kanäle zu füllen. Bei Siemens, Thorn, Philips und Telefunken waren es HiFi-Geräte, deren Absatz durch das Musikgeschäft gestützt werden sollte, CBS und RCA brauchte die Musikwirtschaft für ihre Medien-Pipelines, vorrangig als Lieferant von Stars fürs Radio. Später diente die Musikwirtschaft zur Nutzung von Nebenrechten aus dem eigentlichen Geschäftsfeld ihrer Mutterfirmen Warner Brothers oder Universal oder lieferte Ergänzungsprodukte und Beimischungen für den Buchclub von Bertelsmann. Ungeschützt in der ersten Reihe stand die Musikwirtschaft fast nie. Den Respekt einer »großen« Branche bekam sie in der Konsequenz vom Establishment aber auch nicht.

Der durch Digitalisierung und Zweitauswertung getriebene Erfolg der achtziger und neunziger Jahre brachte den Musikfirmen neue Relevanz, barg die Chance in sich, mehr zu sein als eine Zulieferindustrie. Die Musikbranche konnte endlich ein Player im großen Spiel der Wirtschaft sein. Aber das funktioniert nach strengeren Regeln, als sie es gewohnt war – den Regeln des Kapitals, das sich nicht lange durch Kreativität betören lässt. Auch ein Edgar Bronfman jr. – selbst ein veritabler Songwriter, der für Céline Dion Welthits geschrieben hat – gibt nicht den Takt vor, sondern die, die ihm das Geld für seine Aufkäufe gegeben haben. Ihnen hat er etwas versprochen, und das muss er halten, sonst geht das Kapital schneller, als es gekommen ist.

In den letzten Jahren wechselten die Eigentumsverhältnisse der meisten großen Musikfirmen, teilweise sogar mehrfach. Einige, wie EMI, gingen direkt an die Börse, wurden von Venture Capital aufgekauft wie Warner Music, andere wurden entscheidender Profitbringer innerhalb angeschlagener Mischkonzerne, wie zum Beispiel Universal Music. Das alles verschafft mehr Aufmerksamkeit in der Wirtschaftspresse, erhöht aber auch den Druck gewaltig. Je unmittelbarer der Investor vom Gedeih und Verderb der Musik abhängt, umso genauer wird er wissen wollen, was dort mit seinem Geld passiert. An diesem Punkt wird die Rolle des Managements entscheidend. Seine Aufgabe ist es ganz einfach, die Interessen von Kapital und Produkt, im Falle von Musik also Künstler und Inhalt, in Einklang zu bringen. Funktioniert beides nach ähnlichen Prinzipien, ist diese Aufgabe eine rein strukturelle, widerspricht sich die Logik von beiden, ist Moderation gefragt. Verantwortung und Haltung sind die entscheidenden Faktoren, wo sie fehlen, wird das Management weder von der einen noch von der anderen Seite ernst genommen. Vorbereitet war das Management der Musikwirtschaft auf die große Bühne des Kapitals nicht. Als Moderator stand es hilflos, aber nicht uncharmant im Scheinwerferlicht. Teilweise war es durch die Launen des Kapitalmarkts vom Management des allerkleinsten Majors zum Herrscher über den weltweit gewaltigsten Anbieter geworden – wie im Fall von Universal. Die Schuhe waren riesig groß, die Erwartungshaltung des Publikums enorm. Plötzlich befanden wir uns in der Situation eines RTL-Sternchens, das, durch eine Soap-Opera oder Reality-Show nach oben gespült, auf der ECHO-Bühne für den Sender eine Laudatio zu halten hat. Statt zwischen Musiker und Publikum zu vermitteln, den Auftritt des Gewinners vorzubereiten, verfällt der Laudator schnell in die Rolle des Populisten, der Sprüche zulasten der Industrie und der Musik kloppt, um einen Lacher beim TV-Zuschauer zu erheischen. Verständlich, die Rolle ist zu groß. Den Sinn der ECHO-Gala transportiert nur derjenige, der es schafft, beiden Seiten gerecht zu werden.

Wer sich als Manager dem Kapital nicht entgegenstellt, sich mit seinen Forderungen und Prinzipien nicht auseinandersetzt, sondern den Druck unreflektiert durchreicht, tut ihm keinen Gefallen. Das Kapital erwartet im ureigensten Interesse den Widerspruch, die Korrektur. Es braucht Verbindlichkeit, die es von den Konzernen und Betrieben nur bekommt, wenn die Ziele gemeinsame, die Zeithorizonte realistische sind. Das Kapital inhaltlich zu steuern, sich im Zweifel gegen den Sturm zu stemmen, ist eine verdammt anstrengende Aufgabe, aber dafür und nicht für Opportunismus zahlt das Kapital auf Dauer fürstlich. Management heißt: der Versuchung des einfachen Weges zu widerstehen und nicht ohne weiteres dem Stärkeren nachzugeben. Wer das nicht tut, mag zwar vergnügt unterm Apfelbaum sitzen und mit der Schlange an Rechtfertigungen und Objektivierungen für den Biss in den Apfel arbeiten, aber irgendwann sieht der liebe Gott den armen Manager nach seinem Sündenfall doch – und sein Zorn wird ihn treffen.

Der Autor im Informationsgespräch mit Haim Saban unter:
www.motor.de/interviews/saban

DIE VERTREIBUNG AUS DEM PARADIES

ZUKUNFTSWERKSTATT – DAS IST KOMMUNISMUS

»Nahe den Wolken. Facelifting im Wind. Fern der Horizont. Visionäre Weite. Es ist, als löse man sich ein bisschen von der Erde und sei vereint mit all den anderen, die in all den Zeiten gleiches fühlten. Auf diesem Felsen, auf dieser großen, wahrhaft wehrhaften Burg, die ein Schloss ist.«

So klingt die Selbstdarstellung des Hotels Schloss Waldeck auf ihrer Webpage, es hätte aber auch die Formulierung des Selbstverständnisses sein können, mit dem das Management der PolyGram 1993 zwölf Nachwuchskräfte in die »Zukunftswerkstatt« berief. Man war Marktführer, sah sich als dynamisches Unternehmen in einem Wachstumsmarkt und wollte sich selbstbewusst hinterfragen. Noch verspürte die PolyGram keinen Druck zu handeln. Man war gerade dabei, die positiven Folgen der Wiedervereinigung zu verdauen. 16 Millionen neue Bundesbürger hatten ihre Musiksammlungen auf CD umgestellt.

Ein halbes Jahr Zeit gab man den jungen Hoffnungsträgern, um ein eigenes Bild der Zukunft zu entwerfen. Der genaue Auftrag: Wir sollten uns überlegen, wie das Geschäft in circa zehn Jahren aussehen würde und was das Unternehmen tun müsste, um in diesem Szenario erfolgreich bestehen zu können. Im November würde dann während einer Klausurtagung mit allen PolyGram-Geschäftsführern auf dem hessischen Schloss Waldeck das Ergebnis vorgetragen und diskutiert werden.

Wir waren keine Ansammlung von Genies, sondern ein Dutzend junger Abteilungsleiter mit Abitur. Doch bereits auf der ersten Seite nach dem Inhaltsverzeichnis konnte der erlauchte Kreis in unserem Papier nachlesen, wie wir die technologischen Voraussetzungen unseres Geschäfts einschätzten:

1. Die zukünftige Distribution der PolyGram-Produkte findet über »Data-Superhighways« statt.
2. PolyGram als Entertainment-Company bietet seine Produkte (z. B. Musik) über mit dem Wettbewerb betriebene Data-Distribution-Center an.
3. Diese kaufen sich bei Netzwerkbetreibern (zzt. Deutsche Telekom) das Recht für die Nutzung der Leitungen.
4. Über dieses Netz werden Data-Distribution-Center und Konsument verbunden. Interaktiver Datentransfer ist möglich.
5. Alle vorstellbaren Anwendungsmöglichkeiten bleiben nicht nur auf Home-Terminals beschränkt. Die vom Konsumenten entnommene Leistung, an welcher Datenstation auch immer, wird abgerechnet (z. B. mit Berechtigungs-/Clubkarte).

Man ersetze »Data-Superhighways« durch Breitbandkabel, »Data-Distribution-Center« durch Apple iTunes oder PhonoLine, subsumiere Mobiltelefone unter »Datenstation« und tausche »Berechtigungs/Clubkarte« gegen Kredit- oder Prepaid-Karte – und schon entsteht ein Bild davon, was heute bereits die Realität der Entertainmentindustrie sein sollte. In erster Linie haben sich Bezeichnungen geändert, die Wege und die Mechanik blieben die gleichen. Die prognostizierte Zukunft holte uns spätestens zehn Jahre später ein.

Da anzunehmen ist, dass nicht nur wir damals diese Vision hatten und mit Sicherheit in anderen Musikunternehmen ähnliches gedacht und dokumentiert wurde, stellt sich die Frage, wieso man sich in all den Jahren so wenig auf ein vorhersehbares Szenario vorbereitet hat. Wir schlossen damals unseren 35-seitigen Bericht mit einem dramatischen Appell: »Es bleibt Ihnen nicht mehr viel Zeit, Ihre Vorbereitungen zu vollenden, wenn Sie an der Neuverteilung des Fells des Bären überhaupt beteiligt sein wollen.«

Als These zog sich durch das ganze Papier, dass sich der Konzern weniger als klassische Tonträgerfirma denn als Entertainmentanbieter verstehen müsse, um in einer Welt der Medienkonvergenz bestehen zu können. Seine Größe müsse er bewältigen, indem er sich in viele kleine Units aufteilt, die sich auf die jeweiligen Bedürfnisgruppen und Szenen konzentrieren. Als Netzwerk von einzelnen Labels sollten diese von Dienstleistungsfirmen des Konzerns administrative Unterstützung kaufen. Das System sollte so flexibel und transparent wie nur irgend möglich gehalten werden, um eine radikale Transformation in einem sich schnell verändernden Medienmarkt zu jedem Zeitpunkt vollziehen zu können. Das sollte so weit gehen, dass die Chefs der einzelnen Bereiche, die wir nur noch Coaches und nicht mehr Geschäftsführer nannten, per Wahl durch die Beschäftigten ermittelt werden sollten.

Als wir all das auf Schloss Waldeck vortrugen, blieben die meisten Mitglieder des PolyGram-Deutschland-Managements auffällig ruhig. Der Chefjurist starrte die ganze Zeit gebeugt auf einen Fernseher, der auf dem Boden stand und eine für den Anlass programmierte Animation zeigte. Aus der PolyGram entwichen in Form von Blasen immer wieder neue Einheiten und Geschäftsfelder, wuchsen, schrumpften oder zerplatzten gar. Schließlich platzte ihm der Kragen, und er rief ziemlich unvermittelt und laut in die Runde: »Das ist Kommunismus!« Auf diese Steilvorlage konnte ich gelassen antworten: »Nein, das ist Demokratie, mein Herr.« Doch er hatte mit seiner Einlassung den Ton für die nachfolgende Diskussion bestimmt. Als ich im Januar 2004 meinen Abschied von Universal verkündete, war ich der Letzte der zwölf Hoffnungsträger aus der Zukunftswerkstatt, der das Haus verließ.

An manchen Punkten mögen wir überzogen haben, vielfach nicht die richtigen Worte und Formen gefunden haben. Doch wir ließen in unserer Zukunftseuphorie nichts unversucht, Chancen, aber auch Gefahren zu thematisieren. Die PolyGram hatten wir in unserem Schaubild als Burg dargestellt, auf der die Flaggen von A&R, Rechten und Marketing wehten. Würden wir aus der Burg heraus keine neuen Absatzwege finden, könnten wir zukünftig unsere Rechte noch so gut verteidigen, der Konsument würde den alten Kasten belagern und wir mit unseren Kernkompetenzen verhungern. Nahe den Wolken, fern dem Horizont, auf dieser großen, wahrhaft wehrhaften Burg, die ein Schloss ist.

Andere Kinder spielen Fußball, Tim Berners-Lee baute sich aus Pappschachteln einen Computer. Das ist umso ungewöhnlicher, wenn man bedenkt, dass er 1955 geboren wurde, zu einer Zeit, da Computer noch eine unheimliche Angelegenheit waren, die man bestenfalls in staatlichen Institutionen fand und an deren großen Spulen meist promovierte Menschen in weißen Kitteln standen. Die Ausnahme war der Ferrati Mark 1, der an der Universität von Manchester in England entwickelt worden war. 1951 kam er als erster, für jedermann käufliche Computer auf den Weltmarkt. Er sollte den Weg der Großrechner in die private Wirtschaft ebnen. Bei seiner Entwicklung hatten sich Conway Berners-Lee und Mary Lee Woods kennen gelernt, die Eltern des kleinen Tim.

Am Frühstückstisch im Hause Berners-Lee waren Diskussionen über höhere Mathematik und Probleme der Ingenieurtechnik genauso selbstverständlich wie anderswo Cornflakes und Kaffee. Das Studium der Physik war, wie Tim Berners-Lee später zu Protokoll gab, die logische Konsequenz daraus. Überrascht da noch, dass der Junge mit dem hohen Haaransatz während seines Studiums in den siebziger Jahren am Queen's College der ehrwürdigen Oxford University aus einem Lötkolben, einem M6800-Prozessor, ein paar Bauteilen eines Fernschreibers und einem alten Fernseher seinen ersten eigenen Computer zusammengebaut hat? Ungewöhnlich bei dieser Biografie waren eher seine begeisterte Schauspielerei als Mitglied von Amateurtheatergruppen und sein lausiges, aber engagiertes Klavierspiel.

Als Berners-Lee 1980 als Softwareingenieur das erste Mal mit CERN, dem europäischen Laboratorium für Teilchenphysik in Genf in Berührung kam, war er schon bald genervt von der zähen und unergiebigen Arbeitsweise der international versprengten Forscherteams. Viele Erkenntnisse gingen in der Menge dessen, was erforscht wurde, einfach unter. Er nahm sich von Juni bis Dezember 1980 eine sechsmonatige Auszeit, um ein Computerprogramm zu schreiben, mit dem ein einfacherer Austausch zwischen den Wissenschaftlern und vor allem eine intelligentere Informationsspeicherung möglich sein sollte. Das Programm nannte er »Enquire«. Er nutzte es innerhalb des

Instituts, kam aber nicht einmal auf den Gedanken, es zu veröffentlichen. Anfang der achtziger Jahre stellten Computer für den größten Teil der Gesellschaft noch ein merkwürdiges Paralleluniversum dar. Ein Markt für Computerprogramme entstand erst langsam, ebenso allmählich verlief die Verbreitung des Personalcomputers; genau genommen der Nachfahren des Ferrati Mark 1. Erst im November 1983 startete der nur ein paar Monate nach Berners-Lee geborene Bill Gates mit Microsoft den Verkauf des Betriebsprogramms Windows. Doch das »Enquire«-Programm arbeitete im Kopf von Berners-Lee weiter und bekam knapp zehn Jahre später noch einmal Bedeutung: als konzeptionelle Grundlage für seine nächste, viel bedeutendere Entwicklung – das World Wide Web.

1989 präsentierte Tim Berners-Lee erstmals seinen Ansatz eines globalen Hypertext-Projektes. In der Projektbeschreibung ans CERN beschreibt er »ein neues System, das allen existenten Systemen ermöglichen muss, sich miteinander zu verbinden, ohne dass es Kontrolle oder Koordination bedarf«. Er programmierte einen Browser, entwickelte das Konzept der Web-Adresse URL, des Transportes von Information per HTTP und eine Programmiersprache für Websites namens HTML. Die Idee von Tim Berners-Lee war ebenso einfach wie revolutionär: Er gab dem Internet eine Oberfläche.

Bereits im Jahr 1972 war das Netz in den USA entstanden. Ursprünglich wurde es als militärisches Projekt während des Kalten Krieges gestartet. Um die Kommunikation selbst bei einem möglichen Atomschlag aufrechterhalten zu können, verband man Computer zu einem gewaltigen dezentralen Netzwerk. Selbst wenn ein paar Rechner ausfallen sollten, blieb das Netzwerk weiterhin aktiv. Das frühe Internet nannte sich ARPAnet und wurde vom Verteidigungsministerium und einer Hand voll Forschungszentren genutzt. Nachdem das Militär 1983 begann, ein eigenes Netzwerk namens MILnet aufzubauen, war das Internet lange Zeit ein Tummelplatz für Wissenschaftler und ein paar Computerexperten, die an Hochleistungsrechnern arbeiteten und sich mit komplexen Programmbefehlen unterhalten konnten. Erst mit dem World Wide Web von Tim Berners-Lee wurde aus dem Netz der Spezialisten eine digitale Heimat für jedermann. Er machte das Internet dank der neuen Oberfläche für Laien verständlich und nutzbar, nahm der komplexen Technologie die Kälte, ließ sie konkret und greifbar werden.

Die erste Website der Welt startete er im Jahr 1990. Auf http://info.cern.ch fand der Nutzer eine Beschreibung dessen, was aus seiner Sicht das Internet sein sollte, wie man an einen Webbrowser herankommt und wie sich ein Webserver aufsetzen lässt. Im selben Jahr heiratete Tim Berners-Lee eine Informatikerin, die er beim Schauspielern in Genf kennen gelernt hatte und beschloss, seine Idee nicht zum Patent anzumelden, sondern frei an jedermann weiterzugeben. Von da an war die Welt eine andere, die Internetrevolution, die das Leben von Millionen Menschen nicht weniger als die industrielle Revolution verändern sollte, konnte beginnen.

Die Kraft des virtuellen Netzes begann sich rasend schnell zu entfalten. Die Forscher des CERN nutzten es von Anfang an mit großer Begeisterung als Arbeitsmittel und banden darüber ihre externen Kollegen ein. 1991 hatte das Internet bereits den Sprung aus dem wissenschaftlichen Sektor geschafft. Immer mehr Adressen kamen hinzu, immer mehr WWW-Seiten, Chaträume und Foren zu den abwegigsten Themen entstanden. Natürlich drängten auch jede Menge kommerzielle Anbieter ins Web, die mit der neuen Form von Öffentlichkeit und der direkten Interaktion mit den Kunden ein Geschäft machen wollten. Eine faszinierende Welt hatte sich aufgetan: anonym und gleichzeitig hochemotional, global vernetzt und zugleich verdichtet auf kleinste Nischenthemen.

Tim Berners-Lee profitierte davon nicht – zumindest nicht ökonomisch. Im Gegenteil: Er sorgte dafür, dass seine Ethik im weltweiten Netz nicht verloren ging. Das von ihm gegründete W3 Konsortium, dem alle in der neuen Kommunikationswelt relevanten Firmen von Apple, Microsoft, IBM bis Daimler Chrysler angehören, sorgt als diskrete, in Boston, Paris und Tokyo beheimatete Regierung des Internets dafür, dass es im Netz nur patentfreie Standards gibt. Immer wieder führt das zu Konflikten mit den industriellen Mitgliedsfirmen, aber Tim Berners-Lee blieb bislang eisern. »Informatiker tragen nicht nur eine technische, sondern auch eine moralische Verantwortung«, lautet sein Credo. Dafür wurde er von der englischen Queen im Jahr 2003 zum Ritter geschlagen.

Die idealistische Haltung von Tim Berners-Lee ist natürlich eine perfekte Basis für die Entwicklung des Internets als ultimative Shareware-Plattform. Hier gibt es alles – und fast alles umsonst. Jeder kann seine eigene Seite ins Netz stellen und darauf tun und lassen, was er will. Wahnsinnige und Visionäre sind plötzlich nur einen Mausklick entfernt. Im Internet herrscht die große Freiheit: Es gibt keine Zensur, keine Kontrollen, in unglaublicher Geschwindigkeit kommen ständig neue Angebote dazu, fallen alte weg. Diesem Tempo war die Old Economy zunächst nicht gewachsen. Der völlig freie Konsument und diese Form der ungebremsten Kommunikation, das sah ihr Geschäftsmodell schlichtweg nicht vor. Ihre Manager arbeiteten wohlstrukturiert, auf gute Planung fixiert, die Anarchie des Netzes war nicht ihre Welt, sondern eher ein Schreckensbild. Selbst der Computer war ihnen fremd, gehörte ins Sekretariat, aber bitte nicht auf den Tisch des Chefs. Als mein Vorgänger dem gesamten PolyGram-Management 1994 persönliche PCs samt Internetzugang schenkte, war bei manchen die Enttäuschung entsprechend groß. Auf der Weihnachtsfeier erwartete man damals als Geschäftsführer eines Labels praktischere Gaben wie eine Rolex oder einen Motorroller. Einige verkauften heimlich den Kasten, den sie zu Hause nicht haben wollten.

Das Netz wurde als Spielplatz abgetan und das tat ihm, wie jeder anderen Undergroundbewegung, auch anfänglich gut. So konnte sich, unbeeinflusst von Industrie und Mainstream, eine gewaltige, global vernetzte Kultur von Millionen Menschen mit eigenen Regeln, eigenen Sprachcodes und eigenen Helden wie etwa Tim Berners-Lee bilden.

Das World Wide Web entwickelte sich in kürzester Zeit zu einer ausdifferenzierten und jederzeit aktiven Gemeinschaft – und darin steckte natürlich auch immer die Chance auf ein Geschäft. Der Kapitalmarkt, stets expansionshungrig, entdeckte sie zuerst und zwang die Old Economy zur Auseinandersetzung mit den neuen Firmen, die sich innerhalb der Netzkultur gebildet hatten. Denn diese Unternehmen wuchsen in ungeheuren Sprüngen. Der Schreck über die verpasste Zeit und die entgangenen Möglichkeiten war in der alten Industrie groß. Alles stürzte sich auf den neuen Markt. Ein Hype setzte ein, der

Preise verdirbt und Szenen überhitzt, genauso wie man es beim verspäteten Eintritt der Musikindustrie in die Neue Deutsche Welle und Techno erlebt hatte. Wer sich im Web bewährt hatte, bekam so viel Geld und Goodwill an den Börsen, dass plötzlich eine nur wenige Jahre alte Firma ganze Konzerne samt ihrer Geschichte, ihren unzähligen Entwicklungen, Patenten und Mitarbeitern schlucken konnte: Als AOL im Jahr 2000 den Medienkonzern TimeWarner übernahm, schien das Rennen gelaufen zu sein. Die Programmierer und Internetunternehmer waren in den getäfelten Büros der Old Economy angekommen. Bei der Pressekonferenz erschien der 60-jährige TimeWarner-Chairman Gerald Levin so, wie er sich die New Economy vorstellte: im alten Sakko, ohne Krawatte, aber mit halboffenem Hemd. AOLs junger Chef Steve Case machte es genau umgekehrt und wirkte in seinem schwarzen Anzug samt Krawatte umso mehr wie der strahlende Gewinner neben dem grau gekleideten Mann von TimeWarner, der offensichtlich nicht nur sein Outfit verloren hatte.

Eine ganze Generation von Managern ab Mitte fünfzig musste Platz machen, und mit unverhohlener Schadenfreude rückten die jungen Gewinner der New Economy nach. Auch ich habe von diesem Schwung der Veränderung profitiert, dadurch jede Menge mediale Aufmerksamkeit erhalten und Selbstbewusstsein gezogen. Die Zukunft war scheinbar unter 35, über 50 längst tot und alles dazwischen hatte irgendwie Pech gehabt. Tim Berners-Lee, der zu diesem Zeitpunkt auch schon über 40 war, hatte mit dem World Wide Web fast einer ganzen Managergeneration den Garaus gemacht. Duzen wurde in den Chefetagen vieler Konzerne zur Pflicht. Zu den Klängen von Nirvana und Co hackten die neuen, legeren Herren der Wirtschaft in ihre Tastaturen. *Smells Like Teen Spirit* war der Soundtrack blutjunger Venture-Millionäre. Mit der von Grunge und Alternative Rock entliehenen Außenseiterattitüde ließ sich der alte Muff wegblasen. Es dauerte nicht lange, bis die ersten Internetrevolutionäre ein gutes Geschäft witterten. Sie erkannten, dass sich Musik nicht nur als Motivation für durchprogrammierte Nächte, sondern auch als Ware im Web nutzen ließ. Das Geheimnis hieß MP3.

MP3 – DO YOU KNOW THAT YOU WILL DESTROY THE MUSIC INDUSTRY?

»Das ist unmöglich. Die Technik wird es niemals zulassen«, meinte der Patentprüfer zu wissen, als er die Idee von Professor Dieter Seitzer ablehnte. Es war das Jahr 1977, gerade machte die Kommunikationstechnologie durch ISDN einen Riesensprung, und Seitzer wollte Musik via Telefonleitungen übertragen oder wie er es nannte, »Farbfernsehen fürs Telefon« machen. Die Ablehnung durch das Patentamt forderte den Professor heraus. Er gründete eine Arbeitsgruppe und gab seinem Doktoranden Karlheinz Brandenburg den Auftrag, einen Standard zur Datenreduzierung von Musik zu entwickeln. Brandenburg begann mit Grundlagenforschung, denn es gab kein Material, auf das er hätte aufbauen können. Anfänglich war es die *Mondscheinsonate*, später benutzte er ruhige Poptitel wie *Tom's Diner* von Suzanne Vega, um Fehler in der Datenkompression besser entdecken zu können. Ziel war es, einen Zustand der Minimierung von Musikdaten zu finden, ohne dass sich der Klang für das menschliche Ohr wahrnehmbar verschlechterte. Brandenburg brauchte fast zehn Jahre, bis er 1986 einen ersten Durchbruch feiern konnte. Er arbeitete damals schon am Fraunhofer Institut in Erlangen, einem der anerkanntesten deutschen Forschungszentren. In die Forschung einbezogen hatte er die Firma Thomson. Der französische Konzern, der heute die Techniksparten von RCA und Telefunken in sich vereinigt, war nicht nur durch eigene Erfahrungen in der Datenkompression als Partner interessant, sondern auch aufgrund der starken Patentrechtsabteilung, die schon das TV-Format PAL durchgesetzt hatte.

1989 meldeten Thomson und das Fraunhofer Institut gemeinsam das neue Verfahren zum Patent an. Den Namen MP3, den das Kind erst ab dem 14. Juli 1995 bekam, schützte man nicht, das war bei PAL auch nicht nötig gewesen.

Von vornherein dachten die Partner an eine industrielle Verwertung, planten deshalb hohe Lizenzgebühren für Encoder, also die Software zur Kompression von Musik, und vergleichsweise kleine Summen für den Decoder, der das verdichtete Soundfile dann wieder im Endgerät hörbar macht. Die MP3-Entwickler spekulierten, dass die Musikkomprimierung für die Distribution übers Netz die Aufgabe kommerzieller Anbieter sein würde, die das Kapital für teure Software problemlos aufbringen könnten. Der Konsument sollte beim Genuss der erworbenen Musik günstig davonkommen. Der Vermarktungsauftrag ging an Opticon, eine Firma, die vom ehemaligen Mitarbeiter Michael Keil als Spin-off des Fraunhofer Instituts gegründet wurde. Dort setzte man große Hoffnungen auf MP3. Sieben Jahre nach der Patentschrift fing endlich der Verkauf an. Die Erfindung sprach sich im Netz schnell herum. Ohne dass viel Werbung gemacht wurde, kamen erste Kunden. Darunter war auch ein Herr, der einige 100 US-Dollar für Encoder-Software mit einer taiwanesischen Kreditkarte beglich. Die war geklaut, wie sich später herausstellte. Der größte Verlust blieb das für Michael Keil nicht. Der betrügerische Käufer hatte nämlich noch erheblich mehr kriminelle Energie. Er schaute sich das unrechtmäßig erworbene Programm genau an, knackte und verbesserte es sogar und stellte es dann ins Internet – kostenlos. Von einem FTP-Server für Freeware konnte es sich jedermann problemlos herunterladen. Immerhin war in der »Read Me«-Datei ein expliziter Dank ans Fraunhofer Institut vermerkt. Von Geschäftspartnern angesprochen, weshalb sie ihre Software umsonst verbreiten würden, begann bei Opticon eine hektische Suche nach dem Verursacher. Über amerikanische und schwedische Computer fand sich irgendwann eine Spur nach Australien. Der Student, den Keil dort anrief, war sprachlos darüber, dass man ihn hatte ausfindig machen können. Die australische Staatsanwaltschaft wurde aktiviert, hat aber bis heute kein Ergebnis des Verfahrens mitteilen können. Opticon war eine kleine deutsche Firma, MP3 klang Mitte der neunziger Jahre noch reichlich abstrakt – Michael Keil nahm an, die Sache sei im Sand verlaufen. Doch der australische Student hatte eine Lawine losgetreten. In der Logik des Netzes war das revolutionäre Programm längst tausendfach vervielfältigt und weitergegeben worden. Opticon stellte noch eine Hilfskraft ein, um die Server, auf denen das MP3-Programm umsonst angeboten wurde, abzumahnen. Aber das war ein Kampf gegen Windmühlenflügel.

Die kleine Szene der Web-Spezialisten liebte die neue Software von Karlheinz Brandenburg von Anfang an. Und jetzt, da sie umsonst zur

Verfügung stand, ganz besonders. Endlich gab es ein Programm, das Internet und Musik auf einfache Weise verband. War ein Song bisher 24 Megabyte groß und damit über die schwachen Telefonleitungen samt mickriger Modems kaum zu verschicken, wurde er durch das neue Verfahren auf 2 Megabyte reduziert, klang dennoch einwandfrei und rutschte schnell durchs Netz. 1994 entstand der erste Decoder für Microsoft Windows, der in Echtzeit auf einem Intel-PC lief – die grundlegende Voraussetzung für den Zugang zum Massenmarkt.

Eines Tages stand ein 25-jähriger britischer Unternehmer namens Ricky Adar in Brandenburgs Büro. Er hatte vom neuen Internet-Musikstandard MP3 erfahren und wollte nun einen elektronischen Musikvertrieb im Netz aufbauen. Vergnügt fragte er die Wissenschaftler im Fraunhofer Institut mit breitem indischen Akzent: »Do you know that you will destroy the music industry?« Aber Adar sah auch die Chancen, er bastelte in England konsequent am ersten virtuellen Plattenladen. Adar sprach selbst von der digitalen Jukebox und nannte sie reichlich martialisch Cerberus, nach dem dreiköpfigen Höllenhund aus der griechischen Mythologie. Der Visionär wollte sich nicht an der kreativen Leistung anderer bereichern, sondern plante von Anfang an eine Entlohnung der Künstler und ihrer Labels. In Ricky Adars Angebot sollte ein Song jeweils ein englisches Pfund kosten, 20 Prozent davon würden an die Rechtebesitzer ausgeschüttet. Doch Cerberus hatte zwei Probleme: Die Musikfirmen weigerten sich, ihre Hits an den merkwürdigen Newcomer zu lizensieren, und der Konsument biss nicht an – denn gleichzeitig machte Brandenburgs neues Format MP3 auf unkommerzielle Weise Furore. Während Ricky Adar noch verhandelte und seine Software perfektionierte, verbreitete sich die MP3-Software explosionsartig im Netz. 1996 entdeckten die ersten Studenten an amerikanischen Hochschulen das neue Format, wandelten ihre kompletten Musikbibliotheken in MP3-Files um und stellten sie zum kostenlosen Download auf den Universitätsservern bereit. Einer der Pioniere hieß David Weekly, er war Student an der kalifornischen Stanford University. Zeitweise beanspruchte seine Webpage mehr als 80 Prozent der ausgehenden Netzwerkleistung der großen, renommierten Hochschule. Weekly bot bescheidene 120 Songs an, stellte aber sämtliche Informationen auf seine Seite, die er zum Thema MP3 finden konnte. So verbreitete sich das Wissen um den neuen Internet-Musikstandard maßgeblich ausgehend von der amerikanischen Eliteuniversität.

Im Mai 1997 hatte der amerikanische Phonoverband RIAA die Bedrohung zwar erkannt, ging rechtlich gegen die MP3-Seiten vor und ließ die meisten – auch jene von David Weekly – schließen. Doch es war bereits zu spät. Hunderttausende MP3s lagen in riesigen Archiven auf Servern in aller Welt, der einfache und vor allem kostenfreie Weg zu jeder Art von Musik sprach sich in Windeseile im Netz herum, eine Bewegung war ins Rollen geraten, die niemand mehr stoppen konnte. In den größten Internetsuchmaschinen entwickelte sich MP3 zum Wort mit den zweitmeisten Nennungen – nach Sex.

Karlheinz Brandenburg wollte helfen und wand sich im August 1997 an die RIAA. Er diskutierte mit dem Verband diverse Möglichkeiten zum Schutz von Musik in MP3-Files. Schnell einigten sich der Forscher und die Vertreter der Rechteinhaber auf einen Datenzusatz, der dem MP3-Programm unbedingt angehängt werden sollte. Darin wird der Nutzer über die Rechtslage bezüglich Musik im Netz aufgeklärt. Niemand sollte sagen, er hätte es nicht gewusst, der Text sollte nämlich automatisch auf dem Bildschirm erscheinen. Erstellen wollte ihn die RIAA. Karlheinz Brandenburg wartet heute, viele Jahre später, noch immer auf den Text. »Die haben sich wahrscheinlich nicht auf eine Formulierung einigen können«, meint er nicht ohne Verwunderung. Es ist keineswegs das erste Mal, dass ihn die Musikwirtschaft staunen lässt: »Über all die Jahre hinweg habe ich mich gewundert, dass die Geräteindustrie uns ständig kontaktiert und massiv unsere Software lizensiert hat, während die einzige Anfrage wegen des Digital Rights Management, also dem Schutz von Musik in unserer MP3-Technologie, nicht von den Produzenten selbst, sondern von der Deutschen Telekom kam …«

MUSIC ON DEMAND – MUSIKKAUF WIRD DEUTLICH TEURER, ABER AUCH VIEL UNBEQUEMER

Als die Deutsche Telekom bei Karlheinz Brandenburg anklopfte, hatte das einen sehr konkreten Hintergrund: Sie hatte mit seinem Format MP3 viel vor. Der Kommunikationsriese bereitete sich auf das

Ende seines Telefoniemonopols Anfang 1998 und den daraus folgenden Wettbewerb vor. Die Tochterfirma T-Online arbeitete fieberhaft daran, größter deutscher Internetprovider zu werden, das wichtigste Online-Portal zu bauen und gleichzeitig als Konzern möglichst viele ISDN-Anschlüsse zu verkaufen. Aus Sicht der Telekom-Manager konnten die Plattenfirmen und die Software des Fraunhofer Instituts dabei hilfreich sein. Schon damals nahm Musik die mit Abstand meiste Bandbreite in ihren Netzen ein. Würde dies auf Dauer nur in Form von Piraterie passieren, fürchtete man als Netzbetreiber vom Gesetzgeber unangenehme Fragen über das schnell expandierende Internetgeschäft. Denn der Staat würde auch zukünftig Hauptanteilseigner des rosa Riesen sein, gegen ihn könnte nicht einmal der Vorstandsvorsitzende Ron Sommer regieren.

Also programmierte man einen Internet-Musikshop, nannte ihn Music on Demand, kurz MoD, und verkündete der Öffentlichkeit, in Zukunft würde die Musik legal über das Netz vertrieben. Karlheinz Brandenburg nahm das Projekt zum Anlass, einen weiteren Versuch der Kontaktaufnahme mit der Musikindustrie zu starten. Das Fraunhofer Institut wird von deutschen Forschungsgeldern finanziert, also schickte er seinen Abteilungsleiter Harald Popp als Emissär zum einzigen deutschen Musikkonzern, zur BMG nach München. Popp schilderte der dortigen Managementspitze die Möglichkeiten und Gefahren der MP3-Technologie, kam aber frustriert zurück. »Kein Kooperationsinteresse«, vermeldete er seinem Chef Karlheinz Brandenburg.

Die Deutsche Telekom hatte es auch nicht leichter: Zunächst schloss sie Lizensierungsverträge mit 60 Labels ab, hauptsächlich Independents. Die Major-Firmen reagierten zögerlich. Es gab aus ihrer Sicht jede Menge Argumente gegen ein Engagement im Netz. Neben den hohen Initialkosten drohte angeblich eine Entwertung der Musik. »Wenn nur die Hits per Internet gekauft werden, läuft das auf eine Monokultur hinaus«, erzählte der damalige Warner-Chef auf der jährlichen Musikmesse Popkomm in Köln. »Wir zahlen schließlich für die Produktion eines ganzen Albums. Wenn wir nicht alles – auch die schwächeren Titel – mitverkaufen, haben wir niedrigere Einnahmen. Das schlägt auf die ganze Branche zurück.«

Am meisten aber hatten die deutschen Konzerntöchter Angst vor den Repertoireanfragen in ihren Londoner oder New Yorker Zentralen; nur dort konnten die großen internationalen Hits freigegeben werden, nach denen die Telekom verlangte. Doch schließlich gaben sich die lokalen Geschäftsführer einen Ruck, umgingen den heiklen Weg über die Headquarters und machten mit 20 000 primär nationalen Musiktiteln als MP3 das weltweit erste Download-Angebot unter Beteiligung aller Majors möglich.

Den Aufwand, den die Deutsche Telekom und ihre Kunden zu betreiben hatten, war hoch. Als Grundvoraussetzung für einen erfolgreichen Download musste man Kunde von T-Online sein und über einen ISDN-Anschluss verfügen. Wenn man den heruntergeladenen Titel dann auch noch hören wollte, brauchte man den eigens programmierten MoD-Player, auf die Songs kodiert waren. Das war die damalige Voraussetzung für einen halbwegs wirksamen Schutz der Soundfiles. 1998, als Music on Demand nach zig Testläufen zur CeBIT startete, gab es nur etwa 1,5 Millionen Haushalte in Deutschland, die alle Voraussetzungen erfüllten. Das eigentliche Problem des Angebots lag aber anderswo: in den Kosten. Die Musikwirtschaft hatte der Telekom Preise pro Song abverlangt, die utopisch waren. Während bereits Millionen Menschen über MP3-Websites illegal, aber kostenlos ihre Lieblingssongs herunterluden, kostete ein Titel bei Music on Demand zwischen 4,50 und 7,85 Mark – ein komplettes Album also etwa 60 Mark. Zu diesem Preis durfte der geneigte Nutzer noch mindestens weitere 13,80 Mark für Übertragungskosten hinzurechnen. Flatrates gab es damals noch nicht. Wer vor der Bestellung einen Ausschnitt des gewünschten Titels probehören wollte, musste hierfür jeweils 5 Pfennig bezahlen. Bestellte man trotz all dieser Widrigkeiten, rief der Telekom-Server den heimischen Computer zurück und blockierte ihn mit der Übertragung der Musikdaten für etwa eine Stunde. Wer zwischendurch irrtümlich seine Maus berührte, konnte von vorne anfangen; die MoD-Übertragungen waren hoch empfindlich. Das Fazit der größten deutschen Computerzeitschrift *c't*: »Der Musikkauf wird zwar deutlich teurer, aber dafür auch viel unbequemer als bisher.«

Music on Demand wurde zum Desaster – für die Telekom und die

Musikwirtschaft. Die Kunden blieben aus, denn die beiden entscheidenden Gründe für die Nutzung eines legalen Angebotes im Internet fehlten: Bequemlichkeit, die viel zitierte Convenience, und eine vernünftige Kostenstruktur. Während der britische Visionär Ricky Adar bereits 1995 einen Preis von einem Pfund, später dann einem US-Dollar pro Download-Titel auslobte und damit dem stationären Handel Paroli hätte bieten können, kostete ein Album via MoD fast doppelt so viel wie im Laden. Am 30. Juni 2003 wurde Music on Demand schließlich abgeschaltet. Die Deutsche Telekom hatte fast 15 Millionen Mark verloren, doch immerhin mit ISDN den Vorgänger der Breitbandleitung DSL erfolgreich, weil flächendeckend etabliert.

Die deutsche Musikwirtschaft konnte außer einem Flop und verlorener Zeit nichts vorweisen. Tragisch, denn zum einen war mit der Deutschen Telekom ein starker und solventer Partner bereit gewesen, in ihre Zukunft zu investieren, zum anderen hatten die lokalen Geschäftsführer der Musikunternehmen den Mut bewiesen, an ihren zögerlichen Zentralen vorbei, neue Wege zu gehen. Weil auf den letzten Metern die Konsequenz fehlte, durch vernünftige Preise ein wirklich attraktives Angebot zu schaffen, munitionierte man durch das Scheitern nur die Bedenkenträger – besonders in den Konzernzentralen. Dort schätzt man keine Alleingänge, denn der Job des Headquarters besteht darin, alle Territorien der Welt miteinander zu synchronisieren. Wie eine Gänsemutter achtet man darauf, dass sich die Geschwindigkeit aller Töchter stets an der Langsamsten orientiert. Wenn das deutsche Küken mit Music On Demand aus der Reihe tanzte und auf die Nase fiel, sollte das den anderen in der Reihe ruhig eine Lehre sein.

CD-BRENNER – DER RASTA IM IRRENHAUS MAKES THINGS BETTER

Die ersten CD-Brenner waren ein echter Luxus. Philips hatte sie als Bestandteil der HiFi-Anlage konzipiert. Sie sollten das Tapedeck ersetzen, denn die Zeit der Musikkassette war längst abgelaufen. Deshalb heißt das Produkt, in Analogie zum Kassettenrecorder, bis heute bei Philips nicht CD-Brenner, sondern CD-Recorder. Unter 1 250 Mark pro Gerät ging anfänglich nichts in der neuen Serie, die der holländische Elektronikriese Ende 1998 auf den Markt brachte. Die Steuertechnik musste Bestandteil des Brenners sein, denn eine Verbindung zwischen PC und Stereoanlage war nicht vorgesehen. Deswegen war das Gerät so teuer. Philips lebte in einer Welt der Elektrogeräte und dachte noch nicht in der Logik des Computerzeitalters.

Der Rastaman mit dem weiten weißen Hemd aus dem Philips-Werbespot konnte sich das Teil dennoch leisten. Er wohnte schließlich auch in einem feschen Loft, das in Wirklichkeit die umdekorierte Etage eines ehemaligen Irrenhauses in Kapstadt war. Dort sahen ihn Millionen, die im Kino oder zu Hause vor dem Fernseher saßen, an seiner Anlage herumfuchteln. Er war der erste Mensch, der jemals vor ihren Augen eine CD brannte. Das musste gefeiert werden: Also folgten wir im Werbefilm dem Typen mit den Dreadlocks in eine Diskothek. Dort herrschte Totentanz, aber der Mann mit dem Brenner hatte zum Glück die von ihm zusammengestellte CD dabei. Kaum hatte er den DJ bequatscht, die Selbstgebrannte einzulegen, donnerte ein Discobeat los, zu dem der freundliche Copyright-Verletzer unter bewundernden Blicken der Frauen enthemmt einen Breakdance hinlegte. Philips – Let's make things better!

Marketing war noch nie Philips große Stärke gewesen, das hatte ich schon als PolyGram-Mitarbeiter auf einem von der Mutterfirma veranstalteten Seminar gelernt. Also flogen die Werbesignale und -codes auch hier wild durcheinander: Rasta und Disco, Disco und Breakdance, Breakdance und Reggae, Reggae und Loft – nichts davon passt. Doch daran lag es nicht allein, dass der Produktstart für den Philips CD-Brenner ein Rohrkrepierer wurde, wie wohl nur die DCC zuvor.

Hewlett-Packard hatte ein völlig anderes Problem zu lösen. Je leistungsstärker die normalen Home- und Office-PCs wurden, desto größer wurden auch die Datenmengen, die die Nutzer auf Diskette speichern wollten. Die Speichermedien konnten mit dem Fortschritt der Prozessoren nicht mehr mithalten. Die CD-Rewritable schien die perfekte Alternative zu sein. Vom Start weg ließen sich auf einer CD-R Daten bannen, die sonst bis zu 12 Disketten gefüllt hätten. Das Gerät, mit dem man die Daten auf einen CD-Rohling brennen konnte, war nicht mehr als eine kleine Ergänzungskomponente zum Computer für 350 Mark.

Die einen dachten nicht an Musik, die anderen nicht an Computerdaten und der Konsument ignorierte die Gebrauchsanweisung von beiden. Er hatte verstanden, was Philips ihm mit dem feiernden Rasta sagen wollte, kaufte die bedeutend günstigere Hewlett-Packard-Komponente und nutzte sie zum Brennen von Musik. Der Computerhersteller stellte verblüfft fest, dass seine Geräte ohne wirklich wahrnehmbaren Werbedruck reißenden Absatz fanden, Philips stellte frustriert die 35,7 Millionen DM schwere Kampagne auf den Testmärkten Deutschland und Benelux ein.

Es dauerte lange, bis andere Länder auch nur annähernd die Brenner-Quote pro Haushalt erreichen sollten, die in Deutschland schnell gegeben war. Philips fuhr im Ausland nur mit gebremster Kraft weiter. Hewlett-Packard wiederum sah nicht ein, wieso andere Länder nach höheren Marketingetats verlangten, wo sich die Geräte in der Mitte Europas doch auch ohne eigene Kampagne prima verkauften. Deutschland wurde zum Vorreiter, was dieses Problem der Musikwirtschaft anging. Schon 1999 gingen über hundert Millionen Rohlinge über die Ladentheke, 58 Millionen davon wurden laut einer GfK-Untersuchung für Musik genutzt. Vier Jahre später hatte sich die Zahl schon versechsfacht. Die 8 Cent Leermedienabgabe, die seit 1986 auf alle audiovisuellen Speichermedien erhoben werden, sind da ein schwacher Trost, denn bei der ZPÜ (Zentralstelle für private Überspielrechte) stehen zwölf Organisationen Schlange, die davon etwas abhaben wollen. Auf Musik entfallen im Durchschnitt gerade noch 2 Cent – und um diese Summe balgen sich dann Produzenten, Interpreten und Autoren.

Natürlich hätten die Konsumenten nicht alle 1,3 Milliarden CDs, die hierzulande gebrannt wurden, auch gekauft, aber der Schaden ist dennoch gewaltig. Anders als die Musikkassette, die reißt, sich verheddert und schnell abnutzt, hat der CD-Klon stets die Qualität des Originals. Und wer schon einmal erlebt hat, wie sehr die Romantik leiden kann, wenn man – unter dauernden Beschwichtigungen – nach dem richtigen Song für die neue Freundin spult, der versteht, dass der bespielte Rohling einen unglaublichen Qualitätssprung darstellt.

ONLINE-HANDEL – BITCHES BREW UND DER WUNSCH NACH BERATUNG

Eigentlich hatte man diese Lektion schon gelernt: Wenn es um Beratung geht, kauft der Kunde nicht gern direkt beim Produzenten. Denn verständlicherweise unterstellt der Kunde ihm Parteilichkeit zugunsten der eigenen Produkte. Konsequenterweise stießen Anfang der siebziger Jahre fast alle Plattenfirmen ihre Beteiligungen an Plattenläden ab. Sie hatten festgestellt, dass prozentual nirgendwo so wenig ihrer Tonträger verkauft wurden wie in ihren eigenen Läden. Das Kerngeschäft war immer noch der Handel mit Rechten, man überließ das Geschäft mit den Platten dankend neutralen Absatzmittlern.

Ein solcher war auch CDnow.com, einer der ersten Anbieter für Musik im Internet. Gegründet hatten ihn bereits 1994 die damals 24-jährigen Zwillinge Jason und Matthew Olim im Keller des elterlichen Einfamilienhauses in Fort Washington/Pennsylvania. Jason Olim, eigentlich ein Fan von Grunge und Punkmusik und Gitarrist der Bands Romeo Calling und Loving Lads war während seines Studiums der Computertechnologie in Rhodes Island durch einen Kommilitonen auf Miles Davis und dessen Platte *Kind of Blue* gestoßen. Begeistert von dem für ihn völlig neuen Sound, wollte er mehr davon. Bei Tower Records in Boston, Ende der achtziger Jahre der größte Plattenladen der Welt, fand der Jazz-Novize zwölf verschiedene Alben seines neuen Helden Miles Davis. Er hatte keine Ahnung, welches am ehesten dem entsprechen würde, was ihn an *Kind of Blue* so begeistert hatte. Es gab keine Möglichkeit, das Dutzend Platten vorzuhören, und keinen Verkäufer im Laden, der ihn kompetent beraten konnte. Außerdem war ihm klar, dass diese zwölf Alben nicht das komplette Werk von Miles Davis darstellen konnten. Er kaufte, sich rein an der Optik des Covers orientierend, *Bitches Brew*. Er hätte besser auf den Titel achten sollen. Das Album war eines von Davis' experimentellsten Werken, für einen Jazz-Einsteiger gänzlich ungeeignet.

Von nun an war Jason Olim von der Idee besessen, es besser zu machen und seinen Traum vom perfekten Plattenladen umzusetzen. Das Internet schien das ideale Medium dafür zu sein. Über das Programm Real Audio ließen er und sein Bruder die Kunden alle CDs vorhören, mit den Musikmagazinen *Rolling Stone*, *Spin* und *Q* schlossen sie Kooperationsverträge ab, sodass bei jeder Platte auch mindestens eine Rezension zu finden war, und sie strebten nach Vollständigkeit. Von Miles Davis hatten sie alleine fast 100 verschiedene Titel im Angebot, wie Jason Olim noch immer stolz berichtet. Innerhalb kürzester Zeit bestimmten sie ein Drittel des Online-Marktes. Ihr Angebot war für Musik das, was Amazon bereits für Bücher darstellte. Sie gingen, wie damals üblich, 1998 an die Börse. Mit dem vielen Geld, das ihnen plötzlich zur Verfügung stand, kauften sie, was das Zeug hielt: die Palette reichte von anderen kleinen Anbietern bis zu Software wie Super Sonic Boom zum Brennen von CD-Compilations nach Kundenwunsch.

Der neue Online-Riese versetzte die Musikindustrie in Unruhe. Sie fürchtete, dass die beiden Jungs aus Fort Washington langfristig eine Marktmacht werden könnten, die ihnen die Regeln im Netz diktieren würde. Die Gebrüder Olim hatten, anders als die Ladenketten und Einzelhändler, mit denen sie sonst zu tun hatte, alle Kundendaten gesammelt und fein säuberlich ausgewertet; sie konnten also nach Bedarf eine Schlüsselstelle beim Endverbraucher-Marketing einnehmen. Andererseits erschien es den Musikmanagern natürlich attraktiv, in ein Geschäft einzusteigen, das nicht die Nachteile mit sich brachte, die bei den Plattenläden vorhanden waren, also kein hohes Bestandsrisiko, keine teuren Flächen und kein geschultes Personal. Endlich ergab sich die historische Chance, den Handel als Mittelsmann einfach auszuschalten. Also suchten Warner und Sony seit Ende 1998 ihr Glück im Online-Handel mit der gemeinsamen Website Total E, BMG und Universal zogen im April 1999 mit GetMusic nach.

Fieberhaft kaufte Universal unabhängige Angebote wie »E-Music« auf, um sie auf der Plattform GetMusic zu integrieren, und BMG brachte Internet-Communities wie Peeps.com für Black Music oder BugJuice für Alternative Music mit ein. Doch der Konsument hatte seine Grundeinstellung in der Online-Welt nicht wirklich verändert. Ob digital oder analog an einer realen Ladentheke, er traute den Musikproduzenten als Anbieter nicht.

Schon nach einem Jahr stieg BMG wieder aus dem anfangs gefeierten Joint Venture aus. Stattdessen kaufte Bertelsmann CDnow auf.

Die Brüder Olim hatten zu schnell expandiert, der Laden befand sich in einer Schräglage. »Business-Bücher haben mich nie interessiert. Wenn ich etwas gelesen habe, dann über die griechische Frühgeschichte«, so versucht Jason Olim im Nachhinein seine überhitzte Geschäftspolitik zu erklären.[6] Bertelsmann bekam die kritische Situation auch nicht mehr in den Griff. CDnow wurde am Nikolaustag des Jahres 2002 an Amazon verkauft. Zu diesem Zeitpunkt waren auch GetMusic und Total E schon Geschichte und Amazon bei der physischen Distribution von Musik über das Netz marktbeherrschend. In Deutschland haben sie am gesamten Musikmarkt im Jahre 2004 bereits einen Anteil von fast 10 Prozent erreicht.

JIMMY & DOUG'S FARMCLUB – ORGIEN AUF BÜHNE 42

Jede Meldung mit Bezug zum Internet ließ zu Anfang des neuen Jahrtausends die Kurse steigen. Die Anleger zahlten auf eine goldene Zukunft ein. So wundert es auch nicht, dass Universal aus den eigenen Fehlern mit GetMusic nur ungern lernen wollte. Und so verkündete das Unternehmen Anfang 2000, kurz bevor die Blase der New Economy platzte, schon das nächste Großprojekt: Jimmy & Doug's Farmclub hieß die Idee. Auf einer eigenen Website konnten neue Künstler und Bands ihre Stücke digital aufladen, wurden gesichtet und von A&Rs bewertet. Bei den Kooperationspartnern AOL und MTV wählten dann deren Nutzer Woche für Woche den Besten. Belohnung für die Erwählten war ein Auftritt unter dem stilisierten Konterfei der Namensgeber Jimmy Iovine, Chef vom Interscope-Label und ehemalige Produzentenlegende, und Doug Morris, Chairman von Universal Music weltweit. Das Ganze wurde auf Bühne 42 in den Universal Studios Los Angeles fürs Fernsehen aufgezeichnet. Das halbstündige Programm kam jeden Montag am späten Abend nach den Catchern der World Wrestling Federation auf dem neuen Kanal USA Network von Barry Diller zur Ausstrahlung. Dort war dann der hoffnungsvolle Newcomer der Woche zusammen mit vielen Go-Go-Girls und Superstars wie Limp Bizkit, Eminem oder No Doubt zu sehen, die vor allem aus dem Hause Interscope rekrutiert wurden.

Eigentlich war dieses Modell ein schönes Beispiel für das, was man Medienkonvergenz und Synergie nennt. Die unterschiedlichen Kommunikationskanäle spielen sich gegenseitig den Ball zu, werten ein Produkt auf oder erschaffen es sogar, wie in diesem Fall vorgesehen. Die erste Veröffentlichung von Jimmy & Doug's Farmclub war prompt ein Hit. *It Feels so Good* der englischen DJane Sonique schoss bis auf Platz acht der amerikanischen Charts, der Farmclub ließ sich bereits als Königsweg der Musikwirtschaft feiern. Schade nur, dass Iovine und Morris ein wenig geschummelt hatten. Sonique war kein Produkt des Internets, sondern bereits seit zehn Jahren als DJ in Europa erfolgreich unterwegs. Den besagten Track hatte sie schon zwei Jahre zuvor auf dem Independent Label »Serious« veröffentlicht und niemals auf der Universal-Website eingereicht.

Beflügelt vom umgehenden Erfolg, wurde massiv in die neue Firma investiert und flugs über 120 Mitarbeiter angeheuert. Derweil stöhnte der Rest des Konzerns noch unter den Folgen des Sparprogramms aufgrund des PolyGram/Universal-Mergers. Nach den TV-Aufnahmen auf Bühne 42 waren jedes Mal wahre Orgien angesagt, über die man auf dem Gelände der Universal Studios noch heute spricht. Doch bereits im April 2000 drehte sich der Wind. Genauso blindwütig wie zuvor in das Internet investiert worden war, mieden es die Anleger nun. Man hatte zu früh zu viel erwartet, ohne das Ganze wirklich zu hinterfragen. Risikoinvestment kann trotz seines Namens dennoch wohlüberlegt geschehen. Doch statt verantwortungsvoller Vertreter des Kapitals zu sein, war die Börse in den Zeiten ihres Booms zu einem Spielplatz unreifer Spekulanten geworden. Wie enttäuschte Kinder straften die Analysten plötzlich alles ab, was in irgendeiner Form mit interaktiven Medien zu tun hatte und sie an die eigenen Fehler erinnerte. Diese Form der Verdrängung war für die Volkswirtschaft noch schlimmer als der Rausch der New Economy zuvor.

Während sich der Farmclub, aufgrund eines neuen Sendeplatzes in den Quoten arg geschwächt, mühsam ins Jahr 2001 rettete, wollten wir in Deutschland nicht abseits stehen und taten es den Amerikanern mit der Gründung des Internet-Labels A-Jugend gleich. Statt 120 Mitarbeiter hatten wir allerdings nur drei, auf eine eigene TV-Sendung verzichteten wir genauso wie auf die Nennung von Vornamen im Firmennamen. Der Ansatz von A-Jugend war einfach: Die erfahrenen Produzenten Annette Humpe (Ideal, Die Prinzen, Band ohne Namen), Wolfgang Stach (Guano Apes, Such A Surge) und Matthias Arfmann (Absolute Beginner, Patrice) sollten sich aus den Web-Angeboten neuer Bands die interessantesten heraussuchen und bei den ersten Schritten begleiten. Die Ergebnisse würden vorerst nicht auf Platte, sondern nur im Netz veröffentlicht werden. Sobald Erfolge sichtbar wären, konnten die erfahrenen Universal-Labels oder sogar Drittfirmen die Band übernehmen. A-Jugend sollte eine Online-Rampe in den Markt sein. Doch der Konzern stand international dem gut gelaunten, aber zugegebenermaßen etwas zähflüssig anlaufenden deutschen Versuch, das Internet für den Künstleraufbau zu nutzen, skeptisch gegenüber. Natürlich sollten die schmerzhaften Farmclub-Erfahrungen nicht wiederholt werden, außerdem bestand das amerikanische Headquarter von Universal darauf, genauso wie bei unseren Wettbewerbern, alleiniger Testmarkt für die Technologien der Zukunft zu sein. Unsere Eingaben zum technologischen Status in Deutschland, unsere erheblich höhere Quote an digitalen Kabelverbindungen in privaten Haushalten, unser viel drängenderes Problem durch die enorme Durchsetzung an CD-Brennern, all das interessierte in den USA niemanden. Der Rest der Welt hatte zu warten, bis sich eine Idee in Amerika als markttauglich erwiesen hatte.

CORPORATE E-BUSINESS – WIR LERNEN VIEL UND TUN WENIG

Bei Universal wachte Larry Kenswil mit seiner eLabs-Gruppe eifersüchtig darüber, dass dieses Prinzip in allen lokalen Territorien eingehalten wurde. Als Chefjurist von Universal Music hatte er gelernt, Fehler vorauszusehen, zu warnen, die Rolle des Bedenkenträgers einzunehmen. Im konkreten Geschäftsablauf hatte er dafür zu sorgen, dass Verträge allen nur möglichen Gegebenheiten standhalten konnten. Im Internet ändern sich die Gegebenheiten aber ständig: 2,6 Monate sind hier, laut dem World Wide Web Consortium, ein Jahr. Es honoriert Unternehmer, die ein Geschäft einfach anschieben, ohne große Absprachen losmarschieren und erst dann mit den Partnern über die Details streiten, wenn es sich lohnt. Das läuft der Logik eines Juristen wie Larry Kenswil völlig zuwider. Dennoch waren nicht nur bei Universal verdiente Juristen in die erste Reihe der Internetentscheider gerückt. Ein Grund dafür war, dass in Kontinentaleuropa Abtretungen für Nutzungsformen, die den Vertragspartnern zum Zeitpunkt des Abschlusses noch nicht bekannt sind, keinen rechtlichen Bestand haben. Manche freien Anwälte witterten hier fette Beute. Obwohl sich das Geschäftsmodell für die legale Nutzung von Downloads noch gar nicht bewährt hatte, wurden sie nicht müde, diese zu untersagen, solange nicht weitere hohe Vorschüsse für ihre Mandanten geflossen wären. Solch ein Verhalten gab Larry Kenswil und seinen Kollegen bei den anderen Konzernen Recht, wenn sie warnten und sich auf die USA konzentrierten.

Sein Team sollte ab 1999 die kommerzielle Nutzung des Internets und anderer neuer Technologien für Universal erforschen und beschleunigen. Für innovativen Input holte man sich den Produzentenveteran Albhy Galuten als Vice President an Bord. Der hatte mit den Bee Gees *Staying Alive* aufgenommen, mit Eric Clapton an *Peaches and Diesel* gearbeitet und war in den siebziger Jahren zur Studiolegende geworden – als Kind der neuen Zeit konnte man ihn nicht unbedingt bezeichnen.»Wir lernen viel und tun wenig« so beschreibt Galuten, der Universal Anfang 2004 verließ, in einem Interview das Treiben bei eLabs. Wie dem Rest der Musikindustrie unterliefen auch Universal zwei entscheidende Fehler. Einerseits wurde all die Kraft des Konzerns auf die USA gerichtet, im Glauben an das »Home of Entertainment«. Die Stärke des Internets besteht aber gerade darin, wirklich global zu sein. Es gibt kaum Einstiegshürden, anders als in den Anfangszeiten von Telefon, Radio oder Fernsehen sind die Anschubinvestitionen überschaubar. Mit dem Internet kann jeder an jedem Ort eine globale Kommunikation aufbauen, weltweit Impulse setzen. Die Reduzierung auf eine Region führt zu einem globalen Hase-und-Igel-Spiel: Die Konzerne rennen der Innovation immer hinterher, können aber nicht Treiber sein. Am deutlichsten wurde dieser Widerspruch etwas später, als die US-Musikindustrie gegen die Tauschbörse Kazaa und deren Entwickler Friis und Zennstrom vorging. Als gerade die erste Klage des amerikanischen Verbandes RIAA gegen Kazaa aufgesetzt war, düpierten die beiden Programmierer die Musikbranche, indem sie ihr Unternehmen einfach verkauften – an eine unbekannte Gesellschaft namens Sharman Networks im Südseeparadies Vanuatu. Doch damit nicht genug: Das Kazaa-Tagesgeschäft erledigte eine weitere Firma namens LEF Interactive in Sydney. Die Programmierung erstellte die Firma Bluemoon in der estnischen Hauptstadt Tallin, die wiederum vom Chefentwickler Edwin Metselaar gesteuert wurde – von Amsterdam aus. Das globale Netzwerk hebelte mit leichter Hand das US-zentrierte Weltbild der Musikmanager aus.

Der zweite zentrale Fehler der Branche: Bis heute wendet sie im Netz nicht an, was sie in ihrem Kerngeschäft längst gelernt hat. Wer die Szene nicht direkt einbindet, wird niemals glaubwürdig für sie arbeiten können. Die Musikindustrie stellt im Zweifel auch Menschen mit geweiteten Pupillen ein, wenn diese ihr dafür Authentizität liefern. Man mag sich noch so sehr darum bemühen, zu lernen und aufzuholen, wie es Produzent Galuten beschreibt – die Nutzer der Technologie leben längst das, was man erst zu verstehen sucht. Gelingt es nicht, die Szene an den Tisch zu holen, schwebt der Konzern in Gefahr, ein Angebot zu entwickeln, das längst überholt ist und schlichtweg lächerlich erscheint.

Anders sind Angebote wie Bluematter, welches Universal eLabs im Oktober 2000 startete, gar nicht zu erklären. Während sich mehr als 50 Millionen User bereits nahezu alle Titel der Rock- und Popgeschichte bei Napster illegal, aber kostenlos herunterluden, konnte man sich bei Bluematter gegen eine Abonnement-Gebühr 20 000 Titel der Universal per Real Audio Stream anhören und einige wenige auch für den »Einführungspreis« von 1,99 US-Dollar herunterladen. Auf dem MP3-Player oder einer CD hatte man die Songs dadurch noch lange nicht. Abspielbar waren sie ausschließlich über die Real Jukebox 2 auf dem heimischen PC. Später sollte der Preis auf 3,99 ansteigen, aber später gab es nicht.

Parallel zum Start von Bluematter verhandelte Jean-Marie Messier, damaliger Chairman der Konzernmutter VivendiUniversal, schon mit dem Anbieter MP3.com und Sony Music. Man war sich schnell einig. Anfang 2001 verkündete Messier die Zusammenarbeit unter dem Namen »Duett«, im Dezember war man dann so weit, dass der Dienst als »Pressplay« zu laufen begann. Endlich konnte man Songs aus dem Netz herunterladen und auf CD brennen – jedoch nur circa 15 Prozent aller Titel, und das auch nur als Abonnent des teuersten Moduls in einem komplizierten Subskriptions-Modell. Im so genannten Basic Plan zahlte man pauschal 9,99 US-Dollar für 300 Streams und 30 Downloads, im Platinum Plan bereits 24,95 für 1 000 Streams, 1 000 Downloads und 20 Burns. Per Burn konnte sich der Kunde seine ausgewählten Titel auf einen CD-Rohling oder den mobilen MP3-Player ziehen. Im günstigsten Fall waren fast 120 US-Dollar pro Jahr fällig. Dabei war allgemein bekannt, dass der Durchschnittsamerikaner pro Jahr weniger als 90 US-Dollar für Musik ausgibt.

»Das Angebot sieht kaum einen Mehrwert vor, es wird ein Desaster«, sagte Michael Robertson, Gründer von MP3.com und einer der Pioniere im Netz, voraus. Seine Firma MP3.com hatte sich gerade mit der Industrie einigen müssen, für jeden Song, den sie unrechtmäßig verbreitet hatte, 25 000 US-Dollar Kompensation zu zahlen. Allein Universal hätten demnach 53,4 Millionen US-Dollar für die Verletzung ihrer Copyrights zugestanden. Deshalb war Robertson nur allzu verhandlungsbereit, als Messier seine Web-Technologie für Pressplay erwerben wollte; egal wie kritisch er das Projekt einschätzte. Für 372 Millionen US-Dollar verkaufte er ihm im Mai 2001 gleich den ganzen Laden. Trotz Strafzahlungen an alle möglichen Plattenfirmen scheint bei der Summe noch einiges für ihn und seine Leute hängen geblieben zu sein. Denn als ich Robertson im Jahr darauf bei einer VivendiUniversal-Tagung in Deauville traf, hörte er sich entspannt die Klagen seiner US-Kollegen über den entsetzlichen Flug an die französische Atlantikküste an. Messier hatte das amerikanische Management mit einem gecharterten Jumbo Jet abholen lassen, der nur engste Economy-Bestuhlung bot. Auf die Frage, ob er auch mitgeflogen sei, grinste er nur breit. MP3.com war geschlossen im Privatjet angereist.

Was bei Sony und Universal »Pressplay« hieß, lief bei Warner, BMG und EMI unter »Music Net«. Beides Totgeburten, denn sie ignorierten die wichtigste Regel, wenn es darum geht, ein illegales Angebot zu bekämpfen: Du musst mindestens so gut sein wie der Pirat. Wer interessiert sich schon dafür, auf welchem Label Madonna, Depeche Mode oder die Beastie Boys erscheinen? Der Konsument verlangt im Netz, genauso wie im normalen Handel, die Vollständigkeit des Angebotes. Wer der Produzent ist, welches Label auf der Platte steht, interessiert ihn in der Regel nicht. Da die Konzerne aber ihr jeweiliges Angebot durchsetzen wollten, in das ihre zentralisierten E-Commerce-Abteilungen viel Geld gesteckt hatten, lizensierten sie sich gegenseitig die Titel nicht. Pressplay bot zwar das Repertoire von Sony und Universal an, aber eben keine Titel von Warner, BMG und EMI – und umgekehrt. Doch wie soll man dem Konsumenten erklären, dass ein Pirat alle Titel anbietet, der legale Shop aber nur einen Bruchteil verkauft, und das auch noch zu erschwerten Bedingungen? Keine Plattenfirma käme darauf, in einem Markt wie Indien die physische Piraterie dadurch bekämpfen zu wollen, dass man schlechtere Tonträger als die günstig verkauften illegalen anbietet. Im Gegenteil: Das legale Angebot wird zumeist besser ausgestattet und mit einem schmucken Hologramm zur Sicherheit versehen. So funktioniert das.

Im Mai 2003 wurde Pressplay an Roxio verkauft, einen Entwickler von CD-Brenner-Software. Larry Kenswil, der ehemalige Chefjurist und verantwortliche Universal-Mann, über dessen Schreibtisch jahrelang all die Fehlentscheidungen gegangen waren, hat nun im Roxio-Aufsichtsrat noch einmal die Chance, an der Entwicklung eines zukunftsweisenden Angebots mitzuwirken. MusicNet, der gemeinsame Download-Shop von Warner, BMG und EMI, ereilte ein ähnlich trauriges Schicksal, als Partner Real Networks ausstieg, um mit der erheblich kleineren, aber flexibleren Musikseite listen.com zu kooperieren. Dabei hätte alles so viel einfacher sein können: Denn es gab zu dieser Zeit auch die visionären Pläne des Bertelsmann-Chefs Thomas Middelhoff, die der ganzen Industrie die Tür in die Zukunft hätten aufhalten können …

NAPSTER – ZWEI FLASCHEN PHELPS INSIGNIA, DIE DIE INDUSTRIE HÄTTEN RETTEN KÖNNEN

Als Thomas Middelhoff den Napster-Gründer Shawn Fanning im September 2000 zum ersten Mal traf, schienen zwei Welten aufeinander zu prallen. Hier der 47-jährige Vorstandsvorsitzende von Bertelsmann, dem drittgrößten Medienkonzern der Welt, verantwortlich für 82 000 Mitarbeiter und einen jährlichen Umsatz von 13,7 Milliarden US-Dollar. Dort der 20-jährige Computerhacker, dessen brillante Idee einer dezentralen Tauschbörse für Popsongs innerhalb von zwei Jahren das gesamte Internet verändert und die Musikbranche zutiefst erschüttert hatte.

Mit einem entspannten Essen im angesagten New Yorker Post House, einer Mischung aus Spitzenrestaurant und Club, wollte Middelhoff die Gräben zwischen etabliertem Manager und milchgesichtigem Hacker überbrücken. Doch Fanning hatte noch nicht einmal sein Steak bestellt, als beide überrascht feststellten: Da gab es gar keinen Graben. Es war wie die Begegnung zweier Wunderkinder – beide hatten in erstaunlich kurzer Zeit ihren Weg gemacht, beide spürten eine tiefe Faszination gegenüber den Möglichkeiten des Internets und wussten, dass ihnen das Netz die Chance ihres Lebens bot.

Middelhoff war in zehn Jahren vom Assistenten der Geschäftsleitung bei Mohndruck, einem Tochterunternehmen von Bertelsmann, zum Vorstandsvorsitzenden des Konzerns aufgerückt, hatte mit seinem wegweisenden AOL-Deal aus einem Investment von 50 Millionen einen Erlös von 6,75 Milliarden US-Dollar herausgeholt und das ostwestfälische Medienhaus ins Internet-Zeitalter katapultiert.

Fanning hatte sich während seines Informatikstudiums an der Boston University einer Gruppe von Hackern angeschlossen; sein Spitzname: Napster. Er lebte praktisch im Netz, verbrachte Tage und Nächte in Chats und begann schließlich mit der Arbeit an seinem ersten eigenen Programm – einer Tausch-Software für Musik. Bisher mussten sich die MP3-Fans mittels Suchmaschinen wie Lycos oder scour.com durch die meist obskuren privaten Websites wühlen, auf denen sich Songs finden ließen. Oft waren die Seiten schon wieder geschlossen, ohne dass es die Suchmaschinen mitbekommen hatten: eine mühsame Veranstaltung. Fanning hatte nun die revolutionäre Idee, einfach alle MP3-Fans zusammenzuschließen und ihre Daten direkt untereinander auszutauschen. Die Nutzer sollten dabei direkt auf die Festplatten anderer Musikfans zugreifen. Anstatt auf übergeordnete und damit jederzeit kontrollierbare Server zu vertrauen, setzte

Fanning auf das Netzwerk. Der Begriff für diese Art von Internet-Demokratie: Peer to Peer, oder kurz P2P, weil hier Gleiche mit Gleichen verbunden wurden.

Ab Herbst 1998 konzipierte er sein P2P-Programm Napster, Anfang 1999 schmiss er das Studium, um sich hundertprozentig seiner Idee zu widmen. Sowohl die ehemaligen Kommilitonen als auch sein Onkel John Fanning, Besitzer eines Internet-Schach-Portals und Shawns Mentor, unterstützten seine Mission mit Geld und Mitarbeit. Fünf Monate lang programmierte er rund um die Uhr, im Juni 1999 erschien schließlich der erste Beta-Test von Napster, eine Vorabversion der Software im Web. Innerhalb von Tagen wurde aus Fannings fixer Idee eine Lawine: Die Existenz des neuen Programms sprach sich blitzschnell herum, und Tausende Web-Surfer luden sich die kostenlose Software herunter. Napster explodierte und Shawn Fanning musste reagieren. Er bat seine Hackerfreunde um Unterstützung, gründete zusammen mit seinem Onkel die Firma Napster Inc. und schuf eine Tauschbörse, die innerhalb weniger Wochen zum erfolgreichsten und meistgenutzten Angebot im Internet wuchs.

Als sich Fanning mit Middelhoff traf, war Napster gerade mal 18 Monate alt und hatte eine weltweite Gefolgschaft von 38 Millionen Nutzern. Nach der zweiten Flasche Phelps Insignia Cabernet Sauvignon für 219 US-Dollar waren sich die beiden einig, dass sie in Zukunft mehr Gemeinsamkeiten haben wollten als ein Gerichtsverfahren. Napster stand unter Druck: die Musikindustrie, auch Middelhoffs Bertelsmann-Tochter BMG, überzog das kleine, unterfinanzierte, 40-köpfige Unternehmen mit Urheberrechtsklagen. Shawn Fanning und seine technikbegeisterten Freunde fühlten sich unschuldig, weil sie Napster als eine Art Suchdienst verstanden, der für das Angebot seiner P2P-Nutzer nicht verantwortlich zu machen war. Doch die Musikbranche sah das anders und forderte für jeden über Napster illegal getauschten Song 100 000 US-Dollar Schadenersatz – das ergab eine Summe von mehreren Milliarden US-Dollar.

Anders als seine Musikmanager erkannte Middelhoff die Gelegenheit, die Napster der Musikwirtschaft bot, wenn es ihm gelang, das Angebot zu legalisieren: »Napster ist wie AOL zu Anfang – eine neue, globale Community. Für die Chancen von Napster ist AOL das beste

Beispiel.«[7] Am 31. Oktober 2000 düpierte Middelhoff die gesamte Branche – inklusive seines eigenen Musikarms – und kündigte die Kooperation von Bertelsmann und Napster an. Ziel war es, die Musikrechte sämtlicher Plattenfirmen legal im Abonnement zu vertreiben, somit Napster auf geschäftlich solide Füße zu stellen und gleichzeitig die riesige gewachsene Community-Struktur zu nutzen. Im Gegenzug erhielt Napster ein Bertelsmann-Darlehen in Höhe von 50 Millionen US-Dollar. Es entstand eine bizarre Situation: Während die Klagen der Musikwirtschaft weiterliefen, arbeitete Napster unter Middelhoffs Fittichen eifrig an einem Umbau zum legalen Abo-Dienst.

Die Reaktionen auf die Kooperation seitens der Musikbranche waren durchwachsen. Zähneknirschend kommentierte BMG-Chef Strauss Zelnick:»Wir sind keineswegs auf Napsters Seite. Wir klagen gegen Napster. Aber wir versuchen natürlich, eine legale Vertriebsalternative im Netz auf die Beine zu stellen.«[8] Während Middelhoff die Vorsitzenden der Konzernmütter – Jean-Marie Messier für Vivendi Universal, Nobuyuki Idei für Sony und Gerald Levin für Warner – bereits für die Idee gewonnen hatte, Napster einfach legal zu nutzen, blockierten die Präsidenten der Musikabteilungen seine Pläne. Obwohl er von Anfang an erklärte, dass Napster eine Plattform für alle Musikfirmen sein sollte und sogar eine paritätische Beteiligung anbot, zeigten die Wettbewerber weiterhin deutliches Misstrauen, stritten über Höhe der Anteile, Machtverteilung, mögliche Sicherheitslücken und ungeklärte Rechte. Sie konzentrierten sich nicht auf die Frage, wie die Zukunft zu gestalten sei, sondern darauf, wie man zukünftig die Gegenwart zementieren könnte. Beraten von ihren Rechts- und New-Media-Abteilungen beschäftigten die Präsidenten der großen Plattenfirmen sich mit allen möglichen Problemen, die auf Dauer entstehen könnten, wenn Middelhoffs Idee funktionieren würde. Die Chefs der jeweiligen Konzernmütter schauten dem Treiben kopfschüttelnd zu. Das Geschäft mit der Musik schien extrem schwierig zu sein, das mussten sie ihren Plattenfirmen einfach glauben …

Doch die Zeit drängte: Napster drohte aufgrund der Klagen in den USA geschlossen zu werden und damit die Glaubwürdigkeit bei den Nutzern zu verlieren. Ein verzwickter juristischer Kampf zwischen Tauschbörse und Plattenfirmen entbrannte: Berufungen, Anhörungen, erneute Klagen und dazwischen Richterin Marilyn Patel, die schließlich entschied, dass sich Napster nicht als Musiksuchmaschine betrachten könne und damit die Beschwerde der Musikindustrie berechtigt sei. Am 5. März 2001 verfügte sie, dass unberechtigt angebotene Titel aus dem Angebot herauszufiltern seien. Napster musste reagieren und sperrte 1,3 Millionen Dateien. Prompt wendeten sich unzählige User alternativen Angeboten wie Gnutella oder Morpheus zu, die sich – als Antwort auf Napsters Erfolg – im Netz breitgemacht hatten. Während Napster noch mit einigen zentralen Serversystemen arbeitete, von denen aus das Programm geladen und administriert wurde, waren diese neuen Tauschbörsen als pure Software und damit komplett dezentral angelegt. Somit waren sie auch kaum noch aufzuspüren und stellten für die Musikindustrie eine weitaus größere Gefahr dar.

Der weiße Ritter Middelhoff, der mit seinem Napster-Coup die Branche aus der Lethargie erwecken wollte, musste erkennen, dass er in der Hierarchie stecken geblieben war. Sein Schützling Shawn Fanning brauchte immer mehr Geld, mittlerweile hatte Bertelsmann 80 Millionen US-Dollar in das Unternehmen gepumpt, doch ein solides Geschäftsmodell rückte in weite Ferne. Die New Media Manager der Plattenfirmen, die eigenen Download-Angebote im Kopf, stritten sich unbeirrt mit den Technikern des Konkurrenten Napster über Methoden, wie illegale Songs und deren Nutzer aus dem Riesenangebot herausgefiltert werden sollten. Sie stellten Anforderungen, die nicht einmal die eigenen Sites erfüllten. Schließlich, am 1. Juli 2001, zwei Jahre, nachdem Napster gestartet war, zog das Unternehmen den Stecker. Um einer gerichtlich verordneten Schließung zuvorzukommen, schaltete Napster den zentralen Suchindex ab; damit war das Angebot faktisch tot.

Middelhoff versuchte in den kommenden Monaten immer wieder, Napster zu reanimieren: Er setzte einen neuen erfahrenen Bertelsmann-Manager an die Spitze des Unternehmens, machte noch ein paar Millionen locker, ließ einen Beta-Test für 20 000 Nutzer mit 110 000 legalen Songs starten; doch es fehlte spannende Musik, die Majorfirmen verweigerten weiterhin ihre Rechte. Die Nutzer waren enttäuscht, Shawn Fanning erklärte seinen Rücktritt und im Mai

2002 meldete Napster schließlich Konkurs an. Zwei Monate später trat auch Middelhoff von seinem Posten als Bertelsmann-Vorstandsvorsitzender zurück, seine Vision eines synergetisch vernetzten Medienkonzerns war in der Gütersloher Zentrale an ihre Grenzen gestoßen – der Traum eines globalen und legalen Musikvertriebes via Internet hatte sich erst mal erledigt.

Ob eine P2P-Tauschbörse wie Napster das Allheilmittel der Musikbranche gewesen wäre, ist mehr als ungewiss. Fest steht aber, dass Filesharing angesichts des kollabierenden Fachhandels und einer in ihren Formaten gefangenen Radiolandschaft in den vergangenen Jahren für Millionen Menschen zunehmend die Funktion des musikalischen Beraters eingenommen hat. Napster bot die historische Chance, mit einer riesigen und funktionierenden Community aus Musikliebhabern in Verbindung zu treten und sie womöglich von den Vorteilen einer legalen Geschäftsbeziehung zu überzeugen. Stattdessen hat sich die Musikwirtschaft auf einen ermüdenden und langfristig aussichtslosen Kleinkrieg eingelassen, in dem sich Millionen Internetnutzer wie Guerillakämpfer fühlen dürfen und die Branche sich mitunter wie ein zorniger Tyrann verhält. Wozu das führt, sollten zumindest die amerikanischen Kollegen wissen.

UPLOAD UND MUSIKFINDEMASCHINEN – ... SOLL KLINGEN WIE METALLICA

Vor vielen Jahren, als die Musikbranche während der Berliner Funkausstellung noch rauschende Partys zu schmeißen pflegte und sich das Management im Anschluss an einer Hotelbar versammelte, stellte mir der PolyGram-Kollege Louis Spillmann zu später Stunde Christoph Daum, den damaligen Trainer des VfB Stuttgart, vor. Er klammerte sich an den Tresen der kleinen Bar im »Schweizer Hof«, Todeszelle genannt. Nach einem kurzen Austausch über unseren jeweiligen Beruf erkannte Daum verblüffend hellsichtig: »Wir haben eigentlich das gleiche Problem. Jeder gottverdammte Taxifahrer meint, unseren Job zu verstehen oder am besten gleich selbst machen zu können.« Trainer wie Daum müssen es jeden Tag mit zig Fußballkennern aufnehmen, die stets eine bessere Mannschaftsaufstellung im Kopf haben. Musikmanager haben sich mit unzähligen Popexperten auseinander zu setzen, von denen jeder eine Band im Bekanntenkreis hat, die viel besser ist als der Mist, den die Plattenfirmen vermarkten. Und allesamt haben sie erkannt, dass Labels viel erfolgreicher und CDs deshalb bedeutend billiger wären, wenn die Manager nur aufhören würden, all die Flops unter Vertrag zu nehmen ... Als Christoph Daum und Louis Spillmann begannen, unter den erstaunten Blicken des ehemaligen Trio-Sängers Stefan Remmler, weitere Analogien zwischen Musik und Fußball am Beispiel von Künstlertransferlisten und Ablösesummen zu entwerfen, ging ich endlich ins Bett.

Die Frage nach der Objektivierbarkeit von Musik, nach Kategorien und Gründen, warum ein bestimmter Titel zum Hit wird und ein anderer, ähnlicher Song untergeht, durchzieht die Popmusik bis heute. Viele Gerüchte ranken sich um das Aufspüren von Hits, ein wahrer Mythos ist darum entstanden: Der A&R-Manager besitzt in jeder Plattenfirma eine besondere Position und hat eine hohe Verantwortung. Denn er repräsentiert die subjektive Logik, mit der die Musikwirtschaft an die Suche nach neuer Musik geht. Hat er ein gutes Gespür für Künstler und Songs, das sich in Erfolgen auszahlt, wird er meist heftig umworben. Die Fähigkeit ist sehr selten, in dem riesigen Angebot talentierter Musiker und Bands den einen Diamanten zu finden und ihn so zu schleifen, dass er schließlich herrlich funkelt, ohne dabei zu viel von seiner Substanz zu verlieren. Umso verlockender schien die Überlegung Ende der neunziger Jahre, das Internet als neues Selektionsinstrument zu nutzen. Upload hieß das Zauberwort. Wie Pilze, finanziert durch Venture-Kapital, schossen neue Websites aus dem Boden, die wie riesige Musikdeponien funktionierten. Ihre Namen waren BeSonic.com, mov.a.bit oder Vitaminic. Ob als MP3-Site oder als Streaming-Angebot, das die Songs in Echtzeit über den Computer abspielte, jedermann konnte dort seine kreativen Ergüsse uploaden und der Öffentlichkeit anbieten. Ausgeklügelte Suchfunktionen sollten dem Nutzer dann helfen, sich durch die Titel zu wühlen. Tausende Amateurbands folgten den Aufrufen der Anbieter, beflügelt vom Feuilleton, das die endgültige Demokratisierung des Musikmarktes gekommen sah. Endlich konnte man die Plattenfirmen samt ihrer subjektiven Geschmacksfilter ausschalten, der von Christoph Daum beschworene Taxifahrer auf dem Sessel des A&R-Managers Platz nehmen. »Wo findet man gute Musik, wenn man nicht auf Charts und Supermärkte steht?« fragte BeSonic.com selbstsicher und gab mit dem eigenen Logo gleich die Antwort: clever music – smart people. Doch wenn es darum ging, eine Schneise durch Hunderttausende von Songs zu schlagen, griff der Music Delivery Service auf altbekannte Chartsgrößen zurück. »Mit Hilfe der Suchfunktionen findet BeSonic neue Sounds, die sich an den großen Stars orientieren«, stand auf der Website geschrieben. Konsequenterweise konnte der User Suchvarianten wie »...soll klingen wie Metallica« anwählen. Die Frage ist nur: Warum soll man gleichklingende Songs von Amateuren kaufen, wenn es doch das professionelle Original gibt? Wer Metallica hört, verbindet mit deren Musik ganz bestimmte subjektive Gefühle, die sich nicht per Suchmaschine auf andere Bands übertragen lassen. Wenn eine Band nur versucht, Emotionalität und Stil einer anderen nachzuahmen, ist das eher ein Armutszeugnis. Diese Art von Objektivierung kann bei allen Formen von Popkultur, deren Zentrum doch die erklärte Subjektivität ist, niemals funktionieren.

Künstler wie Investoren, Firmengründer wie Web-Programmierer saßen demselben Irrtum auf: Das Netz galt als demokratische Wunderwaffe der Kleinen gegen die Großen. Man versuchte, viel Idealismus mit den finanziellen Möglichkeiten der New Economy zu verbinden. Doch der Konsument wurde im Überangebot allein gelassen, die Diamanten waren in der Musiklawine nicht mehr aufzufinden. Durch die schiere Menge des Angebots und die daraus folgende Beliebigkeit wurden die Inhalte entwertet. Ein Paradox: Während die Upload-Sites propagierten, jungen Bands einen einfachen Zugang zum Markt zu verschaffen, trugen sie in Wahrheit unwissentlich zu einem umfassenden Wertverlust ihrer Musik bei.

Folgerichtig verweigerte sich der Konsument. Waren die Besucherzahlen der Seiten anfänglich noch akzeptabel, wurde es spätestens beim Thema Bezahlung schwierig. Als BeSonic.com nach einer Initialphase, während der es alle Titel umsonst gab, auf kostenpflichtigen Download umstellte, brachen die Zugriffe zusammen. Ende 2000 meldeten erste Firmen wie mov.a.bit Insolvenz an. BeSonic.com hielt noch eine Weile durch, wurde aber im März 2003 schließlich an den Soundkarten-Hersteller TerraTec verkauft. Zurück blieben Upload-Friedhöfe und frustrierte Provinzbands, die sich in Online-Foren beklagten, dass ihnen die Karriere geklaut worden sei.

Der Wunsch nach der Verbindung von subjektiven Musikkriterien mit einem objektiven Online-Angebot trieb auch den 30-jährigen Web-Veteran Manuel Tessloff, als er das Konzept für HIFIND entwickelte. Mit einem skurrilen Song, der seinen vergeblichen Versuch dokumentierte, Bill Gates telefonisch zu erreichen, um sich über Windows 95 zu beschweren, war er 1997 in Web-Kreisen bekannt geworden. Als Leiter des Musikbereichs beim Online-Entwickler Ponton Media Art Lab hatte er frühe Interneterfahrungen gesammelt. Sein neues Projekt nannte sich schlicht Musikfindemaschine. HIFIND wollte dem Konsumenten im Dschungel der Veröffentlichungen Orientierung bieten, als neutraler Musikberater auftreten und sich über Provisionen von Online-Shops wie Amazon.de oder boxman.de finanzieren. Eine elegante Website war als Erstes zu sehen, hier wurde der Nutzer nach seinen Wünschen gefragt. Anstatt einen Künstlernamen oder Song einzugeben, wählte er aus subjektiven Kategorien wie Stimmungen oder Situationen – von aggressiv bis romantisch, von sphärisch bis erotisch. Ihm standen Kriterien wie Abenteuer oder Candlelight-Dinner, Morgenstimmung oder Stadt bei Nacht/nasser Asphalt zur Verfügung. Natürlich gab es auch Musikrichtungen wie Alternative Rock, Ambient oder Reggae und Epochen von 1920 bis 2010, in Zehnjahresschritten. »Hunderte von Musikprofis kategorisieren für HIFIND die gesamte verfügbare Musik titelweise nach fast 1 000 Kriterien«, schrieb das Unternehmen in seiner Selbstdarstellung. »Mit dieser extrem tiefgehenden Kategorisierung wird eine Art genetischer Code für Musikstücke erzeugt, der die komplette Semantik eines Titels abbildet und systematisch verwertbar macht.« HIFIND übertrug in den Konsumentenbereich, was seit 1998 bereits in Kooperation mit der Deutschen Telekom unter dem Namen Audience als Such- und Lieferservice für Werbemusik funktionierte.

Manuel Tessloff und sein Team casteten 500 Musiker und Musikwissenschaftler, die Schritt für Schritt Hunderttausende Titel nach den festgelegten HIFIND-Kriterien kategorisierten. Sie mussten für jeden Song, der über PhonoNet im deutschen Schallplattenhandel verfügbar war, eine Art Steckbrief erstellen. Die titanenhafte Arbeit erstreckte sich über Monate, doch bald schon merkten die Projektmanager bei ersten Gegenproben, dass jeder Mitarbeiter die Kriterien anders verstand. Während der eine Marvin Gaye unter erotisch subsumierte, bezeichnete ihn der Nächste verblüffenderweise als sphärisch. So kamen bei Präsentationen des Systems immer wieder skurrile Ergebnisse heraus. Tessloff formulierte kreativ: »HIFIND ist nicht allein ergebnisorientiert, sondern – dank seiner dialogischen Struktur und der immer wieder verblüffenden Resultate – auch erlebnisorientiert.«

Die Subjektivität der Mitarbeiter im Erlebnis und in der Einschätzung von Musik verweigerte sich letztlich der Objektivierung durch die HIFIND-Datenbank. Schlimmer noch für das Projekt: Der Konsument wollte sich gar nicht erst durch den Wust an Veröffentlichungen durcharbeiten – auch nicht anhand subjektiver Kriterien. Die stellvertretende Selektion sollten lieber andere übernehmen: Das ist der Grund für die Existenz von A&R-Strukturen bei Plattenfirmen, der Grund für das Zusammenspiel von Marketing, Medien und Handel. Experten mit Erfahrung, aber natürlich höchst subjektiv eingestellt, arbeiten an Vorauswahl, Gestaltung, Platzierung eines Produktes und schließlich an der Beratung des Konsumenten; immer nach den Gesetzen des Marktes, die wiederum der Kunde vorgibt. Die Subjektivität der Musik findet ihre subjektive Fortsetzung in der Vermarktung und dem Verkauf.

Die HIFIND-Steckbriefkriterien von aggressiv bis traurig konnten sich niemals mit den individuellen Emotionen des Konsumenten decken, das Ganze wirkte deshalb eher wie eine Parodie. Hätte es funktioniert, wäre die Musik ihres größten Mysteriums beraubt worden. Man hätte die emotionale Bestie gezähmt und messbar gemacht. Ihre Unberechenbarkeit ist aber gerade das, was sie attraktiv macht. Ein strenges Raster degradiert sie unweigerlich zum funktionalen Hintergrund von Supermärkten oder Hotellobbys, macht ihr auf Dauer den Garaus.

Die einzig wirklich sicher messbare Musikkategorie sind die BpM, die Beats per Minute, eine rhythmisch vorgegebene Geschwindigkeit.

Aber selbst auf diesen scheinbar objektiven Wert verlässt sich kaum ein guter DJ. Er weiß, dass ein Beat die identische Geschwindigkeit haben kann, aber in Kombination zu vorherigen Titeln seine Klientel auf der Tanzfläche dennoch zum Straucheln bringt.

Manuel Tessloff hätte den Investoren und Mitarbeitern von HI-FIND den harten Weg und das Scheitern im Jahre 2001 ersparen können, wenn er sich intensiv mit den »Regeln« anderer anerkannter Beratungsmedien auseinander gesetzt hätte: Essen, sollte man meinen, ist nicht nur ein Grundbedürfnis, sondern in der Erstellung immer noch handwerklich geprägt und deshalb klarer messbar als jede Form von Kunst: Das Fleisch ist entweder gut durch oder auch nicht, der Wein süffig, zu schwer oder zu süß. Doch nach den Kriterien des wichtigsten Gourmet-Führers *Guide Michelin* gefragt, verrät der ehemalige Tester Pascal Remy: »Das Geheimnis des großen Erfolges ist – es gibt keine Kriterien. Das Ganze ist subjektiv.«[9] HIFIND konnte nicht genügend Konsumenten überzeugen, das Konzept musste geändert werden, denn der Kategorisierungsapparat war zu kostenintensiv. Konsequent wurde die Aufgabe des kleinen verbleibenden Teams umgewandelt: Statt mit Objektivierung von Musik beschäftigt sich Manuel Tessloff heutzutage mit der Beratung bestehender E-Commerce-Anbieter – sicher hoch kompetent, aber ganz subjektiv.

I-TUNES UND POPFILE – KNAPP VOR DER FLUT

Im Juli des Jahres 2002 sah es noch schlecht aus für Bundeskanzler Gerhard Schröder. Alle Umfragen zeigten seinen Kontrahenten Edmund Stoiber deutlich vorn, der Konflikt zwischen den USA und dem Irak war scharf, aber noch nicht eskaliert, und die Elbufer im Osten ziemlich trocken. Das Wahlkampfproblem des Kanzlers war die Chance für die legale, digitale Musikdistribution. Das dachten wir zumindest und versuchten diese Chance zu ergreifen, indem wir der Kampa, der SPD-Wahlkampfzentrale, einen kühnen Deal vorschlugen: Ich würde dem Kanzler, wie angefragt, bei einer Wahlkampfveranstaltung junger Führungskräfte zur Verfügung stehen, wenn er im Gegenzug unser Download-Angebot Popfile.de startet. Der Einfachheit halber sollte am besten gleich beides in unserem neuen Universal-Gebäude in Berlin Friedrichshain stattfinden. Unsere Zentrale in London, so das Kalkül, würde kaum den Kanzler der Bundesrepublik Deutschland zurückpfeifen, wenn wir uns gemeinschaftlich und öffentlich für Innovation aus Deutschland einsetzten. Wir brauchten Popfile dringend, um den Stillstand zu beenden und ein Beispiel zu setzen. Die Krise der Musikwirtschaft spitzte sich Monat für Monat zu, doch was Zukunftstechnologien anging, hatten wir nach wie vor auf Amerika und die dortigen Erfahrungen zu warten. Wir sollten uns in Geduld üben, bis Pressplay kommen würde. Doch weder war das gemeinsame Download-Angebot von Universal, Sony und MP3.com passend für unseren Markt, noch wurde der Zeitplan eingehalten. Der Start verschob sich mit schöner Regelmäßigkeit, war vom Sommer 2002 gerade auf das Frühjahr 2003 gerutscht.

www.popfile.de war hingegen eine kleine Revolution, denn zum ersten Mal sollte der Kunde wirklich alle Songs des Angebots herunterladen und auch auf CD-Rohlinge brennen können. Ohne Wenn und Aber und für nur 99 Cents pro Track. Wir stellten das ganze aktuelle Universal-Repertoire zur Verfügung, ausgenommen eine kleine so genannte Blacklist von Künstlern, von denen wir wussten, dass sie jedwede Nutzung ihrer Titel im Internet strikt ablehnten. Als technischen Partner hatten wir die Festnetzsparte T-Com der Deutschen Telekom gewinnen können. Dort saß ein kleines Team aufgeschlossener Manager und Entwickler auf den traurigen Resten des ehemaligen Music-on-Demand-Projektes. Sie verstanden sofort, dass Popfile eine historische Chance darstellte. Universal konnte den lokalen Download-Markt in Bewegung setzen und die T-Com über unsere musikalischen Inhalte ihre Breitbandanschlüsse T-DSL attraktiver vermarkten. Das Thema machte seinen Weg durch die Konzernstrukturen der T-Com bis zum jungen Vorstand Achim Berg, der keinerlei Berührungsängste mit der Musikindustrie hatte. Berg war in Hennef-Rott bei Bonn zu Hause und lebte dort im Jahr 2002 längst seine persönliche digitale Vision. Er hatte keine CDs und DVDs mehr, aber einen Server im Keller, der ihn per Wireless LAN, also per drahtloser Datenleitung, überall im Haus und Garten mit all seinen Entertainment-Wünschen versorgte. Für ihn war das ein Stück Freiheit. Dass diese Freiheit in

Zukunft jeder T-Com-Kunde genießen sollte, brauchte man ihm nicht zu erklären. Da konnten seine alteingesessenen Mitarbeiter aufgrund der schlechten Erfahrungen mit MoD mahnen, der Partner Universal keine Vollständigkeit des Repertoires garantieren und sogar nur einen Deal zeichnen, der im Zweifel (falls die Zentrale wirklich Probleme bereiten sollte) schnell wieder zu lösen war – Achim Berg hielt die Hand über das Projekt und diejenigen, die es in seinem Hause vorantrieben.

Der Kanzler kam tatsächlich, und der Eingang von Universal Music an der Stralauer Allee sah voller SPD-Stände und -Wimpel eher wie eine Parteizentrale aus, befand einer unserer Universal-Betriebsräte spitz. Ich befand mich wenig später auf der Bühne, zusammen mit einer blonden Vertreterin der Volkswagen-Personalabteilung, dem rundlichen Geschäftsführer einer mir völlig unbekannten Venture-Capital-Firma und einem Bankmitarbeiter, der später sein Parteibuch von Gerhard Schröder erhalten sollte. Wir stellten vor der versammelten Presse freundliche Fragen an den Kanzler, er antwortete staatsmännisch – aber darüber schrieb später keiner. Medienthema war Popfile, das wir kurz zuvor mit Unterstützung des Kanzlers gestartet hatten. Die Hartz-Kommission ließ mit ihren Vorschlägen für den Arbeitsmarkt noch bis zum frühen Nachmittag auf sich warten, der Dauerregen in Österreich, ein Vorbote der kommenden Flut, ebenso, und so war unser Download-Dienst in den meisten Nachrichtensendungen am 9. August 2002 für Stunden sogar die Topmeldung. Und tatsächlich war Popfile eine Weltpremiere. Selbst iTunes von Apple würde noch acht Monate bis zum April 2003 auf sich warten lassen und auch dann zunächst nur in den USA starten.

Die Leitungen bei der Deutschen Telekom brachen zusammen, mit dem plötzlichen Ansturm der Konsumenten hatte keiner gerechnet. Über 325 000 Songs wurden im ersten Monat heruntergeladen, 92 000 Nutzer kamen durch, um sich die nötige Software, den Popfile-Client, auf ihren PC zu holen. Damit hatten wir in Deutschland aus dem Stand alle uns bekannten Zahlen von Pressplay und Bluematter in den Vereinigten Staaten übertroffen. Obwohl wir es unseren Kunden auch nicht wirklich leicht machten: Anfangs hatten wir diskutiert, das Repertoire ohne jeglichen Kopierschutz einzustellen, dann aber doch aus Sorge vor den Reaktionen aus der Londoner Zentrale gekniffen. Dank eines DRM-(Digital Rights Management) Systems, das die Telekom und das Fraunhofer Institut entwickelt und auf das wir uns als Minimallösung geeinigt hatten, ging kein Titel anonym heraus. Sobald sich der Konsument einen Song auf den heimischen PC herunterlud, wurde er mit einem Wasserzeichen, einer Art digitalem Fingerabdruck seines Computers, versehen. Jeglicher Missbrauch hätte somit auf den Urheber zurückgeführt werden können. Der Preis für die minimale Sicherheit war ein erhöhter technischer Aufwand für unsere Kunden. Zur Wiedergabe mussten die mit 128 kBits kodierten Stücke zunächst vom Windows-Tool »My-Playlist« in Microsofts WMA-Format umgewandelt werden, um über den gebräuchlichen Windows Media Player abspielbar zu sein. Nur so ließen sich die Dateien auch auf eine CD brennen. Wollte man den Song lieber auf einem mobilen Player speichern und dieser akzeptierte nicht das Popfile-DRM, wie zum Beispiel mein iPod, ging gar nichts. Bei den konkurrierenden Piraten-Sites war der Download noch immer einfacher. Popfile war weit davon entfernt, die endgültige Lösung zu sein, das wussten wir. Es sollte als Signal, als Anschub funktionieren, als Startschuss für die ganze deutsche Branche. Das verstanden und respektierten auch andere. Die Presse übersah wohlwollend die Mängel, und der Europachef des glücklosen Pressplay-Angebotes von Universal und Sony rief mich nach dem Popfile-Start am Nachmittag des 9. August an, gratulierte und legte noch am selben Tag sein Amt nieder.

Ende August war unser Download-Dienst auf der Branchenmesse Popkomm eines der Topthemen. Endlich gab es etwas Positives aus der Musikindustrie zu berichten. Einer der großen Player war aufgestanden, hatte sich in Bewegung gesetzt. Allgemein sprach man von Popfile als »Weckruf« für die Branche. Die anderen Anbieter reagierten nicht beleidigt, sondern erkannten und nutzten den Windschatten, den unser Vorauspreschen für sie erzeugen sollte. Unter denselben Konzernbeschränkungen leidend wie wir, vermeldeten sie Handlungsbedarf an ihre Zentralen. Popfile, so die Logik, hätte den Rest des Marktes und somit auch sie in der Öffentlichkeit und besonders bei ihren jeweiligen Künstlern unter Druck gesetzt. Das war in der Tat der Fall, und das gab man mit deutlichen Hintergedanken an die jeweiligen Chefs und internationalen New-Media-Abteilungen weiter: Wir wollten den Freifahrtschein für einen nationalen Alleingang. Der würde zwar allen nützen, war aber auch zwingender Bestandteil unseres Plans für Popfile. Als Angebot einer einzelnen Firma, dazu noch beschränkt auf deren Repertoire, konnte Popfile auf Dauer nicht funktionieren, das wussten wir. Aber als Zeichen an den Markt und Argumentationshilfe für den Rest würde Popfile taugen, das hofften wir. Im initialen Zuspruch der Konsumenten, den wir seit Anfang August erhielten, lag viel Neugier und Wohlwollen, das galt es schnell für die eigentliche Idee zu nützen. Direkt nach der Popkomm beschloss die deutsche Musikwirtschaft auf einer extra einberufenen Dringlichkeitssitzung des Branchenverbandes, den Start eines alle Plattenfirmen umfassenden Angebots für Ende des Jahres zu verkünden. Der Weg war frei.

Blockieren konnten nur noch Eitelkeiten, doch davon gab es einige. Den einen passte die Idee nicht, sich einfach an Popfile anzuschließen, was für den Übergang eindeutig die schnellste Lösung gewesen wäre. Andere wollten einen Wechsel des Technikdienstleisters, weil sie die T-Com als zu schwerfälliges, großes Haus für solch ein Projekt erachteten. Es gab wiederum Firmen, welche auf ein DRM-System bestanden, das von ihrem Mutterhaus entwickelt worden war. Und uns, die wir nun auch nicht die einfachsten Verhandlungspartner in dieser Sache waren, saß die Zentrale aus London im Nacken, wo man die bisherigen Popfile-Kosten von den Wettbewerbern erstattet haben wollte, wenn sie sich anschließen wollten. Der Konkurrenzgedanke war noch immer stärker als der Glaube an die Notwendigkeit gemeinsamer Wege. Wir selbst wiederum sahen nicht ein, weshalb wir den starken Partner T-Com, der mit uns das Risiko gewagt und sich dabei bewährt hatte, infrage stellen sollten. Außerdem konnte nur die T-Com mit ihren finanziellen Möglichkeiten – die Festnetzsparte der Telekom stand allein für 30 Milliarden Euro Umsatz im Jahr – die nötige Marketingkraft aufbringen, um das gemeinsame Angebot schnell in den Markt zu bringen.

Die erste, optimistisch gesetzte Deadline Anfang 2003 verstrich, doch einig waren wir uns nur über das Ziel geworden: Unter der

Schirmherrschaft des zentralen Musikbestelldienstes PhonoNet, der von allen Verbandsfirmen kontrolliert wird, wollten wir es so vielen Anbietern wie nur denkbar ermöglichen, ohne großes Risiko in das legale Download-Geschäft einzusteigen. Das ganze Projekt sollte PhonoLine heißen und seine Logik war einfach. Je mehr Angebote es gibt und je besser sie in den Online-Alltag vieler Nutzer eingebunden sind, desto besser würde sich der legale Download durchsetzen können. PhonoNet bot jedem Interessierten an, für schmales Geld einen so genannten »White Label Shop« zu bauen, also eine Download-Oberfläche, auf der das komplette Musikangebot unter Namen und Optik des einzelnen Händlers laufen konnte. Mit einem Initial-Investment von nicht mehr als 2 500 bis 5 000 Euro für diese White Label Shops hätten dann Plattenläden, Fernseh- oder Radiostationen, Konzertveranstalter, etablierte musiknahe Marken, aber auch Privatpersonen mit uns ins Geschäft kommen können. Wäre der Download-Shop einmal im Netz, bräuchte der Betreiber nichts weiter zu tun, als ihn mit seinen Empfehlungen zu pflegen, die Nutzer auf Veröffentlichungen hinzuweisen, die er selbst herausragend findet – klassische Beratung eben. Ein Bestandsrisiko würde er nie haben, unter mangelnder Aktualität oder Vollständigkeit nie leiden, denn über PhonoLine hätte er jederzeit Zugriff auf alle Titel, die auf den Servern der Industriefirmen lagern. Dem Geld des einzelnen Kunden bräuchte der Shopbetreiber auch nicht hinterherzulaufen. Liefern und abkassieren würde nämlich PhonoLine, ohne jemals beim Käufer direkt in Erscheinung zu treten. Der Händler mit seiner Webseite wäre tatsächlich nur noch ein Absatzmittler, der dafür pro verkauftem Track eine Gebühr erhielte.

Viel Luft bot die Kalkulation jedoch nicht: Geht man von der magischen Grenze von 99 Cent pro Titel aus, die der Shopbetreiber seinen Kunden in Rechnung stellen kann, gehen zunächst einmal 15 Cent für die Mehrwertsteuer drauf. Dann berechnet der Inkassobetreiber, wie beispielsweise T-Pay oder Firstgate, durchschnittlich 10 Prozent des Bruttopreises, also rund 10 Cent, für seine Dienste. Für die Technikkosten – Programmierung, Codierung der Titel, Serverlagerung und Übermittlung – fordert die T-Com via PhonoNet vom Shopbetreiber eine Vergütung von mindestens 15 Cent. Bleiben 59 Cent. Bei so schmalen Beträgen stellte die Position der GEMA ein erhebliches Problem dar. Diese Organisation treibt im Namen der Musikautoren und Verlage die jeweilige Beteiligung bei Aufführung und Vervielfältigung ihrer Werke ein. Für den Download eines Werkes ruft sie 12 Prozent des Bruttopreises, mindestens aber eine Gebühr von 20 Cent pro verkauftem Download auf. Die eigenwillige Formulierung führt letztlich zu einem realen Anteil von 25 bis 30 Prozent der Summe, die dem Label bleibt und von der es den GEMA-Anteil abzuführen hat. Da beim physischen Tonträger nur 9,009 Prozent des Händlerabgabepreises an die GEMA gehen, würde eine Gleichbehandlung zwischen neuer und alter Verkaufsform also knapp 6 anstatt 20 Cent pro Download bedeuten, ein gewaltiger Unterschied. Während die GEMA stoisch Maximalforderungen für den digitalen Musikvertrieb erhebt, versucht die Musikwirtschaft, zeitgleich die fälligen Gebühren für den physischen Tonträger zu senken – von 9,009 auf 5,6 Prozent. Der alte Vertrag, mit dem die Abgaben untereinander geregelt waren, ist abgelaufen. Die ureigentlichen Partner verschwenden nach wie vor wertvolle Zeit mit gegenseitiger Erpressung und blockieren derweil die gemeinsame Zukunft.

Die ungewöhnlich hohen Mindestsätze, welche für Autoren aufgerufen werden, sind auch der maßgebliche Grund, weshalb Apples iTunes noch länger als PhonoLine brauchte, um nach der Ankündigung des Roll-outs endlich Ende Juli 2004 in Europa zu starten. Dabei standen die Zeichen schon lange günstig. Apple-CEO Steve Jobs verbuchte mit seinem Download-Dienst seit dem Start am 28. April 2003 einen Erfolg nach dem anderen. Eine Million bezahlte Songs wurden in den USA bereits in der ersten Woche heruntergeladen, 70 Millionen waren es im ersten Jahr, und seitdem im Mai 2004 die Version 4.5 des Onlineshops ins Netz gestellt wurde, ist der Schnitt auf 3,3 Millionen Titel pro Woche hochgeschnellt. iTunes hat dafür gesorgt, dass der Download-Bereich in den ersten Monaten des Jahres 2004 über 1,5 Prozent des gesamten US-Musikmarktes ausmachte. Bereits im Oktober 2003 verkauften sich in den USA fünfmal mehr Charts-Hits als Download denn als CD-Single. Apple selbst hält 70 Prozent des Online-Musikmarktes und jeder zweite verkaufte MP3-Player ist eines ihrer luxuriösen, strahlend weißen iPod-Modelle. In einer aufwändigen, wochenlangen Prozedur war Apple-Chef

Steve Jobs zu den Geschäftsführern jedes einzelnen Musikkonzerns, Labels, vielen Künstler und deren Managern geflogen und hatte sie überzeugt, ihre Musik an Apple zu lizenzieren. Es brauchte einen Visionär wie Jobs, um die Musikbranche in den USA zu einigen. Einen Mann, angesichts dessen kompromissloser Historie sich auch erfolgreiche Popmanager ohne große Streitigkeiten unterordnen konnten.

Mit dem spielerisch angelegten Rechner Macintosh begeisterte Steve Jobs bereits Anfang der achtziger Jahre die Kreativen in aller Welt für Computertechnologie, die ihnen vorher fremd und feindlich erschienen war. Er baute auf den Macintosh ein Imperium, war Ende 20 bereits Multimillionär und wurde mit 30 vom neuen CEO John Scully aus der Firma gemobbt. Scully hatte Analysten und Investoren versprochen, durch Rationalisierungen viel mehr Kapital aus der kreativ-chaotischen Firma zu ziehen, die er »Camp Run-Amok« nannte – wenn erst mal Gründer Steve Jobs aus dem Weg geräumt sei. Doch Apple verlor durch Scullys Rationalisierungskurs seine Kultur, die Produkte ihren Charme und schließlich alle miteinander ihre Wirtschaftlichkeit. 1996 besann man sich, in größter Not, Steve Jobs zurückzuholen. Der hatte in der Zwischenzeit die Animationsfirma Pixar (*Findet Nemo*, *Toy Story*) gekauft und weiterentwickelt. Die Rückkehr von Jobs war triumphal. Erst als Berater, dann als Interims-CEO, was er noch immer ist, bescherte er Apple mit den innovativ designten iMac-Computern und iPod-Playern einen zweiten Frühling. Steve Jobs gab den Produkten mit dem angebissenen Apfel wieder Identität und Charakter. Eine Geschichte, wie sie sich die Entertainment-Industrie erträumt. Die Aura von Jobs und seine glaubwürdige Liebe zur Musik dürfte maßgeblich dazu beigetragen haben, die Musikkonzerne und ihre Präsidenten erstmalig unter einen Hut zu bekommen. Sicher war die Tatsache nicht gerade hinderlich, dass die großen US-Plattenfirmen mittlerweile alle mit ihren eigenen Online-Angeboten gescheitert waren und selbst die Deutschen in dieser Hinsicht besser und innovativer dastanden ...

Die Bereitschaft von Apple, das ganze Risiko zu übernehmen, erschien den Konzernchefs, die sich im Netz alle schon eine blutige Nase geholt hatten, natürlich reizvoll. Die Labels erhielten 68 US-Cent pro Download, die technischen Kosten und die Gebühren für die Autoren zahlte Apple. Mehrwertsteuer wird vom amerikanischen Staat im Netz noch nicht erhoben. Möglich wurde der subventionierte Musikverkauf für Apple durch das erfolgreiche Geschäft mit dem iPod MP3-Player, der in unterschiedlichen Speichergrößen für 300 bis 500 US-Dollar verkauft wurde und von dem bereits mehr als drei Millionen Stück abgesetzt werden konnten. Die musikalischen Inhalte treiben also das Hardwaregeschäft.

Das deutsche Angebot PhonoLine warf die neue Vereinbarung zwischen Apple und der amerikanischen Industrie einstweilen zurück. Die meisten internationalen New-Media-Manager und Controller waren stolz darauf, endlich einen funktionierenden Deal abgeschlossen zu haben. Auch wenn dieser bedeutete, dass mit Apple ein Dritter den ganzen Download-Prozess steuerte, die Kernkompetenz der Plattenfirmen – Distribution – aushebelte, andere Anbieter schwerer ins Geschäft kamen, die Labels keine Konsumentendaten erhielten und generell dazu verdammt waren, am Rande zuzuschauen. Dennoch schöpften die Konzernzentralen neues Selbstbewusstsein und verlangten vom deutschen Angebot PhonoLine eine ähnliche Profitabilität. Die war zwar durchaus gegeben – 68 US-Cent entsprechen in etwa 59 Eurocent –, doch wurde der Preis durch schwer vermittelbare Fremdfaktoren wie die Mehrwertsteuer und die GEMA-Forderungen beeinträchtigt. Eine endlose Reihe von Nachverhandlungen war die Folge, bis sich schließlich auf der Popkomm 2003, ein Jahr nach dem Start von Popfile, die deutsche Musikindustrie um den mittlerweile etwas gequält dreinschauenden T-Com-Vorstand Achim Berg gruppierte und endlich den Vertrag für PhonoLine unterschrieb.

Ein Jahr für eine Einigung unter widrigen Umständen ist eigentlich gar nicht so schlecht, ein halbes Jahr für die technische Umsetzung durch die T-Com nach Beauftragung durch die Branche sogar wirklich respektabel. Doch als auf der CeBIT am 18. März 2004 das PhonoLine-Angebot scharf geschaltet wurde, hielt sich die Euphorie in Grenzen. Die Presse, bei Popfile noch großzügig, sprach nun von einem zweiten Maut-Desaster der Deutschen Telekom. Kanzler Gerhard Schröder, der eigentlich wie beim Popfile-Start den ersten Download vornehmen sollte, hielt sich bewusst im Hintergrund. Der Streit mit der GEMA war mittlerweile eskaliert, auf politischer Seite wollte verständlicherweise niemand zwischen die Fronten geraten und in irgendeiner Form in dieser komplexen Frage Partei ergreifen. Auf der Pressekonferenz sorgte Universal für eine Überraschung und verkündete, eine Neuheit werde von nun an 1,49 Euro kosten. Die Preissteigerung um 50 Prozent war kurzfristig von internationaler Seite verordnet worden, erklären konnte sie niemand. Dafür musste man auf Nachfrage einräumen, dass das alte Prinzip »Radio-day ist Popfileday«, also die zeitgleiche Präsenz neuer Songs im Radio und als legales Download-Angebot, nach Protesten des stationären Handels aufgegeben wurde. Damit nahm man dem Online-Händler die Chance zum Wettbewerb mit illegalen Angeboten. Denn dort gibt es die meisten Titel direkt nach der Bemusterung im Radio. Der bisher einzige aktive PhonoLine-Händler CTS Eventim, ein Konzertveranstalter und Ticket-Verkäufer, war zwar verwundert, blieb aber bei der Planung, alle Titel zu realistischen 99 Cent anzubieten. Damit subventionierte CTS Eventim jeden einzelnen Download eines aktuellen Universal-Titels. Doch das Unternehmen aus Bremen hatte sich bereits mit seiner Rolle als Investor und Pionier abgefunden. Anders als Saturn, *Bild* oder RTL, mit denen zuvor monatelange, aber vergebliche Kooperationsgespräche geführt wurden, war CTS bereit, mit jedem einzelnen Label separate Verträge zum Verkauf ihrer Musik auszuhandeln. Der entscheidende Vorteil von PhonoLine hätte darin bestehen sollen, einen zentralen Ansprechpartner für das komplette Repertoire aller großen und vieler kleinen Plattenfirmen zu haben und mit einem Vertrag die gesamten Titel gemäß der jeweiligen Preisliste zur Verfügung stellen zu können. Dieser Vorteil war schlichtweg nicht umgesetzt worden. Popfile kann deshalb bis heute nur Songs von Universal führen, die anderen Labels lizenzieren nicht an den Wettbewerber.

Nach dem langen Kampf um das System wirkte es so, als hätten die Musikmajors all ihre Kraft auf der Strecke verloren. Kurz vor dem Ziel vergaßen sie, weshalb sie losgelaufen waren, weshalb sie sich um PhonoLine untereinander und mit ihren Zentralen gestritten hatten. Die historische Chance, ein lokales Download-Angebot aufzubauen, das die komplette Kontrolle über Musikrechte, Konsumentendaten und Bezahlung in der eigenen Hand behielt, geriet aus den Augen. Das »window of opportunity« schloss sich wieder. Wir hatten mit der

T-Com einen Partner an unserer Seite gehabt, der nicht nur groß und überaus solvent war. Das Unternehmen hatte aufgrund der besonderen staatlichen Kontrollsituation auch ein politisches Interesse daran, auf Dauer die Internationalisierungsinteressen der Plattenfirmen-Konzernzentralen abzuwehren und das Angebot in den Dienst des lokalen Repertoires zu stellen. Die Chance dieser Kooperation war nun vertan.

Die T-Com allerdings kämpfte ihren eigenen Kleinkrieg mit der konkurrierenden Konzernschwester T-Online. Die hatte nämlich während der zähen Auseinandersetzungen um PhonoLine ihr eigenes Download-Angebot musicload aufgebaut und in den Konzernzentralen der Majors die Genehmigung für eine weitgehende Repertoire-lizenzierung eingeholt. Eine perfide Situation: Während sich die beiden Telekom-Unternehmen beharkten, fielen den deutschen Plattenfirmen ihre eigenen Mutterhäuser in den Rücken. Gleichzeitig einigte sich T-Online mit RTL, Saturn und *Bild* über musicload-Kooperationen und düpierte die T-Com kurz vor der CeBIT mit einer bundesweiten Anzeigenkampagne. Hier feierte sich musicload als Gewinner im Wettlauf um das erste legale Download-Portal mit Songs aller großen Anbieter. Dass die Kampagne selbstverständlich in Absprache mit den internationalen Musikzentralen erschien, bedeutete nur noch eine weitere Schwächung von PhonoLine.

T-Com-Chef Achim Berg blieb nichts anderes übrig, als traurig auf seine frühere Vision eines digitalen Musikvertriebs zu gucken und mit wenig Hoffnung von der CeBIT in Hannover nach Hause zu fahren, um dort endlich wieder das zu tun, was er sich für alle seine Kunden gewünscht hatte: Musik hören, wann, wo und wie immer er wollte ...

TV-MERCHANDISING – IM SEICHTEN KANN MAN NICHT ERTRINKEN

Als Wolf Tilmann Schneider begann, das deutsche Privatfernsehen zu verkaufen, saß er auf einer Apfelsinenkiste. Es war das Jahr 1988, und in seinem Büro bei RTL in Köln stand nichts als ein Telefon. Das reichte dem 32-jährigen Marketingspezialisten fürs Erste. RTL erreichte damals erst 40 Prozent der deutschen Zuschauer, die meisten konnten den Sender nur über Kabel empfangen. Doch im Kampf um Zulassungen und Reichweite war RTL auf einem guten Weg. Geschäftsführer Helmut Thoma stellte erboste Fernsehkritiker und unsichere Politiker mit Sätzen wie »Im Seichten kann man nicht ertrinken« ruhig und gab auf diese Weise seinem Sender beim Zuschauer ein sympathisch-freches Image. Zur typischen RTL-Mischung aus obskuren US-Serien wie *Airwolf* oder *Knightrider*, vielen Erotik-Streifen und ein paar Eigenproduktionen wie *Der Preis ist heiß* oder *Alles Nichts Oder* kamen ab 1988 die Bundesligarechte hinzu. Das war der Durchbruch, ab sofort stimmten auch die Reichweiten. Darauf aufbauend, bastelte Wolf Tilmann Schneider an der erfolgreichen Vermarktung des Senders und seiner Inhalte. Ausgestattet mit einem recht knappen Etat waren zwei Aufgaben auf einmal zu erfüllen: RTL musste als Marke kapitalisiert und der Sender gleichzeitig promotet werden.

Die Lösung war Merchandising. RTL zum Anfassen. Schneider wollte zu möglichst vielen Sendungen Fanartikel produzieren und verkaufen. So konnte er den Erlebniswert eines TV-Formates steigern, die Zuschauer an den Sender binden und nebenbei auch noch Geld verdienen. Für die Produktion, die Vermarktung und den Vertrieb brauchte er Partner. Gemeinsam besorgte man die Lizenz oder erfand ein eigenes Produkt, RTL stellte die Werbefläche zur Verfügung und der Partner sorgte schließlich für die flächendeckende Präsenz im Handel. So gelangte der Sender RTL in den Alltag der Menschen und konnte gleich zweifach mitverdienen. Einerseits durch zusätzlich verkaufte Werbezeit, denn der Lizenzpartner musste für die TV-Werbung natürlich bezahlen. Andererseits erhielt RTL eine Beteiligung an jedem verkauften Produkt.

Am besten ging das mit Musik. Eine Platte ließ sich schnell und ohne großen Aufwand produzieren, Vermarktung und Vertrieb funktionierten nach erlerntem Schema und die Songs auf den Platten luden die Sache zudem noch emotional auf. Als Erstes erschien eine Compilation zur Serie *Airwolf*. Eine Hand voll relativ willkürlich ausgewählter Songs wurde auf eine Platte gepresst, mit dem *Airwolf*-Logo versehen, im Umfeld der Sendung beworben – und floppte. Irgendwie passten Serie, Musik, Verpackung und Bewerbung noch nicht richtig zusammen. Wolf Tilmann Schneider steckte nicht auf: Er flog nach Österreich zum Verlag Ueberreuter und kaufte Bücher zur Serie mit David Hasselhoff und seinem sprechenden Auto ein. Erst mal 5 000 Stück *Knightrider* auf einen Schlag. Michael Haentjes, ein ehemaliger Warner-Vertriebsmann, der gerade seine neue Firma edel gegründet hatte, glaubte als Einziger an die Produkte des noch jungen Privatsenders aus Köln. Er bekam die Aufgabe, diese Bücher in den Schallplattenhandel zu bringen. Doch sein Vertriebspartner Deutsche Austrophon (DA) wollte anfangs nicht mitziehen. Schneider brachte deshalb trotzig erst mal die Werbung zum *Knightrider*-Buch auf den Sender, ohne überhaupt ein Produkt im Handel zu haben. Als die Nachfrage schon spürbar wurde, gab die DA klein bei. Innerhalb weniger Wochen gingen 700 000 Bücher über den Ladentisch.

Das war erst der Anfang. Die beiden Merchandising-Pioniere Schneider und Haentjes schoben zunächst einen David-Hasselhoff-Kalender, dann die Bücher zur US-Serie *Beverly Hills 90210* nach und verkauften 2,7 Millionen Stück. Die Erfolge von Trivialromanen wie *Perry Rhodan* oder *John Sinclair* aus den sechziger Jahren erhielten dank RTL und edel ihre Entsprechung in den Plattenläden der achtziger Jahre. Die erste erfolgreiche Musik-Compilation erschien zur Serie *21 Jump Street* mit Johnny Depp. RTL verdiente damals 50 Pfennig pro verkaufter Platte. Bei 380 000 verkauften Exemplaren kam so auch eine nette Summe zusammen. Immer mehr Compilations wurden veröffentlicht, bis fast jedes RTL-Programm mit einer eigenen Platte oder einem Buch ausgestattet war. Aber Schneider ließ es nicht beim Programm bewenden, selbst die Werbung erhielt bei ihm eine Zweitvermarktung. Auf *Get it – die besten Songs aus der RTLplus Werbung* singen die Shopping Singers für den Spar Markt und Leo Sayer für Sheba Katzenfutter. Auf der zweiten Folge *TV Classics* spielt dann das London Philharmonic Orchestra für Bonduelle Dosengemüse. Das war so dreist, dass sogar die Konkurrenz von den *Tagesthemen* darüber berichtete. Und Zehntausende kauften es.

Das Prinzip hinter all diesen Vermarktungsprodukten war immer dasselbe: Schneider bot seinen zunehmend erfolgreichen Sender als Marke und Werbefläche an, verzichtete aber auf den komplizierten Erwerb von Rechten. Lieber ließ er sich von der Plattenfirma mit zwei bis drei Mark am Ergebnis beteiligen und sicherte seinen Umsatz durch eine initiale Garantiesumme von 100 bis 150 000 Mark ab.

1992 übernahm RTL die Marktführerschaft im deutschen Fernsehen, niemand hatte mehr Zuschauer. Besonders im Segment der 14- bis 49-Jährigen, auf das die werbetreibende Industrie hauptsächlich setzt, lag RTL weit vorn. Die Umsätze des Senders schnellten hoch. Ein Problem für Schneider und seine Truppe, denn RTL war gefragt und reguläre Werbeflächen deshalb knapp. Gesetzlich ist klar geregelt, wie viel Werbung ein privater Fernsehanbieter pro Tag zeigen darf: Nicht mehr als 20 vom Hundert der täglichen Sendezeit. Auch innerhalb einer Stunde darf die so genannte Spotwerbung die 20 vom Hundert nicht überschreiten; muss also innerhalb eines Limits von 12 Minuten bleiben. Wolf Tilmann Schneider hatte noch viele Ideen für Kooperationen, aber RTL verfügte über keine freien Werbeplätze mehr. Deshalb schuf er sich neue Plätze im Programm.

PBM, Programmbegleitende Maßnahme, nannte er es, wenn innerhalb der redaktionellen Sendezeiten über die Existenz von Produkten informiert wurde, die zwar vom Marketing geschaffen waren, aber kausal mit dem Programm zusammenhingen. Das wollten sich die Landesmedienanstalten, die Bundesland für Bundesland darüber wachen, dass die Sender ihre Auflagen einhalten, genauer von ihm erklären lassen. Seine Argumentation war kühn: Es ginge überhaupt nicht um den Erlös durch den Verkauf des jeweiligen Produkts, welches in seinen PBMs in die Kamera gehalten würde. Für RTL sei in einem immer enger werdenden Fernsehmarkt vielmehr wichtig, dass diese Produkte im Handel und damit beim Käufer für das Programm als solches werben. Es handele sich deshalb nicht um Werbung, sondern bestenfalls um erlaubte Programm-Trailer. Merchandising als Mittel des Marketing eben. Frechheit siegt, Schneider konnte der zuständigen Landesmedienanstalt klarmachen, dass es bei den Programmbegleitenden Maßnahmen weiterhin um Sendermarketing ging, aber nicht um eine zusätzliche Einnahmequelle oder gar eine reine Werbefläche.

So sangen dann die Fruchtzwerge von Gervais beim *Li-La-Launebär* Metti im Kühlschrank und dazu erschien die passende Schallplatte, die in der Kindersendung und verschiedenen anderen RTL-

Formaten beworben wurde. Woche für Woche hielt Hugo Egon Balder CDs hoch, die eigentlich immer denselben musikalischen Inhalt, bloß jedes Mal andere *Tutti Frutti*-Motive auf dem Cover hatten. »Wir haben den Trend totgeritten«, sagt Wolf Tilmann Schneider. »Das Konzept war so erfolgreich, irgendwann haben wir pro Woche zwei bis drei Compilations veröffentlicht.«

Fernsehen ist das perfekte Medium, um Musik emotional aufzuladen. Genauso ist es aber möglich, sich als Zuschauer durch Musik emotional aufladen zu lassen – denn Song und Künstler verbinden sich in Ton und Bild auf unschlagbare Weise zu einem Image. Der Grand Prix d'Eurovision war das erste TV-Event, durch das Künstler aus dem Nichts als Produkte der Fernsehwelt in einer dramatischen Inszenierung zu Stars wurden. Als ABBA 1974 mit *Waterloo* durch den Sieg im Wettbewerb ihre Weltkarriere starteten, weinte ich als Neunjähriger vor Begeisterung vorm Fernseher. Genauso wie zwei Jahre später, als Deutschlands Pophoffnung, die Les Humphrey Singers, mit *Sing Sang Song* auf Platz 15 untergingen. Diesmal aber vor Wut.

Das erste und einzige Mal, dass ich wegen Musik einen Leserbrief schrieb, hing auch mit dem Fernsehen zusammen. Die Leitmelodie einer *Tatort*-Folge hatte mich so sehr begeistert, dass ich nicht zur Ruhe kam. Das Ende der Sendung, als ich den Titel im Abspann hätte lesen können, durfte ich aber nicht sehen. Es war Sonntag, am nächsten Tag Schule und meine Eltern für eine popkulturelle Argumentation nur bedingt offen. Ich schrieb in meiner Not unserer Fernsehzeitung, der *HÖRZU*. Die antwortete umgehend auf meine mit krakeliger Handschrift versehene Postkarte mit einem Brief, in dem mir Jean Michel Jarre mit *Oxygene* als Titelmelodie genannt wurde. Die Krimiserie, die Deutschland vor dem Fernseher einte, war wie geschaffen, um Musik in einem spannenden Kontext zu präsentieren. Sie war auch Vorreiter darin, eine Beteiligung für die Platzierung von Songs in der Serie einzufordern. Aber eine Strategie war nicht dahinter, wenn man Dieter Bohlen glaubt. Sein *Tatort*-Hit *Midnight Lady* mit Chris Norman sorgte beim WDR scheinbar eher für Verwirrung: »Tatsächlich war es ihnen peinlich. Sie hatten mit mir Geld verdient, ein kommerzieller Unfall.«[10]

Solche Berührungsängste kannte man im Privatfernsehen nicht. Im Gegenteil, gerade Pro Sieben und SAT.1, die im eigenen Programm nicht viele Stars geschaffen hatten, bedienten sich gerne der Industrie. Sie verschafften sich über große Namen wie die Bee Gees, Rolling Stones oder Bon Jovi den nötigen Glamour und verdienten auch noch an deren Plattenverkäufen mit. Sie boten den Plattenfirmen ein Konstrukt an, das Pro Sieben über seinen Vermarkter Merchandise München eingeführt hatte: den Werbeleerzeitendeal. In einem Verhältnis von 1:2 erhielt der Partner Zugriff auf unverkaufte Werbezeit. Für ein Budget von 250 000 Mark erhielten die Musikfirmen also Werbezeit im Wert von 500 000 Mark. Die Kirch-Sender platzierten eine Vielzahl von Trailern:»Pro Sieben (oder SAT.1) präsentiert …«, profitierten so vom Künstlerimage und wurden zusätzlich mit zwei Mark pro verkauftem Album beteiligt.»Für die Plattenfirmen waren diese Deals angenehm«, erinnert sich Schneider,»weil sie immer unsicher über die wirklichen Verkaufserwartungen ihrer Stars waren. Eine Verdoppelung des Werbevolumens schuf erst mal Ruhe bei den Managements internationaler Stars und in den Konzernzentralen.« Dass die Kirch-Gruppe im Erfolgsfall weiter mitverdiente, obwohl man den Werbewert bereits eingespielt hatte, wurde besser verschwiegen. Erst später bestand die Musikindustrie auf den»Cash-Cutoff«, also die Begrenzung der Beteiligungszahlungen an die TV Stationen bei erfolgreichen Produkten. Mehr als der reale Werbewert floss dann nur noch selten.

Ende der neunziger Jahre machte Schneider 70 bis 80 Prozent seiner Umsätze mit der Musikwirtschaft. Und das, obwohl SAT.1 New Business Development mit allerlei ausgefallenen Aktionen seine Zuschauer lockte: ob die SAT.1 VISA-Kreditkarte, der internetfähige SAT.1-Fernseher, 48-stündige Zuschauerreisen in die finnische Wildnis oder die legendäre *Kommissar Rex*-Versicherung gegen Schüttellähmung beim Dackel. Doch die Margen und Stückzahlen der Compilations und Superstar-Alben waren nicht zu schlagen. Deshalb integrierte Schneider 1999 seine Idee von der Programmbegleitenden Maßnahme auch bei SAT.1 im Programm. Er ging hier noch einen Schritt weiter und bot direkt ein redaktionelles Konzept an. In seinem *SAT.1 Album Hit Tip* wollte der Sender Woche für Woche ein Album empfehlen, falls ihn die Musikindustrie dafür bezahlen würde.

Auf einem Meeting mit allen Geschäftsführern der großen Platten-firmen in Hamburg hatte Schneider seine Idee präsentiert und war auf offene Ablehnung gestoßen. »Wir müssen für unsere Künstler keine Sendezeit kaufen«, hieß es einhellig. Am nächsten Tag meldeten sich heimlich die zuvor noch polternden Firmen Sony und Virgin bei SAT.1 und das Geschäft war perfekt. Für 3,5 Millionen Mark hatten die bei-den Majors drei Jahre lang exklusiven Zugriff auf den *Album Hit Tip*. Jeweils eine Woche lang liefen 30-sekündige Spots im SAT.1-Pro-gramm, in denen der Sender zu Bildern aus dem aktuellen Video und unterlegt mit neuen Titeln das jeweilige Album empfahl. Eine Barriere war gefallen, endgültig verband sich die beratende Funktion des Pro-gramms mit den werblichen Interessen der Musikfirmen. Nicht jeder *SAT.1 Album Hit Tip* funktionierte, aber immer wieder sorgte die enorme Präsenz der Spots für erfolgreiche Charts-Positionen.

Die Abhängigkeit der Plattenfirmen vom Fernsehen wuchs, und die Merchandising-Manager der Sender nutzten das aus: Die Musikin-dustrie musste plötzlich für den Einsatz von bestimmten Songs in Pro-grammtrailern bezahlen. Dadurch kehrte sich der eigentliche, von der Werbung erlernte Bezahlstrom um. In TV-Werbespots wird normaler-weise eine separate Zahlung an Autoren und Interpreten fällig, die so genannte Synchronisation-Gebühr, kurz SyncFee. Sie beträgt norma-lerweise 5 Prozent des Kampagnenvolumens. TV Stationen waren bei ihren Programm-Trailern schon immer besser behandelt worden, doch für exklusive Musikproduktionen mussten auch sie bezahlen. Nun ließen sich stattdessen die Merchandising-Abteilungen für die Unterlegung einer Trailer-Kampagne eine Beteiligung an der jeweili-gen Single geben, teilweise forderte man sogar eine Garantiesumme. Die Laufzeit der Trailer wurde in Werbezeit umgerechnet. Dafür kam dann ein Scroll, ein Lauftext unter die Kampagne, der auf Künstler und Schallplatte hinwies. Die Plattenfirmen machten mit. So hatten sie wenigstens die Gewähr, dass die aktuelle Single ihre Medienprä-senz erhielt. Im Radio wurde das immer schwieriger, und auch bei VIVA und MTV waren die Flächen knapp. Die Labels standen in scharfer Konkurrenz, einer der Geschäftsführer spürte immer den Quartalsdruck und erlag der Versuchung eines solchen Angebots der Sender. War der Versuch erfolgreich, eine Single via Trailer-Kampagne durchzubringen, vergaßen auch die Wettbewerber ihre Bedenken und zogen nach. Bei Universal trugen wir zu dieser Eskalation bei, wir gehörten sogar zu den Ersten: 1998 ließen wir den Titel *Bailando* vom bis dato unbekannten DJ-Projekt Loona als Sound unter die Sommerkampagne legen, mit der RTL seine Spielfilme bewarb, und beteiligten den Sender dafür an den Tonträgereinkünften. Der Titel stieg auf Platz eins der Charts und verkaufte sich 700 000-mal. Weil es so gut lief, legten wir gleich nach. Wenige Monate später stellte Loona den Sound für die Weihnachtskampagne von RTL, die Single *Hijo de la Luna* war wieder eine glatte Eins mit über 800 000 verkauften CDs. Dazu gab es eine millionenfache Auswertung auf Compilations, versteht sich.

Als Wolf Tilmann Schneider im Jahr 2001 SAT.1 verließ, um seinen eigenen Sender Deutsches Markenfernsehen (DMF) zu entwickeln, waren inzwischen in den Privatsendern ganze Geschäftszweige herangewachsen, die sich ausschließlich mit Merchandising beschäftigen: Die Senderfamilie RTL wird mit 28 Mitarbeitern durch RTL Enterprises vermarktet, doch auch direkt bei RTL2, SuperRTL und VOX sitzen noch Kollegen mit ähnlicher Aufgabenstellung. Um SAT.1, Pro Sieben, Kabel1 und N24 kümmert sich Merchandising Media mit fast 110 Mitarbeitern.

CASTING-SHOWS – IHR SCHWEINE HABT IHN ALLE GEWÄHLT

Wenn das Fernsehen die ökonomische Seite von Musik so stark beeinflussen kann, wie RTL in den Trailern mit Loona bewiesen hatte, dann müsste es auch in der Lage sein, nicht nur einzelne Hits, sondern gleich ganze Künstlerkarrieren zu ermöglichen. Der Erste, der den Mut hatte, das zu denken und auch umzusetzen, war RTL-Enterprises-Geschäftsführer Holger Strecker. Rund um eine junge, blonde Sängerin aus Delmenhorst namens Sarah Connor schnürte Strecker ein ebenso massives wie neuartiges Marketingpaket. Nachdem zunächst der Trailer einer RTL2-Sommerkampagne mit ihrer Stimme unterlegt wurde, sorgte RTL Enterprises neben herkömmlichen Werbeleerzeitenspots für eine beeindruckende Präsenz im Programm. Sarah Connor wurde als völlige Newcomerin durch sämtliche Formate geschickt, die die Sendergruppe zu bieten hatte: ob eher musiknah wie *Top Of The Pops* oder *The Dome*, ob boulevardesk wie *Explosiv* und *Exklusiv* oder große Abendunterhaltung wie die *SKL-Millionenshow*. Sogar in den RTL2-Nachrichten erfuhr man das Neueste über die Künstlerin. Dafür wurde RTL vom X-Cell Label des legendären A&R-Managers George Glück an den Einnahmen aus Singles und zwei Alben beteiligt. Der Coup glückte, Sarah Connor rückte dank Dauerpräsenz im Programm schnell ins öffentliche Interesse und gleich ihre erste Single *Let's Get Back To Bed, Boy* stieg bis auf Platz zwei in den Charts, nach einem weiteren Top-20-Hit schoss die dritte Single *From Sarah With Love* auf Platz eins. Über zwei Millionen verkaufte Singles und mehr als 600 000 Alben waren das Ergebnis.

Holger Strecker sah sich bestätigt: Seine Abteilung RTL Enterprises war an der Auswahl der Titel beteiligt, griff sogar in die Produktion ein – das ganze Produkt Sarah Connor wurde konsequent auf die Anforderungen des Senders ausgerichtet. Was früher der A&R-Manager in der Plattenfirma allein übernahm, begleitete nun ein Merchandising-Experte des Senders. Er muss sicherstellen, dass der Künstler und seine Produktion von vornherein deckungsgleich mit der Zielgruppe seines Arbeitgebers sind, also ohne Umweg auf die Masse zielen. Große Sender bedienen sehr breit aufgestellte Zuschauergruppen. Für die Erdung in einer Szene zu Anfang der Karriere, die seit den Beatles eigentlich alle langfristigen Pop-Phänomene genossen haben, ist da keine Zeit. Diese Glaubwürdigkeit wird vom temporären Glamour, den ein Sender wie RTL auf den Künstler abstrahlen kann, kompensiert.

Die Strategie ist brillant: Der Sender entwickelt eigene Stars, mit denen er auf Dauer die Sendezeit füllen kann. Sie werden von Anfang an mit dem Sender identifiziert, und er verdient am selbst geschaffenen Erfolg auch noch mit. Der Sender profitiert bei jedem Auftritt des Künstlers, sogar wenn Sarah Connor in einem Hauch von Kleid bei Thomas Gottschalks *Wetten, Dass ..?* singt und die *Bild* am nächsten Tag rätselt, ob mit oder ohne Höschen ...

Holger Strecker formuliert in der Selbstdarstellung: »RTL Enterprises bietet innovative und individuell zugeschnittene Lösungen für die Musikbranche und kann sich nicht umsonst über immer neue Chartbreaker freuen.« Umsonst ganz gewiss nicht, konsequent ökonomisieren beide Seiten, Sender und Plattenfirma, ihre Beziehung. Waren sie früher hauptsächlich durch die Berichterstattung über Künstler und deren Auftritte in TV-Shows verbunden, setzt nun ein reges Treiben zwischen Labels und Fernsehmerchandising ein. Dabei werden Schritt für Schritt auch redaktionelle Inhalte instrumentalisiert, und der Musikmanager mutiert immer mehr zum Fernsehkonzeptioner.

Holger Strecker, im Hause Bertelsmann zum Verlagskaufmann ausgebildet, mit einem Marketingstudium ausgestattet und als Assistent des Marketingleiters bei RTL2 in den TV-Bereich eingestiegen, bevor er schließlich den Merchandisingbereich für die Sendergruppe übernahm, wurde zum wichtigsten musikalischen Ansprechpartner der ganzen Popbranche. Denn es ist ihm gelungen, seinen Sender konsequent für Musik zu erschließen. Aufgrund seiner guten Kontakte zu den Redaktionen und dem attraktiven, weil perfekt auf RTL zugeschnittenen Popprodukt findet immer mehr Musik ihren Weg ins Programm. Dafür lassen ihn die Labelmanager gern ihre Künstler und deren Songs auf RTL-Bedürfnisse ausrichten. Hat Strecker einmal ein Thema gepickt und in den Sender getragen, ist der Erfolg fast sicher. Die 2 Euro Beteiligung für RTL Enterprises am CD-Verkauf sind kein Problem, denn der Sender garantiert die Präsenz im besten, weil quotenstärksten Medienumfeld.

Dann kam am 1. März 2000 *Big Brother* und erstmalig schuf sich der Sender seinen eigenen Musik-Act, den RTL Enterprises umfassend auswertete. Was im Fall des schwäbischen Automechanikers Zlatko oder des rheinischen Kneipiers Alex wie ein Künstler aussah und auch so inszeniert wurde, war tatsächlich nur ein sprechendes und mäßig singendes Merchandisingprodukt. Es wurde von der Produktionsfirma Endemol via RTL2 und RTL Enterprises zur Plattenfirma durchgereicht, um sich in Form von CDs schließlich im Handel wiederzufinden. Mit Musik als Ausdruck eines glaubwürdigen Gefühls hatte das wenig zu tun, die mediale Inszenierung der TV-Show wurde als Emotion verkauft – der Song hatte seine Aufgabe als Folie, als Träger für das *Big Brother*-Logo zu erledigen und tat dies vortreff-

lich. Dass die Charaktere aus dem Container eine kurze Halbwertszeit haben würden, war allen Beteiligten klar.

Konsequent weitete die RTL-Senderfamilie ihre musikalischen Aktivitäten und Möglichkeiten im Zugriff auf neue Künstler aus. Das
neue Format hieß *Popstars* und startete im Jahr 2001 bei RTL2. Idee
und Konzept dieser Casting-Show stammten ursprünglich aus Neu-
seeland, wo im Dezember 1998 aus etwa 500 Mädchen eine Band namens True Bliss zusammengestellt wurde, die aus dem Stand mit der
Single *Tonight* und dem Album *Dream* auf Platz eins der Charts
schoss und Doppelplatin verkaufte. Im australischen Fernsehen funktionierte das Format genauso, nur hieß hier die Band Bardot. Der
deutsche TV-Produzent Holger Roost-Macias erwarb die Lizenz an
Popstars für seine Firma Tresor und siebte mithilfe einer kompetenten
Jury in 17 Folgen aus mehr als 4 000 Bewerbungen die Gewinnerin-
nen aus: fünf Mädchen namens Nadja, Jessica, Lucy, Sandy und Vanessa – die No Angels. Das Publikum von RTL2 hatte wochenlang
Zeit, sich während der Casting-Mühen mit den späteren Siegerinnen
zu identifizieren, konnte mitlachen, mitweinen, mitleiden und am
Ende auch mitkaufen. So wurde der Fernsehzuschauer zum Teil einer
Erfolgsstory, die sich am Ende in der CD materialisierte. Erstmals waren dauerhaft erfolgreiche Künstler rein aus dem TV-Programm entstanden und nicht wie Sarah Connor nur mitentwickelt und gestützt
worden.

Die No Angels verkauften vier Alben hintereinander mindestens
Gold oder Platin. Der Sender hätte nun in die komplette Wertschöpfungskette integriert sein sollen, von der CD über das Konzert bis
zum Werbedeal mit einem Damenrasierer, schließlich war die Gruppe
aus seinem Programm hervorgegangen. Doch genauso wie die Plattenfirma war RTL in die zweite Reihe degradiert worden. Holger
Strecker hatte in Holger Roost-Macias seinen Meister gefunden.
Roost-Macias, ehemaliger Produzent von Unterhaltungssendungen
wie *Musik un' Schnacks vom Hafen* im Fernsehen der DDR, wusste
schon damals, wie man das System mit seinen eigenen Waffen schlägt.
Die Ausreise aus der Deutschen Demokratischen Republik hatte er er-
zwungen, indem er sich als glühender Kommunist ausgab, der in
Chile an der Seite des Volkes im Untergrund kämpfen wollte. Dem

Drang des jungen Mannes, sich für den Sozialismus zu opfern, konnte keiner so recht widersprechen. Leider verpasste er in Madrid den Anschlussflieger in den Bürgerkrieg und siedelte sich im Westen an. Die Gelegenheit, das Filetstück des TV-Formates *Popstars* zu ergattern, verpasste er nicht. Sowohl der Sender RTL als auch die Plattenfirma Universal dachten damals noch, dass der Tonträger der wichtigste Auswertungsstrang sei. Roost-Macias hingegen hatte längst alle Rechte an den No Angels auf sich und seine Produktionsfirma Tresor samt Management-Schwesterfirma Cheyenne vereinigt. Wir, die Plattenfirma, zahlten ihm eine Lizenz, wie sie sonst nur etablierte Superstars bekommen, und RTL überwies obendrauf einen hohen Betrag als Werbekooperationsgebühr. Aber nur ein Drittel aller Einnahmen der No Angels kamen aus den Schallplattenverkäufen. Das Universal-Label Polydor war musikalischer Steigbügelhalter der TV-Produktion: Zwar konnten sich die No Angels dank erstklassig ausgesuchter Songs und eines überlegten A&R-Coachings durch meine damaligen Kollegen als ernst zu nehmender Pop-Act etablieren, doch der ökonomische Lohn für die Mühen landete hauptsächlich bei Tresor TV und zu etwas kleineren Teilen bei RTL Enterprises.

Gute Manager lernen schnell. Und ab dem Jahr 2002 rückte ein weiteres Geschäft in das Blickfeld der Sender: Telefonmehrwertdienste. Mit den Casting-Shows hatten die Fernsehstationen den Hebel gefunden, wie die Zuschauer ins Programm und in die Wertschöpfungskette integriert werden können – interaktives Fernsehen auf die lukrative Art. Immer wieder werden die Fans während der Sendungen aufgerufen, für ihren Liebling zu stimmen – am besten per Telefon, durch einen Anruf bei einer bestimmten Nummer oder via SMS. Jeder Anruf, jedes SMS kostet zwischen 49 und 99 Cent. Bei einer Zuschauerzahl von mehreren Millionen pro Sendung reicht schon ein Bruchteil der Quote für ein solides Geschäft, wenn es dem Sender gelingt, die Zuschauer emotional zu erreichen und zum Anruf zu bewegen. Wie viel die Telefonmehrwertdienste zum Senderumsatz beitragen können, bewies die dritte Staffel von *Popstars*, die auf Pro Sieben lief. In der hoch dramatischen Schlusssendung mit 3,7 Millionen Zuschauern gingen ziemlich genau 3 Millionen Anrufe ein.

Auch *Deutschland sucht den Superstar*, das zweite Casting-Format von RTL, basierte auf der Integration von Telefonmehrwertdiensten. Von Runde zu Runde, von Woche zu Woche entschied das Publikum immer aufs Neue, welche Teilnehmer im Wettbewerb verblieben – natürlich telefonisch, zu 49 Cent pro Anruf. Allein mit den Umsätzen aus dem Telefonmehrwertgeschäft konnte RTL die Kosten der Show decken und gleichzeitig einen öffentlichen Psychologiekurs inszenieren. Der Zuschauer schlüpfte in die Rolle des A&R-Managers und schaute nach dem Star, den er am liebsten selbst zu Hause auf dem Sofa sitzen haben wollte. Im Geiste von »Deutschland sucht den perfekten Schwiegersohn« wählte das RTL-Publikum eine Person ohne Ecken und Kanten, den kleinsten, gemeinsamen Nenner: Alexander. Doch ganz ohne Charakter geht es auch im Popgeschäft nicht. Trotz massiver RTL-Unterstützung und Millioneninvestment durch Sender und BMG verblasste sein Stern schnell wieder. »Ihr Schweine habt ihn vor zwei Monaten noch alle gewählt«, knurrte Holger Strecker, als ich am Nürburgring neben ihm stand und die deutsche Nationalhymne, geträllert von Superstar Alexander, gerade im Pfeifkonzert der Formel-Eins-Zuschauer unterging. Medial präsent, im Dschungel oder unterm Gurkenlaster, blieb hingegen der schräge Teenager Daniel Küblböck. Der Fernsehzuschauer hatte verstanden. Jemand wie der kleine Daniel schien der wahre Star zu sein. Konsequenterweise wurde in der nächsten Staffel von *Deutschland sucht den Superstar* eine weibliche Küblböck-Kopie namens Elli per Telefon zur Gewinnerin gekürt. Sie trug Daniels Brille, war wie er bekennend bisexuell, stammte ebenfalls aus Bayern und wirkte insgesamt wie seine ältere Schwester. Im Gegensatz zu ihm konnte sie singen, aber das half ihr auch nicht, Küblböck blieb das Original. Der RTL-Zuschauer erfüllte nur die vermeintliche Erwartungshaltung. Denn er will auf der »richtigen Seite« sein, dort wo sich Mehrheiten bilden.

Auch wenn *Deutschland sucht den Superstar* dazu beigetragen hat, dass in der Öffentlichkeit über die nötigen Qualitäten eines Popstars diskutiert wurde: Nie wurde der Prozess des Musikmachens so sehr banalisiert. Die Show hat den Karaoke-Gesang als Samstagabend-Unterhaltung salonfähig gemacht. Es entstand der Eindruck, dass sich Popstars vor allem über stimmliche Qualitäten definieren. Wenn dem wirklich so wäre, könnten die erfolgreichsten deutschen Sänger, nämlich Grönemeyer, Westernhagen, Maffay, Lindemann (Rammstein), Campino (Die Toten Hosen) und Farin Urlaub (Die Ärzte) geschlossen kapitulieren. Sie beweisen sich nicht über die Gesangstechnik, sondern über ihre Persönlichkeit.

Für die beteiligte Plattenfirma BMG gab es nur noch wenig zu tun. Die Rechte an den Produktionen, Namen und Gesichtern der Teilnehmer besaß die englische Managementfirma 19 Entertainment des Spice-Girls-Erfinders Simon Fuller, von dem RTL die Lizenz am Sendekonzept erworben hatte. Gemeinsam mit RTL Enterprises ging 19 Entertainment an die Auswertung in Form von CDs, Klingeltönen, Fanbüchern oder Kalendern. Songs, Produktion und Coaching bekamen die Freizeitsänger von Dieter Bohlen verpasst, der mittlerweile einen Vertrag mit Bertelsmann über seinen kompletten Output unterschrieben hatte. BMG war nur noch ein Teil des Synergiegeflechtes vom Mutterhaus, der sich um Vermarktung und Vertrieb der CDs zu kümmern hatte.

Die Antwort der deutschen Musikkonzerne auf den zunehmenden Verlust der Künstlerrechte an Fernsehsender und Produktionsfirmen kam prompt: BMG, Warner und auch wir bei Universal gründeten eigene TV-Abteilungen, deren Aufgabe es sein sollte, neue Formate zu entwickeln und mit hauseigenen Künstlern zu bestücken, oder noch besser, Show-Lizenzen einzukaufen, mit denen sich neue Künstler entwickeln ließen. Doch die Fernsehprofis lächelten nur und drehten den Spieß um. Bei ProSiebenSat1 genau wie bei der RTL-Gruppe arbeiten die Merchandising-Abteilungen schon an Plänen für eigene Musiklabels. »Wer glaubt, dass er Talent hat, geht nicht mehr zu den Plattenfirmen«, sagte Bettina Köckler, Chefin von Merchandising Media, der Vermarktungstochter von ProSiebenSat1, zum *Spiegel*. »Die stehen doch jede Woche bei uns zum Vorsingen vor dem Konferenzraum.«

SCHALLPLATTENHANDEL – DAS TAL DER TRÄNEN

Leopold Stiefel hat durchaus Leidenschaften. Er liebt das Motorradfahren. Wann immer es möglich ist, sitzt er ganz bequem und altersgemäß auf einer seiner Harley Davidsons. Er hat sich für Eishockey begeistern gelernt, »ein schneller, harter aber fairer Sport« und versucht als Beiratsvorsitzender des ERC Ingolstadt, sowohl mit Privatals auch Firmenvermögen seinen Verein durch aggressive Spielerkäufe an die Spitze der Deutschen Eishockeyliga zu bringen. Seine politischen Ansichten sind ihm so wichtig, dass der 1945 als osteuropäisches Flüchtlingskind geborene Stiefel, trotz sehr knappem Zeithaushalt, einer von 30 CSU-Stadträten in Ingolstadt ist.

Nur für Musik steht er morgens nicht auf. Das Thema überlässt er seiner Frau Marion, die Interpreten wie Costa Cordalis, Jürgen Drews, Nena oder Peter Maffay bei der alljährlichen Weihnachtsfeier der Firma ihres Gatten auftreten lässt. Stiefel selbst hat es lieber ein wenig handfester, kommt von der »braunen Ware«. So nennt man bis heute die Unterhaltungselektronik, die sich früher ins Eichenfurnier des bürgerlichen, deutschen Durchschnittswohnzimmers einpassen musste. Diese mit Holzimitat ummantelte Ware im weißen Kittel mit Kugelschreiber in der Brusttasche zu verkaufen, das lernte der Volksschüler Stiefel ab seinem 15. Lebensjahr. Knapp 20 Jahre später war er es leid und machte seinem Berufsstand den Garaus.

1979, zu einer Zeit, da man den Fernseher noch im Elektrofachgeschäft um die Ecke, die Schallplatte samt Beratung im Plattenladen und die Waschmaschine aus dem Versandhauskatalog kaufte, beschloss Stiefel mit drei Gleichgesinnten, »alles unter ein Dach zu nehmen«.[11] Revolutionär an dieser Idee war jedoch nicht die Warenbreite, sondern ein Konzept, das nahezu ohne Verkäufer auskam. Seine ehemaligen, ausgebildeten Kollegen hatten bei Stiefel keine Chance mehr, sie mussten den Kittel in den Schrank hängen. Stattdessen brauchte er Palettenfahrer, die original verpackte Elektrogeräte durch ein Geschäft mit Messecharakter fahren. Die Marken präsentieren sich weitgehend selbst, die Kunden greifen sich ohne ernsthafte Beratung den Karton und marschieren mit dem Produkt unterm Arm zur Kasse. Aufmerksamkeit erfahren sie erst, wenn sie bereits gezahlt haben – in der Nachbetreuung des »After-Sale-Service«, einer Neuerung des Media Marktes, der im Falle einer Beanstandung oder sonstiger Fragen als Mittler zwischen Kunde und Hersteller ins Spiel kam. Er sollte auch der Ursprung des positiven öffentlichen Serviceimages der Handelskette werden.

»Media Markt. Stark!«, titelte Stiefels Partner, der Marketingfachmann Walter Gunz, als sie den ersten Laden im Münchner Euroindustriepark eröffneten. Schnell wurde die neue Kette bundesweit für ihre ungewöhnlich niedrigen Preise bekannt. Möglich wurden sie durch geringe Personalkosten, mietgünstige Lagen auf der grünen Wiese außerhalb der Großstädte und vor allem durch das gefürchtete Verhandlungsgeschick von Leopold Stiefel selbst, der aus seinen Lieferanten das Letzte herausholte. Vieles war aber auch reine Suggestion. Man nahm sich eine günstige, aber begehrte Ware, verkaufte sie nahe des Einstandspreises, brachte damit den Kunden in den Laden und setzte so das Image als extrem preiswerter Verkäufer. »Loss Leader« nennt man solche Produkte, die in der Werbung den Lockvogel abgeben dürfen. Beim Media Markt waren dies vorzugsweise CDs. Mit deren Hilfe lockte Leopold Stiefel auch mich in den Laden, als er vor 15 Jahren in Hamburg seinen ersten Markt nah der Autobahnabfahrt Stellingen eröffnete. Im Zickzack schob ich den Einkaufswagen über die riesige Fläche, packte unterwegs einen Petra-Wasserkocher, einen Braun-Toaster und diverse Glühbirnen ein, bevor kurz vor dem Ausgang die aktuelle CD der Pet Shop Boys für 18,95 DM in den Warenkorb kam. Was mich anging, so funktionierte das Konzept: Ich hatte einmal den ganzen Laden durchschritten, kannte jetzt das Angebot von Media Markt und hatte nebenbei weit mehr als nur den begehrten Tonträger erworben. Von meiner Sorte gab es offensichtlich einige.

Der nächste schlaue und konsequente Schritt in der Expansionsstrategie von Stiefel und Kollegen war der Kauf von Saturn im Jahr 1990. Anders als der Media Markt hatte sich der Elektronikhändler Saturn bereits einen sehr guten Namen im Bereich Entertainment-Produkte gemacht. Hier ging es nicht um Paletten, sondern um Vollständigkeit und Beratung. Im Flagship Store am Kölner Hansaring rühmt man sich bis heute der »größten CD-Auswahl der Welt«. Die Saturn-Häuser haben zumeist attraktive Innenstadtlagen, in der Positionierung sind sie das edlere, urbane Pendant zum Media Markt und stellten eine ideale Ergänzung dar. Aus der Fusion beider Häuser entstand die Solventa Holding. In der Außendarstellung treten die konzernintern »Blaue« genannten Saturn-Märkte gegen die »Roten« vom

Media Markt an. Während das Saturn-Cybermädchen Blue den Städtern »Geiz ist Geil« entgegenbrüllt, suggeriert der Media Markt mit Sprüchen wie »Ich bin doch nicht blöd« der breiten Masse, dass jeder zu doof für diese Welt ist, der nicht zu Niedrigstpreisen einkauft. Ersonnen hat das die Agentur RedBlue. Und zwar sowohl für Saturn als auch für den Media Markt, denn die Münchner Werber gehören selbst zur Solventa-Gruppe. Botschaft und Mechanik sind immer gleich: Beweise dich als mündiger Konsument, indem du nur den günstigsten Preis akzeptierst. Inhalt und Qualität haben in dieser Argumentation keinen Platz. In den roten oder blauen Anzeigen ist der Preis oft größer abgebildet als das Produkt und übertrifft auf jeden Fall dessen Beschreibung, falls es überhaupt noch eine gibt, um ein Vielfaches.

Bezahlt werden die Anzeigen und Millionen von Handzetteln und Zeitungsbeilegern – genannt Flyer – meist von den darin vertretenen Herstellern und Lieferanten. Warenkostenzuschuss, kurz WKZ, nennt sich das und ist ein fester Bestandteil in der Marketingkalkulation auch für Musikfirmen geworden. Die Präsenz im Folder oder auf der Anzeige garantiert eine breite Fläche und besondere Hervorhebung im Laden, auf die jeder Produktmanager für seine Künstler scharf ist. Der Vertrieb wiederum will »Menge klopfen«, besonders wenn der Druck durch das Quartalsreporting der Konzerne und die daraus resultierenden kurzfristigen Umsatzforderungen ihm die Luft abzudrücken droht. Genau wie bei allen anderen Musikkonzernen machten auch wir bei Universal Lockangebot um Lockangebot möglich. Wir freuten uns, wenn ein ganzer Flyer nur Universal-Produkte zeigte. Dass wir nur deshalb so gut vertreten waren, weil über die ohnehin guten Konditionen der Solventa hinaus eine weitere Subvention über Sonderrabatte und Kostenzuschüsse stattfand, verdrängten wir lieber.

Die Übernahme von Saturn und der Sprung zum weltweit zweitgrößten Elektroanbieter nach dem amerikanischen Konzern »Best Buy« wurde für Solventa nur möglich, weil Leopold Stiefel und Co bereits zwei Jahre zuvor die Mehrheit an ihrem Unternehmen der Metro-Gruppe von Otto Beisheim übergeben hatten. Beisheim ist eine der mächtigsten, aber auch wundersamsten Figuren der bundesdeutschen Wirtschaftsgeschichte. Sein Vermögen wird auf 11 Milliarden Euro geschätzt, für sein Unternehmen arbeiten mehr als 235 000 Menschen in 28 Ländern. In Deutschland gehören neben Media Markt und Saturn auch Kaufhof, Real, Jacques Weindepot oder die Praktiker Baumärkte zum Imperium des viertgrößten Handelskonzerns der Welt.

Beisheim gibt keine Interviews und taucht, wenn überhaupt, zu den Hauptversammlungen seines eigenen Unternehmens nur anonym auf. Im offiziellen Lebenslauf des Anfang 1924 geborenen Unternehmers klafft eine Lücke zwischen 1941 bis 1949. Leo-Kirch-Biograf und Journalist Michael Radtke war der Erste, der sie zu füllen versuchte. »Beisheim muss Scharführer bei der Waffen-SS, Leibstandarte Adolf Hitler, gewesen sein«, meint Radtke nach intensiver Suche in Archiven herausgefunden zu haben. »Er diente dort möglicherweise in der achten Batterie der Artillerie.« Wenn Radtke Recht hat, so war Beisheims letzter Einsatzort der Führerbunker, denn dorthin zog man die Reste der Eliteeinheit zum Endkampf ab. Der Führerbunker wiederum lag hinter der Reichskanzlei an der Berliner Voßstraße. Direkt gegenüber eröffnete unlängst das mächtige Beisheim-Center mit zwei Nobelhotels und dem Inge-Beisheim-Platz zum Andenken seiner 1999 verstorbenen Gattin. Im 19. Stock hat Otto Beisheim für sich selbst ein Appartement mit freiem Blick über die historische Landschaft reserviert. Den Fortschritt der Bauarbeiten, die unbedingt zu seinem 80. Geburtstag beendet werden sollten, verfolgte er über eine Webcam, die auf dem Sony Center installiert war.

Widersprochen wurde all diesen Vermutungen und Gerüchten über Beisheims Vergangenheit von Seiten des Konzerns nie, es könnte Beisheims gestörtes Verhältnis zu öffentlichen Auftritten erklären. Aber wo steckte der »düstere Rockefeller«, wie die *Süddeutsche Zeitung* ihn nennt, bis 1949? Wo kam sein Reichtum her, als er auf wundersame Weise nach Ende der Entnazifizierungen als sehr wohlhabender, junger Kaufmann wieder in Düsseldorf auftauchte? Wahrscheinlich fand er in der Schweiz Unterschlupf und Geld. Dorthin zog es ihn auch später wieder, diesmal aber wohl eher aus steuerlichen Gründen, in den in dieser Hinsicht besonders günstigen Kanton Zug.

Wo auch immer das Geld für den Zusammenschluss von Saturn

und Media Markt herkam, er veränderte die deutsche Handelslandschaft deutlich und schnell. Im ersten Quartal 2004 kontrollierte Solventa ein Viertel des gesamten deutschen Tonträgermarktes. Wie mit Einkaufsmacht umzugehen war, das hatte man bei Metro vorgemacht und fand in der Solventa einen gelehrigen Schüler. Für mehr als 40 Milliarden Euro, fast das gesamte Bruttosozialprodukt des EU-Mitgliedslandes Estland, kauft Beisheims Firma im Jahr Ware ein. Im alltäglichen Geschäft, wenn es um Marketingabsprachen für einzelne Produkte geht, agieren alle Bereiche des Konzerns autark. Teilweise verlagert sich die Entscheidung bis in die einzelnen Häuser hinein, an denen die Solventa ihre jeweiligen Geschäftsführer nach einer Einlage von 10 Prozent beteiligt. Will also der Lieferant eine Vertriebskooperation klären, wird es schwierig, denn er ist auf viele Einzelabsprachen angewiesen. Sobald es aber um die Einkaufskonditionen für die Solventa-Gruppe geht, spricht einer für alle, steht dem Produzenten die Macht von 40 Milliarden Euro gegenüber.

Der bullige Herr von Saturn, der in meinem Büro auf dem Sofa saß, verkörperte sie. Seine Halsschlagader pumpte so stark, dass ich durch bloßes Zugucken seinen Puls hätte messen können. Das erste Mal verstand ich, woher die Redewendung »einen Hals haben« kommen könnte. »Wir verdienen nichts mit ihrem Produkt«, schallte es mir entgegen. »Entweder sie geben uns bessere Konditionen, oder ich sorge dafür, dass der ganze Scheiß rausfliegt.« Offensichtlich war dies kein Freundschaftsbesuch des Saturn-Einkäufers, sondern Auftakt der gefürchteten Jahresgespräche. Der vorsichtige Hinweis, dass die hauseigene Preisfindung der Grund für die scheinbar unerfreuliche Bilanz sein könnte und eine Auslistung unseres Repertoires sicher schwierig würde – weil kaum ein Fan von U2 stattdessen eine CD von Kylie Minogue kauft, nur weil die Solventa uns abstrafen möchte und deshalb Universal-Künstler wie etwa U2 nicht vorrätig hält – führte nur zu einer deutlich erhöhten Schlagzahl am Hals. »Sie glauben gar nicht, wie egal mir das ist, was ich auf der Fläche verkaufe«, war die Antwort. »Wenn es keine CDs sind, dann vielleicht Papier für Computerdrucker ...«

Nach diesem lebhaften Auftakt kam im Laufe der Verhandlungen Universals Konditionsgerüst mit den Drogeriemärkten Müller auf den

Tisch. Dem Herrn von der Solventa-Gruppe lagen alle Kerndaten vor und er versuchte eine bewährte Metro-Taktik: 1998 kaufte die Beisheim-Gruppe die Warenhauskette Allkauf auf. Nach Durchsicht der Bücher stellte man fest, dass die Allkauf bei manchen Produkten günstigere Konditionen angeboten bekommen hatte als die Metro-Töchter. Von allen Lieferanten verlangte man daraufhin rückwirkend dieselben Bedingungen – sie sollten der Metro kurzerhand Geld zurückzahlen. Diese Konzernlogik griff auch in unserem Fall, nur dass man die Struktur der süddeutschen Drogeriekette Müller, die wir zentral belieferten und betreuten, nicht mit der bewusst dezentralen und deshalb erheblich teureren Solventa-Struktur gleichsetzen konnte. Im Übrigen blieb mir völlig schleierhaft, woher man in Ingolstadt deren Unterlagen hatte. Die Drogeriemärkte Müller waren im Gegensatz zu Allkauf noch von Metro unabhängig. Von uns konnte man das leider nicht sagen, über Media Markt und Saturn lief damals schon über 24 Prozent des Universal-Umsatzes.

Der Gigant Solventa führte aber nicht nur zu einem ruppigeren Stil und sinkenden Margen bei den Produzenten. Die Tatsache, dass man dort als Kunde jahrelang fast alle Spitzentitel unterhalb des Preises kaufen konnte, den die anderen Einzelhändler aus den Listen der Schallplattenfirmen kannten, stellte die unabhängigen Händler vor eine fast unlösbare Aufgabe. Wie sollten sie etwas dagegensetzen? Sie konnten als kleine Anbieter nicht auf Einkünfte aus Tonträgern verzichten und diese über den Verkauf anderer, hochpreisiger Güter kompensieren. Ihre Abnahmemenge würde im Vergleich zu Solventa immer lächerlich gering sein, ihre Konditionen bei den Lieferanten nicht vergleichbar sein. Ihr Geld war im teuren, musikbegeisterten Fachpersonal gebunden, mit der aggressiven Solventa-Werbung konnten sie nicht Schritt halten. Seit der Gründung im Jahr 1979 steckte Leopold Stiefel jährlich 4 Prozent des Umsatzes in Reklame. 2003 waren es rund 420 Millionen Euro. Damit stehen Media Markt und Saturn mittlerweile bei der klassischen Werbung auf Rang vier. Nur Procter & Gamble, Lidl und der Axel Springer Verlag schalten noch mehr.

Der Einzelhandel versuchte sich zu wehren. Viele begannen, die Ware in den Elektromärkten zu kaufen, statt vom Vertreter der Musikkonzerne. Das war schlicht und einfach billiger. Natürlich bemerkte man bei Solventa die gewaltigen Mengen, die von einzelnen Titeln auf einen Schlag über die Kassen gingen. Man versuchte, dem Ganzen einen Riegel vorzuschieben, indem jeder Kunde nur noch drei Exemplare der identischen Platte erwerben konnte. Der Einzelhandel reagierte mit Ausflügen der ganzen Belegschaft in der Mittagspause zu Saturn oder in den nächsten Media Markt. Dann musste eben auch der Auszubildende seine jeweils drei Exemplare der aktuellen Hits kaufen.

Doch solche charmanten Guerilla-Aktionen halfen auf Dauer nicht, das eigentliche Problem des Einzelhandels zu lösen. In einer Handelswelt, in der Musik nur ein Lockangebot ist, kann er nicht überleben, wenn er sich über den Preis definiert. Gegen Konzerngiganten und ihre optimierte Einkaufs- und Marketingpolitik hilft auch keine Organisation der Händler, wie im Aktiv Musik Marketing (AMM), wenn es nicht gelingt, Alleinstellungsmerkmale herauszuarbeiten. David hat nur dann eine Chance, wenn er nicht Goliaths Waffen benutzt. Dafür gibt es zwei Möglichkeiten. Funktionieren kann ein Unternehmen wie beispielsweise »Dussmann« in Berlin, das sich als Kulturkaufhaus versteht und unter guter Beratung ein vielfältiges, auf anspruchsvolle Zielgruppen zugeschnittenes Angebot führt. Sinnvoll und erfolgversprechend ist auch die Konzentration auf die Nische, so wie das beispielhaft »Opus 61« in Leipzig mit klassischer Musik, einem exquisiten Ladenbau, tiefgestaffeltem Programm und hoch kompetenter Betreuung gelungen ist.

Eine andere Möglichkeit: Solventa rechts überholen. Das tun mittlerweile Aldi, Lidl oder Schlecker sehr erfolgreich. Das Konzept ist dem Media Markt entlehnt, allerdings kommen hier teure Consumer-Produkte wie Computer als »Loss Leader« zum Einsatz. Als Aldi auf diese Weise 1997 zum ersten Mal für Aufregung sorgte, blieb der Marketingchef von Media Markt, Walter Gunz, ganz gelassen: »Das halte ich für eine Modeerscheinung.« Mittlerweile hat er mit der Solventa-Geschäftsführung nichts mehr zu tun, er lebt in Marokko und Aldi ist bei PCs in Deutschland Marktführer. Die Sorge der Solventa angesichts der ungeahnten Konkurrenz ist so gewaltig, dass im Sommer 2003 alle großen Lieferanten nach Berlin Tempelhof eingeladen wurden, um sie auf die kommenden Preiskämpfe einzuschwören.

Bild-Chefredakteur Kai Dieckmann musste für seinen wichtigsten Werbekunden eine Laudatio halten, und die Markenhersteller bekamen eingebläut, dass sie bei Solventa in Zukunft mit Schwierigkeiten zu rechnen hätten, wenn sie Discounter wie Aldi oder Lidl mit No-Name-Produkten beliefern würden.

Der Gigant zeigt Nerven, doch die Musikwirtschaft kann davon nicht profitieren. Sie hat noch kein Konzept gefunden, wie sie mit den Discountern arbeiten könnte, ohne von den Retouren unverkaufter CDs erschlagen zu werden, mit denen bei discounttypischen Mengen immer zu rechnen ist. Nicht umsonst heißt der Parkplatz unterhalb der Schlecker-Zentrale bei Lieferanten nur »das Tal der Tränen« wegen der harten Einkaufs- und Konditionspolitik. Der Einzige, dem es gelang, eine Retourenquote von nur 15 Prozent mit Schlecker zu vereinbaren, war Wolf Tilmann Schneider, Merchandisingchef von SAT.1. Er hatte die hundefreundliche Familie Schlecker mit einem Welpen aus dem Wurf von *Kommissar Rex* überzeugt, dem Helden aus der SAT.1-Serie, dessen Plüschversion sie mit begrenztem Rückgaberecht über ihre vielen Filialen vertrieb.

Große Handelskonzerne wie die Solventa-Gruppe führen zwangsläufig zur Konzentration: Von über 15 000 Läden, mit denen die PolyGram Mitte der siebziger Jahre zusammenarbeitete, sind innerhalb von 25 Jahren fast 13 000 von der Kundenliste verschwunden. Der Trend wird sich fortsetzen, und das nicht nur in Deutschland. Media Markt gibt es bereits in neun weiteren, europäischen Ländern. Dort wo er besonders stark vertreten ist, wie beispielsweise in Italien, bricht, genauso wie wir es hierzulande schon erlebt haben, Einzelhandelsfläche weg und kommt in der Folge der Musikmarkt unter Druck. »Wir haben uns Deutschland vorgenommen, später Europa, aber ich bin überzeugt, das Konzept ist prinzipiell tauglich für die ganze Welt«, umreißt Leopold Stiefel seinen Plan.

Je weniger Konkurrenz es beim Verkauf von CDs gibt, je weniger die Musik vom Konsumenten als Wert empfunden wird, desto uninteressanter wird sie als »Loss Leader« für die Elektromärkte. Das Auftauchen eines neuen, spannenden Entertainment-Angebots namens DVD hat diese zwangsläufige Spirale für die Musik noch beschleunigt. Parallel zur Umstellung auf den Euro zum Jahreswechsel 2001 begannen Media Markt und Saturn mit einer sukzessiven Preiskorrektur. Die Hits gab es jetzt in der Regel nicht mehr für rund 20 Mark wie bisher, der Konsument sollte von nun an realistischere Beträge zwischen 12,90 und 15,90 Euro zahlen. Die Listenpreise der Musikindustrie waren mit rund 11 Euro für Neuheiten jedoch stabil geblieben. Während parallel das neue, aufregendere Format DVD bei Media Markt und Saturn als Sonderangebot im Preis nachgab, wurde die CD merklich teurer.

Dem Käufer, der durch CD-Brenner und Internet gerade den illegalen, aber kostenfreien Musikkonsum für sich entdeckt hatte, war das nicht mehr zu erklären. Die Musikwirtschaft argumentiert zu Recht, dass der Preis für ihre Produkte seit der Einführung der CD stabil geblieben sei. Im Gegenteil, rechnet man die Entwicklung des realen Geldwerts gegen, ist der digitale Tonträger über all die Jahre um fast 50 Prozent günstiger geworden. Die Kaufkraft von 35 Mark Mitte der achtziger Jahre entsprach nahezu dem Doppelten von heutzutage knapp 18 Euro. Aber auf solche sicher richtigen Rechenspiele kann man getrost verzichten, wenn der potenzielle Konsument es einfach nicht so empfindet. Ähnlich wie bei der Außentemperatur gibt es einen realen und einen gefühlten Preis. Die gefühlte Temperatur, nicht die gemessene, bestimmt nach dem Schritt auf den Balkon, ob ich mir einen Pullover anziehe oder nicht. Beim Preis verhält sich das genauso: Der subjektiv empfundene prägt die Kaufentscheidung. Der gefühlte Preis der CD, also der Eindruck des Konsumenten vom Wert des Formats, mag durch die »Loss Leader«-Politik von Großabnehmern wie Media Markt und Saturn entstanden und durch den Vergleich mit der DVD forciert worden sein. Aber wenn dieser Eindruck nun mal da ist, muss sich der Kaufmann dem stellen. Der Hinweis, das sei nicht fair, interessiert den Kunden nicht. Im Gegenteil: Nichts ist schlimmer als ein beleidigter Produzent.

Gefragt ist in solch einem Moment der kreative Produzent. Wie viel muss er nach einer Preissenkung mehr verkaufen, um denselben Erlös wie zuvor zu erhalten? Wie, wo und mit welchen Formaten kann er diese Erhöhung des Volumens am besten anstellen, ist die einzige Frage, die gestellt werden muss. In einem Europa, das sich wirtschaftlich als Einheit definiert, ist sie nicht mehr lokal zu beantworten. Ein deutscher Anbieter kann keinen Händler aus dem europäischen Wirtschaftsraum diskriminieren, indem er ihm nicht seine Ware verkauft. In der Konsequenz ist jede lokale Preissenkung in allen europäischen Binnenmärkten automatisch spürbar. Die Verantwortung für Preispolitik liegt somit bei den Zentralen der Konzerne, doch dort – in der Verwaltung – hat man in der Regel schon lange keinen Einblick mehr in die realen Verhältnisse des Marktes. Hinzu kommt, dass die Marktsituation nie in allen europäischen Ländern identisch ist. Es wird immer lokale Schwesterfirmen geben, die ihre noch immer hohen Margen bedroht sehen und lautstark protestieren, wenn der Preis in Bewegung kommt.

In Amerika kann man da anders agieren. Zur großen Überraschung der übrigen Universal-Kollegen in aller Welt verkündete der US-Arm des Konzerns am 3. September 2003, dass man die Preise mit Beginn des vierten Quartals um 30 Prozent senken würde. Statt des bislang üblichen Endverbraucherpreises von 16,98 bis 18,98 US-Dollar sollte so ein durchschnittlicher Preis von 12,98 US-Dollar (10,55 Euro) möglich werden. Dies, so die Begründung, sei das wahrscheinlich beste Mittel gegen die Flut von Raubkopien und Musikmissbrauch im Internet. Die Nacht-und-Nebel-Aktion löste im eigenen Unternehmen erhebliche Unruhe aus. Trotz aller Zollgrenzen fürchteten fast alle internationalen Universal-Manager, nun mit amerikanischer Ware überschwemmt zu werden. In aller Eile wurde der mutige Test zum Kompromiss umdiskutiert. Einige Labels, wie zum Beispiel der gesamte Klassik- und Jazz-Bereich mit Firmen wie Deutsche Grammophon, Decca oder Verve wurden von der Aktion ausgeschlossen. Mit der Preissenkung ging zudem die Streichung fast aller Rabatte und Boni an den Handel einher. Wie in Deutschland macht das auch in den Staaten etwa 18 Prozent des Listenpreises aus. In Wirklichkeit gab man am Ende also nur etwas mehr als 12 Prozent nach und das bei weitem nicht in der Breite des gesamten Angebots. Das war nicht genug, um den Konsumenten im Handel den großen Unterschied merken zu lassen. Im Gegenteil, der Handel fühlte sich vorgeführt, da die euphorische Berichterstattung in den meisten Medien eine falsche Erwartungshaltung bei der Kundschaft forcierte – so beließ er es demonstrativ bei den alten Preisen. Der hohe Frustrationsgrad der Konsumenten angesichts der unveränderten CD-Preise ließ die US-Innovation schnell zusammenbrechen. In Europa fühlte man sich in der Annahme bestätigt, dass die Krise dieser Industrie nichts mit dem Preis zu tun habe.

Wenn ich heute durch die Plattenläden und Elektromärkte schlendere, bin auch ich kaum bereit, mehr als 9,99 Euro für eine CD zu zahlen, wenn ich sie vom Stapel nehme. In nettem Ambiente und bei guter Beratung vielleicht noch 3 Euro mehr. Die Realität des Handels, die von der Musikwirtschaft als Lieferant mitgeprägt wurde, und auch die Existenz neuer Formate sowie neuer Distributionswege haben den Wert des Trägers verändert. Wer darauf nicht reagiert, verliert zwangsläufig irgendwann seine Kunden.

DIE VERTREIBUNG AUS DEM PARADIES – DAS FAZIT

Menge und Qualität definieren den Wert eines Produktes. Kommt der Faktor Nachfrage hinzu, haben wir den Preis. Um das zu verstehen, braucht man kein Semester Betriebswirtschaft studiert zu haben. Was für alle anderen Produkte zutrifft, gilt auch für Musik, sobald sie sich als Ware versteht. Zur Ware wird sie, sobald Menschen damit Geld verdienen wollen.

Als Erstes kam die Flut. Musik war plötzlich überall. Statt auf ein paar wenigen öffentlich-rechtlichen Stationen fand man sie nun alle paar Millimeter auf dem UKW-Band. Mit dem dualen System hatte Mitte der achtziger Jahre der private Rundfunk Deutschland erreicht. Quietschvergnügte Moderatoren garnierten die Pausen zwischen den Stücken mit Witzchen oder Verkehrshinweisen; keinesfalls aber mit dem Namen des Interpreten und dem Songtitel. Das klang zwar alles sehr ähnlich, war dafür aber im Überfluss vorhanden.

Mit der Etablierung des Internets stieg der Wasserstand in Sachen Musik ab Mitte des folgenden Jahrzehnts weiter an. Popsongs galten als so genannte »Killerapplikation«, als Anwendung, die das Internetgeschäft schnell in Schwung bringen könnte. Die Entwickler des neuen Mediums waren jung, und Musik hatte für sie eine große Bedeutung – also füllten sie damit die unendlichen Kanäle, die sich ihnen in der digitalen Welt auftaten. Dabei war es egal, ob das mit Demos, mit Selbstproduziertem oder gleich mit ihrer ganzen CD-Sammlung geschah.

Jetzt stand Land unter. Rund 80 Prozent der Bandbreite des Internets nimmt bis heute Musik ein. Mit dem Kompressionsprogramm MP3 hat sie ein neues, marktführendes Format gefunden. Nur die Industrie, der die Rechte gehören, nutzt dieses Format kaum. Aus Sorge um das alte Geschäftsmodell ignoriert sie die Realität: Während es in der Musikwirtschaft gern heißt:»Unser Geld verdienen wir immer noch mit CDs«, beschafft sich der Konsument die Ware mehrheitlich längst non-physisch.

Diejenigen, deren zentrales Interesse eine Marktregulierung durch stimmige, legale Angebote sein müsste, verteidigen stattdessen Altbewährtes. Also ist da keiner, der die Sandsäcke auftürmt. Der Konsument steht alleine am Ufer, weiß nicht, wie er der Flut Herr werden soll, und geht langsam unter. Selbstgebrannte CDs liegen, meist ohne Cover, neben den Rechnern der Nutzer herum, der Respekt vor Künstlern und ihrer Musik geht langsam stiften.

Früher hat man sich für Musik geschlagen, wie sonst nur wegen Frauen, Religion oder Fußball. Kein anderes Kulturgut kann derartig emotionalisieren, Fans fanatisieren. Der Eindruck von Beliebigkeit, entstanden durch die gewaltige Menge immer einfacher zu produzierender und kommunizierender Musik, ist ein weit größeres Problem als der potenzielle Schaden durch die millionenfach getätigten Downloads. Beliebigkeit nimmt der Musik ihre Magie, mindert auf Dauer ihren Wert – so wie die Schnäppchen-Kampagnen der Elektromärkte. Dabei gibt es selbst dort den Wunsch nach Authentizität.

Im letzten Kapitel habe ich Ralf Laffert als bulligen Einkäufer vom Handelsriesen Saturn vorgestellt, wollte seinen Namen nicht verraten, weil es mir unfair erschien. Laffert kam einfach zu eindimensional daher, wie er in meinem Büro saß und mit der Marktmacht der Solventa-Gruppe drohte. Ich sah ihn danach noch mehrfach am Münchner Flughafen. Das Terminal Eins strahlt den Charme eines Internierungslagers aus, die Kempinski-Gruppe baute das passende Fünf-Sterne-Hotel dazu. Das Einzige, was hier wärmte, war der Kaffee, den ich in dem Hotelzimmer trank, in dem mir Herr Laffert gegenübersaß.

Er nutzt diesen Ort für all seine Verhandlungen mit Lieferanten. Diesmal wollte er mich alleine sprechen, und mir schwante das Schlimmste: Jahresgespräche. Laffert der Löwe, wie man ihn beim Klingeltonvermarkter Jamba, einer Solventa-Beteiligung, nennt, kam jedoch ohne Unterlagen. Er wollte mir seinen Traum erzählen. In diesem Traum ging er beschwingt durch Saturn-Märkte, fand auf Speicherchips das komplette Programm von Bands, die ihm wichtig waren, sah für die Kids einen billigen Träger zum »Taschengeld-Preis« in den Regalen und schließlich stand Laffert vor den Platten, die er liebte. Das waren keine herkömmlichen CDs, das waren große Werke, in denen man versinken konnte. Laffert wollte Texte lesen, die ihn in die Welt seiner musikalischen Helden entführten. Er wollte großflächige Bilder sehen zu der Musik, die er hörte. Er blätterte ein imaginäres Buch auf, als er mit mir sprach.

Laffert der Löwe, Herr über ungeheure Warenmassen, billig und mit hoher Geschwindigkeit bei Media Markt und Saturn umgeschlagen, gestand sein Verlangen nach etwas Bleibendem. Geiz mag in seiner Werbekampagne geil sein, aber was er enthusiastisch und gestenreich beschrieb, war kein Schnäppchen, hatte keine Beliebigkeit. Hier ging es um wesentlich mehr Tiefe als die des Preises. »Das darf man natürlich nur mit Musik machen, die etwas bedeutet«, sagte Laffert leise. Und im Geiste hielt er in seinen Händen etwas sehr Kostbares. Die Sehnsucht nach authentischer Musik, Helden, denen wir glauben können, Tönen, die klingen lassen, was wir fühlen, steckt in uns allen. Nur bedient wird diese Sehnsucht zu selten.

So ziemlich jeder Mensch unter 65 hat sich mit Rockmusik sozialisiert. Also müssten sich immer mehr Künstler durchsetzen lassen, die breite Bevölkerungsschichten bewegen. Das Gegenteil ist der Fall. Das Dilemma lässt sich deutlich an den Zahlen des Bundesverbandes der Phonographischen Industrie ablesen. Angenommen, dass es einem großen Künstler gelingen sollte, zwei Alben hintereinander Platin zu verkaufen – bis 1999 waren das 500 000 Tonträger, dann 300 000 und seit 2003 nur noch 200 000 CDs – entstanden in Deutschland in den siebziger Jahren noch 19, in den Achtzigern 18 und in den neunziger Jahren gerade noch sechs neue, große nationale Acts.

In keiner anderen Industrie kann das Produkt so ideal kommuniziert werden wie in der Musikbranche – die Möglichkeiten sind vielfältig. Der Popsong ist eines der wenigen Produkte, das sich durch audiovisuelle Medien in seiner Gesamtheit vermitteln lässt. Was Fernsehkoch Armin Roßmeier im Frühstücksmagazin *Volle Kanne* brutzelt, mag lecker aussehen, doch schmecken oder riechen kann man es im TV nicht. Das Kleid, in dem sich Franka Potente für das Magazin *Monopol* ablichten lässt, mag aufregend anzuschauen sein, anprobieren lässt es sich nicht. Höre ich aber einen Musiktitel im Radio oder im Fernsehen, kann ich sicher sein, später im Laden oder im Netz exakt denselben Titel zu bekommen. Die mediale Darstellung hat für Musik deshalb einen höheren Stellenwert als für viele andere Güter. Kaum ein A&R kann sich der Versuchung entziehen, an die möglichen späteren Kommunikationskanäle zu denken, wenn er einen Künstler unter Vertrag nimmt. Gibt es für seine Musik keine geeigneten Kanäle, minimieren sich die Chancen, den Künstler zum Erfolg zu führen, dramatisch.

In der Folge hat die Musikindustrie akzeptiert und gelernt, für ihre wichtigen Partner Hörfunk und Fernsehen zu produzieren. Doch dort entwickelte sich die Quote als Ausdruck des Massengeschmacks zur bestimmenden Währung. Die Medienlogik ist verheerend: Quoten können nur steigen, wenn gespielt wird, was der Konsument schon kennt. So beginnt eine Todesspirale für die Inhalte. Sie müssen beliebig sein, klingen wie bereits Etabliertes, um funktionieren zu können. Die Qualität leidet, nichts wirklich Innovatives kann sich dauerhaft etablieren. Und: Es wird am Bedarf der Konsumenten vorbei produziert, denn was sie im Hintergrund, also im Radio hören wollen, hat wenig mit dem zu tun, was sie kaufen würden. Kunst muss auch Versuchung sein. Höre ich Rockmusik, will ich wissen, was mir die Schlange zu sagen hat.

Das Zusammenspiel von Musikwirtschaft und Fernsehen gestaltet sich einfacher als die Kooperation mit dem Radio und ist recht erfolgreich. Wenigstens folgen hier auch die Verkäufe, wenn man gezielt für den Kanal produziert. Doch der Kunde kauft die CD nicht wegen musikalischer Qualitäten, sondern wegen der Show. Die Musikindustrie sitzt bei der Verwertung dieser TV-Nebenrechte in der zweiten Reihe und das nicht einmal zu Unrecht.

Es fehlen die starken Inhalte. Zugleich wird der Markt mit Musik aus Radio, Fernsehen, Supermarktlautsprechern und dem Netz überschwemmt. Wenn Musik als austauschbare Ware empfunden wird, ist der Markt in Gefahr. In der Konsequenz sinken die Umsätze: Von 1997 bis 2003 ging ein knappes Drittel des Gesamtmarktes verloren. Mittlerweile nähern wir uns der Hälfte. Mit dem Mut der Verzweiflung schaut die Branche nach England, wo der Markt zurzeit nur stagniert, oder auf die USA, wo er sich vermeintlich leicht erholt. Gerne vergessen die Claqueure dabei die Währungsdifferenzen, von denen Pfund und US-Dollar profitieren, sie wollen nicht wahrhaben, dass die positiven Nachrichten auch die Folge massiver Exporte sind. Zudem befindet man sich auf einem gefährlich niedrigen Marktniveau. Wer da jubelt, erinnert an den armen römischen Zenturio im ersten Asterix-Heft. Statt des Zaubertrankes hatte er vom gallischen Druiden Miraculix ein Haarwuchsmittel verpasst bekommen. Im Glauben an seine gewaltige, neu erworbene Kraft springt er von Findling zu Findling, ist aber zu schwach, auch nur einen von ihnen zu heben. Als er sich immer kleineren Steinen zuwendet und schließlich einen mittleren Kiesel hochstemmt, jubiliert er verblendet: »Ich bin ein Supermann!« Als Cäsar vorbeikommt, muss der Zenturio nach Hause gehen, Richtung Circus Maximus. Der Musikindustrie droht ein ähnliches Schicksal. Es gehen natürlich nicht alle auf einmal, sondern wie dereinst die römischen Truppen tritt man den geordneten Rückzug an.

Bei Universal Deutschland gab es mehrere Etappen. Als das Unternehmen im Juli 2002 von Hamburg nach Berlin zog, konnten oder wollten viele ältere und dadurch teure Mitarbeiter nicht mitkommen. Sie erhielten eine korrekte Abfindung, wurden aber nicht ersetzt. Im Januar 2003 folgte die Operation »Hochzeit« – ein Großteil der Mitarbeiter des Mercury-Labels wurde entlassen, die Reste in Einheiten von Polydor oder Motor integriert. Parallel lief das Projekt »Waldspaziergang«, währenddessen schrittweise über zwei Jahre hinweg der Vertrieb halbiert wurde. Schließlich kam »Silverlining« auf uns zu. Im Laufe der Jahre 2003 und 2004 sollten wir die Ausgaben für lokale Künstler nahezu halbieren und mit dem Abbau der Administration fortfahren. Silverlining nennt man das leichte Leuchten, das eine Wolke umgibt. Es ist also das englische Pendant zum Silberstreifen am Horizont. Man kann der Beraterfirma Boston Consulting als Namensgeberin ihren Mut zum Sarkasmus nicht absprechen. Auf ihrer Analyse beruhte das weltweite Programm, das zu Massenentlassungen und dem Ende vieler Künstlerverträge führen sollte.

Im wirtschaftlichen Sinne geht das, so grausam es klingen mag, in Ordnung. Wenn die Ressourcen sich verknappen, ist es aus Konzernsicht zwingend logisch, einerseits die Fixkosten zu senken und andererseits die Mittel dort zu konzentrieren, wo sich mit ihnen das maximale Ergebnis erzielen lässt. Natürlich ist die Wahrscheinlichkeit auf eine erfolgreiche globale Auswertung von Musik deutlich höher, wenn sie aus dem angloamerikanischen Raum kommt, schon allein aus sprachlichen Gründen.

Wenn eine Beziehung ins Trudeln gerät, erinnern sich die Partner gerne an die guten alten Tage. Sie versuchen auf diese Weise, neue Kraft zu schöpfen, um die Liebe zu retten. Häufig führt das zu Reisen an Orte, an denen man miteinander glücklich war. Doch das Glück will sich nicht wieder einstellen, denn Orte und Menschen sind andere geworden, haben sich weiterentwickelt. Die Pension von damals ist pleite, der Ozean ein Baggersee, der Schwan eine Ente und Heerscharen anderer Touristen haben längst die geheimen Plätze entweiht. Dieser Logik folgend kehren viele Plattenfirmen, so als hätte es die letzten 15 Jahre nicht gegeben, zu Strukturen zurück, in denen sie einst erfolgreich waren. Die Differenzierung der Labels nach Szenen und Genres wird aufgelöst und stattdessen nur noch zwischen nationalem und internationalem Repertoire unterschieden. Arbeitsbereiche werden nach A&R, Marketing, Promotion und Vertrieb scharf voneinander getrennt. Das sind Strukturen, die man in den Zentralen gut kennt, denn so waren Firmen organisiert, als die heutigen Präsidenten selbst noch im Tagesgeschäft standen. Schritt für Schritt verlieren lokale Künstler ihre Verträge, hier 100 bei Warner, dort 60 bei BMG, Hunderte A&R-Experten, Promoter, Produktmanager, Vertriebsmitarbeiter und Administratoren werden entlassen. Die deutschen Dependancen nehmen für die Majors zunehmend die Rolle von Großhändlern ein – internationale Künstler werden durchvermarktet, wenige bereits hoch profitable lokale Künstler weiter durchgezogen.

Am Ende kann sich Adam nur noch vor seinem Gott verstecken, der zornig durch den Garten tobt. Denn der Markt hat sich abgekühlt, und der Baum des Lebens verliert Blätter, als wäre es tiefster Herbst. Dies ist nicht mehr das Paradies, das wir kannten, dies ist ein Land, das sich gen Abend neigt und zur Steppe wandelt. Das Futter wird knapp, die Löwen gucken hungrig, die Sonne wärmt nicht mehr. Adam ist für die fatale Lage mitverantwortlich, schließlich hat er von der Macht genascht. Man versprach ihm, er werde wie Gott, würde wissen, was gut und böse ist. Und die Macht hat ihm verdammt gut geschmeckt. Der Herr will nun den Baum der Erkenntnis fällen und die Schlangen zu Handtaschen verarbeiten, die Weide für Parkplätze planieren und die wilden Tiere zur Attraktion eines Kuschelzoos machen. Der Heilige Geist hat dafür schon so manchen Plan und allerhand Diagramme gemalt. Vielleicht behält er Recht, vielleicht wird sich das Paradies dadurch erholen. Und irgendwann braucht man Schlangenlederhandtaschen und Parkplätze für den Streichelzoo nicht mehr; man pflanzt einen neuen Baum an, und es wird wie früher. Doch Adam will diese Verheißung nicht mehr glauben und wird richtig bockig. Er hatte schließlich sich und allen anderen etwas versprochen hier im Garten Eden, er wollte neue Äpfel züchten, den wilden Tieren bei der Aufzucht des Nachwuchses zur Seite stehen und sogar der Schlange bei der jährlichen Häutung helfen. Doch nun sah er stattdessen Beliebigkeit, sah die Idee des Paradieses schwinden, stellte sich vor seinen Gott und sagte:»Herr, wenn du tust, was hier geschrieben steht, werde ich nicht verweilen, um über unser Paradies zu wachen, denn dann ist es keines mehr.« Dieser hörte sich mit sorgenvollem Gesicht Adams Klagen an, griff in die Hosentasche und überschüttete ihn mit Manna.»Sammele dies auf, damit du mir nicht unter die Räder kommst, denn hier brauche ich nur, wer mir gehorcht bis zum jüngsten Tag.« Und so ging ich dann.

Der Autor im Hintergrundgespräch mit Thomas Middelhoff unter:
www.motor.de/interviews/middelhoff

TEIL ZWEI:
DAS NEUE TESTAMENT

INHALT – KAPITAL – VERANTWORTUNG

Mit den Eisenbahndieben begann das Problem. Sie hielten sich nicht mehr mit einfachen Postkutschen auf, sondern überfielen gleich ganze Züge. Und das amerikanische Volk klatschte heimlich Beifall. Farmer versteckten die Gesetzesbrecher nach den Überfällen, denn der Eisenbahnraub galt als gerechter Widerstand. Das Feindbild waren die Eisenbahnbarone. Man hielt sie für geldgierige Emporkömmlinge, die auch vor Korruption nicht zurückschreckten. Ihre protzigen Villen auf dem Nob Hill von San Francisco sprachen eine deutliche Sprache. Der Eisenbahnräuber Jesse James wurde zum frühen Popstar, als er die Stimmung der Zeit aufgriff und öffentlich fragte: »Was machen wir mit den Verbrechern, denen die Eisenbahn gehört?« Selbst US-Präsident Harry S. Truman verklärte 1949 den Dieb: »Jesse James war ein moderner Robin Hood, er bestahl die Reichen und beschenkte die Armen. Und das ist im Allgemeinen keine schlechte Politik.«

Die regelmäßigen Überfälle machten den Eisenbahnbaronen das Leben schwer, zerstörten aber weder das Geschäftsmodell noch ihren Reichtum. Dennoch riefen die Schienenunternehmer nach staatlicher Hilfe. Als diese nicht prompt und vehement genug kam, griffen sie zur Selbstjustiz. Die Eisenbahnbarone nahmen eine Hand voll arbeitsloser Soldaten unter Vertrag – der Sezessionskrieg war gerade vorbei – und schickten sie den Dieben auf den Hals. Zimperlich wurde dabei nicht vorgegangen. Doch während die Eisenbahnsöldner noch den Desperados durch die amerikanische Steppe nachjagten, entstand jenseits des Atlantiks eine ganz andere, erheblich größere Bedrohung für die Eisenbahnlobby. Die Herren Gottlieb Daimler und Karl Benz entwickelten die Grundlagen der Automobilindustrie, Otto Lilienthal und der Brite Sir George Cayles schafften wenig später Gleiches für den Flugzeugbau. Die Nutzung ihrer Erkenntnisse für die breite Masse der Konsumenten fand direkt unter den Augen der Eisenbahnbarone in den Vereinigten Staaten statt. Beim Auto ging Ford, beim Flugzeug die Firma der Gebrüder Wright in Führung. Ab 1920 wurden die Landstraßen der USA zu Highways ausgebaut, in den dreißiger Jahren verband ein erstes funktionierendes Liniennetz die größten Städte Nordamerikas per Flugzeug. Die Eisenbahnbarone hatten das Kapital, aber sie investierten nicht in die neuen Technologien, um an ihnen teilzuhaben. Ihr Geschäft sahen sie im Schienenverkehr, nicht im übrigen Transportwesen. Ein dramatischer Irrtum. Heutzutage wickelt die einst mächtigste Industrie Amerikas noch 0,6 Prozent des Personenverkehrs ab, staatlich subventioniert. Die Eisenbahnbarone sind Geschichte, keiner vermisst sie.

Jeder Manager findet tausend triftige Gründe, weshalb seine Situation einmalig ist und nicht historisch vergleichbar sein kann. Niemand möchte Teil einer durchschaubaren Kausalkette sein, die womöglich über Jahrhunderte zurückverfolgt werden kann. Technologischer Fortschritt und gesellschaftliche Veränderungen werden als Argument benutzt, um die eigene Einzigartigkeit zu belegen. Doch bei abstrakter Betrachtung tauchen immer wieder ähnliche Mechanismen auf. Auch die Art der Geschichtsschreibung funktioniert nach wiederkehrenden Regeln: Man ist auf der Seite des vermeintlich Schwächeren oder des Siegers. Am besten ist der Schwächere sogar der Sieger, dann entsteht ein Heldenepos. Auf die historische Darstellung der Eisenbahnbarone und ihres prominenten Gegenspielers Jesse James trifft das genauso zu wie heutzutage auf die Berichterstattung über die Musikindustrie in den Medien. Fair ist das in beiden Fällen nicht. Natürlich wurde dank der Eisenbahnunternehmer das gewaltige Land überhaupt erst erschlossen, nur durch die neue Infrastruktur konnten sich seine Bewohner vernetzen und als ein Staat begreifen. Die Eisenbahnbarone gingen mit dem Aufbau des gewaltigen Schienensystems ein hohes Risiko ein und traten in Vorleistung. Doch was von ihnen bleibt, sind die Legenden über Reichtum, Grausamkeit und das Scheitern an der eigenen Bequemlichkeit.

Man kann aus der Geschichte lernen. Und wenn man das getan

hat, muss man mit diesem Wissen beginnen, nach vorne zu schauen. Technische Innovation lässt sich nie stoppen, das ist eine historische Tatsache. Egal ob klerikale Kreise den Buchdruck zu verhindern suchten oder Diktatoren das Internet aussperren wollen: Wenn der Bürger als Konsument die technische Möglichkeit bekommt, eine unabhängigere oder auch nur bequemere Position einzunehmen, wird er nach ihr greifen und im Fall von Widerstand den Fortschritt erzwingen. Die Aufgabe eines guten Produzenten muss darin bestehen, das Neue zu forcieren und in seinem Sinne zu nutzen.

Die Effekte der Digitalisierung kommen: in Bereichen mit kleinen, kurzfristig konsumierbaren Datenmengen wie Musik schneller, in anderen Segmenten wie Film- und Fernsehwirtschaft oder Buchindustrie mit höheren Hardware-Investitionen bei Unternehmern und Konsumenten sicher später. Nur wer diese Effekte umarmt, kann gewinnen. Das ist nicht zu verwechseln mit einem unreflektierten Drauflosstürmen, wie wir es zu Anfang der New Economy erlebt haben. Jedes Unternehmen, das Innovationen nutzen will oder sich sogar über ihre Kreation definiert, muss zunächst eine Frage beantworten: Was macht die Branche aus, in der ich mich befinde, und wie funktioniert sie?

In der Medienwirtschaft fallen drei entscheidende Faktoren auf – Inhalt, Kapital und Verantwortung. Nur wenn alle drei in gleichem Maße zum Tragen kommen, steht die Branche auf sicheren Beinen. Fehlt nur eines der drei Elemente, kommt es zur Schräglage und schließlich zum Kollaps. Logisch, mit viel Kapital und noch mehr Verantwortung kann auf Dauer derjenige nicht gewinnen, der nichts zu sagen hat. Medien transportieren oder definieren Inhalte, je schwergewichtiger diese sind, desto sicherer liegen sie auf der Straße, desto wichtiger wird auch das Medium selbst. Mit Inhalten allein lässt sich aber auch nichts erreichen, wenn das Kapital fehlt, um sie zu inszenieren und die nötige Aufmerksamkeit zu schaffen. Ist sowohl Kapital als auch Inhalt vorhanden, wird dennoch keine stimmige Inszenierung entstehen, wenn das System, aus dem sie hervorgehen soll, nicht verantwortlich agiert. Der Inhalt verpufft dann in billiger Effekthascherei oder wird von den Bedürfnissen und der Wucht des Kapitals erdrückt.

Das Projekt erschien absolut einleuchtend. PolyGram und CBS taten sich bereits Ende der achtziger Jahre zusammen, um, aufbauend auf einer großen Untersuchung, die Entscheidungsfindungsprozesse ihrer Talentsucher und Produzenten logischer und planbarer zu machen. Man wollte sich aus der Abhängigkeit ihrer subjektiven Entscheidungen lösen und die Erfolgsquote zugleich erhöhen. Im Frankfurter Raum fanden sich über 500 Konsumenten aus allen Alters- und Bildungsschichten in einem Studio zusammen. Statistisch längst eine vernünftige Größe, vorselektiert und betreut durch ein renommiertes Marktforschungsinstitut. Die Probanden bekamen Kopfhörer übergestülpt und ein gutes Dutzend Songs vorgespielt. Bei Gefallen drehten sie einen Knopf nach rechts, bei Missfallen genau andersherum.

Das Ergebnis überraschte wenig. Ganz vorne lag Deutschlands damals wohl einziger echter Popstar. Howard Carpendale hatte sich mit seiner wohlbekannten, geschmeidigen Stimme und seinem charmanten Akzent in die Herzen der Tester gesungen. Ganz hinten fand sich ein anderer Mann. Ein Newcomer, ein Niemand mit recht rauer Stimme, der zudem in seinem Schlager Worte wie »Verdammt« benutzte. Ungewohnt und deshalb unbeliebt. Der junge Interpret hieß Matthias Reim, das Stück, welches bei den Testern durchfiel, *Verdammt, ich lieb dich*. Howard Carpendale legte mit dem geprüften und für gut befundenen Song einen seiner wenigen Misserfolge hin, Reim verkaufte von seiner Nummer jeweils über 1,4 Millionen Singles und Alben und revolutionierte die Sprache des deutschen Schlagers. Das Projekt wurde abgebrochen.

Innovation kann man nicht vorab messbar machen. Innovation heißt, den Mut zum Risiko, zum Unkalkulierbaren aufzubringen. Demoskopie ist ein hilfreiches Instrument, doch sie kann am Ende nur eines zeigen: den Status quo. Befragte werden immer nur dann in der Breite positiv reagieren, wenn das Präsentierte erlernten Mustern entspricht. Marktforschung kann nur sichtbar machen, was im Mainstream der Bevölkerung bereits angekommen ist.

Dennoch ist sie unentbehrliche Grundlage von Unternehmensentscheidungen in Wirtschaft, Kultur und Politik. Der Manager will sich absichern, seine Entscheidungswege transparent gestalten. Je größer und komplexer Systeme sind, desto stärker muss er von subjektiver Einschätzung oder gar Intuition entkoppelt erscheinen. Schließlich haben seine Entschlüsse umfassende Auswirkungen für viele. Die eigenen verantwortlichen Entscheidungen kann man am einfachsten durch den Verweis auf die Marktforschung absichern. Außerdem wird der Entscheider von vielen beurteilt, muss von allen verstanden werden. Im Management hört man häufig den Satz: »Was man erklären muss, hat schon verloren.« Marktforschungsdaten muss man nicht erklären. Sie stehen als Fakten unangreifbar da. Das ist nachvollziehbar, aber auch verantwortungslos. Denn das Kollektivieren der Entscheidung führt zum gesellschaftlichen, kulturellen und politischen Stillstand.

»Vorne ist da, wo sich keiner mehr auskennt«, sagt Sebastian Turner, Chef der Werbeagentur Scholz & Friends. Werbung finanziert Medien. Egal ob Fernsehen, Radio, Print oder Online – sie alle unterliegen ihrer Logik, denn sie brauchen ihr Geld. Werbung setzt große Budgets ein, um Produkte anzupreisen, die sich am Ende besser verkaufen sollen. Da es dabei um viel Geld geht, wünschen sich die Werber und ihre Auftraggeber eine hohe Planungssicherheit. Um dem gerecht zu werden, haben Medienmanager einen gewaltigen Zahlenapparat um sich herum aufgebaut: Das Fernsehen präsentiert sich in minutengenauen Quoten und Zielgruppen-Reichweiten, das Radio hat die Media-Analyse perfektioniert und die Printverlage rechnen ihre Objekte in Auflagenzahlen und Kontaktreichweiten. Alle beschreiben sie ihre Klientel in komplexen Sinus-Milieus oder Zielgruppen-Clustern. So wird Werbung messbar gemacht.

Gemessen werden kann mit den herkömmlichen Mitteln aber nur Quantität und nicht die Qualität der Nutzung. Und selbst die Angaben zur Quantität stehen auf tönernen Füßen. Was zählt zur verkauften Auflage einer Zeitschrift? Auch jene tausend, als bezahltes Abo geführten Exemplare der Stadtzeitung, die eine spanische Papier-Recyclinganlage in den Büchern stehen hatte, als ich damals für das Objekt arbeitete? Die zahllosen Flughafenexemplare, die zu Schnupperkonditionen an Airlines verkauft werden, oder die Lesezirkel-Titel im Zahnarztwartezimmer? Bei der Mediaanalyse des Radios erfahre ich eher, wie viele zufällig angerufene Menschen sich an den Werbeslogan einzelner Radiostationen erinnern, als wirklich harte Daten über das Hörerverhalten. Auch die Daten der Nürnberger Gesellschaft für Konsumforschung (GfK), auf deren Erhebungen die Fernsehquoten beruhen, sind mit größter Vorsicht zu genießen. Das GfK-Meter erfasst elektronisch 5 640 Haushalte, pro Bundesland mindestens 220. Die endgültige Auswertung nennt sich Panel. Für den Haushalt von Familie Dietsch beschreibt Mutter Elke die Erfassungsprozedur: »Man muss sehr diszipliniert damit umgehen, weil man sich für jede Kleinigkeit an- und abmelden muss. Sobald man den Raum verlässt, muss man sich abmelden, sei es, um in die Küche zu gehen oder zur Toilette oder ans Telefon. Und sobald man den Raum wieder betritt, Fernsehen schaut, wieder anmelden.« Was sind das für Menschen, die einen solchen Eingriff in ihr Leben für ein monatliches Taschengeld zulassen? Und trotz all der Mühe weiß die GfK am Ende nicht, ob der vermeintliche Zuschauer beim Fernsehen liest oder gar eingeschlafen ist.

Dennoch produzieren die Informationsgemeinschaft zur Feststellung der Verbreitung von Werbeträgern (ivw), deren Aufgabe die Verifizierung von Zeitungs- und Zeitschriftenauflagen ist, die GfK und die Arbeitsgemeinschaft Media Analyse mit wissenschaftlicher Hingabe einen Wust von Daten. Mit diesen Daten jonglieren dann wiederum die Mediaagenturen. Sie sind zwischen den Markenartikler, seine Werbeagentur und das Medium geschaltet, über das die Botschaft verbreitet werden soll. Einige wenige Mediaagenturen wie Carat oder OMD bündeln die Aufträge, drücken dadurch die Preise für Werbefläche und beraten den Werbenden bei der Platzierung. Auf Basis einer Zielgruppenbestimmung durch den Auftraggeber versuchen sie, so viele Kontakte wie möglich gemäß des vorgegebenen Budgets zu generieren. Die Zielgruppe kann sich jedoch nur an klar messbaren Fakten definieren: Alter, Bildung und Einkommen. So genannte Stilgruppen wie Fußballfans, Motorradfahrer und erst recht alle, die sich um rein kulturelle Werte wie Rockmusik, Filmvorlieben oder literarische Interessen sammeln, sind sozial ziemlich heterogen. Mit den Zahlen, die Mediaberatern vorliegen, lassen sich diese kaum herausfiltern.

Die Mediaagenturen sind deshalb dazu verdammt, mit der falschen

Währung zu arbeiten. Reichweiten und Tausend-Kontakt-Preis versteht man zwar in fast allen Firmenzentralen als Ausdruck der Effizienz einer Kampagne, mit der Wirklichkeit von Werbung haben sie aber immer weniger zu tun. Der Konsument kauft sich mit einem Produkt auch in gewisser Weise Identität. Tut er das nicht, zählt in einem Markt, in dem das Angebot aufgrund technischer Entwicklung immer identischer wird, nur noch der Preis. Das kann nicht im Interesse des Produzenten sein. Was den Konsumenten tatsächlich ausmacht, definiert sich aber spätestens seit der zweiten Hälfte des letzten Jahrhunderts zunehmend weniger durch Zugehörigkeit zu einer sozialen Gruppe oder Bildungsschicht. Wenn aus Taxifahrern Minister werden können, können sowohl Minister als auch Taxifahrer in derselben Zielgruppe sein, weil sie sich über die gleichen kulturellen oder politischen Werte sozialisiert haben. Aus der Zielgruppe wird die Stilgruppe. Wer wie ich als etwas unentschiedener Punk mit Hang zur Überinszenierung aufgewachsen ist, reagiert sein Leben lang auf bestimmte Codes. Für mich muss das Unkonventionelle elegant gestaltet daherkommen und schon spüre ich den Kaufimpuls; Apple erfüllt dieses Bedürfnis in der Regel perfekt. Das gilt allerdings nicht nur für mich, sondern auch für viele Weggefährten von früher. Egal ob Arbeiter auf der Rampe beim Springer-Druckhaus in Ahrensburg, Entwicklungsökonom in Seattle, Architekt oder ehemaliger Musikpräsident: Die Signale, auf die wir reagieren, sind identisch, weil meine Freunde und ich während der Phase unserer stärksten Prägung in denselben Clubs standen, die gleichen Bücher lasen, einer übereinstimmenden Vision folgten. Sie sind Ausdruck einer emotionalen Heimat, die umso wichtiger wird, je mehr Botschaften in Form von Wörtern, Bildern oder Tönen auf den Einzelnen einprasseln. So entsteht in einer unüberschaubaren Medienwelt Orientierung.

Ab Mitte der neunziger Jahre tauchte in unserer Universal-eigenen Marktforschung immer häufiger eine neue Quelle als Grund für den Plattenerwerb auf: »empfohlen durch Freund/Freundin«. Der Opinion Leader funktioniert wie ein kleiner Leitwolf im sozialen Umfeld, denn er kennt sich in den Codes der Stilgruppe am besten aus, er ist der »early mover«, den die Hardwareindustrie bei der Einführung neuer Produkte so dringend benötigt. Beispiele? Jungen, die bei Klassenreisen auf der Rückbank des Busses saßen, weil sie da am meisten Quatsch machen konnten. Mädchen, die als Erste einen mindestens vier Jahre älteren Freund hatten, der in der Schulmannschaft die Tore schoss. Wenn diese Alpha-Tierchen neue Musik vorspielen, hat das Gewicht, merkt man sich den Interpreten. Sie verfügen auch über die aktuellsten Geräte und technischen Spielereien. Egal welcher sozialen Gruppe sie angehören oder welchen Bildungsstand sie besitzen, sie definieren sich durch ihren Wissensvorsprung. Sie werden sowieso von Freunden und Bekannten um ihre Expertise gebeten und haben daher kaum das Bedürfnis, ihr Wissen Marktforschern zur Verfügung zu stellen oder gar ihren Haushalt durchleuchten zu lassen. Starke soziale Werte, hohes Einkommen oder gute Bildung, wie sie zum Beispiel mein Zahnarzt haben mag, sagen nichts über seine visionäre Kraft aus. Ein Langweiler, der weit davon entfernt ist, für irgendjemanden die Meinungsführerschaft zu übernehmen, kann er als Zahnarzt genauso sein wie als Lehrer oder Baggerfahrer. Er lässt sich vielleicht von Marktforschern befragen, die Wahrscheinlichkeit, einen Opinion Leader im GfK-Panel zu finden, der sich beim Fernsehen an- und abmeldet oder sich telefonisch zu seinem Radiokonsum befragen lässt, tendiert hingegen gen Null.

Deshalb tat der Musiksender VIVA von Anfang an gut daran, sich gar nicht erst durch die GfK messen zu lassen. Wie das Vorbild MTV vertraute man auf Markenbildung: Hat der Sender in bestimmten Szenen eine große Bedeutung, kann er auch mit kleinster Quote viel bewegen. Bei der Etablierung neuer Künstler haben beide Sender das immer wieder unter Beweis gestellt, und auch Markenartikler wollten sich mit dem coolen Image gerne assoziieren. Der Tabubruch kam mit der Messung. MTV wollte sich durch belegbare Quoten gegenüber den großen Mediaagenturen und ihren Markenkunden professionalisieren. In der Folge rückten jedoch immer mehr Kerninhalte in den Hintergrund. Statt der neuesten und aufregendsten Musik in Form von Videoclips dominierten Reality-Serien und Prominenten-Dokumentationen das Programm. Vermutlich die richtige Strategie, um beim Marktforschungspublikum anzukommen, aber auf Dauer abschreckend für wahre Liebhaber in Sachen Pop, für die Opinion Leader. Das angesprochene Publikum wurde zunehmend beliebiger, aber die Quote stieg. Kaum war MTV umgefallen und hatte sich auf die Währung der Werber eingelassen, blieb VIVA nichts anderes übrig, als ebenfalls mit ihr zu bezahlen. Beim Kölner Sender sorgten nun billige Manga-Comics für die nötigen Zuschauerzahlen.

Doch das System Quote ist ebenso bedroht wie das Geschäftsmodell der Musikwirtschaft. Die gesamte Kommunikationsindustrie befindet sich in einer Phase revolutionärer Erneuerung. Digitale Technologie verändert sämtliche Medienformate, denn sie bietet Raum für zig neue Kanäle und die Einbeziehung des Konsumenten. Das alte Modell »ein Sender – viele Empfänger« ist aufgehoben. Der Konsument emanzipiert sich, ist in Form von Internetforen und Weblogs selbst längst der Sender. Die Kontaktzahlen der herkömmlichen Medienmessung waren schon immer nur begrenzt aussagekräftig, im Rahmen der Pluralisierung durch Digitalisierung werden sie zunehmend überflüssig. Das neue Modell »viele Sender – viele Empfänger« inflationiert die Währung Quote.

Wer die Masse erreichen will, muss im Einzelnen dennoch ein Gefühl von Individualität erwecken. Bei Motor nannten wir das »links antäuschen, rechts schießen«, eine völlig andere Art der Kommunikation und Präsentation, als man sie bislang in der Welt der Massenmedien erlernt hatte. Ein Konsument, der in jedem Produkt seine Identität wiederfinden möchte, also nach dem Genusswert sucht, braucht eine andere Ansprache als ein Käufer, der auf den Nährwert achtet.

Ein ideales Beispiel für diese Strategie ist die Sportartikelmarke Puma. Nach einem Streit hatten sich die Brüder Adolf und Rudolf Dassler im Jahr 1948 entzweit, der eine führte Adidas weiter, der andere gründete Puma, beide Firmen sitzen bis heute in der fränkischen Kleinstadt Herzogenaurach. In den siebziger Jahren war Puma eine souveräne Marke: Was Borussia Mönchengladbach an den Füßen trug, konnte kein Schmutz sein, auch wenn es nur die kleine Variante von Adidas war. In den achtziger Jahren verlor Puma diesen Charakter, wurde zunehmend als Billigmarke empfunden. Erst der junge Manager Jochen Zeitz leitete Mitte der neunziger Jahre den Kurswechsel zum modernen Massenprodukt ein.

Zentrale Idee war die künstliche Verknappung der Puma-Produkte. Von einer primär umsatzgetriebenen Strategie stellte Zeitz das

Haus auf eine qualitative Markenführung um. Das bedeutete eine Minimierung der Kollektion um fast 50 Prozent und eine Verkleinerung des Kunden-Portfolios. Discounter und Warenhäuser wurden ab sofort von Puma nicht mehr beliefert. Legendär sind die Wutanfälle von Zeitz, der seine US-Manager nach einem Spaziergang durch New York zusammenstauchte, weil er Puma-Schuhe in zu vielen Geschäften entdeckt hatte. Konsequent nutzte das Unternehmen den Vertrieb als Marketingwerkzeug. Ziel war es, den Puma-Produkten den Faktor »hohe Begehrlichkeit« zurückzugeben, den Markennamen aus dem begrenzten Sportghetto herauszuholen und auf das Modesegment zu erweitern.

Puma setzte zum einen auf aggressives, aber gewitztes Marketing, das sich mit großen Kampagnen bei MTV oder in Szenezeitschriften konsequent jenseits des Mainstream aufstellte. Zum anderen entwickelte man eine Produktpolitik, die aufgrund der kostensparenden Besinnung auf alte Puma-Modelle die Retro-Welle mit lostrat und konsequent bediente. Die neue Strategie ging auf; Zeitz konnte das Unternehmen wieder in die Gewinnzone bringen und 264 Millionen Euro Profit vor Steuern im Jahr 2003 verbuchen. Puma hat ein Wachstum wie kein anderer Sportartikelhersteller, dennoch stellt man sich gezielt als kleiner, exklusiver Hersteller dar und vermeidet jeglichen Auftritt in Massenmedien. »Für mich ist die Größe nicht ausschlaggebend«, sagt Puma-Chef Zeitz. »Wir wollen weiter selektiv wachsen. Wir wollen nicht Puma für jedermann.«

In Wahrheit gelingt der Marke eine perfekte Verbindung von Avantgarde und Mainstream. Beim Sportschuh-Handelsgiganten Footlocker sind nur zwei preislich moderate und stilistisch wenig radikale Modelle verfügbar, die sich dank der »Begehrlichkeitsübertragung« auf jedermann als Ausdruck seiner Individualität zahlreich verkaufen. Auf der anderen Seite stehen in den hochpreisigen Metropolenboutiquen aufwändige Modelle von Designern wie Marc Jacobs, Yasushiro Mihara oder es hängen gleich komplette Bekleidungslinien. Die Besinnung auf den sportlichen Markenkern wird durch sensibel ausgewählte Werbeträger dokumentiert; ein Beispiel: die italienische Fußballnationalmannschaft, deren Spieler gleichermaßen für Spitzensport und Modebewusstsein stehen und die sich komplett in Puma kleiden. Das hört dann nicht beim Trikot auf, sondern setzt sich bis zum Anzug fort. Das blaue Fußballleibchen selbst wird zur Europameisterschaft als limitierte Edition über glaubwürdige Zeitschriften vertrieben. In Deutschland ist das alternative Musikmagazin *Spex* der Kanal. Der gute Name des Blattes wird unter das Logo der italienischen Mannschaft gesetzt und dadurch untrennbar mit Puma verbunden.

Gleichzeitig sponsert die Marke verschiedene jamaikanische Sportteams, setzt auf den Kinoerfolg *Cool Runnings* um das olympische Bob-Team und profitiert vom Flair der karibischen Insel, selbstverständlich samt glaubwürdiger Musikidentität und Underdog-Image. Puma vermeidet bewusst die Verbindung zu übermächtigen Siegerteams und setzt stattdessen auf sympathische, Ganja-rauchende Loser. Die passenden Trikots in den jamaikanischen Landesfarben werden genauso wie Handtaschen oder Shirts im Design der Olympiade Tokio 1964 in kleinen, glaubwürdigen Szeneläden verkauft.

Puma hat eine kompromisslos globale Perspektive angenommen. Auch wenn in den lokalen Märkten nur kleine Mengen verkauft werden, kumuliert weltweit eine wahrnehmbare Zahl an Einzelprodukten. In Kombination mit hohen Preisen, die durch konsequente Qualitätspolitik stabil bleiben, funktioniert das Modell. Schließlich hat Puma-Chef Zeitz die traditionelle Trennung von Kreation, Produktion, Vertrieb und Marketing aufgehoben. In den drei regionalen Zentren der Marke in Deutschland, den USA und Hongkong wurden jeweils sieben vernetzte Funktionen angesiedelt: Produkt, Warenlogistik, Marke, Wachstum, Struktur, Unternehmenswert und Kultur. Damit kehrt eine grundlegend neue Logik in den Konzern ein, die die bestehenden Klischees einfach sprengt. Davon betroffen ist natürlich auch der Bereich der Kommunikation. Da Kultur eine maßgebliche Rolle einnimmt, dreht sich plötzlich in der Werbung alles um die Qualität der Kontakte. Nicht die Menge an Kontakten interessiert den Puma-Manager, sondern ob ein Medium dazu geeignet ist, die Marke und ihre Produkte inhaltlich weiter aufzuwerten. Wer die Masse erreichen will, braucht nicht ihre Kanäle, sondern Personen, denen sie vertraut. Die Politik von Puma lässt sich auf einen simplen Nenner bringen: Haltung haben und verkaufen.

TV – EIGENE RECHTE SCHAFFEN, SENDEN UND VEREDELN

Ausgerechnet in der deutschen Hauptstadt anzufangen war richtig mutig. Eine perfekte Feuerprobe für das digitale Fernsehen. Denn wenn es ums Beschweren geht, sind wir Berliner einsame Spitze. Hier macht kaum jemand aus seinem Herzen eine Mördergrube. Im Gegenteil, die Beschwerdekultur führt zu neuen Bekanntschaften. Dem Taxifahrer passt das Ziel nicht, am Kiosk ist der Geldschein des Kunden zu groß, in der Bäckerei wird barsch darauf hingewiesen, dass es Schrippe und nicht Brötchen heißt. Wer dann die passende Antwort parat hat, sich auf einen kleinen Streit einlässt, gewinnt schnell Anschluss und Freunde.

Gerade als Berliner wäre ich niemals auf die Idee gekommen, ausgerechnet hier zum radikalen Schritt anzusetzen und dem Zuschauer den analogen TV-Empfang abzudrehen. Seit dem August 2003 bleibt nämlich in Berlin der Bildschirm schwarz, wenn man nicht ans Kabelnetz angeschlossen ist oder eine digitale Set Top Box sein Eigen nennt. Die bekommt der Zuschauer für rund 150 Euro im Elektrohandel. Für die Investition wird er momentan mit 16 bis 24 Programmen belohnt, technisch könnten es sogar über 30 sein.

Während in England digitales Fernsehen schon seit Mitte der neunziger Jahre ausgerollt wird, hinkt Deutschland bei der Umstellung hinterher. Doch die Bundesregierung will aufholen. Laut ihrer Planung soll das Fernsehsignal spätestens im Jahr 2010 überall im Land digital sein. In diesem Punkt übertrifft Deutschland den Rest der Welt: Nach den in Berlin gemachten Erfahrungen wird ab 2010 prinzipiell die analoge Ausstrahlung ausgesetzt. Denn erstaunlicherweise verlief die Umstellung in der Hauptstadt nahezu problemlos, die Feuerprobe wurde bestanden. Schaltet man das alte Signal nicht konsequent ab, kommt es nur schleichend zur Veränderung, etwa so wie in den USA, wo von 25 Millionen jährlich verkauften TV Geräten nur 3 Prozent für digitales Programm tauglich sind, also eine Set Top Box eingebaut haben.

Ein digitales Fernsehsignal ist, genauso wie das MP3-File, ein komprimierter Datensatz. Die Set Top Box funktioniert wie sein Decoder, der es wieder auf die Norm des analogen Fernsehers hochrechnet.

Durch die digitale Komprimierung passen bis zu neun Programme auf eine Frequenz im Kabel, wo analog nur Platz für ein einziges war. Nutzen die Kabelbetreiber den Rest der üblichen Bandbreite von zumeist 17 freien Frequenzen, können auf einen Schlag bis zu 153 neue Programmplätze entstehen. Bei 23 Millionen von insgesamt 36,7 Millionen TV-Haushalten in Deutschland sind die technischen Voraussetzungen schon erfüllt.

Baut der Kabelbetreiber die Frequenz von momentan 446 auf technisch machbare 826 Megahertz aus, sind noch mal 342 zusätzliche Sender möglich. Dass dieser Sprung schnell passiert, ist in Deutschland wenig wahrscheinlich. Das Kabelnetz wurde 1999 aus der Deutschen Telekom ausgegliedert und verkauft. Doch nachdem der Marktführer Kabel Deutschland GmbH einen kleinen Anbieter nach dem anderen schluckte, wie zuletzt im April 2004, als er 2,7 Milliarden Euro in den Kauf der Konkurrenten ish (Nordrhein-Westfalen), iesy (Hessen) und Kabel Baden-Württemberg investierte, entstand quasi ein neues Monopol. Zumindest bis vor die Haustür des Kunden. Denn dort beginnt die so genannte Netzebene 4. Aufgrund anhaltender Proteste der Interessenvertreter des mittelständischen Handwerks hatte 1984 Postminister Schwarz-Schilling verfügt, dass die Post das Kabel nur bis an die Grundstücksgrenze oder in die Keller der Kunden verlegen dürfe. Das gilt bis heute, auch für die Kabel Deutschland GmbH. Die letzten Meter vom Übergabepunkt bis ins Wohnzimmer übernehmen lokale Anbieter. Die Konsequenz ist ein endloser Streit des großen Kabelgiganten mit den lokalen Strippenziehern über Gebühren und Signalerweiterung.

Darunter leidet besonders die Aufrüstung des Kabelnetzes mit einem Rückkanal. Dieser Kanal könnte den bisherigen »Zuschauer« zukünftig zum kompletten Konsumenten machen, denn er würde über sein Kabel nicht nur empfangen, sondern könnte auch senden. Dort, wo größere Anbieter die letzten Kabelmeter Kabel im Griff haben, wie in Zwickau, Augsburg, Berlin-Mitte, Mainz, Wiesbaden und 20 weiteren deutschen Städten, ist das Highspeed-Surfen im Internet via Kabel bereits möglich; interaktive Fernsehprogramme wären es dadurch in circa 5,8 Millionen Haushalten bereits auch.

Fernsehen braucht diesen technischen Innovationssprung, um potenzielle, neue Geschäftsfelder zu erschließen. Der Werbemarkt, aus dem sich die privaten Anbieter finanzieren, wird nicht proportional wachsen, wenn auf einen Schlag 153 neue Sender hinzukommen. Im Gegenteil, nach dem gewaltigen Sprung seit dem Start des Privatfernsehens 1985 von 0,7 auf 4,5 Milliarden Euro im Jahr 2001 sinken die Werbeeinnahmen kontinuierlich. In den Folgejahren 2002 und 2003 waren sie jeweils um mehr als 4 Prozent rückläufig. Momentan stagnieren sie. Der Zuschauer erkennt das, weil plötzlich zur besten Sendezeit das Rote Kreuz oder Amnesty International werben. Spots von gemeinnützigen Organisationen sind in der Regel nicht bezahlt, füllen Fläche, die sich nicht verkaufen ließ. Weitere Rabatte, mit denen die Stationen ihre Werbekunden locken müssen, sehen die Zuschauer nicht. Die Erlöse der TV-Stationen erreichen schon lange nicht mehr jene 11 Prozent Umsatzrendite aus den goldenen neunziger Jahren. Die Apparate der Sender sind gewachsen, die Programmkosten sind gestiegen: bei Spielfilmen um 9 Prozent, bei Sportrechten wie Fußball bis zu 37 Prozent allein zwischen 1996 und 2001.

Wer soll also die 153 neuen digitalen Programme füllen und vor allem finanzieren? Die werbeunabhängigen öffentlich-rechtlichen Anstalten produzieren bereits 21 Fernsehprogramme, inklusive der digitalen Angebote Eins MuXx. Eins Extra, Eins Festival und BR alpha. Das ist Weltrekord, so viel öffentlich-rechtliches Programm leistet sich keine andere Gesellschaft. Die Arbeitsgemeinschaft der Rundfunkanstalten Deutschlands (ARD) und das ZDF haben diese Senderflut bereits als Begründung für eine Erhöhung der Rundfunkgebühren herangezogen. Es ist kaum anzunehmen, dass das weiterhin politisch durchsetzbar sein wird. Neue digitale Sender sind also aus öffentlich-rechtlicher Richtung nicht zu erwarten.

Wahrscheinlicher ist, dass viele Spartensender die Gunst der Stunde nutzen werden. Während sich im Massenmarkt mit dem ersten Programm der ARD, dem ZDF und den sieben größeren Privaten fast schon zu viele Anbieter tummeln, ist in der Nische noch Platz, wie der Vergleich mit Amerika zeigt. Dort haben selbst die Angler ihren eigenen Kanal und MTV startet im Februar 2005 einen Schwulensender namens »Logo«.

In einer Welt zahlloser unabhängiger Individuen, die aber gleichzeitig, als Rudeltier, gemeinsame Themen mit vielen anderen pflegen wollen, bieten Spartensender einen idealen Kompromiss. Die hoch spezialisierten Programme werden wiederum für Hersteller interessant, die ihre Werbung mit geringen Streuverlusten schalten möchten. Innerhalb enger Zielgruppen kann Werbung zur Information werden. So haben es Spartensender auch leichter als Vollprogramme, wenn es darum gehen wird, im heftig umkämpften Werbemarkt Kooperationsmodelle zu nutzen. So zwingend logisch, wie es längst die VIVA- und MTV-Musik-Compilations sind, werden es für den Anglersender die von ihm präsentierten Blinker zum Dorschfang sein. Reisen und Tickets für besondere Spiele lassen sich von jedem Sportkanal besser und glaubwürdiger verkaufen als Saunareisen nach Finnland von SAT.1, wie es der Sender früher versucht hat. Events, Erlebnis, Identität kann verkaufen, wer die Meinungsführerschaft hat. Die besitzt entweder der Spezialist, der gut aufgestellte Spartensender, oder das lauteste Vollprogramm. Besonders gut wird die Interaktion mit dem Konsumenten gelingen, wenn sie spontan sein kann. Das gelingt am besten ohne Medienwechsel, dank eines Rückkanals.

Doch selbst mit dem Medienbruch, den der Griff zum Telefon darstellt, lässt sich ein Sender ausschließlich über Publikumsinteraktion erfolgreich betreiben. 9Live beweist das Tag für Tag. Als Geschäftsführerin Christiane zu Salm den Sender übernahm, der damals noch den Namen tm3 trug, war er ein echter »Quotenpflegefall«, wie die *Süddeutsche Zeitung* schrieb. Die Positionierung als Frauenkanal war nicht aufgegangen, selten saßen mehr als 10 000 Zuschauer pro Stunde vor dem Fernsehgerät. Anstatt auf die Quote zu schielen, bewies zu Salm Mut, krempelte das Konzept um und setzte fortan auf Interaktion. Sie lässt dem Zuschauer in Deutschlands erstem reinen Quizsender Fragen wie »Nennt sich das mobile Kommunikationsgerät, das man in der Hosentasche tragen kann, Handy oder Funkgerät?« stellen und setzt auf regelmäßige Anrufe einfach gestrickter Rätselfüchse. Teilweise kommen 250 000 Anrufe pro Stunde zusammen, insgesamt über 43 Millionen im Jahr. Jedes Mal werden zwischen 49 und 69 Cent für den Teilnehmer fällig und landen bei 9Live samt ihrem Telekommunikationspartner in der Tasche. Auf Quote kann die überaus smarte Christiane zu Salm getrost pfeifen, ihr Sender ist auch ohne Werbung hoch profitabel.

Alle anderen Privatsender hängen weiterhin am alten werbegetriebenen Geschäftsmodell und können deshalb weniger gelassen den Markt betrachten. Denn dort macht sich ganz allmählich ein neues, innovatives Produkt breit: der digitale Videorekorder (DVR), in Branchenkreisen auch TiVo genannt, nach dem ersten großen Anbieter in den USA. Wie die Musikindustrie bereits schmerzhaft erfahren hat, ist der digitale Mitschnitt nicht mehr fern, sobald das Produkt selbst digital ist. Während 87 Prozent aller Bundesbürger ihren VHS-Videorekorder nicht programmieren können und deshalb ununterbrochen ein 0:00 anstelle der Uhrzeit blinkt, erledigt das sein digitaler Bruder von ganz alleine. Auf seiner Festplatte kann er alles speichern, was in den letzten 24 Stunden in einem der verfügbaren Programme gesendet wurde. Dem Kunden ermöglicht das die größtmögliche TV-Freiheit, denn er kann zeitversetzt, aber interessengenau konsumieren. Diese Freiheit kostet ihn bei TiVo 200 US-Dollar fürs Gerät plus monatliche Gebühren von 12,95 US-Dollar für die Einspeisung des elektronischen Programmführers (EPG). 1,6 Millionen amerikanische Haushalte sind TiVo-Kunden, doch die Konkurrenz wächst. In den nächsten Monaten will das Unternehmen deshalb die Preise senken und zudem eine 50 Millionen schwere Kampagne für die Geräte starten. Denn manche US-Kabelanbieter verteilen TiVo-ähnliche Apparate umsonst, so wie wir es von Mobilfunkbetreibern mit Handys kennen, um Kunden für ihren Service zu gewinnen. Dass der digitale Videorekorder die Zukunft ist, glauben auch Elektronikgiganten wie Philips. Analoge Geräte bauen die Holländer schon nicht mehr. Studien von 16 unterschiedlichen Analysten gehen davon aus, dass 2006 bereits in 12 Prozent aller deutschen Haushalte ein DVR zu finden sein wird.

All das wäre kein Problem für die Fernsehsender, wenn diese Geräte ihre Programme lediglich in digitaler Qualität mitschneiden würden. Sie können jedoch weit mehr. Da der Zuschauer sich aus dem synchronen TV-Konsum verabschiedet, kann er dank DVR auch lässig jeden Werbeblock überspringen. Sobald er eine Viertelstunde zeitversetzt einschaltet, sorgt das DVR-Gerät für werbefreien Empfang. Die meisten Modelle finden mittlerweile das exakte Anschlussbild, spulen ist nicht mehr notwendig. Genauso wie beim Musikkonsum verselbstständigt sich der Adressat, er wird nicht mehr vom Produzenten geführt. Um seine Musik zu hören, muss er sich keine CDs mehr kaufen und dabei für Titel zahlen, die er gar nicht mag. Auch beim Fernsehen entscheidet in Zukunft der Souverän an der Fernbedienung. Er verändert die TV-Logik grundlegend, muss sich nicht mehr gegen ein Programm entscheiden und durch Zapping sein Missfallen ausdrücken, sondern kann sich positiv definieren und endlich auf seine Inhalte, seine Interessen konzentrieren. Er schneidet sich sein eigenes Programm zusammen, genauso wie er längst eigene Musik-Compilations brennt.

Für den Fernsehsender und seine Werbepartner bedeutet der DVR das Ende des herkömmlichen Geschäftsmodells. Die Zeit, als die Mediaplanung nur unter dem zwischenzeitlichen Toilettenbesuch während des Werbeblocks litt, wirkt dagegen so harmlos, wie es der Mitschnitt von Musikkassetten für die Plattenfirmen war.

82 Prozent aller deutschen Zuschauer freuen sich auf Technologie wie den DVR, wollen die Fernsehwerbung überspringen. 52 Prozent sind sogar bereit, Abonnementgebühren zu zahlen. Die Sender wird es nicht alle in derselben Härte treffen. Wieder sind es die Spartenkanäle, die einen gewissen Vorteil zu haben scheinen. Musikfernsehen und Nachrichtensender sind dafür prädestiniert, im Hintergrund durchzulaufen. Bei Sportübertragungen hingegen ist das passende Anschlussbild nach dem überbrückten Werbeblock nicht ohne weiteres zu finden. Außerdem wirkt die Vorstellung, mit Verspätung »Tor« zu schreien, reichlich dämlich, auch wenn man nur 15 Minuten hinter seinem Nachbarn herhinkt.

Kritisch wird es besonders für Sender, deren Programm von vielen Spielfilmen und Serien geprägt ist. Sie gelten als ideal für Time-Shift, das zeitversetzte Zuschauen. Die ProSiebenSAT1-Gruppe hat da eine historische Bürde zu tragen. Ihr Gründer Leo Kirch betrachtete TV-Sender als Abspielstationen seines Filmarchivs. Auch heute, unter neuen Eigentümern, hat die Gruppe einen geringeren Anteil an starken Shows und Events als die Konkurrenz von RTL. So ist es nur konsequent, dass der wichtigste Gesellschafter, die Saban Capital Group, für die Übertragungsrechte fast aller großer Sportveranstaltungen,

Olympia inklusive, bietet. Nicht nur als wichtige Programmstütze von Pro Sieben, SAT.1, Kabel 1 und N24 können solche Rechte bedeutsam werden, auch als gebührenpflichtige Angebote lassen sie sich erfolgreich platzieren.

Ansonsten steht Pay TV, das eine logische Antwort auf die Bedrohung durch DVR, TiVo und Co sein könnte, in Deutschland schlecht da. Im Jahre 2001 betrug der Fehlbetrag von Premiere allein eine knappe Milliarde Euro, das Bezahlfernsehen war die Lokomotive der Kirch-Insolvenz. Der englische Pay-TV-Anbieter BSkyB hat andere, günstigere Voraussetzungen vorgefunden. Die öffentlich-rechtliche Konkurrenz besteht aus vier BBC-Kanälen, die sich mehr mit exzellentem Journalismus als der Ausstrahlung von Spielfilmen beschäftigen. Private Sender gibt es nur wenige – viel Raum also für ein Pay-TV-Angebot, das sich im fußballverrückten England anfangs über die exklusive Ligaberichterstattung positioniert hat und mittlerweile mehr als 400 Programme umfasst. Fast die Hälfte der über sechs Millionen britischen Abonnenten verfügt bereits über digitale Anschlüsse mit Rückkanal, kann also Zusatzdienste wie Sky Active und Sky + nutzen.

Wie attraktiv die Interaktion mit dem Zuschauer sein kann, haben wir bei Universal mit *Wetten, dass ..?* und Andrea Bocelli erfahren. In der Sendung kurz nach Beginn des zweiten Golfkriegs sang der italienische Tenor ein Lied für den Frieden. GEMA, Autor, Interpret, die Deutsche Telekom und wir selbst waren bereit, für den Download während der Show auf alle Einnahmen zu verzichten und die kompletten 99 Cent für den Song der Unicef zur Verfügung zu stellen, die damit Kindern im Irak helfen wollte. Binnen Minuten, nachdem Moderator Thomas Gottschalk die Möglichkeit zum Download in der Sendung erwähnt hatte, versuchten über 176 000 Zuschauer, sich das Lied auf ihre Festplatte zu ziehen. Ein Großteil gab angesichts der komplizierten Popfile-Technik und dem bockigen, weil überlasteten T-Com-Server auf, 19 000 Nutzer ließen sich nicht abschrecken und kämpften sich bis zum finalen Download durch.

Sie mussten aufstehen, die bequeme Wohnzimmercouch verlassen und den Computer auf ihrem Schreibtisch hochfahren, um den Titel herunterzuladen. Jetzt stelle man sich dasselbe Szenario mit einem

Rückkanal vor: Ein Klick auf der Fernbedienung, schon saugt sich das Gerät den Song auf die Festplatte und der Zuschauer verpasst nicht, wie Gottschalks Kandidaten mit 1 650 handelsüblichen Getränkekisten und Seilen in sechs Minuten eine begehbare Brücke über das Frankfurter Flüsschen Nidda bauen. Reizt es nur jeden zehnten Zuschauer dieser Show, die gute Sache per Download zu unterstützen, sind schnell 1,5 Millionen Euro beisammen. Wenn ein echter Impulskauf möglich wird, kann das zu einem Geschäft gewaltiger Größe wachsen; besonders was den Verkauf non-physischer Güter angeht. Ob das der aktuelle Hit ist, den die wöchentliche Chartshow anbietet, der Blockbuster zum Videoabend, der vom Sender mit der größten Spielfilmkompetenz via VoD (Video on Demand) kommt, oder der gebührenpflichtige Hintergrundbericht über den zweifachen Torschützen, der im Siegesrausch nach dem Spiel abgefordert wird – Möglichkeiten gibt es viele.

Der Rückkanal kann aber auch ein Instrument sein, um die Werbung auf dem Sender zu halten. Wenn der Zuschauer in Zukunft den Werbeblock einfach überspringen kann, muss man ihm einen triftigen Grund geben, Werbung bewusst zu schauen. Für die Werbung von Absatzmittlern wie Supermärkten, Kaufhäusern, Drogerien kann das der Preis sein. Ähnlich wie die Elektromärkte mit stark heruntergesetzten CD-Preisen die Kunden erst in und dann durch ihre Häuser trieben, kann man sie mit speziellen Aktionen in die TV-Werbeblocks locken. Ein Beispiel: Nur während die Werbung eines Händlers läuft, gilt sein besonderes Angebot. Der Zuschauer ordert sofort oder reserviert sich ein Exemplar, das er gegen Vorlage eines Codes, den er nach der Bestellung auf den Fernsehbildschirm oder aufs Handy gesendet bekommt, später zum herabgesetzten Preis erstehen kann. Dass die Grundmechanik funktioniert, haben Teleshopping-Kanäle wie QVC oder Home Shopping Europe bereits bewiesen. Wird der ganze Bestellvorgang dank Rückkanal erheblich einfacher und durch Reservierung nicht mehr bindend, wird es Schnäppchen bald primär für die Zuschauer von Fernsehwerbung geben. Ausgerechnet die »Geiz ist Geil«-Mentalität könnte dazu beitragen, das Privatfernsehen vor einem Desaster zu bewahren. Ob Händler, die gelernt haben, scharf zu kalkulieren und hart zu verhandeln, allerdings bereit sein werden, den bisherigen Preis für eine Werbefläche zu bezahlen, deren Nutzung sie durch ihre Sonderangebote überhaupt erst ermöglichen, bleibt zu bezweifeln. Für Markenartikler, die den Endverbraucherpreis nicht selbst bestimmen können, bietet sich ohnehin eine Rückbesinnung auf die Ursprünge des privaten Rundfunks an.

Es waren Waschmittelhersteller, die Anfang der dreißiger Jahre damit begannen, in ihrem Markennamen die Produktion episodenartiger Kurzhörspiele zu finanzieren und auf diese Weise ihre wichtigste Klientel, die Hausfrau, erreichten. So entstand die Soap-Opera, und daher hat sie auch ihren Namen. Den Wasch- und Putzmittelherstellern ging es darum, ihre Marke mit den emotionalen Inhalten der Soap-Episoden zu verbinden. Besaß ein Scheuermittel erst einmal ein glaubwürdiges Image, eine eigene Identität, so war das bei wahrscheinlich gleichbleibender Putzleistung ein echter Wettbewerbsvorteil. Die Verbindung von redaktionellem Inhalt und Produkt ist auf vielfältige Weise möglich und immer stimmiger, als der Programmbruch durch den Werbespot. Selbst die marktschreierische Präsentation der Warengewinne und ihrer Eigenschaften durch eine Off-Stimme in der früheren RTL-Show »Glücksrad« wurde akzeptiert. Das Produkt präsentierte sich in der Logik der Sendung, aber unterbrach sie nicht mit einer fremden Ästhetik. Die Kooperation zwischen Marke und Inhalt ist erlernt, in Zukunft wird sie bedeutend weiter gehen als die Präsentation des »Film Film« auf SAT.1 durch eine Programmzeitschrift.

Der Sender muss seine eigenen Marken einsetzen, um sie in eine stimmige Verbindung mit dem beworbenen Produkt zu bringen. Welches Auto der Soap-Star in den kommenden Folgen fährt, ist dann weniger eine Frage des Drehbuchs, sondern der Merchandising-Abteilung. Bei James-Bond-Filmen ist es schon lange klar, dass es nicht der Laune des Autors oder Requisiteurs überlassen ist, ob der Geheimagent ihrer Majestät nun im BMW oder Austin Martin die Welt rettet. Bei Serien und Shows bietet die beständige Wiederholung und Fortsetzung für die Marke einen weiteren Anreiz, mit dem Charakter kann sich auch das Produkt von Folge zu Folge entwickeln. Dem Auto, der Uhr oder dem Lieblingssessel des Hauptdarstellers sind im interaktiven Fernsehen idealerweise Links hinterlegt, über die der Zuschauer technische Daten und Preise der Produkte abfragen kann. In der flankierenden Kampagne des Herstellers sollte wiederum der Darsteller in einer Inszenierung, die der Ästhetik der Soap entspricht, auf Anzeigen, Plakaten, im Netz oder im Kino zu sehen sein. Aus Sendung, Ware, Darsteller entsteht so eine Imageeinheit, von der alle Beteiligten profitieren können. Vor allen Dingen der Sender selbst, wenn er es konsequent angeht: Der Darsteller wird zum Bestandteil einer aufwändig entwickelten Formatmarke, deren Nutzung der Sender in Zukunft sicher deutlicher kontrollieren und an deren Profiten er klarer partizipieren will.

Viel Arbeit rollt auf Firmen wie RTL Enterprises oder Merchandising Media, Vermarkter der ProSiebenSAT1-Gruppe, zu. Die Vorstände der beiden großen privaten Senderfamilien haben ambitionierte Ziele gesetzt. Das Geschäft mit Merchandising und sonstigen Nebenrechten, einst als Spielerei der Sender begonnen, soll Ende 2006 bereits 25 Prozent des Umsatzes bei ProSiebenSAT1 und sogar 40 Prozent bei RTL ausmachen.

Keine leichte Übung, denn der Merchandising-Umsatz hat in der Regel höhere Opportunitätskosten als verkaufte Werbung. Während Sendezeit, die für Werbespots zur Verfügung gestellt wird, so gut wie nichts kostet, müssen eigene Rechte teuer aufgebaut werden – das eine Mal verkauft der Sender »willenlose« Fläche, das andere Mal Ideen und Charakter von betreuungsintensiven, realen Persönlichkeiten. Will die TV-Branche aus dem Schicksal der Musikwirtschaft lernen, bleibt den Sendern jedoch nichts anderes übrig, als die neuen Technologien zu umarmen und das Geschäftsmodell grundlegend zu verändern. Die gute Nachricht: Der TV-Konsum von TiVo-Nutzern steigt. Befreit von der ungeliebten Werbung gucken sie heute schon sechs Stunden mehr pro Woche. Diese zusätzlich genutzte Zeit ist kostbar, sie wertet die Rechte des Senders auf und macht ihn attraktiver für die neuen Merchandising-Kooperationen. Wenn wie in den USA bis zu 70 Prozent der TiVo-Nutzer alle Werbeblöcke überspringen, heißt das im Umkehrschluss, dass sie das übrige Programm umso intensiver konsumieren. Diese qualitativ bessere Nutzung durch den Zuschauer bedeutet gleichzeitig eine größere Chance zur Durchsetzung eigener Inhalte für den Sender. Haben diese die notwendige

Qualität, verselbstständigen sie sich und generieren fernab des Kanals zusätzliches Einkommen für den Produzenten. Das Fernsehen der Zukunft produziert Rechte und verabschiedet sich davon, nur Abspielstation zu sein.

RADIO – DER WEG ZURÜCK IN DEN VORDERGRUND

Landschaften rauschen vorbei, aber nicht der Sound aus dem Autoradio, der bleibt die ganze Zeit crisp und klar. Grenzen von Städten und Gemeinden lassen wir hinter uns, aber nicht die Frequenz unseres Vertrauens, denn die bleibt stabil am selben Platz. Und das überall im Sendegebiet. Es gibt viel mehr Sender und hoch spezialisierte dazu. Was sie senden, kann man auf dem Radiodisplay sehen, als Cover, als Namen von Titel und Interpret, als Download-Code. Der Verkehrsfunk aktualisiert automatisch das Navigationssystem mit den neuesten Staumeldungen und Routenvorschlägen, ohne weiter zu stören. Und das Beste ist: Das gibt es alles schon längst. Es nennt sich Digital Audio Broadcast, kurz DAB, oder einfach digitales Radio.

Mittlerweile sind in Deutschland 80 Prozent der Fläche für den digitalen Empfang erschlossen, viele öffentlich-rechtliche wie private Stationen senden parallel zum analogen auch ein digitales Signal. Was fehlt, sind die Hörer. Deren Interesse, ein digitales Empfangsgerät zu kaufen und sich mit der neuen Technologie zu beschäftigen, ist kaum vorhanden. Der Grund? Sie bietet momentan noch zu wenig Vorteile zum herkömmlichen Hörfunk. Eine Art digitaler Teufelskreis, eine Verkettung von politischen, wirtschaftlichen und technologischen Faktoren, sorgt dafür, dass die Innovation stecken geblieben ist.

Für die Gerätehersteller ist der Markt mit digitalen Empfängern wenig attraktiv, denn die mangelnde Nachfrage behindert die Entwicklung günstiger Endgeräte. Für den Hörer ist das Thema uninteressant, weil neue Digitalempfänger zu teuer und gleichzeitig zu wenig reizvolle alternative Programmangebote verfügbar sind. Für die Programmanbieter ist das Investment in neue Sender und Inhalte wenig sinnvoll, da die Hörerreichweiten nicht messbar sind und sich so kein wirtschaftlich attraktiver Betrieb aufbauen lässt. Oder einfacher ausgedrückt: Es gibt keine Kunden, weil es zu wenig attraktive Angebote gibt. Es gibt zu wenig attraktive Angebote, weil niemand sie nutzen könnte, weil zu wenig Geräte im Umlauf sind. Ein Endgerät gibt es kaum unter 200 Euro, bei Elektrogroßhändlern wie Saturn löst der Kunde nur Kopfschütteln aus, wenn er nach einem Digitalradio verlangt. Und wer es dennoch versucht, kann nach einer technologischen Odyssee maximal 24 digitale Kanäle empfangen; dummerweise die gleichen, die es auch analog gibt.

Die öffentlich-rechtlichen Stationen haben sich an den Vorformen des DAB schon die Finger verbrannt. Trotz Millionen-Investments in Astra Digital Radio (ADR), Digital Satellite Radio (DSR) und Digital Multiplex (DMX) liefen die Innovationen regelmäßig ins Leere, waren undurchdacht, kamen zu früh oder wurden nicht benötigt und schließlich abgeschaltet oder in die Einschläferungsphase geschickt. Seitdem die Rechnungshöfe der Länder auf die Subventionsbremse treten, wird die staatliche Förderung von DAB reduziert – die Gebührenkommission der Länder, die den Finanzbedarf der öffentlich-rechtlichen Sender prüft, will der ARD ab 2005 keine neuen Fördermittel mehr gewähren. DAB war ein Liebling der föderal strukturierten Landesmedienanstalten, bei diesem Thema witterten die oftmals unterforderten Medienbehörden ihre Gestaltungschance. Doch die regionale Begrenztheit der Landesmedienanstalten verhinderte, das Thema bundesweit in die Öffentlichkeit zu tragen. Die einzige Chance für DAB bestünde in der endgültigen Abschaltung des UKW-Signals zugunsten des digitalen. Doch anders als beim Digitalfernsehen wird dieses Thema für den Hörfunk wachsweich diskutiert – irgendwo zwischen 2010 oder 2015 pendelt der Termin momentan.

Mittlerweile hat sich aber jenseits politischer oder territorialer Grenzen eine ganz neue Form von digitalem Radio entwickelt: Digital Radio Mondiale, kurz DRM. Im September 1996 kam es in Paris zu einem informellen Treffen verschiedener Rundfunkexperten, darunter Vertreter von Radio France, Deutsche Welle, Voice Of America und dem französischen Elektronikriesen Thales. Das gemeinsame Interesse galt dem Erhalt der Kurzwelle. Auf dieser Frequenz hatte sich Anfang des 20. Jahrhunderts der Rundfunkmarkt entwickelt, doch seit Einführung der qualitativ erheblich besseren Ultrakurzwelle

(UKW) ist das ältere Format auf dem Rückmarsch. Über die Entwicklung der Ultrakurzwelle kursieren verschiedene skurrile Geschichten, die historisch bestgesicherte Variante spielte sich im deutschen Militär während des Zweiten Weltkrieges ab. Die Kommunikation zwischen Panzern und Leitstand lief über Kurzwelle, doch den Offizieren gefiel die Frequenz nicht, da sie in einem zu weiten Umfeld empfangen werden konnte und damit abhörbar war. Also entwickelten deutsche Ingenieure eine neue, weniger weit tragende Frequenz, die Ultrakurzwelle. Verblüfft stellten die Panzerfahrer fest, dass die Funksprüche über UKW deutlich klarer klangen und einfacher zu verstehen waren. Es war so, als würde die Leitstelle neben ihnen sitzen.

Nach dem Krieg fand die überlegene Technik bald Verwendung im Radiogeschäft. Doch anders als die Kurzwelle, mit der sich auch lange Distanzen überbrücken lassen, blieb die Ultrakurzwelle ein regionales Medium. Sender wie die Deutsche Welle, deren Ziel es ist, möglichst große Territorien zu beschallen, nutzen weiterhin die Kurzwelle, obwohl die Klangqualität sehr zu wünschen übrig lässt. Viele Hörer kann man mit dem rauschigen Signal nicht mehr gewinnen. Um das zu ändern, dachte man 1996 gemeinsam über technische Verbesserungsmöglichkeiten nach. Die Digitalisierung der Kurzwelle versprach nicht nur einen klanglichen Sprung, sondern auch die Möglichkeit, im selben Frequenzspektrum viel mehr Sender unterzubringen. Es kam wieder einmal das Fraunhofer Institut ins Spiel, und aus einer hübschen Idee wurde ein konkretes Projekt. Dank der Kompressionstechnologie MPEG 2 AAC, einer Verbesserung des ursprünglichen MP3-Standards, gelang die Entwicklung eines klanglich exzellenten digitalen Kurzwellensignals. Am 5. März 1998 gründete sich in Guangzhou, China, das Digital Radio Mondiale Konsortium. Am 28. April 2003 erkannte das International Electrotechnical Committee (IEC) das System DRM als internationalen Standard an. Mittlerweile sind im DRM-Konsortium Firmen wie Sony, Telefunken, Bosch und T-Systems, eine Reihe von Forschungseinrichtungen und Organisationen wie das Rote Kreuz organisiert, das sich von der digitalen Kurzwelle eine bessere Kommunikation in Krisengebieten verspricht.

Besonders auffällig ist die Anwesenheit der RTL-Group in der exklusiven Unterstützergruppe. Als einziges kommerzielles Medien-unternehmen hat RTL die Entwicklung von DRM zur Priorität er-klärt. Das Interesse gründet in der Geschichte des Senders. RTL be-gann während der sechziger Jahren als Kurz- und Mittelwellen-Radio aus Luxemburg und erreichte damals mit seinen innovativen Musik-sendungen ganz Deutschland. Auch ich hörte als Kind über mein orangefarbenes Universum-Taschenradio unter der Bettdecke mit. Sukzessive bewirbt sich das Unternehmen um UKW-Lizenzen und kauft sich in verschiedene Stationen ein, um sie mittelfristig zu vernet-zen – mit dem Ziel, auf diese Weise zu alter Bedeutung zurückzufin-den. Mit DRM zielt die RTL-Group in dieselbe Richtung, nur mit ei-nem erheblich geringeren Investment. Ein einziger Kurzwellensender könnte die ganze Republik erreichen. Für die Kundenversorgung mit DRM-Endgeräten würde der RTL-Shop sorgen, über den Senderver-bund samt TV und Internet ließe sich ein preiswerter Receiver schnell in den Markt drücken.

Obwohl DRM erst seit kurzer Zeit als ernst zu nehmende Innova-tion diskutiert wird, hat es bereits jetzt mehr Chancen auf eine kom-merzielle Etablierung als DAB. Dem digitalen UKW-Ersatz fehlt in Deutschland weiterhin die Lobby.

Das ist in England erheblich anders. Dort zeigte der wichtigste Pro-grammanbieter Interesse, die BBC. Der öffentlich-rechtliche Riese schickte eine Reihe von »digital-only«-Sendern ins Rennen, entwi-ckelte Spartensender für Gesundheit, Umwelt, Vorschulkinder, Reisen und vor allem den hochattraktiven Kanal BBC7, mit täglich mindes-tens sechs Stunden Highlights aus dem riesigen Comedy-Katalog des Senders, Hörspielen, Lesungen und einer Kinder-Radioshow. Mittler-weile sind etwa 300 000 Endgeräte im Markt. Der Heimempfänger »Pure Digital Evoke 1« zum Preis von 99 Pfund belebte das Weih-nachtsgeschäft 2002 und verkaufte allein rund 100 000 Einheiten. Es gibt mehr als 320 digitale Sender in England, die Hälfte davon sendet ausschließlich digital. Allein in London kämpfen fast 60 digitale Pro-gramme um die Gunst der Hörer.

Voraussetzung für das Interesse des Konsumenten am Digitalradio war die deutlich geringere Dichte an UKW-Sendern in England und eine traditionell starke Identifikation der Bevölkerung mit dem Radio.

Die hohe journalistische Sorgfalt der BBC und die musikalische Vielfalt der Programme haben Hörfunk als Qualitätsmedium im Fokus gehalten. In Deutschland herrscht eine andere Situation: Radio ist ein additives Medium, setzt keine starken Emotionen frei, die Öffentlichkeit streitet sich nicht ums Programm. Während nämlich die Entwicklung von DAB stehen blieb, setzte im herkömmlichen terrestrisch-analogen Segment eine tiefgreifende Entwertung ein. Hörfunk hat sich zum Tertiärmedium entwickelt. Die Hierarchie der Medien sieht so aus: Das Primärmedium zwingt den Hörer – wie der Text einer Zeitung – zur ungebrochenen Aufmerksamkeit während des Konsums. Dem Sekundärmedium kann man folgen, während parallel andere Tätigkeiten verrichtet werden, wie es zum Beispiel ein Fernsehzuschauer tut, der sich während einer Sendung mit Familienmitgliedern unterhält. Das Tertiärmedium schließlich kann an dem Konsumenten vorbeilaufen oder dieser läuft selbst an ihm vorbei. Beispiel: Radio oder Plakat. Das Primärmedium verlangt den Vordergrund, das Sekundärmedium funktioniert auch nebenher, die Tertiärmedien bilden den Hintergrund. Musikchefs von Rundfunksendern sprechen selbst oft von der Klangtapete, die ihr Programm produziert.

So entsteht ein Paradox: Obwohl Radio mit 46 Prozent das meistgenutzte Medium in Deutschland ist – noch vor dem Fernsehen mit 42 Prozent – hat es einen verschwindend geringen Anteil am Werbemarkt von etwa 5 Prozent; während Fernsehen auf 45 Prozent, Zeitschriften auf 23 Prozent und Tageszeitungen auf 22 Prozent kommen. Damit liegt der deutsche Hörfunk im internationalen Vergleich am unteren Ende, in den USA nimmt Radiowerbung immerhin 13 Prozent vom Gesamtwerbemarkt ein. Eine geringe Senderdichte, vor allem aber die geringe Formatvielfalt der Sender tut ihr Übriges. Von 304 Stationen in Deutschland – davon etwa 230 kommerziellen – senden fast 90 Prozent für dieselbe Zielgruppe der 14- bis 49-Jährigen ein ähnliches Programm. Nur 10 Prozent bedienen Sparten von Klassik bis News. In Frankreich dagegen gibt es 1 800 Sender, pro Million Einwohner sind das 31 Stationen, in Italien 1 622 Sender, 28 pro Million. In den USA kommt man auf 13 012 Sender, also 46 Sender pro Million Einwohner. Den Sendern bleibt nichts anderes übrig, als sich über das Format zu positionieren und eine spitzere Zielgruppe anzupeilen. Konturloser Mainstream-Pop, von den Programmverantwortlichen Adult Contemporary (kurz AC) genannt, ist nicht geeignet, um in einem engen Radiomarkt Profil zu zeigen. In Deutschland hingegen kommen durchschnittlich nur 3,6 Stationen auf eine Million Bürger – da ist AC weiterhin das bestimmende Format.

Mittlerweile wünschen sich, laut einer Untersuchung der Medienberatungsfirma Goldmedia, auch hierzulande 72 Prozent der Vermarkter und Mediaagenturen eine stärkere Ausdifferenzierung der Programminhalte; mit anderen Worten: ein vielfältigeres Programm. Voraussetzung für eine Verbesserung der Hörfunkvermarktung ist also offenbar die Abkehr von der Rolle als Tertiärmedium.

Das wird auch höchste Zeit, denn auf das klassische Radiogeschäft kommen neue Herausforderungen zu. Etwa 10 000 Web-Radios senden global via Internet, dank Flatrates ist der dauerhafte Empfang problemlos machbar. Ob Reggae, experimentelle elektronische Musik oder tibetanische Gongmusik – jeder Spezialist, so eigenwillig sein Geschmack auch ist, findet seine Welle. Die Sender nutzen Streaming-Technologien, die mittlerweile weit fortgeschritten sind. Da ruckelt nichts mehr, die Musikqualität ist dank neuer Kompressionsprogramme akzeptabel und Titel, Interpret sowie sonstige Informationen werden automatisch mitgeliefert. So entstehen viele, spitz formatierte Kanäle. Ihr Markt ist die ganze Welt, Lizenzen zum Senden brauchen sie keine, ihre Fixkosten sind verschwindend gering. Und gerade die damit einhergehende Freiheit macht sie radikal und deshalb beliebt. Kaum ein Büro eines Kreativen, in dem nicht ein sehr spezieller Sender aus dem Apple schallt. Je verwegener, desto besser, der alte Radio-Receiver steht derweil still in der Ecke. Den Trendsetter hat das herkömmliche Radioprogramm verloren, doch im Internet wird der Individualist zurückerobert.

Für den Sound unterwegs streitet das Mobiltelefon mit dem Radio um seinen angestammten Platz im PKW. Die ersten Hersteller machen ihre neuen Modelle empfangsbereit. Das Nokia 6800 oder das Siemens SX1 werden mit integriertem Radio geliefert. Die nächste Generation der Geräte wird per UMTS auf unkomplizierte Weise online sein, da ist der Schritt zum Mobile-Streaming des Lieblingssenders nicht mehr weit. Die traurige Tatsache, dass mehr Unfälle durch Telefonieren im Auto als durch Alkohol verursacht werden, tut ein Übriges beim Angriff aufs Radio. Eine Freisprechanlage ist mittlerweile Pflicht. Benutzt man kein Headset, hängt das Handy also bereits an der Bordelektronik. Der nächste Schritt ist denkbar einfach. Wenn das Mobiltelefon nebenbei via Abonnement mit aktuellen Verkehrsfunk- und Navigationsangeboten versorgt wird und über den MP3-Speicher die Lieblingssongs abruft, steht der traditionelle Hörfunk massiv infrage. Der Konsument kann alle Angebote aus einem Gerät erhalten – der Convenience-Faktor ist hoch und außerdem wird stets passgenau der jeweilige Musikgeschmack beliefert. Woher die Inhalte kommen, ist dem Hörer meist egal, gerne auch über das Handynetz selbst: Sony Ericsson fährt bereits Pilotversuche mit personalisierten Radioprogrammen. Wenn all das so weit ist, was keine Frage von mehreren Jahren sein wird, können die Mobilfunkanbieter mit den üblichen Lockangeboten für den Technologiewechsel sorgen. Beim Handy hat der Konsument längst erlernt, wie er günstig an das neueste Modell kommt, er wechselt die Technik sowieso mindestens alle zweieinhalb Jahre, meist mit der Aktualisierung seines Vertrages.

Es wird also eng fürs klassische Radio. Das Bedürfnis nach einem Mainstream der erlernten und bekannten Sounds, der Wunsch nach einem AC-Format, das am Hörer angenehm vorbeiplätschert, wird wohl nie verebben. Dennoch setzt unter den Anbietern ein brutaler Verdrängungswettbewerb ein, der am Ende nur wenige Stationen zulässt, die dann aber mehr Hörer als heute auf sich vereinen. Pro Kontakt werden sie als Tertiärmedium geringere Preise für die Werbewirtschaft aufrufen müssen. So gering wie die Aufmerksamkeitshaltung der Hörer muss auf Dauer auch der Preis für den Spot sein. Werbung kann diese Sender nur als Resonanzboden nutzen, als flankierende Kommunikationsmaßnahme, um mit einem Produkt kurzfristig Masse zu machen, an bereits Bekanntes zu erinnern. Ein Profil für eine Marke lässt sich hier nicht erarbeiten. Aber auch mit geringerem Tausend-Kontakt-Preis zieht die jeweils größere Menge an Hörern am Ende des Tages für die verbliebenen Stationen die Rechnung glatt.

Eine andere Chance herkömmlicher Radiostationen besteht in der Regionalisierung. Internetradio ist global, DRM und Handystreams sind zumindest deutschlandweit verbreitet. Aber wir kennen Radio auch als lokales, nahes Medium. Ich will die Musik jener Band hören, die heute Nacht im Club um die Ecke spielt, möchte Ereignisse, die meine Stadt oder Region bewegen, im Programm wiederfinden. Hier ist die Marktlücke, wie in Berlin längst Stationen wie Kiss FM, Fritz oder Radio Eins beweisen. Jeweils spitz programmiert, peilen sie Szenen an, die breit genug sind, sie zu tragen, und attraktiv genug, um sie zu bewerben. Und das im härtesten Radiomarkt Deutschlands mit 33 verschiedenen Stationen, die um die Gunst der Hauptstädter buhlen. Wer das überlebt, sich klar und deutlich in seiner Nische positioniert hat, egal ob Black Music, innovativer Jugendsound oder anspruchsvoller Pop, braucht auch die neue Konkurrenz nicht zu fürchten. Dort wo sich Hörer mit ihrem Programm identifizieren können, gibt es keinen Grund, die Heimat zu verlassen. Egal wie grün das Gras auf der anderen Seite ist.

Aus Sicht der lokalen Künstler, ihrer Labels und deren Vertreter, der Gesellschaft zur Verwertung von Leistungsschutzrechten (GVL), entsteht in einer solchen Radiozukunft der Bedarf nach flexibleren Preismodellen. Bisher zahlen Rundfunksender an die GVL pro Jahr rund 60 Millionen Euro. Diese verteilt diese Summe nach einem komplizierten Schlüssel an Musiker und Labels weiter. Der Grund für dieses Modell nennt sich Sendeprivileg und beruht auf einem Gesetz aus dem Jahr 1966. Paragraph 76 Absatz 2 des Urheberrechtsgesetzes besagt: »Die Darbietung des ausübenden Künstlers, die erlaubterweise auf Bild- oder Tonträger aufgenommen worden ist, darf ohne seine Einwilligung durch Funk gesendet werden, wenn die Bild- und Tonträger erschienen sind; jedoch ist ihm hierfür eine angemessene Vergütung zu zahlen.« Mit dem Sendeprivileg wollte der Gesetzgeber die Radiosender vor möglicher Einflussnahme der Produzenten schützen. Um die musikalische Vielfalt zu sichern und so den Auftrag der öffentlich-rechtlichen Sender zu stützen.

Die unter staatlicher Moderation vereinbarte Vergütung seitens der Radiosender für das uneingeschränkte Nutzungsrecht von Musik ist eher symbolisch zu betrachten. Der Anteil am Gesamtumsatz öffentlich-rechtlicher Hörfunksender liegt bei 0,9 Prozent. Bei den privaten Sendern sind es immerhin 4,6 Prozent. Angesichts von bis zu 80 Prozent Musikanteil an der Sendezeit eine eher bescheidene Summe.

In einem wirtschaftlich immer raueren Umfeld für die Radiostationen ließe sich selbst dieser geringe Betrag instrumentalisieren, wenn die GVL ihn modifizieren würde. Ohne die Gebühr zu erhöhen, was momentan politisch nicht durchsetzbar wäre, könnte sie sich dort stärker vergüten lassen, wo der Sender und nicht der Interpret von der Ausstrahlung profitiert, also zum Beispiel bei längst durchgeholten Hits, die auf AC-Stationen hoch- und runterdudeln, die doppelte Gebühr verlangen. Neuheiten, weniger bekannte Interpreten, zumal wenn sie nicht in der programmdominierenden englischen Sprache gesungen sind, müssten im Umkehrschluss die Hälfte kosten. Für die Sender stellt es eine Nullsummenrechnung dar, wenn sie zur Hälfte in ihrem Programm das Neue wagen würden. Für die Künstler und Labels selbst, die plötzlich für Innovation weniger erhalten, ist die geringere Gebühr verkraftbar, weil Radio wieder zum Steigbügelhalter neuer und vor allen Dingen auch lokaler Karrieren wird. Das alles ist möglich auf Grundlage der Marktwirtschaft, ohne staatliche Quote. Die Zukunft, die Radio wieder spannend macht, könnte eigentlich so schon morgen beginnen.

PRINT – EIGENE INHALTE SIND MEHR WERT ALS ANZEIGEN

Es war eine dieser Veranstaltungen, mit denen die Stadt Berlin um ihre New-Media-Unternehmer warb. In Hamburg hieß das Pendant »Die Onlinekapitäne«, und es ging in beiden Fällen um die Zukunft. Mit der Neuakquise und Vernetzung von jungen Internetfirmen erhofften sich die jeweiligen Stadtplaner eine dauerhafte Positionierung als wichtigster Medienstandort. Also standen wir auf dem Dach des »Stilwerks« an der Kantstraße, und es gab Currywurst. 2001 gehörte ich zu den beliebten Anschauungsobjekten im Ansiedelungskampf, weil Universal in diesem Jahr noch in die Hauptstadt ziehen würde. Also betete ich mein Berlin-Mantra herunter, plauderte über die spannende Metropole und ihre gewaltigen Freiräume, die es nun zu nutzen galte. Neben mir saß Udo Röbel, ehemaliger Chefredakteur der *Bild*, neuerdings Chef von bild.de und mitsamt seiner 130-köpfigen Online-Redaktion bereits Neuberliner. Anstatt sich wie ich mit Floskeln aufzuhalten, kam er gleich auf Visionen zu sprechen. Mit wenigen Worten entwarf Röbel sein Bild der New-Media-Zukunft: Da sollten *Bild*-Reporter kleine DigiCams auf dem Kopf tragen und so ihre Recherche dokumentieren. Die Ergebnisse würden von der hauseigenen TV-Abteilung in multimediale Online-News umgewandelt. Diese exklusiven News wären dann das Herz von bild.de – das Projekt kostete Springer eine dreistellige Millionensumme und war damals die mit Abstand größte Investition des Hauses.

Doch trotz einer vielversprechenden Partnerschaft mit T-Online wollte die Neuerfindung des Online-Journalismus durch bild.de nicht richtig zünden. Jenny Elvers' Schwangerschaftstagebuch samt Ultraschallbild vom Baby war keine echte Innovation. Das konnte der Nutzer auch im Mutterblatt lesen. Die Online-Kabinettstückchen, von denen Röbel geträumt hatte, inklusive Kopfkameras der Reporter, scheiterten an technischen Unzulänglichkeiten. Udo Röbel verließ Ende 2001 das Unternehmen.

Anders als die Musikindustrie hatte die Printbranche nicht lange gezögert und in die neue Internettechnologie schnell und massiv investiert. Im Wochentakt gingen Tageszeitungen und Magazine ins Netz, richteten die Verlage eigene Online-Redaktionen ein und machten ganze Zeitschriftenarchive kostenfrei zugänglich. Es herrschte eine hitzige Aufbruchstimmung. Wer nicht dabei war, würde es irgendwann bereuen. Denn angesichts der üblichen Printkalkulation, in der für redaktionelle Leistung etwa 20 Prozent der Kosten, für Papier, Druck und Vertrieb aber 80 Prozent gerechnet werden, erschien das Online-Geschäft hochattraktiv. Der größte Teil des Kostenapparates, dazu noch der unkreative, über den die Qualität der Blätter kaum definiert wird, fällt im nicht-körperlichen, digitalen Markt einfach weg. Natürlich war da die Begeisterung und Innovationswilligkeit in den Redaktionen groß.

Geld verdienen die Zeitschriften jedoch nur zum kleineren Teil durch den Preis, der am Kiosk gezahlt wird. Zwei Drittel der Verlagseinnahmen kommen in der Regel aus traditioneller Werbung, der Verkauf der Hefte und Blätter macht nur ein Drittel aus. Die Strategie der Verlage im Netz war von der Logik her nachvollziehbar: Das Geld wird über Werbung verdient, deren Preis sich an der Leserzahl festmacht. Da im Netz aber die Vorkosten der physischen Erstellung wie auch die Distributionskosten komplett wegfallen, müsste man das beste Ergebnis erreichen, also die meisten Nutzer und die höchsten Werbepreise, indem man den Inhalt einfach umsonst zur Verfügung stellt. Das Modell war bewiesenermaßen erfolgreich: Privates Radio und Fernsehen sind auch kostenlos verfügbar. Doch es kann nur so viel durch Werbegelder finanziert werden, wie die Werbewirtschaft insgesamt investiert. Mit dem Platzen der New-Economy-Blase im Jahr 2001 war aber auch der Expansion von Werbeausgaben ein deutliches Ende gesetzt. Firmen, die sich am Neuen Markt eine blutige Nase geholt hatten, suchten nach Möglichkeiten, die Verluste zu kompensieren. Streichungen im Marketingbereich tun am wenigsten weh, wenn man sparen muss – also wurde erheblich weniger Werbung geschaltet. Was den etablierten Printmarkt empfindlich traf – dort verloren die Verlage bis zu 20 Prozent der Werbeeinnahmen –, wirkte noch verheerender im gerade entstehenden Onlinesegment. Die Einnahmen aus dem Verkauf von Bannerwerbung reichten nicht mehr aus, um die redaktionellen Kosten zu decken.

Gleichzeitig hatten die Verlagsmanager mit ihrer Internetstrategie den zentralen Wert einer Zeitung vernachlässigt. Es geht um Verdichtung von Information. Anstatt das Angebot in die Breite zu tragen, ganze Archive zur Verfügung zu stellen, gewaltige Textmengen zu digitalisieren oder – wie Udo Röbel es sich bei bild.de vorstellte – den Reporter wie ein multimediales Fernsehteam in seiner Arbeit zu dokumentieren, sollte man sich an das erinnern, was der Konsument tatsächlich will. Er verlangt die Zuspitzung, die Auswahl, die Zähmung des unendlichen Stroms von Information durch den Journalisten. Im traditionellen Printobjekt sieht der Verlagsmanager den Inhalt als notwendiges Mittel, das die Auflage treibt und ihn somit besser und teurer die Anzeigenflächen, den eigentlichen Erlösbringer, verkaufen lässt. Im Netz muss er den Inhalt verkaufen und die Wertschöpfung aus journalistischer Qualität entstehen lassen. Das fällt den deutschen Internetangeboten bis heute schwer, sie kränkeln an ihrer Kostenlos-Historie und Unentschiedenheit. Sogar der *Spiegel*, immerhin seit 1994 als erstes Nachrichtenmagazin weltweit im Netz, beschränkt seine Bezahlinhalte auf einen bescheidenen Kleinanzeigenteil und den Verkauf von Archivartikeln zu 50 Cent oder Dossiers für 2 Euro.

Dabei zeigen zwei Beispiele aus den USA, wie etablierte Printunternehmen und insbesondere Tageszeitungen dank ihrer redaktionellen Kompetenz die digitale Innovation nutzen und in ein lukratives Neugeschäft umwandeln können. 1996 startete das *Wall Street Journal* seinen Online-Dienst. Mittlerweile zählt er 650 000 Abonnenten und ist eines der größten kostenpflichtigen Internetangebote weltweit. Eingeschriebene User können nicht nur auf Unternehmensberichte, sondern auch auf personalisierte News und Börseninformationen zugreifen. Der Verlag Dow Jones machte mit der Sparte Electronic Publishing im Jahr 2003 einen Gewinn von 68 Millionen US-Dollar. Nach einer eigenen chinesischen Online-Version des *Wall Street Journal* plant Dow Jones nun landessprachliche Ausgaben in Europa.

Auch die New York Times Company hat ihre Struktur seit Mitte der neunziger Jahre zunehmend digitalisiert: 18 Zeitungen, acht Fernsehsendern und zwei Radiostationen stehen 40 Websites gegenüber. In der Verbindung vielfältiger Verwertungswege liegt hier die Lösung – seit 1996 zwingt das Unternehmen seine Nutzer zur Registrierung und legt damit die Basis für alle weiteren Marketingaktivitäten. In der *New York Times*-Datenbank liegen Soziodemographika von 10 Millionen Lesern, die mit personalisierten Newslettern gepflegt werden. Die Zweitverwertung der Inhalte ist variabel und plattformunabhängig: Es existieren gut bezahlte Syndizierungsabkommen unter der Marke *New York Times*. Darüber hinaus werden Informationen auf mobile Endgeräte, Pager oder internetfähige Handys geleitet und die Gesamtausgabe elektronisch als e-paper verbreitet. Die Inhalte werden konsequent multimedial aufbereitet: Fotografen kommentieren ihre aktuellen Bilder im Rahmen einer Diashow samt Audiobericht; zu aktuellen Büchern gibt es Autorenlesungen, und ein eigener Internet-Radiosender mit klassischer Musik gehört ebenfalls zum Angebot. Selbst die Online-Werbung bietet mit den so genannten »Surround Sessions« innovative Formen. So kann ein User während seines Besuchs von nur einem Werbetreibenden umworben werden und New York Times Digital garantiert dem Werbepartner fünf Seitenabrufe. Schließlich refinanziert sich das weiterhin kostenfreie Basisangebot, mit dem neue Konsumenten angelockt werden, durch eine Vielzahl an Premiumprodukten: dem Archiv, dessen Angebot von 2,50 US-Dollar für einen Text bis 19,95 US-Dollar für 25 Artikel reicht, dem Premiumkreuzworträtsel für 19,95 US-Dollar pro Jahr oder den »Times Talks«, Prominenteninterviews von 60 Minuten für je 5,95 US-Dollar. Die *New York Times* hatte den Mut und den langen Atem, das qualitative Niveau der Mutterzeitung aufs Internet zu übertragen und eigene, webspezifische Ausdrucksformen zu suchen, die dem Kunden einen Weg durch die Kommunikationsflut bahnen. Und dieser Einsatz hat sich gelohnt. Seit dem dritten Quartal 2001 ist das Angebot in den schwarzen Zahlen.

Deshalb werden *Wall Street Journal* oder *New York Times* auch keine existenziellen Probleme bekommen, wenn der nächste große digitale Bruch in Form des elektronischen Displays geschieht. Dabei handelt es sich um ein Gerät, auf dem sich ermüdungsfrei lesen lässt und das in jede Jackentasche passt. Es ist bei mehreren Hardware-Unternehmen in Planung. Sony hat in Japan bereits ein e-Buch zur Marktreife gebracht. Die 300 Euro teure weiße Schachtel, so groß wie eine DIN-A5-Seite, lässt sich aufklappen und nennt sich »Librié«. Xerox nennt das eigene e-Projekt »Gyricon« und nutzt es zunächst noch für elektronische Schilder. Ziel ist aber das ebenso leichte wie faltbare e-Papier, auf das sich dann per Download die minutenaktuelle Zeitung zustellen lässt. »In drei bis fünf Jahren sind wir so weit«, sagt Russell Wilcox, Präsident der Entwicklerfirma E-Ink.

Was in der Musikindustrie für eine Managergeneration unvorstellbar war, die den Wechsel von Vinyl zur CD moderiert hatte, trifft gleichermaßen für die Printverlage zu: Die Digitalisierung endet nicht im Umbau der Information in eine Kette von Nullen und Einsen. Es geht vielmehr um die grundsätzliche Auflösung gewohnter haptischer Strukturen. War der Erwerb von Information noch vor wenigen Jahren mit dem Besitz einer CD oder Zeitung verbunden, so reduziert sich der Kaufbeweis in Zukunft auf ein Icon. Die temporäre Anwesenheit von Information auf dem e-Papier reicht dem künftigen Konsumenten. Das Argument, lange Texte ließen sich auf e-Papier nicht gut genug lesen, widerlegt schon die heutige Mediennutzungsforschung: Der Sachbearbeiter im Finanzamt schaut Tag für Tag länger auf den Bildschirm als auf Papier, der Manager liest mehr Mails am Flatscreen als Artikel in der Tageszeitung und die meisten Teenager verbringen ermüdungsfrei ein Vielfaches ihrer Zeit mit Online-Chats oder Games am Computer, statt ein Buch zu lesen. Das mag momentan noch schwer zu begreifen sein, doch wer konnte sich vor 20 Jahren die konsequente Durchsetzung mobiler Kommunikation mit dem Handy oder vor zehn Jahren den non-physischen Musikkonsum vorstellen? Und wer hätte noch vor fünf Jahren gedacht, dass irgendjemand 4,99 Euro für einen nicht greifbaren Handyklingelton bezahlt? Die Industrie, aus der ich komme, jedenfalls nicht ...

Was bedeutet diese digitale Entwicklung für die Zeitschriften? Drei Bewegungen lassen sich erkennen: Massenmagazine wie *Spiegel*, *Stern* oder *Focus*, die sich mit großen Textmengen oder besonderen Fotostrecken profilieren, können vorübergehend aufatmen. Bis sie auf bequeme Weise auf dem e-Papier zu konsumieren sind und eine neue Generation von digitalerfahrenen Nutzern herangewachsen ist, werden noch Jahre vergehen. Sie sollten sie nutzen, um die Umstellung zum digitalen Medium zu forcieren. Die wichtigsten Artikel des *Spiegels* der kommenden Woche lassen sich schon am Samstagmorgen im Netz lesen. Gegen Gebühr, versteht sich. Diese vorsichtigen Ansätze müssen deutlich ausgebaut werden, um das Medium für die digitale Zukunft fit zu machen. Die *New York Times* kann ein Vorbild sein.

Der zweite Trend: Spartenmagazine entwickeln sich – ähnlich den digitalen Spezialkanälen im Fernsehen – zu immer wichtigeren Kommunikatoren in einzelne Zielgruppen hinein. Denn dort funktionieren sie passgenau, ohne große Streuverluste. Ob Anglermagazin, Pferdezeitschrift oder Musikgenremagazin, je klarer und qualitativ hochwertiger die Marke positioniert ist, umso erfolgreicher wird sie sein. Den immer wichtigeren Opinion Leader kann der Werber in konzentrierter Form nur noch an Orten erreichen, wo er sich zusätzliche Information erhofft. Das geschieht am ehesten im Spartenmagazin. Egal ob in haptischer Form oder via e-Papier, Leser von Spartenmagazinen sind zumeist hochaktive Konsumenten, die sich über eine glaubwürdige Kaufempfehlung führen lassen. Damit sind Spartenmagazine ideale Vermittler für angeschlossene Online-Kaufhäuser oder sie fungieren selbst als Absatzmittler. Ein Download-Shop des Magazins

Visions ist glaubwürdig und ein guter Berater für denjenigen, der auf etwas härteren Rock steht. Das Blatt online zu beziehen, ist wiederum nicht unattraktiv, da die Zeitschriften umso teurer werden, je geringer die Auflage ist. Kleine Stückzahlen treiben die Druckkosten proportional in die Höhe, die Nutzung über e-Papier stellt eine logische und preiswertere Alternative dar. In Zukunft wird die Nische also günstiger und ist mit erweiterter Wertschöpfung versehen.

Trend bedingt Gegentrend – die dritte Bewegung betont die haptische Komponente und legt (wieder) Wert auf ausführliche, optisch ansprechende Information. Immer mehr Luxusmagazine drängen auf den Markt. Ob die neuen Kunst- und Designzeitschriften *Zoo*, *Deutsch*, *Monopol* für den stilbewussten Konsumenten oder *Matador*, *Maxim* und *FHM* für den etwas bodenständigeren Mann – alle arbeiten mit aufwändiger Optik und sind um einen eigenen redaktionellen Ton bemüht. Das Magazin *Berliner* erscheint, ähnlich wie das internationale Vorbild *Visionaire*, jedes Mal in unterschiedlicher Form: mal als Buch, mal als Handtasche oder auch als Kartenspiel. Es geht ganz bewusst um das Zelebrieren der Haptik, um ein hochluxuriöses Image. Das Medium wird zum Statussymbol. Frauen kennen das von *Elle*, *Vogue* und Co schon lange. Im Englischen gibt es den schönen Begriff des Coffeetable-Book für dieses Phänomen. Genauso wie prächtige Bildbände zu Kunst, Design und fremden Kulturen wird nun die Zeitschrift scheinbar zufällig auf dem Tischchen neben dem Sofa zurückgelassen und somit zum Accessoire, zum Einrichtungsgegenstand. Wie die Designerlampe in der Ecke drückt sie meine Individualität aus. Besonders souverän, aber leider auch unsäglich arrogant ist es, diese Edelobjekte auf der Gästetoilette liegen zu lassen ...

Der Markt der Luxusmagazine ist allerdings überschaubar, viele der neuen Objekte werden sich in den kommenden Jahren gegenseitig verdrängen. Gleichzeitig bemühen sich auch etablierte Printmarken darum, stärker als Statusmedium wahrgenommen zu werden und kannibalisieren das Segment. Auf diese Weise macht sich die Redaktion zunehmend unabhängig von Werbeeinnahmen, da der Kunde einen höheren Verkaufspreis akzeptiert. Die *taz*, die aufgrund ihrer wenig wirtschaftsfreundlichen Haltung noch nie ein Liebling der Anzeigenkunden war und sich daher seit jeher mehrheitlich über den

Kaufpreis finanziert, brachte das in ihrer Werbung auf die schöne Formel: Abo ergo sum – ich abonniere, also bin ich. Du abonnierst, also kann ich sein, hätte die Sache genauer getroffen.

FILM UND FOTO – BESSER MIT IDEEN IM NETZ ALS MIT KNAST AUF TOUR

Wenn jemand in einem dunklen Kinosaal plötzlich laut »Marlboro«, »Smart« oder »Almdudler« ruft, dann kann es gut sein, dass ich das bin. Angespannt knabbere ich mein Popcorn und versuche, mich beim Werberaten von absolut niemandem schlagen zu lassen, egal ob von Freunden, der Gattin und schon gar nicht von meiner Tochter. Einen Punkt gibt es nur, solange Produkt oder Markenname nicht im Bild sind oder im Spot genannt wurden. Bis zum Hauptfilm werden die Punkte gezählt und aufaddiert. Was will man auch sonst tun, wenn im Kino der Werbeblock läuft und man nicht gerade frisch verliebt und zum Knutschen aufgelegt ist?

Eigentlich ließe sich die Werbung leicht vermeiden. Doch wer im Kino einfach eine halbe Stunde später kommt, dem entgeht wirklich etwas. Ist der Film ausverkauft und man kommt später, weil man sich den Werbeblock sparen wollte, ist die Abendplanung im Eimer. Dann doch lieber gemeinsam die Werbung raten. Wie häufig erlebt man es, dass sich ein Großteil der Zuschauer erst kurz vor dem Hauptfilm, bepackt mit Knabbereien und Getränken, den Weg durch die düsteren Kinoreihen bahnt? Wohl eher selten. Kinowerbung müsste deshalb der Traum eines jeden Marketingexperten sein. Der Konsument kann ihr nicht entfliehen, im abgedunkelten Saal ist Ablenkung nur bedingt möglich, die Produktbotschaft lässt sich mit bestem Bild und Dolby-Digitalklang inszenieren und die Zielgruppen sind je nach Film klar eingrenzbar. Das sind doch Argumente, die für die Bewerbung eines hoch emotionalen Produkts wie Musik im Kino sprechen müssten. Dennoch haben wir bei Universal so gut wie nie Werbung in Filmtheatern geschaltet. Selbst dann nicht, wenn unsere Acts die Schlüsselsongs in Filmen hatten, wie Rammstein bei *Triple X* und *Lost Highway* oder James Last bei *Kill Bill*.

Aber Kinowerbung ist weder vernünftig planbar noch wirklich für Produkte mit mittleren Budgets erschwinglich. Die Spots werden zu einem Block zusammengeschnitten, das Kino kann man festlegen, nicht aber den jeweiligen Film, vor dem sie schließlich laufen werden. Manche Filme fallen schon nach dem ersten Wochenende ganz aus dem Programm oder werden in ein kleineres Kino heruntergestuft. Aufgrund dieser Unwägbarkeiten sind die Schaltkosten eigentlich überschaubar. Doch ein Vielfaches wird noch einmal für die Celluloid-Kopien fällig (mindestens 1 000 Euro pro 10 Kopien), die vom Werbespot gezogen werden müssen. Das rentiert sich nur, wenn Kampagnen sehr lange laufen oder regional eingeschränkt funktionieren. Celluloid ist ein sehr problematisches Material: anfällig für Beschädigungen, hohe Abnutzung, leicht entflammbar und voluminös. Die Rolle, auf der sich ein abendfüllender Spielfilm befindet, hat schnell die Ausmaße eines mittleren Couchtisches. In Sonderflügen werden diese Rollen auf die Nordfriesischen Inseln gebracht, wo die Kinobetreiber sie mit Spezialfahrrädern an der Landepiste übernehmen. Auf Amrum oder Föhr laufen dann bereits häufig abgespielte, verkratzte Kopien längst nicht mehr aktueller Filme. Höchste Zeit, dass die Filmindustrie in unserem Jahrhundert ankommt.

Sie tut das, indem auch sie auf Digitalisierung setzt. Der Grund, dass das vergleichsweise spät geschieht, liegt in der Menge der Daten. Um einen Film in brillanter Qualität auf Kinoleinwände mit über 100 Quadratmeter Größe zu bringen, benötigt man über 100 Gigabyte. Zum Vergleich: Auf eine DVD passen maximal 4,7 Gigabyte. Überall wird fieberhaft an Lösungen gearbeitet – genannt seien die Digital Cinema Initiative (DCI) der sieben US-Filmmajors, die alternative European DocuZone (EDZ), in der sich 175 europäische Kinos (darunter allein 112 deutsche) zusammengeschlossen haben, die nicht auf Modelle der amerikanischen Konzernzentralen warten wollen, oder die Deutsche-Telekom-Tochter T-Systems, die mit ihrer Digital Cinema Solution (DCS) bereits ein Programm für digitale Aufführung betreibt.

Während der Berlinale 2004 oder bei der Premiere von Roland Emmerichs Blockbuster *The Day After Tomorrow* konnte man das schon erleben, ebenso bei Livekonzerten von David Bowie und Bon

Jovi. Per Breitbandkabel oder Satellit wurden die verschlüsselten Daten an Kinos in München, Nürnberg, Hamburg, Köln, Zürich, Berlin und Dettelbach übertragen. Vor Ort wurde decodiert, und so konnte der Zuschauer live und in gestochen scharfen digitalen Bildern miterleben, was gerade anderswo auf der Bühne passierte oder just in Berlin beim Filmfest seine Erstaufführung feierte. Es wird damit gerechnet, dass die Technik spätestens 2006 ihre Marktreife erreicht hat.

Die Aussichten sind gut. Mit digitalem Kino lässt sich die Kostendecke im laufenden Betrieb um bis zu 90 Prozent reduzieren. Lediglich die Anschaffung von Servern und neuen Projektoren könnte die Betreiber bremsen. Aber das Publikum wird drängeln: Digitales Kino ist eine Innovation, die mit einem enormen Qualitätssprung verbunden ist. Keine Kratzer im Celluloid, kein Vorführer, der den Fokus nicht richtig eingestellt bekommt, kein Film, der reißt.

Auch die Kinowerbung kann sich dank der neuen Technik hervorragend entwickeln. Das von Film Ton Technik Hanns Dieter Rüttgers GmbH mitentwickelte System F.A.C.T.S ermöglicht eine punktgenaue Schaltung. Wann der Spot vor welchem Film läuft, ist dann für die Agentur so bequem und zeitnah zu entscheiden wie bei der TV-Werbung. Derzeit liegen zwischen Buchung und Aufführung mindestens vier Wochen. Hohe Kopierkosten entfallen ersatzlos, stattdessen werden ferngelenkt und passgenau die Datenpakete mit Werbebotschaften auf den einzelnen Kinoservern neu gemischt. Die Server wiederum erweitern das Kinospektrum über die Präsentation von Filmen hinaus. Schon heute werden zur Übertragung von Spielen der Fußballnationalmannschaft Tausende von Großbildschirmen in den Innenstädten aufgebaut. Das digitale Kino liefert dann ein brillantes Bild. Der Zuschauer fühlt sich, als wäre er selbst im Stadion, und bei der Formel Eins hört er das Röhren von Schumachers Ferrari-Motor in höchster Qualität, sodass es wie am Nürburgring in den Ohren schmerzt. Großereignisse wie die Oscarverleihung füllen heute schon ganze Kinosäle, genauso könnte es bei Ereignissen wie dem Grammy, dem ECHO und Festivals und Konzerten sein, wenn diese mit digitalem Sound und Bild übermittelt werden.

Eine Menge guter Nachrichten für die alten Lichtspielhäuser, die im ersten Schritt der Digitalisierung von Filmen wieder an die Wand gedrückt zu werden drohten. Das war schon einmal so, als erst das Fernsehen und dann das Video auf den Markt kamen. Doch immer wieder besann sich das Kino auf seine Qualität, das gepflegte Erlebnis in einer großen Gemeinschaft. Es musste sich immer umstellen, auf den Markt reagieren. Erst wurden die großen Kinos in viele kleine »Schachteln« umgebaut, um mehr Programm, mehr Vielfalt als die neue Konkurrenz aus dem Fernseher zu bieten. Als dann Video populär wurde und fast jeder Film zu jeder Zeit im eigenen Wohnzimmer verfügbar war, kehrte die Filmwirtschaft in Form des Multiplex-Kinos wieder zu großen, plüschigen Sälen zurück und lieferte das angrenzende Erlebniscenter gleich mit. Doch mit der DVD zog erstmals ein neues Filmformat wirtschaftlich komplett am Kinomarkt vorbei. In Amerika wurden im Jahr 2003 4,8 Milliarden US-Dollar mit DVDs umgesetzt, aus den Kinos kamen für die Filmproduzenten im Vergleich nur schmale 1,78 Milliarden US-Dollar zusammen. Die Erstaufführung in den Lichtspielhäusern wurde deshalb mehr und mehr zur reinen Promotiontournee für die spätere DVD-Veröffentlichung.

Die DVD verhilft der Filmindustrie zu einem Boom, wie ihn die Musikwirtschaft vor fast 20 Jahren mit der CD erleben durfte. Ob er allerdings ähnlich lange andauern wird, ist mehr als fraglich. Der Konsument hat das Kopieren, Brennen, Aus-dem-Netz-Saugen am Beispiel Musik längst gelernt, beim Film wird er sein Wissen unverzüglich anwenden. Bremsen konnte ihn bislang nur die Menge der Daten. Nicht jeder lässt seinen Rechner für den Download eines Blockbusters die ganze Nacht durch laufen. Doch die Rechner werden schneller, DVD-Brenner immer verbreiteter, die Datenkomprimierung immer besser. Selbstredend hielt meine Tochter in der Schule nicht damit hinterm Berg, dass sie *Findet Nemo* als Premierengast gesehen hatte. Umso größer war dann die Enttäuschung, dass der Film schon als DVD erhältlich war, die fast ein Drittel ihrer Klasse besaß. Dass es sich dabei ausschließlich um Raubkopien handelte, die in den ehrbaren Bürgerhaushalten ihrer Mitschüler aus Berlin-Wilmersdorf lagen, wollte sie anfänglich einfach nicht glauben ...

Beim Start des dritten Films der Zauberlehrling-Reihe, *Harry Potter und der Gefangene von Askaban*, wurden in Großbritannien viele Platzanweiser mit Nachtsichtgeräten ausgestattet. In den Kinos sollten sie dann diejenigen ausspähen, die heimlich mitfilmten und das Werk später als Kopie weitergeben oder ins Netz stellen wollten. Über den Erfolg dieser Aktion ist nichts bekannt. Ebenso wenig weiß man über die Wirksamkeit der Installation »Knast on Tour« zur Kampagne »Raubkopierer sind Verbrecher«. Jeder Zuschauer darf sich dabei fünf Minuten lang in einer detailgetreu nachgebauten Gefängniszelle vorstellen, was ihn erwartet, wenn er heimlich mitschneidet und dabei erwischt wird.

Die Filmproduzenten haben guten Grund zur Unruhe, der Schaden, der ihnen aus der unbezahlten Nutzung ihrer Rechte erwächst, ist groß. Bereits 15 Prozent aller CD-Rohlinge werden für gebrannte Spielfilme verwendet, in dem noch jungen Format der bespielbaren DVD sind es sogar 79 Prozent, beklagt die deutsche Filmförderungsanstalt FFA. Mehr als zwei Millionen Deutsche hatten vor, sich im Jahr 2004 einen DVD-Brenner für den Privatgebrauch zu kaufen. Im Internet sorgen die Filme für den langsamen Untergang der Tauschbörse Kazaa und den unaufhaltsamen Aufstieg des eigentlich umständlicheren eDonkey-Netzwerks. Hatte Kazaa in Europa bei den Tauschbörsen bislang einen Anteil von 70 Prozent, ging er binnen weniger Monate auf 20 Prozent herunter. Profitiert haben neben eDonkey vor allem weitere Netzwerkprogramme wie BitTorrent und Shareaza. Dafür gibt es nur eine logische Erklärung: Der Nutzer bezieht gleichzeitig von unterschiedlichen Anbietern die Daten. Schaltet einer aus oder bricht eine Leitung ab, muss man mit dem Download nicht von vorne anfangen. Das ist ein klarer Vorteil, wenn es um die großen und komplexen Datenmengen von Spielfilmen geht. Anders als bei Kazaa nehmen Millionen User dann auch manche Schwächen in der Benutzerführung in Kauf, die daraus resultieren, dass diese Programme keinen zentralen Server haben, der sie stützt. Aber so können die Rechteinhaber auch niemanden direkt belangen, es gibt keinen Server, der sich einfach ausknipsen lässt.

Die Antwort kann also nur ein legales Angebot sein. Die Filmwirtschaft hat diesbezüglich vom Schicksal der Musikindustrie gelernt und war vergleichsweise schnell ab November 2002 mit einem Download-Portal namens MovieLink am Start. Bedauerlicherweise gibt es dieses Angebot nur in den USA und es enthält nur Filme, die zeitgleich auch in den Videotheken zu haben sind. Der Gebrauch muss innerhalb von 24 Stunden stattfinden, und das Angebot ist nicht einmal vollständig. Disney und Fox, die von der Durchsetzung ihres eigenen Services MovieBeam träumen, und viele Independents, die lieber dem unabhängigen Anbieter CinemaNow trauen, geben keine oder nur einen Teil ihrer Filme frei. All diese Restriktionen gibt es bei der illegalen Konkurrenz nicht. Weniger als vier Wochen nach Kinostart war *Terminator 3* bereits bei über einer Million deutscher Internetnutzer dauerhaft auf der Festplatte. Bei MovieLink war er erst ein Vierteljahr später im Angebot, als Neuheit für 4,99 Dollar. Wenn der Film dann in die Jahre kommt, sollen es noch 2,95 Dollar pro Ausleihvorgang sein. Die aufgerufenen Beträge könnten jedoch schnell ins Rutschen kommen, AOL testet bereits in Kooperation mit MovieLink den Verleih auch für Neuheiten zum Preis von nur 99 Cent.

Dem deutschen Filmfreund hilft das alles nicht weiter. Surft er zu MovieLink, wird er Richtung ebay, DiViDi und Amangon weitergeleitet. Beim ersten kann man DVDs gebraucht ersteigern, die anderen beiden Anbieter verleihen sie als Hardcopy. Die Möglichkeit des Online-Filmkonsums beschränkt sich hierzulande auf das Angebot von Arcor, Hansenet und T-Online. Arcor hat nur B-Movies oder deutsche Filme im Programm, von denen jeder mindestens zwei Jahre alt ist. Hansenet setzt auf die technikaffine türkische Klientel und bietet, neben einigen internationalen Filmklassikern, Kinohits aus deren Heimat an, T-Online stellt immerhin Lizenzen wie *American Beauty* oder *Der Duft der Frauen* von renommierten Studios wie Dreamworks, Universal, MGM und der deutschen Constantin zum Download bereit. Doch der Bestand an Filmen auf dem Portal ist sehr begrenzt, nur gut 100 Streifen sind im Angebot und diese werden bislang ausschließlich an Kunden des Online-Dienstes deutlich unterhalb der DVD-Bildqualität für 3,50 bis 4 Euro gestreamt. Sehen kann die Filme nur, wer auch eine Set Top Box von Fujitsu Siemens für 999 Euro erworben und auf seinem Fernseher installiert hat. Diese soll zwar noch wesentlich billiger werden, wie der Online-Dienst verspricht, aber ob man sie dann überhaupt noch benötigt, kann er nicht beantworten. Denn noch ist völlig unsicher, welches Format, welche Technik sich durchsetzen wird.

In Deutschland scheint man keine Eile zu haben. Das liegt einerseits, wie bei der Musikindustrie, an Konzernen, die ihre Heimat jenseits des Atlantiks haben, sich deshalb auf den amerikanischen Markt fokussieren, und andererseits an der DVD, die unaufhörlich boomt. Allein im letzten Jahr stieg der Umsatz noch einmal um phänomenale 47,7 Prozent, die Kinokassen hingegen gaben als Digitalisierungopfer mit minus 8,6 Prozent und die Videotheken mit minus 15,8 Prozent deutlich nach. Besonders dem Verleihgeschäft scheint das letzte Stündlein geschlagen zu haben. Die Zahlen waren noch nie so schlecht wie 2003. Ursache für den Schwund ist nur partiell die gekaufte DVD. Die Filmindustrie kann am Beispiel ihrer ungeliebten Videoschwester sehen, was passiert, wenn sie das Problem Download nicht durch legale Angebote in ihrem Sinne löst.

Die Produktion eines Films kostet viele Millionen, bis zu einem Betrag von 20 Millionen US-Dollar spricht man in den USA von Low-Budget. Zumindest vor der Entwertung ihres Produktes durch die Angebotsmenge sollte die Filmwirtschaft angesichts dieser beträchtlichen Einstiegshürde gefeit sein. Doch die digitale Revolution macht auch vor der Produktion nicht halt. Selbst die Technik einst sündhaft teurer Spezialgeräte lässt sich mittlerweile in normalen Büros wiederfinden. Ein Apple Powerbook für etwas mehr als 2 000 Euro samt der Software Final Cut Pro für 1 000 Euro gibt bereits ein veritables Schnittstudio ab und lässt den Videobearbeitungsstandard Avid ziemlich alt aussehen. Dieses Profigerät kostet mindestens 50 000 Euro pro Maschine, leistet aber auch nicht mehr. Jeder zweite Videoclip wird bereits mit Final Cut Pro geschnitten, mit dem Epos *Cold Mountain* kam 2004 der erste große Final-Cut-Pro-Spielfilm in die Kinos. Dass ein Hollywood-Budget allerdings nicht allein durch die Schnittkosten zustande kommt, beweist Regisseur Anthony Minghella mit diesem Streifen auch. Trotz preiswerter Schnitttechnik verschlang der Film mit Donald Sutherland, Nicole Kidman und Renée Zellweger immer noch 83 Millionen US-Dollar.

Neben Schauspielergagen fallen die extrem hohen Kosten am Set ins Gewicht. Jeder, der schon einmal bei Dreharbeiten war, weiß, dass sie primär aus Warten bestehen. Es dauert lange, bis der Aufbau einer Szene den Gefallen des Regisseurs gefunden hat, ewig, bis der Kame-

ramann das Licht für optimal gesetzt hält. Und während all des Ge-
hämmers, Geschiebes und den hitzigen Diskussionen läuft die Uhr,
tickt das Taxameter der Gagen von hoch bezahlten, wartenden Fachleuten.

Aufmerksam schaut die Fachwelt deshalb auf Projekte wie »Origami«, das gerade von der Universität Kiel, der BBC, dem Anima-
tionsspezialisten Framestore und vier italienischen Firmen vorangetrieben wird. »Origami« soll die nahezu komplette Entstehung von
Filmen in der Bluebox ermöglichen. Unter Bluebox versteht man einen einfarbigen Studiohintergrund, der in der Nachbearbeitung herausgefiltert und durch neue Bilder ersetzt werden kann. Der Darsteller wird beim »Origami«-Projekt vor diesem Bluebox-Hintergrund
zusätzlich von mehreren fest installierten Kameras gefilmt und in ein
texturiertes 3D-Modell verwandelt. Anhand dessen lassen sich realistisch berechnete Schatten der Person auf die virtuelle 3D-Umgebung
errechnen, respektive umgekehrt Lichteinflüsse der künstlichen Szene
auf den Darsteller selbst ermitteln. Jede Location ließe sich nun in den
Computer einlesen, wobei der Darsteller vom Licht her immer perfekt
eingepasst wird. Das, was die Musik als Sampling kennt, hat damit
den Film erreicht. Bereits existierende Aufnahmen werden in völlig
neue Zusammenhänge gebracht, die wirklich teuren, weil zeitintensi-
ven Faktoren wie Licht und Aufbau des Sets erübrigen sich nahezu.

Noch ist das Zukunftsmusik, doch Projekte wie »Origami« kommen schnell voran. Es ist nur eine Frage der Zeit, bis sie, so wie Final
Cut Pro, für jedermann erschwinglich als Software zu erwerben sind
und sich dadurch die Filmproduktion demokratisiert. Aufgrund der
Software-Komplexität und des Mangels an hochwertigen Darstellern
in der nächsten Verwandtschaft wird das natürlich nicht bedeuten,
dass Urlaubsaufnahmen von der Ostsee als Spielfilme die Kinos und
das Internet fluten. Aber die absolute Dominanz amerikanischer Produktionen könnte stark ins Wanken geraten. Low-Budget muss dann
kaum mehr als 100 000 Euro bedeuten. Filmische Ideen aus aller Welt
könnten leichter umgesetzt werden. Hollywood wird mit immer auf-
wändigeren Animationen als Alleinstellungsmerkmal dagegen halten,
profitieren von der kreativen Explosion sollte der umworbene Konsument. So wie längst bei der Fotografie.

Dort hat der Konsument bereits gewonnen. Hinter der Kamera kann sich bereits jeder wie ein Profi aufführen, vorausgesetzt sie ist digital. Wo früher jedes Klicken den Verbrauch von Film und die Entwicklung eines Abzugs bedeutete, ermöglicht die Digitalisierung heute eine unbekümmerte, offensive Herangehensweise. Was nicht gefällt, wird gelöscht oder einfach zu Hause am PC nachbearbeitet. Selbst mit digitalen Amateurkameras wird mittlerweile Software mitgeliefert, die mehr Bearbeitungsmöglichkeiten bietet als früher ein professionelles analoges Fotostudio. Bedeutet diese Entwicklung nun das Ende einer ganzen Branche von Labors und Fotofachgeschäften? Im Gegenteil, bis auf den Branchenzweiten Kodak stellte sich jeder Anbieter der Herausforderung. Firmen wie Fuji und CeWe Color rüsteten wie selbstverständlich ihre Kapazitäten auf Digitalentwicklung um. Der Besitzer einer digitalen Kamera, so die Annahme, würde mehr fotografieren, dann gezielter auswählen, aber die wichtigen Bilder weiterhin entwickeln lassen. Den Laptop mit den Urlaubsfotos reicht man nun mal nicht gern am Kaffeetisch herum. Wer enthemmter fotografieren kann, keine Angst mehr vor dem Materialverbrauch hat und erkennt, dass die Qualität einzelner Bilder steigt, will sie erst recht vorzeigen. So als würde man die Lieblingsstücke einer Schallplatte auswählen, gibt man die besten Schüsse weiter, und die Labors ziehen so viele Bilder ab wie vor wenigen Jahren auch schon. Das geschieht sogar mit mehr Profit, denn ein digital erstellter Abzug lässt sich noch besser vermarkten. Der mündige Konsument akzeptiert einen höheren Preis, wenn das Bild vorab von ihm ausgesucht wurde. Nur die einst so stolze Firma Kodak, die an diese Entwicklung nicht glauben wollte, gibt es nicht mehr. Ihre Auffangholding BHB meldete in Deutschland Insolvenz an, ihre sieben Großlabors wurden aufgelöst.

DIGITAL RIGHTS MANAGEMENT – DER BESTE SCHUTZ IST EIN GUTES ANGEBOT

Spätestens als Phillip Boa Anfang der neunziger Jahre zu einer Besprechung in Hamburg mit einem Mercedes vorgefahren kam, wurde mir klar, dass wir in der Musikindustrie noch einige Abenteuer erleben würden. Der braune SL war kein Mietwagen und gebraucht sah er auch nicht aus. Phillip Boa war der erste unserer Künstler, der den kommerziellen Durchbruch geschafft hatte – das Establishment konnte jetzt einen Underground-Star willkommen heißen. Doch Boa kannte die Regeln der Verweigerung, er war nicht umsonst einer der Helden der deutschen Alternative-Rock-Bewegung. Auf dem Kofferraum seines Mercedes prangte ein Aufkleber. Weiß auf schwarzem Grund war dort in großen Lettern »Kill the Rich« zu lesen.

Zehn Jahre später war Phillip Boa wieder einmal der Erste, mittlerweile aber nicht mehr bei Motor. Im Streit um Kürzungen des Marketingbudgets hatten wir uns entzweit. Sein Album *My Private War* erschien deshalb bei der Konkurrenz von BMG. Besorgt sahen wir den Titel als überflüssige Kampfansage gegen uns an. Der Konsument verstand das anders, fühlte sich eher selbst angesprochen. Denn *My Private War* war Ende Januar 2000, zusammen mit *Razorblade Romance* der finnischen Gruftband HIM, die erste CD mit Kopierschutz auf dem deutschen Markt.

Die Neuentwicklung der israelischen Firma Midbar, die für Boa zum Einsatz kam, hatte noch so ihre Tücken. Das System namens Cactus Media Shield setzt – wie eigentlich jeder CD-Kopierschutz – bei der zweiten Session des Tonträgers an. Eine CD hat zwei Ebenen: eine, auf der sich die Musik als Datensatz befindet, und eine weitere mit Informationen zur Steuerung des Abspielgerätes. Ein herkömmlicher CD-Player greift auf diese zweite Session nicht zurück, ein CD-ROM-Laufwerk sehr wohl. Midbar manipulierte diesen so genannten Table of Content (TOC), sodass das Gerät gar keine Daten mehr erkannte, auch die Musikdaten nicht. Nun befinden sich CD-ROM-Laufwerke aber nicht nur in Computern, sondern auch in den Musikanlagen aller Neuwagen von Mercedes Benz, denn schließlich müssen sie auch Navigations-CDs lesen können. »Kill the Rich«, entfuhr es mir zum Unverständnis der meisten Teilnehmer eines Meetings, in dem ein Kollege aus dem Universal-Presswerk gerade diesen kleinen Haken der Schutztechnik am Beispiel der Beschwerden im Falle Boa erläuterte.

Auch bei Universal hielt der Cactus Media Shield Einzug, allerdings in der verbesserten Version 200. So ließen sich die kopierge-schützten CDs wenigstens auf einem Computer abspielen. Sie hatten einen separaten Satz an komprimierten Soundfiles auf der CD gespei-chert, allerdings mit einem mäßigen Sound von nur 64 KiloBit. Zum Vergleich: Ein MP3-File hat die doppelte Bitrate, klingt also deutlich besser. Und im Mercedes ging immer noch nichts. Schlimmer noch, je mehr Hersteller Navigationsgeräte einbauten oder die Option für eine spätere Nachrüstung offen ließen, desto mehr ältere, loyale Musik-käufer mussten sich von der Musikindustrie verschaukelt fühlen. Während ihre legal erworbenen CDs im Auto den Dienst verweiger-ten, funktionierten die gebrannten ihrer Kinder einwandfrei.

Immer wieder versprachen die führenden Kopierschutz-Anbieter, eine perfekte Lösung gefunden zu haben. Egal ob der amerikanische Macrovision-Konzern, der mittlerweile Midbar aufgekauft hatte, Sunncom, die EMI mit Mediamax und BMG mit Mediacloq versorg-ten, oder Key 2 Audio von Sony: Die Hoffnung lag immer in der nächsten Generation der jeweiligen Software. Doch das Konzept ei-nes Kopierschutzes, der aufgrund ständiger Weiterentwicklung von Hard- und Software niemals kompatibel zu allen Geräten und Pro-grammen sein kann, ist von Grund auf unsinnig. Denn er bestraft die eigenen Kunden.

Als es bei der Einführung der vierten Cactus-Generation wieder Klagen von verzweifelten Konsumenten hagelte, entschieden wir uns innerhalb der deutschen Universal für einen Trick. Ab Mitte 2003 verbreitete das Unternehmen CDs, die auf dem Cover ausdrücklich als kopiergeschützt ausgewiesen waren, aber keinerlei System zum Schutz enthielten. Ein Produkt quasi schlechter darzustellen, als es ist, kann einem Hersteller niemand verbieten. Kopierschutz gilt eindeutig als Qualitätsreduzierung – der gesetzestreue Konsument würde, so das Kalkül, gar nicht erst versuchen zu kopieren, der notorische CD-Ripper konnte sich bestenfalls wundern, dass der Schutz derartig ein-fach zu umgehen war.

Nicht nur bei Universal scheinen wir zu diesem Schluss gekommen zu sein. Das wurde mir klar, als ich zwischen den Jahren mehr als 80 CDs der verschiedensten Labels auf meinem Apple iPod einlesen wollte, den ich zu Weihnachten geschenkt bekommen hatte. Obwohl fast alle Platten mit dem runden Kopierschutzzeichen versehen waren, ließen sie sich anstandslos über das Computerlaufwerk auf MP3 konvertieren und exportieren. Ab und an poppte zwar ein Fenster auf, das mich auf mein illegales Tun hinwies – seit wann ist die Übertragung auf ein mobiles Abspielgerät illegal? – doch der Ladevorgang lief ungestört weiter. Lediglich die CD einer Band namens Commercial Breakup vom winzigen Ladomat Label brachte den Computer zum Absturz. War die Independent-Chefin und ehemalige Motor-Mitarbeiterin Charlotte Goltermann womöglich die Einzige, die einen effektiven Kopierschutz verwendete?

Was auf CD schon nicht funktionierte, sollte beim non-physischen Vertrieb im Netz zum endgültigen Kompatibilitätschaos führen. Dort nennt sich der Kopierschutz Digital Rights Management (DRM) und legt sich wie eine virtuelle Kapsel um das Songfile. Jeder Download- oder Brenn-Vorgang wird mittels einer so genannten »Watermark«-Kennzeichnung dokumentiert, sodass sich später jederzeit nachprüfen lässt, ob der Nutzer das File manipuliert und illegale Vervielfältigungen vorgenommen hat. Der Rechteinhaber kann per DRM gleichzeitig festlegen, wie oft der Song gebrannt oder auf andere Träger weitergegeben werden kann.

Anfangs versuchten Hardwarehersteller, Rechteinhaber und Schutztechnik-Anbieter noch einen gemeinsamen DRM-Standard zu entwickeln. In der Secure Digital Music Initative (SDMI) saßen die maßgeblichen Firmen und Wissenschaftler an einem Tisch. Das Ziel war ein international geregelter Zustand, in dem Systeme miteinander kommunizieren können und Kompatibilitäten entstehen. Ende 2000 versuchte die SDMI, den Testlauf der ersten sechs DRM-Systeme mit einer werbeträchtigen Aktion zu verbinden, stellte die Programme ins Netz und forderte alle Interessierten unter dem Motto »Hack SDMI« auf, sie zu knacken. Wem es als Erstem gelingen würde, die neuen DRM-Techniken zu entschlüsseln, sollte dafür 10 000 US-Dollar erhalten. Das Geld hätte Professor Edward Felten und seinem Team an der Universität in Princeton zugestanden. Innerhalb kurzer Zeit hebelten die Forscher fünf von sechs Kopierschutzmechanismen aus, sie knackten den Code. Felten interessierte weniger die Belohnung, lieber wollte er, in bester akademischer Tradition, im April 2001 seine Ergebnisse auf dem vierten International Information Hiding Workshop veröffentlichen.

Damit war für die Musikindustrie der Spaß vorbei: Die RIAA, der amerikanische Phonoverband, meldete sich zu Wort und drohte Felten offen mit juristischen Maßnahmen. Er verstoße mit seiner angekündigten Publikation gegen den Digital Millennium Copyright Act, das US-Pendant zur deutschen Urheberrechtsnovelle, der die Umgehung von Kopierschutzmaßnahmen verbietet. Der ruppige Umgang mit dem Forscher und die damit verbundene schlechte Presse waren für viele der SDMI-Partnerfirmen schwer zu ertragen. Allein im Folgemonat traten 27 Unternehmen aus dem Konsortium aus. Als Edward Felten im Juni 2001 gegen die SDMI wegen Behinderung der Forschung Klage einreichte, hatte sich das Thema endgültig erledigt. Ab sofort marschierte jeder Anbieter für sich allein. Apple nutzte im i-Store ein eigenes DRM-System, das den dreimaligen Wechsel des Computers erlaubte, Sony arbeitet bis heute mit einer Eigenentwicklung namens Atrac, die teilweise nicht einmal auf Sony-Playern funktioniert, und natürlich hat auch Real Networks genauso wie Microsoft eine eigene DRM-Technik im Angebot. Und keines der Programme passt zu einem der anderen.

Bislang ist noch jeder DRM-Code geknackt worden. Wenn nicht innerhalb von Stunden, dann in ein paar Tagen. Das liegt keineswegs daran, dass die Programmierer zu unfähig und die Hacker so genial sind. Bei jeder Blockade, bei jeder Chiffrierung muss dem Nutzer zwangsläufig auch der Schlüssel mitgegeben werden, um diese aufzuheben, damit die Musik hörbar, der Film sichtbar, die Software nutzbar wird. Wer Chiffre und Schlüssel auf einem Träger in die Hände bekommt, kann jeden Code knacken. Der Hacker muss nur den Schlüssel freilegen und verstehen. Mitgeliefert wird er mit jedem neuen Kopierschutz automatisch. Der verunsicherte Konsument wiederum kann sich mit einem Blick in allgemein zugänglichen Suchforen wie Google oder Kazaa informieren. Zu jedem DRM-System gibt es haufenweise Anleitungen, wie es sich ausschalten lässt. Fragt sich, ob es keine besseren Konzepte gibt, um den Konsumenten zu einem verantwortungsbewussten und ökonomisch tragbaren Umgang mit digitaler Ware zu führen. Zumal der »Heilige Krieg«, den die

Internetaktivisten gegen das DRM-Establishment aus Softwarebranche, Musikbusiness und Filmindustrie führen, ohnehin nicht zu gewinnen ist.

E-COMMERCE – IF YOU CAN'T BEAT THEM, JOIN THEM

Die Pornowirtschaft geht ihre eigenen Wege. Sie ist der mit Abstand erfolgreichste kommerzielle Anbieter im Netz und stellt ihre Filme und Fotos immer ungeschützt, ohne jegliches DRM ein. Selbst der Missbrauch wird nicht hartnäckig verfolgt. Titan, ein Anbieter von Schwulen-Pornografie, droht allen illegalen Sites zwar mit Klagen, doch wenn die Diebe Abbitte leisten und auf den eigenen Seiten für Zugangsabos bei Titan werben, verzichtet man dankend. Denn über Abonnements verdienen die meisten Seiten ihr Geld. Die Möglichkeit zur spontanen Entscheidung im Internet nutzend, wird der Kunde mit kurzen Testmitgliedschaften geködert. Kündigt er nicht schnell genug, ist er wie bei einer Zeitschrift langfristig dabei.

Doch allzu häufig macht die Neugier der Gattin dem Pornoanbieter einen Strich durch die Rechnung. Öffnet sie die Kreditkartenabrechnung und findet den Namen eines zweifelhaften Anbieters, bleibt dem Internetbefriedigung suchenden Ehemann nur eine Chance: Er spielt den Ahnungslosen und storniert die scheinbar ungerechtfertigte Buchung. »Gak Factor« nennt man in der Szene diesen Rücktritt von der Zahlungszusage. In den USA liegt der »Gak Factor« mittlerweile derartig hoch, dass Visa und Co schon diskutiert haben, Rückzugsgebühren zu erheben. Bislang sehen die Kreditkartenunternehmen aber aus Verbundenheit mit den Pornografieanbietern davon ab. Diese haben als Erste ihren Kunden die irrationale Angst vor der Kreditkartenzahlung im Internet genommen. Selbstverständlich darf ein wildfremder Kellner im Restaurant mit der Karte in der Küche verschwinden, im Internet galt die Übermittlung derselben Daten aber lange als brandgefährliche Angelegenheit. Porno hat das geändert. Mehr als eine Milliarde US-Dollar setzt die Branche alleine in Amerika über Kreditkarten um. Bis 2007 rechnet das National Research Council mit einer Steigerung auf 5 Milliarden US-Dollar, über alle Zahlungswege gerechnet.

Die reguläre Kinowirtschaft, der das virtuelle Pornogeschäft beim Umsatzvolumen schon jetzt knapp auf den Fersen ist, wäre dann im Vergleich weit abgeschlagen. 260 Millionen Einzelseiten werden heute schon auf 1,3 Millionen Pornosites angeboten, 18,8 Prozent aller getätigten Seitenabrufe im Internet schlagen bei Erotikanbietern auf, hat der Reichweitendienst Hitwise ermittelt. Damit ist Porno das führende Angebot im Netz, Suchdienste folgen mit 13,8 Prozent, Entertainment mit immerhin 8 Prozent. Bereits zum zweiten Mal wird die kommerzielle Nutzung eines neuen Medienformats von der Pornowirtschaft fast im Alleingang durchgesetzt. Bei der VHS war es nicht anders. Die Entertainment-Industrie zögerte damals noch beim Wettkampf der unterschiedlichen Systeme, die Pornoanbieter setzten einfach auf alle Formate und starteten durch. Die Branchenlogik war eindeutig: Konsumenten erotischer Filme lassen sich lieber zu Hause erregen als in der anonymen, aber öffentlichen Kinosituation. Aber auch der Besuch im Sex-Shop, bei dem man den Nachbarn treffen, oder die postalische Bestellung, die in fremde Hände fallen könnte, sind nicht optimal. Die Lösung war das Internet, die non-physische Lieferung. Und abermals erkannte die Pornobranche die Regeln des neuen Mediums und setzte sie zügig um. Dabei waren die damit verbundenen Gefahren nicht geringer als für die Musikwirtschaft. Pornofotos bestehen aus Datenmengen, die kleiner als jedes MP3-Songfile sind und finden sich nahezu komplett auch als illegales Angebot im Netz. Doch statt über die Web-Piraterie zu klagen, nutzte die Pornoindustrie sie. Einzelne Bilder oder Filmausschnitte heizen den Konsumenten gezielt an, also deponiert man sie gleich selbst auf Tauschbörsen und anderen illegalen Sites. Wer mehr will, wird innerhalb desselben Files auf die legale Quelle verwiesen. Dort findet der neugierige Nutzer dann je nach Neigung alles wohlaufbereitet und bei weitem bequemer, aber gegen Gebühr.

Wieso die Musikindustrie nicht ähnlich vorgeht, kann Jason Tucker, Geschäftsführer des Porno-Technikdienstleisters Playa Solutions, schwer verstehen. Ein Musiklabel müsste, so Tucker, den neuesten Britney-Spears-Clip weit vor seinem Veröffentlichungstermin via File-Sharing in Umlauf bringen, um den Interessenten zu ködern. Wer sich den Song dann komplett und in bester Qualität anhören möchte, wird gezwungen, die offizielle Website zu besuchen. Dort gibt es dann die Möglichkeit, das aktuelle Album legal zu erstehen oder gegen Einwahl über eine spezielle Servicenummer am Video-Chat mit der Sängerin teilzunehmen. In der Pornobranche sind all diese Techniken bekannt und werden erfolgreich praktiziert. Aber sie hält noch mehr innovative Gedanken für Rechteinhaber bereit: Die Firma Exploit Systems hat eine Software entwickelt, die Suchmaschinen wie Kazaa, Limewire und Gnutella beeinflussen soll. Das Programm sorgt dafür, dass legale Versionen von Bildern und Filmen innerhalb der Tauschbörsen überhand nehmen, also für den Nutzer weit mehr Suchergebnisse aufzeigen als Raubkopien. Sobald man sich das vermeintlich illegale File dann herunterlädt und auf dem PC anschauen will, muss gezahlt werden. »If you can't beat them, join them«, sagt Scott Hunter, Chef von Exploit Systems, und betont, dass eine solche Software auch außerhalb des Pornogeschäftes mit jeder anderen Art von Inhalt möglich wäre.

Der größte Feind des illegalen Angebotes ist ein legales. Das trifft jedoch nur dann zu, wenn die rechtmäßige Seite und ihre Inhalte mindestens so gut sind wie die Offerte, mit der die Piraten locken. Die Pornoindustrie hat das verstanden. Mit Sex würde im Internet nicht so viel Geld verdient, wenn von erregten Konsumenten zunächst ein eigener Media Player heruntergeladen und aufwändig installiert, dann die Kompatibilität mit dem eigenen Endgerät geprüft werden müsste, um erst nach dieser Prozedur Druck oder Neugier befriedigen zu können. Umständlichkeit kostet mehr Kunden als der Zwang zur Bezahlung. Natürlich ist ein Angebot ohne DRM-Schutz wesentlich anfälliger für Rechtediebstahl. Geklaut wird aber meist gar nicht im Netz, die CDs, Filme, Bücher und Games kommen über geknackte physische Produkte auf die Tauschbörsen. Das wird sich nicht ändern, solange Musik auf Trägern verteilt, Filme öffentlich vorgeführt, Bücher gedruckt und Games verkauft werden. Wovor haben die Anbieter also Angst?

Ein Teenager hat keine Kreditkarte, dafür aber einen gesunden, sexuellen Appetit. Mit Sicherheit gibt es kaum einen Jungen zwischen 15 und 20, der nicht schon die kostenlosen Pornoangebote im Netz genutzt und dadurch erfahren hat, dass es dort auch legale gibt. Ein sexuelles Interesse wird er auch noch haben, wenn er doppelt so alt geworden ist und als braver Familienvater hinter dem Bankschalter steht. Dann möchte er sich aber nicht mehr in der Nacht, wenn Mutti schläft, durch illegale Sites mit merkwürdigen Popup-Menüs und Fehlermeldungen kämpfen, sondern ist froh über ein gut gepflegtes, moderiertes Programm, das seine spezifischen Wünsche befriedigt. Nur sollte sich dieses später unter einem eleganteren Namen als »Young-Chicks-Suck-Your-Dick.com« auf der Kreditkartenabrechnung wiederfinden.

Dabei treffen Musik und Games auf bessere Voraussetzungen als die Pornoindustrie. Während der junge, illegal agierende Konsument im Sexgewerbe kaum neue Trends und unbekannte Praktiken durchsetzen wird, ist er im Entertainment-Geschäft der Treiber aller Innovation. Der Drang des Teenagers, sich abzugrenzen und neu zu definieren, lässt die Popkultur immer spannend bleiben. Nicht nur für die Jugendlichen selbst, sondern gerade für ältere Menschen, die verstehen wollen, was gerade passiert, um den Draht zur Jugendkultur nicht zu verlieren. Folgt die Musikwirtschaft dieser Logik, ist es sogar ratsam, der Jugend im Netz das Treiben zu erleichtern. Sie sucht die spannendsten und neuesten Inhalte und nimmt dabei das mühsame Surfen auf sich, lädt das Gefundene auch noch auf kostenlose Sites und spielt somit für ältere Jahrgänge den digitalen Pfadfinder. Der bejahrtere Konsument zahlt danach gerne für die neu entdeckten Inhalte, wenn sie ihm nur einfach und vernünftig dargeboten werden. Die Demografie spricht in Deutschland ohnehin gegen die Jugend als wichtigste Zielgruppe und stattdessen für diejenigen, die heute zwischen 30 und 50 sind. Sie werden in Zukunft die begehrtesten Kunden sein, denn sie stellen die Mehrheit. 1964 war der geburtenstärkste deutsche Jahrgang aller Zeiten und wird das bis zum späten Tod dieser Generation bleiben.

Der popinteressierte Erwachsene hat einen knappen Zeithaushalt, muss Familie, Job und Hobby unter einen Hut bringen. Er kann sich deshalb nicht so intensiv mit den ständigen Veränderungen im Kulturangebot beschäftigen und braucht Beratung. Wenn er weiß, was er will, muss das Objekt der Begierde schnell zu finden sein. In »Brick & Mortar Shops«, dem traditionellen »Ziegel- & Mörtel-Handel«, wie die New Economy das stationäre Geschäft nannte, ist angesichts des Preisdrucks ein vernünftiger Service kaum noch finanzierbar und deshalb selten vorhanden. Dort wo er eher anzutreffen ist, im Internet, boomt der Bestellhandel. Amazon und Co machen bereits 10 Prozent des Musikgeschäftes aus, haben in anderen Medienbereichen eine ähnliche Quote und mehrheitlich Kunden über 30. Obwohl die Produkte erst Tage später mit der Post kommen und die Versandgebühr noch immer hoch ist, fühlt sich der erwachsene Käufer einfach besser informiert.

In einer Welt ohne die Chimäre Kopierschutz und ohne DRM, dafür aber mit glaubwürdigen Entertainment-Marken, die mir mit guter Beratung, aber ohne aufwändige Technik ihre Produkte im Netz verkaufen, würde ich mit breitem Lächeln von der BBC-Website aktuelle Musiktipps des legendären Radio-DJs John Peel herunterladen, danach in die *Pulp Fiction*-Site von Quentin Tarantino hereinschauen und seine neueste Filmempfehlung auf meine Festplatte ziehen, um schließlich die Fußballstrategie-Games auszuprobieren, die Bayer Leverkusen unter Anleitung seines ehemaligen Managers Rainer Calmund ins Netz stellt – und dabei wahrscheinlich viel zu viel Geld ausgeben. Lieben würde ich es trotzdem.

Doch selbst die jungen Treiber im Internet lassen sich zurückgewinnen. Vorausgesetzt, die Musikwirtschaft akzeptiert die Mechanik des Netzes, macht sich die Logik seiner intensivsten Nutzer zu Eigen. Und die heißt de facto Peer-to-Peer. Im Web kommunizieren Gleiche mit Gleichen, tauschen sich aus, schicken sich gegenseitig Empfehlungen zu; am liebsten in Form von Musikdateien. Doch auch in diesem System gibt es einen gesunden Wettbewerb. Jeder versucht, mit dem neuesten, angesagtesten, coolsten Titel zu brillieren. Das Internet ist ein Paradies für den Opinion Leader. Nirgendwo kann er sich besser mit seinen Musikkenntnissen beweisen. Und an genau diesem Punkt könnte die Musikwirtschaft ansetzen.

Es geht um Eitelkeit, Geltungsbewusstsein und das knappe Budget der Zielgruppe, die bisher ihre Songs illegal aus dem Netz gezogen und dem Musikbusiness samt seiner Kopierschutzmechanismen den Krieg erklärt hat. Doch wenn es gelingen könnte, diese Trendsetter am Verkauf von digitaler Musik mitverdienen zu lassen und zugleich ihr Wissen über die aktuellen Tendenzen zur Geltung zu bringen, könnten aus Feinden Freunde werden und aus Freunden Kunden. Es geht um Verantwortung durch Eigengeschäft. Der größte Verfechter von illegalem

File-Sharing wird nämlich plötzlich zum glühendsten Kämpfer für das Copyright, wenn es um seinen eigenen Geldbeutel geht.

Und das Schönste an diesem Modell – das gibt es schon. Es nennt sich »Potato, das faire Musikvertriebssystem ohne Kopierschutz« und wurde von den beiden Wissenschaftlern Rüdiger Grimm und Jürgen Nützel an der TU Ilmenau gemeinsam mit dem Fraunhofer-Institut für Digitale Medientechnologie (IDMT) entwickelt und von ihrer im Jahr 2000 ausgegründeten Firma 4FriendsOnly.com Internet Technologies AG exklusiv angeboten. Ein einfacher Kauf von Musik läuft mit Potato-Technologie wie bei herkömmlichen Portalen über Kreditkarte, Telefonrechnung oder Bankeinzug. Aber der Käufer erhält zusätzlich das Recht, den Titel weiterzuvertreiben, wenn er sich bei Potato registriert. Das System erzeugt personalisierte Links, die er auf seine Website stellen kann. Klickt der nächste Interessent darauf, landet er seinerseits bei Potato und kann dort den Titel bezahlen, downloaden und sich selbst wiederum zum Verkäufer machen. Die Umsätze werden online nach einem Schlüssel abgerechnet, der alle Verkäufer bis in die dritte Generation in einer Staffelung von 20 über 10 bis zu 5 Prozent beteiligt. Als Weiterverkäufer kann auch ein Label oder ein anderer Online-Shop auftreten.

Potato setzt auf den Schneeballeffekt. Die dezentrale Struktur des Internets, in dem sich Themen rasend schnell verbreiten können, ist der ideale Nährboden für ein solches Angebot. In Verbindung mit der zunehmenden Entwertung herkömmlicher Werbung, welche durch glaubwürdigere Empfehlungsstrukturen zwischen gleichwertigen Konsumenten ersetzt wird, könnten Potato oder ähnliche Systeme zu Selbstläufern werden. Amazon erzielt schon seit langem mit Empfehlungen im Stil von »Wer diese CD erworben hat, hat sich auch jene gekauft...« die besten Geschäftserfolge, selbst verfasste Kundenrezensionen werden dort durchaus ernst genommen.

M-COMMERCE – KEIN NETZ IN L. A. UND UMTS IN MALI

Das Handy vibriert in der Hosentasche, und statt einer schlichten Text-SMS kommt in Zukunft ein kompletter Song vom besten Freund an – für einen Europäer oder Asiaten ist das keine völlig abwegige Vorstellung. Für einen Amerikaner klingt das wie Science-Fiction. In den USA kann man froh sein, wenn in Weltmetropolen wie New York oder Los Angeles beim Weg um die nächste Straßenecke die Handy-Verbindung nicht abreißt. Grund für die technische Provinzialität ist das amerikanische Militär. Es belegt mehr Funkfrequenzen als andere Armeen irgendwo sonst auf der Welt, darunter auch Mittelhertz 900, auf der das globale System für mobile Kommunikation GSM sendet. Die Amerikaner müssen deshalb mit dem vergleichsweise schwachen CDMA-Netz vorlieb nehmen. Noch im Oktober 2000 hatte Bill Clinton der Armee die Anweisung gegeben, endlich Bandbreite für die zivile Kommunikation zu räumen. Kurz nach dem 11. September legte George W. Bush den Plan wieder auf Eis.

Europa und Asien nutzen den Vorsprung. Mit Nokia, Sony Ericsson, Siemens, Samsung und Panasonic haben sich die wichtigsten Hersteller zusammengeschlossen und mit »Symbian« ein gemeinsam kontrolliertes Betriebssystem durchgesetzt. Anders als die Computerindustrie, die sich nahezu von Windows abhängig gemacht hat, erhalten die Mobiltelefonhersteller ihre Unabhängigkeit und einen freien Markt. Microsoft passt das nicht ins Konzept. Der Softwareriese hat auf Basis von Windows ein eigenes Handy-Betriebssystem entwickelt und versucht es nun an verschiedene Hersteller zu lizenzieren. Doch außerhalb der USA finden sich keine Alliierten. Selbst Microsofts wichtigster Partner, die amerikanische Firma Motorola, zweitgrößter Mobiltelefonanbieter der Welt, hält sich alle Optionen offen und bietet beide Betriebssysteme im Programm an. Ein schwerer Schlag für Microsoft war die Entscheidung von Lenovo für das euroasiatische Symbian-System. Über den chinesischen Hersteller wird der Standard im zukünftig größten Mobilmarkt der Welt definiert.

Doch Microsoft lässt nicht locker. Denn die Unternehmensstrategie besagt, dass das Mobiltelefon schon bald zum Mobilcomputer wird. Ein fremdes Betriebssystem im eigenen Kernmarkt wäre der Albtraum für den Marktführer. Man muss kein Visionär vom Schlage eines Bill Gates sein, um die zukünftige Bedeutung des Mobiltelefons zu erkennen. Bereits heute lassen sich die neuen Smartphones von Nokia und Sony Ericsson problemlos mit dem Computer synchronisieren, übernehmen Mails und Termine aus Microsofts Outlook-Programm und von anderen Betriebssystemen. Der Nutzer kann Bilder schießen und versenden, kann Musik auf sein Handy laden und abspielen, wenn auch noch ein wenig mühselig und in kleinen Portionen, ein MP3-Player ist in der aktuellen Gerätegeneration meist eingebaut. Der aktuelle Netzstandard GSM legt den Smartphones noch manche technische Beschränkung auf. 9 600 Bytes pro Sekunde leistet der Kanal, deshalb sind SMS auf 160 Zeichen beschränkt. Mit GSM 2+, das Kanäle bündelt und die Bitrate verhundertfacht, und der kommenden Netzstufe UMTS (Universal Mobile Telecomunication System), das noch mal das Doppelte an Leistung obendrauf legen kann, wird gerade ein neuer Standard ausgerollt. Ein UMTS-Handy hat dann die dreißigfache Geschwindigkeit eines Computers, mit dem sich heute über ISDN im Internet surfen lässt.

Dank UMTS wird das Netz endgültig mobil. Vergessen sind die traurigen, reduzierten WAP-Pages von früher. Alles, was an Entertainment im Internet verfügbar ist, lässt sich dann übers Handy verkaufen. Auch Musik. Allerdings wohl nicht mehr in Form eines herkömmlichen Klingeltons. Die bisherige Killerapplikation des M-Commerce wird ganz einfach überflüssig. Wenn bei mir zu Hause das Handy meiner Tochter klingelt, höre ich die Girlgroup Preluders *Hotter Than You Know* trällern. Das Telefon spielt als Klingelton ein MP3-File ab, das sie von einer eigens gerippten, also zum Überspielen konvertierten CD, auf ihr Handy gezogen hat. Mobilfunkanbieter und Plattenfirmen versuchen das momentan gemeinsam zu verhindern, denn mit herkömmlichen Klingeltönen verdienen sie viel Geld. Dem Telefonhersteller Nokia werden neue Lizenzen für das Modell 3300 verweigert, nachdem es anfangs eine Kooperation mit Warner Music für Song-Teaser gegeben hatte. Anbieter wie Vodafone nehmen das Handy nicht ins Programm, weil sie befürchten, es könnte ihr weiteres Geschäft stören.

Die Klingelton-Hysterie ist groß, der deutsche Marktführer Jamba wurde gerade für 273 Millionen US-Dollar, umgerechnet mehr als die Hälfte des Wertes der Universal Music Deutschland, an das amerikanische Unternehmen Verisign verkauft. Doch insbesondere die Musikindustrie sollte mittlerweile gelernt haben, dass sich nicht verhindern lässt, was technisch möglich ist. Selbst wenn es durch die Blockade von Geräten wie dem Nokia 3300 gelingt, die Einführung der Hardware zu verzögern, reicht die Verbreitung einer vergleichbaren Software schon völlig aus, um auf Goldgräberstimmung schnell Katzenjammer folgen zu lassen. Xingtone ist ein Programm, das auf jedem handelsüblichen PC aus beliebigen Songs von CD oder MP3 eigene Klingeltöne machen kann. Entwickelt wurde die Software von einer Tochterfirma des deutschen Elektronikkonzerns Siemens namens Mobile Acceleration, getestet wird das Programm in den USA und Kanada, um den lokalen, europäischen Markt nicht völlig zu verunsichern. Xingtone kostet einmalig 14,95 US-Dollar, und der teure Download von Klingeltönen hat sich, verspricht Siemens, für immer erledigt.

Der Verlust für die hiesigen Plattenfirmen hält sich in Grenzen. Da der Handy-Markt in den USA keine Priorität besitzt, hatten die meisten Konzernzentralen es verpasst, rechtzeitig einzusteigen. Nur Universal, von der französischen Konzernmutter Vivendi getrieben, kümmerte sich um das neue Geschäft. Die Musikbranche ist lediglich Lizenzgeber und damit in die zweite Reihe gerutscht. Man freut sich, mitverdienen zu dürfen, wenn der Name eines eigenen Künstlers in der Klingeltonwerbung genannt wird. Verzichten die Anbieter auf eine Nennung, weil der Songtitel auch für sich allein markant genug ist, geht das Label komplett leer aus. Eine Chance, um ihre Rechte zwischenzeitlich zu kapitalisieren, sollte die Musikwirtschaft nicht noch einmal verpassen. In Großbritannien erzielen Klingeltöne mittlerweile höhere Umsätze als der Single-Markt.

Das Handy als Distributionskanal müssen Rechteinhaber im Auge behalten. Denn es beginnt, zum zentralen Werkzeug für alle Arten von Kommunikation und Inhalten zu werden. Keiner kann das in der New Economy überstrapazierte Wort der Medienkonvergenz mehr hören, aber im Bereich der Telefonie ist sie Realität. Die mediale Zukunft ist mobil und dadurch auch global.

Häufig sind Entwicklungs- und Schwellenländer wie Brasilien, Indien oder Mali auch Flächenländer. Kabel über lange Strecken zu verlegen bedeutet ein enormes Investment, das Festnetz in diesen Gebieten ist oft in einem erbärmlichen Zustand – und verhindert Entwicklung. In einer Welt, in der Information immer mehr zum Kapital wird, kann die breite Einführung mobiler Kommunikation zu wirtschaftlichen und politischen Sprüngen führen. Wenn im nordafrikanischen Staat Mali modernste UMTS-Technologie eingeführt wird, mag das angesichts von Bauern, die ihre Felder mit dem Holzpflug kultivieren und ihre Produkte mit Pferdefuhrwerken zum nächsten Markt fahren, zunächst merkwürdig anmuten. Doch das Handy kann es genau diesen Bauern ermöglichen, ihre Preise untereinander abzustimmen, mit den regionalen Großhändler- und sogar den Weltmarktpreisen zu vergleichen und sich so eine günstigere Position am lokalen Markt zu verschaffen. So entstehen durch mobile Kommunikation zunächst ganz elementare Verbesserungen von Handel, demokratischere Strukturen und schließlich neue Märkte. Auf solche Entwicklungen setzt die UNO, wenn sie in Afrika, Asien und Südamerika verschiedene Mobilfunkprojekte unterstützt. Und es wundert wenig, wenn Vodafone mit 22,5 Millionen Euro die größte Firmenspende in der Geschichte der Vereinten Nationen platziert. In diesem Sinne bekommt auch das Interesse von Microsoft am mobilen Geschäft eine neue Perspektive. Fieberhaft arbeitet das Unternehmen an der Sprachsteuerung von Software. Viele der potenziellen neuen Nutzer sind Analphabeten.

WORLD WIDE WEB – DAS NETZ LERNT SPRECHEN

Das Netz muss so einfach wie eine Sprache funktionieren, um die ganze Menschheit zu bedienen, um endgültig die Rolle als globaler Wissensspeicher anzunehmen. Davon träumen viele Web-Aktivisten, und es ist möglich.

Eine internationale Expertengruppe unter der Leitung von Tim Berners-Lee, der schon das World Wide Web entworfen und die »Netzregierung« W3C gegründet hat, arbeitet fieberhaft an dieser nächsten Innovationsstufe. Der Projektname lautet Semantic Web. Die Aufgabe des Teams ist hoch komplex, denn es geht gewissermaßen um die Neuerfindung des Internets. Tim Berners-Lee erklärt das so: »Anders als das World Wide Web, mit dem das Internet für Menschen strukturiert und lesbar wurde, entwickelt das Semantic Web eine neue Sprache, um all die Informationen für Maschinen verarbeitbar zu machen.«

Mit den Konzepten und der Syntax des Resource Description Framework (RDF) und der Web Ontology Language (OWL) soll die Basis für ein Vokabular gelegt werden, die es Maschinen ermöglicht, Inhalte zu interpretieren. Das Ziel ist es, die unendlichen Informationsmassen des Netzes klarer und einfacher zu strukturieren und damit für den Menschen besser nutzbar zu machen. Anstatt wie bisher über Schlüsselwörter zu funktionieren, könnte das Web in Zukunft auch auf die Beschreibung von Inhalten und Fähigkeiten reagieren.

Mathematik ist eine Sprache, auf deren Grundlage aus Nullen und Einsen Computer und dadurch auch alle Internetapplikationen funktionieren. Sprache ist im Umkehrschluss mathematisch. Das könnte die Brücke sein. Als Berners-Lee über das Internet die Programmiersprache HTML verbreitet hat, wurde diese Brücke bereits zaghaft beschritten. In der Konsequenz könnte das Semantic Web die bisherige mathematische Logik durch eine sprachliche ersetzen. Damit würde Berners-Lee das Internet einen entscheidenden zweiten Schritt weiterführen, weg von seinen rein wissenschaftlichen Ursprüngen. Es könnte intuitiv bedient werden, würde endgültig für absolut jeden ein Mittel, um den Alltag zu manövrieren, egal ob als Anbieter, Nutzer oder als beides zugleich. Das Web spricht dann plötzlich unsere Sprache und jeder, der sie beherrscht, kann es bedienen.

Wenn die Arbeit von Berners-Lee und seinen Kollegen erfolgreich ist, könnte eine typische Suchanfrage lauten: »Ich möchte die Platte von Palais Schaumburg, auf der das Lied *Kinder, der Tod ist gar nicht so schlimm* enthalten ist, heute Abend um 19:30 Uhr in Berlin-Charlottenburg als Vinyl kaufen.« Geliefert würden dann die präzisen Informationen, ohne dass der Anfragende durch zig weitere Websites pflügen muss. Womöglich würde auch noch der Plattenladen informiert, damit der Verkäufer ein Exemplar zur Seite legt.

Die Möglichkeiten der Web-Innovation reichen weit. Und so wundert es wenig, dass sich sogar das amerikanische Verteidigungsministerium an der Projektfinanzierung beteiligt. Erste semantische Suchkonzepte waren bereits kurz nach dem 11. September 2001 während

266

der Überprüfung arabischer Namen in Regierungsdatenbanken zum Einsatz gekommen. Aber auch viele große Hersteller oder E-Commerce-Anbieter warten sehnsüchtig auf das Semantic Web. Die präzisierte Suche nach einer Zulieferfirma, die das gerade dringend benötigte Technikdetail produziert, die Verbindung zu einem Unternehmen, welches in ähnlichen Bereichen irgendwo in der Welt aktiv ist zwecks strategischer Allianz, die punktgenaue Erfüllung von unpräzise geäußerten Kundenwünschen, egal ob diese aus Berlin oder von einem kargen Feld in Mali kommen – Anwendungen für die Innovation gibt es unendlich viele. Das Semantic Web kommt der Sehnsucht einen Schritt näher, das gesamte Wissen der Menschheit zur Verfügung zu haben und nach den jeweiligen Bedürfnissen aufbereiten zu können, ohne hierarchische, geschmackliche oder politische Schranken.

Semantic Web, ein Internet, das denkt und strukturiert wie wir Menschen es tun, ist zum Greifen nah. Begeisterte Analysten sprechen von 2005, die nüchternen Entwickler selbst halten einen Start im Jahr 2010 für realistisch. Eines steht fest: Egal wann es kommt, danach wird unsere Welt eine andere sein.

DIE WIEDERAUFERSTEHUNG

Am Abend des 31. Januar 2004 war das Spiel aus. Ein letzter Drink mit den Kollegen auf der Dachterrasse, dann verließ ich Universal nach siebzehneinhalb Jahren für immer. Das Spiel ging verloren und ich nicht als Sieger vom Platz, denn das Ziel war nicht erreicht. Mein Ziel, mein Traum war ein Konzern, der menschlich ist, eine Plattenfirma, die sich gegenüber Mitarbeitern und Künstlern verantwortlich zeigt, die große Emotionen produziert und verkauft. Für den bloßen Versuch bekam ich von der Presse meist gute Kritiken, aber was hilft der Applaus von der Tribüne, wenn man nicht das bewirkt hat, wofür man angetreten ist? Es ist wie bei einem Fußballturnier: Ob der Trainer deiner Meinung nach eine antiquierte Taktik verfolgt oder neben dir einen lauffaulen Libero aufgestellt hat, interessiert am Ende nicht. Draußen ist draußen. Du hättest ja selbst das entscheidende Tor schießen können. Wenn du ohne den Cup nach Hause kommst, gibt es keinen Empfang auf dem Frankfurter Römer, keine jubelnden Massen, keine Glücksgefühle. Stattdessen gab es für mich Bowling mit der gesamten ehemaligen Motor-Mannschaft. Auch nett. Ein letztes Mal drehte ich mich um. Das alte Eierkühlhaus, umgebaut und angemietet, als Universal von Hamburg nach Berlin gezogen war, stand erhaben und völlig ungerührt an der Spree. Ich würde mir einen neuen Traum suchen müssen, das wurde mir spätestens dann klar, als mein Taxi Richtung Rotes Rathaus abbog.

Zwei Wochen später nahm ich mich eines Traumes an, der schon seit Kindheitstagen auf mich gewartet hatte: in eine Richtung aufzubrechen und aus der entgegengesetzten zurückzukommen. Ich hatte als kleiner Junge stundenlang in Atlanten stöbern können, mit meinem Bruder Flaggen aus dem Brockhaus abgemalt und mich von ihm die Namen der Hauptstädte aller Länder dieser Erde abfragen lassen. Egal ob Bujumbura, Katmandu, Lima oder Lomé, ich hatte immer auch ein Bild im Kopf, stellte mir Menschen und Häuser vor, die zu den Farben der Flaggen und dem Klang der Städtenamen passten. Mitte Februar stieg ich in den Flieger und flog hin. Ich begann eine Reise um die Welt.

Manches erschien mir klarer, als ich nach drei Wochen aus Shanghai, Sydney, San Piedro de Atacama, Santiago und Buenos Aires zurückkam und meine Familie auf dem Flughafen Tegel wieder in die Arme schloss. Ich war losgefahren, um anzukommen. Nachdem ich unterschiedliche Kulturen erlebt und Tausende von Meilen zurückgelegt hatte, lag jetzt ein deutlicher Weg vor mir. Doch zunächst erwarteten mich daheim jede Menge Nachrichten. Viele davon waren Mails von ehemaligen Kollegen aus allen möglichen Firmen der Musikindustrie. Irgendwann konnte ich den Text fast auswendig. »Liebe Freunde, nach vielen aufregenden Jahren werde ich das Unternehmen am nächsten Montag verlassen. Zukünftig erreicht ihr mich unter mein.name@berlin.de. Ich werde mich selbstständig machen, demnächst teile ich euch Namen und Adresse meines neuen Labels mit.« War in einer der Mails ausnahmsweise von einer Managementgründung die Rede, war ich beruhigt. Nahm sich das jeweilige Opfer einer weiteren Umstrukturierungswelle im Musikgeschäft erst einmal eine Auszeit, ganz ohne Plan, fand ich auch das völlig in Ordnung. Ein neues Label zu gründen, erschien mir hingegen absurd. Verzweifelt auf einem alten Geschäftsmodell zu beharren, das einen selbst gerade im Todeskampf abgeschüttelt hatte, klingt wenig plausibel.

MANAGEMENT STATT PLATTENFIRMA

Was hatte mich auf meiner Reise besonders beeindruckt? Die Auseinandersetzung zwischen der eigenen Geschichte und der Erneuerung, zwischen alter Baumasse und Moderne. Das spürte ich besonders deutlich in Shanghai, wo der koloniale Bund vom Ende des 19. Jahrhunderts auf die Fantasiearchitektur von Pu Dong trifft, oder in Sydney, wo das kühne, bis heute moderne Opernhaus die alten, liebevoll restaurierten Lagerhäuser mit der hochindustriellen Harbour Bridge verbindet. Es geht darum, die Substanz der Vergangenheit zu erhalten, aber sich gleichzeitig einzugestehen, dass sie Geschichte ist. Am besten respektiert man das Vergangene, indem man ihm Neues, Gewagtes gegenüberstellt. Das Ziel muss also sein, im Kern zu bewahren und zu pflegen, was einem früher wichtig war, aber gleichzeitig neu und mutig zu denken.

Das kann nur derjenige, der die Geschichte auch verstanden hat. Die erste Frage, die wir uns stellen müssen, ist die nach den Ursprüngen. Worum geht es in »meiner« Industrie, was musste sie immer schon leisten? Wen braucht der Künstler, wo benötigt Kreativität Unterstützung? Die großen Labels kommen einem immer als Erstes in den Sinn, wenn man über Musikindustrie redet, dabei machen sie nicht einmal ein Fünftel der Umsätze, die in der Musikwirtschaft erzielt werden. Sie sind auch das jüngste Glied in der Kette. Gerade mal etwas länger als 100 Jahre existiert das Phänomen Plattenfirma. Aber weshalb gibt es sie überhaupt, was ist ihre Daseinsberechtigung?

Notwendig wurden die Labels, weil Musik plötzlich auf physischen Trägern reproduzierbar war und vertrieben werden musste. Das bedeutete den Einsatz und die Bindung von Kapital durch Presskosten und aufwändige Logistik, um die Schallplatten zu mehreren Tausend Abverkaufsstellen zu transportieren. Doch heute hat das Musikgeschäft immer weniger mit physischer Distribution zu tun: Die meisten Schallplattenläden sind bereits verschwunden, die verbleibenden in der Regel in Ketten organisiert und über PhonoNet mit einer zentralen Datenbank aller Tonträgerhersteller verbunden. Über diese bestellen sie automatisch nach, egal von wem die Ware kommt. Die Vertriebsstrukturen der großen Plattenfirmen sind bereits austauschbar geworden. Mit MP3 drohen sie überflüssig zu werden. Im non-physischen Musikvertrieb fallen Einstiegshürden wie Macht und Kapital. Der Markt steht prinzipiell jedem offen.

Musik aufzunehmen war früher auch keine billige Angelegenheit. Anfänglich wurden eigene Instrumente wie die Strohgeigen, Violinen ohne Korpus und spezielle Klangtrichter gebaut, um die Grammophonplatten zu bespielen. Später entstanden Studios, in denen es aufgrund der vielen Leuchtdioden an riesigen Batterien von technischen

Geräten, Kompressoren, Hallgeräten oder Bandmaschinen auch ohne weitere Beleuchtung fast taghell war. Erst wurde auf vier Spuren aufgenommen, dann auf 8, 12, 24, 48 und so weiter, die Komplexität wuchs ins Unermessliche. Die Produktion einer Platte erinnerte irgendwann eher an Raumfahrt als an Musik. Stolz führte mir 1983 Vince Clark, einer der Gründer von Depeche Mode und damals mit Feargal Sharkey unter dem Namen Assembly aktiv, seinen Fairlight Computer vor. Groß wie ein Schrank, fast eine Million englische Pfund teuer, konnte er Klänge von zersplitterndem Glas reproduzieren. Fünf Jahre später gelang das jedem Yamaha Keyboard für 2 500 Euro. Wenn heute Bands wie Rammstein das Studio betreten, ist der größte Teil ihrer Aufnahmen schon fertig. Zu Hause am Prenzlauer Berg entsteht die Platte auf eigenem Pro-Tools-Equipment. Den größten Teil der Produktionskosten beansprucht danach die Mietvilla, in der die Band ihre musikalischen Versatzstücke schließlich zusammenbaut. Ist der Pool kleiner, die Aussicht ein bisschen weniger spektakulär, braucht es keine große Plattenfirma zur Finanzierung. Ihre Funktion als Bank entfällt ersatzlos, denn digitale Technologie hat die Musikproduktion demokratisiert und von großen Geldgebern unabhängig gemacht. Zum Glück, denn selbst wenn die Industrie diese Funktion noch wahrnehmen wollte, wäre es fraglich, ob sie es überhaupt könnte. Schließlich leben wir in Zeiten, da sich die Nachwuchsarbeit der Musikkonzerne auf den angloamerikanischen Raum konzentriert und sie schmerzhaft lernen mussten, wie man Cashflow schreibt.

Bleibt noch ein letzter Grund, weshalb der Künstler eine Plattenfirma braucht: die inhaltliche Beratung durch den A&R, den Artist und Repertoire Manager. Eine Plattenfirma sollte wissen, wann ein Song auf welche Weise produziert werden muss, um in der Masse zu funktionieren. Wo aber wurde diese Kompetenz in letzter Zeit bewiesen? Eigentlich nur im Rahmen der verschiedenen Castingformate wie *Deutschland sucht den Superstar* oder *Popstars*. Ist es da nicht folgerichtig, als talentierter und mainstreamwilliger Interpret gleich bei der Merchandising-Abteilung eines großen Fernsehsenders oder bei einer TV-Produktionsfirma anzuklopfen?

Wenn ein Künstler hingegen eher aus der Nische kommt und sich allmählich in seiner Szene entwickeln möchte, kann er das Album auch ohne Rat und Tat einer Plattenfirma aufnehmen und die Karriere in Bewegung setzen. Die Band Wir sind Helden hat ihr Debüt eingespielt, ohne dass ein A&R-Manager im Studio gewesen wäre. Beratung holten sie sich anfänglich lieber bei einem Management. Pop Up, die Firma von Rosenstolz-Managerin Leonie Lorenzen, hat die Studiotermine organisiert, betreut, und die ersten Debatten über die Songs mit der Berliner Band geführt. Als man sich darüber zerstritt, hielt Walter Holzbauer allein der Gruppe die Hand, ebnete den Weg und ermöglichte die Aufnahmen. Auch er hat kein großes Label, sondern ist Besitzer des kleinen Wintrup Musikverlages im ostwestfälischen Detmold. Fazit: Beratung, die dritte und letzte Kernkompetenz der herkömmlichen Plattenfirma, können mittlerweile auch andere wahrnehmen.

Bleibt die Frage nach Promotion und Marketing – aber auch die erledigt sich von selbst. In den letzten Jahren haben alle Labels so viele kompetente Mitarbeiter freigesetzt, dass eine beträchtliche Anzahl freier Agenturen entstanden ist, die genau das zielgerecht leisten können. Keine gute Bilanz: Große Plattenfirmen sind schlichtweg überflüssig, wenn sie ihr Geschäftsmodell nicht grundlegend ändern.

Bevor die ersten Plattenfirmen entstanden, gab es bereits Musikverlage. Am 11. Juni 1837 wurde im Staate Preußen mit dem »Gesetz zum Schutze des Eigenthums an Werken der Wissenschaft und Kunst in Nachdruck und Nachbildung« das modernste und ausführlichste Urheberrechtsgesetz dieser Zeit geschaffen. Zum ersten Mal stand das geistige Eigentum in Form des Notendrucks unter staatlichem Schutz. Wer Musik vervielfältigte und über Notenblätter im Land verteilte, musste ab sofort an den Komponisten zahlen. Damit entstand eine Geschäftsgrundlage für Musikverlage. Sie verpflichteten die Urheber, vervielfältigten ihre Werke und verbreiteten sie auf Notenblättern im Land.

Aber was geschah mit dem Urheberrecht, wenn jemand die Titel sang oder spielte? Daran hatten weder die Preußen noch die Franzosen oder Amerikaner gedacht, bei denen das Urheberrecht sogar Einzug in die Verfassung fand. Im Jahr 1847 setzte der beliebte Chanson-Komponist Ernest Bourget das Gesetz auch für Aufführungen durch.

Sein Schlüsselerlebnis hatte er bei einem Besuch im Pariser Café »Ambassadeur«. Als das Hausorchester einen seiner Titel spielte, bestellte sich Bourget ein Zuckerwasser, das Luxusgetränk der Epoche. Dem Kellner, der später die Rechnung brachte, verweigerte er aber die Bezahlung mit dem Hinweis, das Orchester habe ja seine Musik gespielt – ohne zu zahlen. Bourget schlug einen Tausch vor: Chanson gegen Zuckerwasser. Doch der Wirt des »Ambassadeur« wollte sein Geld, und der Streit ging vor Gericht. Erst wurde dem Gastronom verboten, in Zukunft Stücke eines Komponisten ohne dessen Genehmigung zu spielen. Kurz darauf musste er sogar, laut richterlicher Verfügung, Schadenersatz an Bourget zahlen. Kein Werk darf seitdem öffentlich gespielt werden, ohne dass der Autor dafür bezahlt wird.

1903 rief der Komponist Richard Strauss die Genossenschaft deutscher Tonsetzer (GDT) ins Leben; Vorläufer der heutigen Gesellschaft für musikalische Aufführungs- und mechanische Vervielfältigungsrechte (GEMA). Ab sofort besaß das Geschäft mit Musik sein eigenes Inkasso-Unternehmen. Die GEMA treibt für die Komponisten bei Veranstaltern, Medien und Gastronomen die fälligen Gebühren ein. Im vergangenen Jahr waren es über 813 Millionen Euro, das entspricht etwa der Hälfte des Umsatzes der gesamten Tonträgerindustrie.

Aber wozu braucht der Künstler dann noch einen Musikverlag? Die GEMA macht das komplette Inkasso, rechnet autorengenau ab und der Notendruck spielt im Popgeschäft keine Rolle mehr. Als ich diese Frage das erste Mal stellte, war ich 17, hatte ein paar Songtexte geschrieben und es lag ein Vertrag des Musikverlags Intersong-Chappel vor meiner Nase. »Wozu braucht man eine Versicherung?«, antwortete der nette Musikverleger und bestellte mir noch ein Eis. Verbraucherschützer halten die Hälfte aller abgeschlossenen Versicherungspolicen für völlig überflüssig, natürlich für die Versicherten. Aber das wusste ich damals noch nicht.

»Wozu braucht der Künstler also einen Musikverlag?« Die gleiche Frage stellte ich Jahre später noch einmal Andreas »der Bär« Läsker, der die Fantastischen Vier managte und gerade ihren Verlagsvertrag bei EMI Publishing verlängert hatte. »Weil die Banken zu blöde sind zu begreifen, welche traumhaften Zinssätze sie von Künstlern verlangen könnten, wenn sie die Rechte als Sicherheit nehmen würden«, lautete seine Antwort. In der Tat, die Sätze sind traumhaft: Der normale Verlagsvertrag bringt im übertragenen Sinne 40 Prozent Verzinsung, ein Editionsvertrag (der Autor gründet seinen eigenen Subverlag) 20 Prozent, ein reiner Administrationsdeal immerhin noch 10 Prozent. Der Autor bekommt einen Vorschuss, der gegen seine kompletten Einnahmen verrechnet wird, danach behält der Verleger eine Beteiligung in vorgenannter Höhe.

Große Verleger sind meist Menschen, mit denen man sich prima betrinken kann, die herrliche Essen ausgeben und generell die Ruhe weg haben. Sie erinnern an Makler in Zeiten der Wohnungsnot. Der Besitzer könnte sein Objekt auch mittels einer simplen Zeitungsannonce und einem Standardvertrag aus dem nächsten Papierfachgeschäft vermieten, aber zusammen mit ihnen ist es irgendwie netter, erscheint alles einfacher. Einziger Unterschied: Der Makler nimmt maximal zwei Monatsmieten Courtage, und die zahlt der Mieter und nicht der Eigentümer ...

Ein Musikverlag meldet das Werk bei der GEMA an, überprüft deren Abrechnungen und wacht darüber, wann der Autor seinen Vorschuss wieder eingespielt hat. Verzichtet der Autor vorab auf das Geld, steht der Musikverlag schnell infrage. Denn die Administration kann der Autor auch einfach selbst machen, so praktiziert es die Gruppe Element of Crime seit Jahren. Sänger Sven Regener und seine Band waren bei drei großen Verlagen unter Vertrag und nehmen inzwischen die durchschnittlich zwei Tage Verwaltungsarbeit im Jahr gern auf ihre eigenen Schultern. Copyright Control steht dann auf den Platten und jeder Cent kommt von der GEMA direkt zu ihnen.

Viele Musikverleger erkannten die seit 100 Jahren existierende Gefahr, schlichtweg überflüssig zu werden, und betätigen sich seit langem als Produzenten oder Berater. Besonders kleinere Firmen, die anders als die führenden Konzernverlage wie Warner Chappel, EMI Publishing oder BMG Ufa nicht mit Vorschüssen winken können, deren Höhe bei Autoren jegliche Zinslogik aussetzen lässt, haben ihr Geschäft neu definiert. Sie finanzieren erste Aufnahmen von Bands, versuchen, Verträge bei den Plattenfirmen zu vermitteln, sorgen für anfängliche Promotionaktivitäten, bemühen sich, Kompositionen auf Filmsoundtracks oder in Werbung zu boxen und für Auswertung auch im Ausland zu sorgen. Sie treten die Flucht nach vorn an, denn das klassische Verlagswesen ist weitgehend überflüssig geworden. Mit großem Engagement bieten sie sich als eine Art Management an.

Im Management liegen die Ursprünge der Musikindustrie. Künstlermanager gibt es schon so lange, wie mit Musik Geld verdient wird, und es wird sie auch genau so lange geben. Der Künstler will sich auf sein Werk konzentrieren. Er will weder Konzerte planen oder auf eigenes Risiko organisieren, noch möchte er mit Veranstaltern um Gagen und Auftrittsbedingungen feilschen. Also braucht er Menschen, denen er vertraut, die ihn vom Geschäft so weit wie möglich befreien, ihn bei seiner Karriere beraten und unterstützen. Gerade am Anfang kann diese Unterstützung auch gerne eine finanzielle sein. Das Prinzip gilt schon ewig.

Ludwig van Beethoven beispielsweise ließ sich zunächst vom Grafen Ferdinand von Waldstein fördern und beraten. Er machte ihm den Weg nach Wien frei, wo Beethoven prompt seinen ersten Manager vergaß und sich stattdessen von Prinz Karl Lichnowsky umwerben ließ. Der gab ihm in seiner Wohnung Quartier, lud ihn fast täglich zum Essen ein, ließ ihn bei seinen berühmten Salonkonzerten auftreten und machte ihn so mit der gesamten Wiener Gesellschaft bekannt. Dankbarkeit hatte auch er von Beethoven nicht zu erwarten. Der geflügelte Satz: »Es gibt viele Prinzen, aber nur einen Beethoven« stammt vom Maestro selbst.

Das Verhältnis von Künstler und Manager wird immer eine Art Hassliebe sein. Der Manager ist für das Geschäftliche zuständig, für die Kommerzialisierung der Kunst, die viele Kreative stört, die sie als Banalisierung empfinden. Aber gerade deshalb brauchen sie einen Manager. Wenn die Kunst zur Ware wird, sollte der Künstler einen Experten für Angebot und Nachfrage an seiner Seite haben. Der Manager moderiert dann zwischen Künstler und Kapital, zwischen Musik und Markt. Um diese Rolle einnehmen zu können, muss sich der heutige Musikmanager in unterschiedlichen Marktsegmenten auskennen. Er muss verstehen, wie das Konzertgeschäft funktioniert, denn es ist der umsatzstärkste Bereich im Musikbusiness. Mit 2,8 Milliarden Euro macht die Wachstumsbranche mehr als den doppelten Umsatz der Tonträgerfirmen.

Auch das Lizenzgeschäft, die Auswertung der Nebenrechte, muss der Manager begreifen und lenken. Allein aus Merchandising mit Kunst und Kultur kommen jährlich 2,7 Milliarden Euro Umsatz in Deutschland zusammen, fast ausschließlich aus dem Feld der Popmusik. Eine weitere wichtige Aufgabe des Managers besteht darin, Künstler und Marke zu verbinden. Darüber gibt es noch keine verlässlichen Zahlen. Der Bedarf unterschiedlicher Produkte, das jeweilige Image mit authentischen Inhalten aufzuladen, ist riesig. Ob Automarke, Rasierer oder Schokoriegel: Je schwieriger es wird, über klassische Werbung ein glaubwürdiges Image zu kreieren, umso begehrter wird der Transfer durch den Künstler. Doch Künstler und Produkt müssen für solch eine Kooperation wirklich gut zusammenpassen, sonst nehmen beide irreparablen Schaden. Schließlich sollte sich der Manager in den Mechanismen und Abrechnungsmodellen der Urheberrechtsgesellschaften auskennen, wissen, wie man mit den Medien umgeht, sich auf Inszenierungen verstehen, Auslandsmärkte einschätzen können und vieles mehr.

Es reicht schon lange nicht mehr, wie es Prinz Karl Lichnowsky im Auftrag Ludwig van Beethovens getan hat, ein guter Gastgeber und Kommunikator zu sein, um einen Künstler zu betreuen. Doch wer, außer einer Hand voll seit langem etablierter Manager, soll diesen vielfältigen Anforderungen gerecht werden? Kann ein Einzelner das überhaupt noch leisten?

Plattenfirmen und Musikverlage im herkömmlichen Sinne sind überflüssig, die Manager potenziell überfordert. Also wird es höchste Zeit, das Musikgeschäft neu zu denken. Es lohnt sich, wir reden immerhin über eine Acht-Milliarden-Euro-Industrie, wenn man Konzert-, Lizenz-, Urheberrechts- und Leistungsschutzgeschäft zusammennimmt. Eine Trennung der unterschiedlichen Funktionen ist nicht mehr sinnvoll, ist schlichtweg überholt und wird an vielen Punkten unwirtschaftlich. Wir schaffen und veredeln gemeinsam mit dem Künstler Rechte und wir müssen diese Rechte in Zukunft geschlossen und in einer stringenten Logik nutzen. Egal ob wir das neue Unternehmen Label, Verlag oder Management nennen, wir brauchen Organisationen, die zu allem gleichzeitig in der Lage sind. Große Bands wie Die Ärzte und Die Toten Hosen machen das bereits vor. Die Namen Hot Action und JKP (Jochens kleine Plattenfirma) stehen auf ihren Platten geschrieben, doch dahinter befinden sich keine Labels mehr, sondern ihre Manager Axel Schulz und Jochen Hülder. Die Tourneen der Bands, das Merchandising, die Sponsorakquise, die Organisation des Musikverlags, der Tonaufnahme und Vermarktung – alles liegt in einer Hand. Das ist ein tragfähiges Modell für die Zukunft: die Verbindung von Experten der unterschiedlichen Disziplinen in einem kleinen Team, das alle Rechte bündelt und vertritt.

Ängstlich könnte der Künstler fragen, wer denn nun das neue Gemisch aus Management, Verlag und Plattenfirma kontrolliert, bestand doch die bisherige Rolle des Managers zu einem großen Teil aus einem ständigen Kräftemessen mit dem Label und der Überprüfung seiner Arbeit. Die Antwort ist simpel: er selbst. Ohne seine Zustimmung geht in der Reorganisation des Musikgeschäftes gar nichts mehr. Wenn der Künstler mehr Eigenverantwortung übernimmt, muss er aber auch auf neue Weise am geschäftlichen Prozess beteiligt sein. Ihm muss mindestens die Hälfte aller Rechte gehören, damit das neue Geschäftsmodell funktionieren kann.

Das ist keine Träumerei, man muss es noch nicht einmal neu erfinden. Es funktioniert nicht nur bei Superstars aus der Musikbranche, im TV-Geschäft macht die Produktionsfirma Brainpool, ein Tochterunternehmen der VIVA AG, seit langem vor, wie die Zukunft von Künstler und Management aussehen kann. Als kleines, unabhängiges Unternehmen mit dem Schwerpunkt Comedy gestartet, wurde Brainpool mit der Produktion der *Harald Schmidt Show* bekannt. Doch Geschäftsführer Jörg Grabosch und sein Anwalt Andreas Scheuermann mussten miterleben, wie ihr prominenter Moderator die Firma verließ, um sich selbstständig zu machen. Also entwickelten sie ein Modell, um in Zukunft die Stars zu halten und in die Verantwortung für gemeinsam entwickelte Formate einzubinden. Egal ob Stefan Raab, Elton, Oliver Pocher oder Anke Engelke: Wer bei Brainpool unter Vertrag genommen wird, erhält von Anfang an die Hälfte aller Gewinne. Zu Beginn der Zusammenarbeit gründen die Moderatoren mit Brainpool gemeinsame Produktionsfirmen. Das Joint Venture mit Stefan Raab heißt beispielsweise Metzgerei Raab und gehört zu 50 Prozent ihm selbst, zur anderen Hälfte Brainpool. Raab ist, wie alle anderen Brainpool-Stars auch, bei seiner eigenen Firma angestellt.

Der Sender, der sonst seine Moderatoren am liebsten direkt unter Vertrag nimmt, bekommt lediglich die Ausstrahlungsrechte übertragen, wird also als Distributionskanal genutzt. Alle Rechte Raabs, auch die von Nebenaktivitäten, wie etwa seine Arbeit mit dem Grand-Prix-Sänger Max, laufen bei der Metzgerei auf. Brainpool produziert als Auftragnehmer für sie und wertet auf Weisung der Metzgerei aus, versorgt sie mit einer Infrastruktur von Autoren und Administration.

Einer der Gründe, weshalb die Saban Capital Group heftig um die VIVA AG mitgeboten hat, dürfte deren Tochtergesellschaft Brainpool gewesen sein. Raab und Engelke sind wohl die wichtigsten Gesichter von Pro Sieben und SAT.1, die Hälfte und die geteilte Kontrolle ihrer Rechte viel Geld wert. Das Brainpool-Modell hat sich bewährt. Da es ihre eigene Firma ist, haben die Stars ein natürliches Interesse daran, die gesamten entstehenden Rechte dort zu bündeln, und fühlen sich verantwortlich gegenüber ihrer Mannschaft, die sie als Auftraggeber direkt steuern. Gleichzeitig bleiben die Einheiten klein und überschaubar, es wird nie vergessen, dass der Künstler der eigentliche Chef ist.

Das Modell gibt Verantwortung, indem es Eigentum schafft. Es ist auf Musik und viele andere Kreativfelder übertragbar. Überschlägig gerechnet, würde ein Musiker, der bei seiner eigenen Beteiligungsfirma beschäftigt ist und dem deshalb 50 Prozent ihrer Gewinne zustehen, bereits ein Drittel mehr verdienen, als er es im traditionellen Modell aufgrund der Trennung zwischen Label und Management tut. Die Beispielrechnung basiert auf 50 000 verkauften CDs und Einnahmen in Höhe von 200 000 Euro aus Auftritten, Verlagseinkünften und Lizenzgeschäft, also einer für den Künstler eher ungünstigen Quote von 70 zu 30 zwischen Umsatz aus herkömmlichen Tonträgern und anderen Quellen. Je mehr sich das Geschäft von der CD in Richtung eines Verkaufs non-physischer Träger wie etwa dem Download verschiebt und dadurch die flexiblen Kosten für Vertrieb und Fertigung verringern, desto größer wird der Gewinn des Künstlers sein. Bereits heute ist das Verhältnis zwischen Tonträgereinnahmen und sonstigen Einkünften bei erfolgreichen Gruppen umgekehrt: Egal ob im Popsegment wie bei den No Angels oder im Rock wie bei Rammstein, zwei Drittel des Geldes wird durch Tourneen, Verlagsgeschäft, Merchandising und Sponsoring verdient.

Der wundersame Gewinnzuwachs für den Künstler liegt darin begründet, dass ein Mitesser vom Tisch verschwindet. Wenn Management, Verlag und Label eins sind, entfällt zumindest eine meist recht teure Auswertungsstruktur. So wie bei Brainpool bleiben alle Rechte an einem Punkt konzentriert, werden geschlossen ausgewertet. Der Künstler bleibt Herr über seine Rechte, aber er rückt auch voll in die Verantwortung. Die Diskussionen zwischen Künstler und Management werden sich verändern, ungefähr so klingen: Sollen wir eine weitere große Marketingkampagne starten, um die Verkaufszahlen hochzutreiben? Okay, es ist auch dein Geld. Die Single und das Video sind blöd, das wollte die Plattenfirma so? Moment, aber das bist doch du selbst ... In meinem Label arbeiten nur Deppen? Hmm, dann solltest du das ändern, als Auftraggeber bist du schließlich auch der Chef. Und so weiter.

Verantwortung greift hier endlich ineinander. Genauso wenig wie der Künstler sich entziehen, von seiner eigenen Firma entkoppeln kann, kann es derjenige, der dort arbeitet. Denn der Künstler muss nun nicht mehr als Bittsteller auftreten, der froh sein kann, einen Vertrag zu haben, sondern als Miteigentümer und Auftraggeber. Es besteht wohl kaum die Gefahr, dass er als solcher für seinen Produktmanager eine abstrakte Größe wird. Statt arbeitsteiliger Prozesse, in denen alle zerrieben werden, gibt es eine Person, die von Anfang bis Ende verantwortlich ist und sich nicht entziehen kann. Verantwortung wird wieder konkret greifbar.

IDENTITÄT STATT BELIEBIGKEIT

Als ich nach fast zwölf Stunden Flug und zehn Minuten Fahrt mit dem Transrapid am ersten Ziel meiner Weltreise, in Shanghai, angekommen war, hatte ich das Gefühl, in meinem Lieblingscomputerspiel, dem Strategie-Klassiker *Sim City*, gelandet zu sein. Entwicklung bedeutet bei diesem Game, dass die Häuser immer größer und gewaltiger werden. Wenn der Bürgermeister seinen Job gut gemacht hat, der Zuzug auf Hochtouren läuft und die Stadt eine gute Bilanz aufweist, gibt es Belohnungen – futuristische Museen, Opern, Freizeitparks. Das alles bietet auch Shanghai, funkelnagelneu und säuberlich rings um den »Park des Volkes« gebaut. Shanghai funktioniert gemäß der Spielregeln, denn es boomt hier mindestens ebenso wie in meinen fiktiven Städten auf dem PC zu Hause.

Jedes Bauwerk hat in Shanghai auch eine Aussage und dadurch etwas Besonderes. Ob ein Fernsehturm als Kette von roten Perlen der Reinheit über die Stadt strahlt, mein Hotel von der traditionellen Pagodenform zur Rakete wächst, die den Sprung in die Neuzeit symbolisiert, oder ein Hochhaus als riesige Fackel neben dem Rathaus den Weg leuchten soll – alles besitzt eine tiefere Bedeutung, eine eigene Idee und die wird, sobald sie ausgesprochen ist, mit scheinbar kindlicher Naivität und Begeisterung einfach umgesetzt. Die Menschen sehen die Zeichen, die dadurch entstehen, und halten sich daran fest. Das ist wichtig in einer Stadt, die so dynamisch ist, dass sie sich täglich zu verändern scheint, keine Konstanten kennt. In Shanghai erlebte ich den Wert von Symbolen und Zeichen, auf die man sich verlassen kann, die in dynamischen Prozessen Selbstbewusstsein und Orientierung geben.

Die Digitalisierung ermöglicht eine Explosion der Kanäle und Informationen, das Internet liefert uns davon schon einen Vorgeschmack. Bald schon werden analoge Medien die Ausnahme sein. Doch je mehr Wissen verfügbar ist, desto größer wird vermutlich die Verwirrung sein. Hunderte, Tausende von Kanälen mit Millionen Programmstunden und Milliarden an Informationshäppchen machen es unglaublich schwierig, in der Menge des Neuen das wirklich Wichtige, das Spannende zu finden. Wie in Shanghai irre ich durch Straßen, die sich ständig verändern. Ich finde nicht mehr den Weg nach Hause, zu den Dingen, die mich wirklich interessieren, den Werten, an die ich glauben kann, die meine Heimat sind. Es sei denn, ich finde ein Zeichen. So wie der Pearl Tower über die Metropole Shanghai strahlt und Orientierung gibt, brauche ich feste Begriffe, Marken, denen ich vertrauen kann.

Ein etablierter Künstler ist selbst die Marke. Ein Newcomer, der in der Flut von Musik und anderen Entertainment-Optionen erst einmal entdeckt werden will, ist jedoch auf die Stütze durch eine etablierte Identität, eine Marke angewiesen. Unklare Identitäten helfen dabei weder dem Künstler noch dem Konsumenten weiter. Wer guckt sich einen Film an, weil er von Columbia Pictures kommt, hört sich Musik an, weil sie auf dem Label EMI erscheint, oder liest ein Buch, weil er Rowohlt so liebt? Columbia, EMI, Rowohlt und die meisten anderen Medienmarken funktionieren wie Gemischtwarenläden: Sie haben keine klare Philosophie, sind zu undifferenziert und deshalb zur Orientierung nicht geeignet.

Als junger Journalist erhielt ich von den meisten Plattenfirmen sämtliche Veröffentlichungen zugeschickt; in der Branche nennt sich das Vollbemusterung. Zig Pakete schlugen jede Woche in meiner kleinen Studentenwohnung auf, angehört habe ich mir immer zuerst die Platten von Virgin Records. Ich war einer Flut von Information ausgesetzt, aber Richard Branson gelang es, eine Label-Identität aufzubauen, die am meisten meinem eigenen Lebensgefühl entsprach. Die Wahrscheinlichkeit, in diesen Päckchen Spannendes zu finden, war deshalb hoch für mich. Je erfolgreicher Virgin wurde, je mehr das Label auch zum Sammelbecken für die Rolling Stones, Janet Jackson, Phil Collins und die bayrische Schlagersängerin Nicki wurde, desto weniger vertraute ich ihm. Eine gute Marke ist eng geführt, steht für etwas Konkretes, bildet eine bestimmte Logik, einen Geschmack ab. Apple und Puma führen beispielhaft vor, wie das im globalen Markt geht.

Wir haben versucht, aus dem Label Motor eine Marke zu machen, und in Teilen ist es uns wohl auch gelungen. Bis heute ist Motor das einzige große Label, dessen Identität klar genug zu sein scheint, damit es die kritischen Leser der Musikzeitschrift *Spex* neben diversen, kleineren Independents regelmäßig in ihre Jahrescharts der besten Musikmarken wählen. Motor hat während des Technobooms und mit manchem internationalen Repertoire Fehler in der Markenführung begangen, doch der Markenkern hat sich als erstaunlich stark erwiesen. Motor will viele Menschen erreichen, ohne Kompromisse in der Qualität zu machen. Motor ist Opposition, aber keine außerparlamentarische. Motor kämpft für eine Musik, die sich nicht am Mainstream orientiert, sondern ihn als intelligenter Pop oder Rock unterläuft und schließlich mit etwas Neuem, Eigenem ersetzt.

Motor will Subversion, die Spaß macht. Dafür stand Motor immer in meinen Augen, und das wird auch weiterhin so sein, denn die

Marke gehört mir. Durch meinen Abgang ist sie frei. Motor ist nicht mehr Bestandteil eines internationalen Konzerns. Motor kann das eigene Schicksal erstmals völlig unbeeinflusst in die Hand nehmen. Der Wert wird darin liegen, andere Identitäten durch die eigene aufzuladen. Dafür muss Motor ein echtes Label für Musik sein, die mit eigenständigem Bewusstsein und im Geiste der Ideen von Punk und Elektronika entsteht – ein Label, das nicht im Sinne der Struktur einer Schallplattenfirma funktioniert, sondern im Sinne von Marke oder Etikett eines Produktes denkt. Natürlich wird Motor nicht alleine bleiben. Viele Independents, aber auch Major-Labels wie Mute oder Labels, die beide zum EMI-Konzern gehören, eignen sich hervorragend als Musikmarke. Zeichen setzen und Heimat schaffen, das wird weit über die Musikbranche hinaus eine entscheidende Aufgabe der Medienlandschaft werden. Abteilungen, die sich um Markenpflege und Firmenkultur kümmern, werden zu den wichtigsten im jeweiligen Hause zählen.

NETZWERK STATT ALLEINGANG

Ich flog nach Australien und saß zusammen mit der Merchandising-Produzentin Nancy Shahrestani im lässigen Restaurant Iceberg hoch über den Wellen, die an diesem Abend auf Sydneys Bondi Beach krachten. Was ist eigentlich der Unterschied zwischen Amerika und Australien, fragten wir uns bei Wein und »Black Tasmanian«-Meeresfrüchten, die mir vorher eher unter dem profanen Namen Miesmuscheln bekannt waren. Über Probleme redet man hier wie dort nicht gerne, nichts ist wirklich schwierig, alles wird gut – so könnte man die gesellschaftliche Grundhaltung beschreiben. Doch in den USA liegt es am Einzelnen, in Australien haben alle etwas damit zu tun.

Zum Beweis nahm mich Nancy am nächsten Tag gegen zwölf Uhr mittags mit auf eine Party. Sie wurde für einen Freund veranstaltet. Er selbst konnte nicht anwesend sein, denn er war verunglückt. Bei uns zahlt die Krankenkasse, hier organisieren die Menschen ein Fest, für das alle Eintritt bezahlen, um die Rechnung des Krankenhauses zu begleichen. Alles wird gut, und es liegt an allen. Sydney gab mir die Gewissheit mit auf den Weg, dass Verantwortung die Grundlage einer ganzen Gesellschaft sein kann – und die ist dann auch noch ziemlich entspannt.

Verantwortung ist immer dann in Gefahr, wenn die Konsequenzen des eigenen Handelns für die davon Betroffenen für den Verursacher abstrakt und anonym bleiben. Umgekehrt gilt: Je weniger Verantwortungsbewusstsein vorhanden ist, desto geringer ist der Stolz über das Ergebnis erfolgreichen Handelns. Welcher Aktionär ist schon stolz auf die Mikrochips von Infineon, in die er investiert hat? Und welcher Investor erfährt schon Details über das Schicksal der Mitarbeiter eines Werks, das hierzulande geschlossen wird, um es, der Dividende zuliebe, in China wieder neu aufzubauen? Dabei geschieht beides ganz in seinem Sinne, im Sinne des Shareholder-Value.

Ziel eines neuen Geschäftsmodells für die Musikvermarktung muss es sein, die Faktoren Inhalt, Kapital und Verantwortung in eine gesunde Balance zu bringen. Nur wenn die Geldgeber einen echten Wert spüren, werden sie voller Stolz in eine Musikmarke investieren. Das Konzert sollte die Jahreshauptversammlung sein, jedes Mal, wenn die Band im Radio zu hören ist, triumphiert der Teilhaber. Der Schock, den der Niedergang der New Economy verursacht hat, hat sich weitestgehend gelegt, es wird bereits wieder fleißig Geld für Medien eingesammelt. Viele Fonds locken jedoch mit Versprechungen, die Fachleute heftig den Kopf schütteln lassen. So mancher schmückt sich da mit fremden Federn und präsentiert unwissenden Zahnärzten Kalkulationen, die wenig mit den Wahrscheinlichkeiten des Mediengeschäfts zu tun haben. Doch man darf keine Luftschlösser versprechen, sondern muss Identität und Haltung verkaufen. Das Investment muss aus Sicht des Investors Bekenntnis des eigenen Lifestyles sein. Wer in Musik investiert, muss einen Teil seines persönlichen Gewinnes aus der Begeisterung über die Entwicklung eines Künstlers ziehen, die man durch das Investment erst ermöglicht hat. Der Anleger genießt lieber zu Hause die von ihm unterstützte Musik auf der Stereoanlage, als ständig auf traumhafte Renditen zu schielen. Am besten bekommt er natürlich beides.

Private Investoren müssen aber nicht die einzige Finanzierungsquelle neuer Medienunternehmen und Marken sein. Mit Telekommunikationsanbietern, Fernsehstationen, Handyherstellern oder Softwareentwicklern stehen einige Unternehmen bereit, für die Musikrechte eine logische, teilweise sogar zwingende Erweiterung ihres Geschäftsfelds darstellen. So war es für RCA und CBS Anfang des vergangenen Jahrhunderts absolut sinnvoll, Plattenfirmen aufzukaufen, um sich Musik für das Programm ihrer Radiostationen zu sichern; Universal oder Warner gründeten Labels, um Nebenrechte ihrer Filme zu verwerten, und Siemens und Philips investierten in Künstler, um Abspielgeräte zu verkaufen. Heute wollen Vodafone oder T-Mobile möglicherweise ihre mobilen Kanäle füllen, RTL, Pro Sieben und SAT.1 die lukrativen Fernsehnebenrechte selbst vermarkten, Microsoft mit eigenen Musikrechten Softwarestandards durchsetzen und Nokia oder Ericsson mithilfe von Musik ihre Handys in den Markt bugsieren, so wie Apple es bereits vormacht, wo man dank eines subventionierten Musikangebots Millionen iPod-Player verkauft und die gesamte Marke über Musik positioniert. Musikunternehmen gehen entweder Partnerschaften ein, entwickeln Finanzierungsmodelle oder werden von großen Hardware-, Software- oder Kommunikationskonzernen aufgekauft. Damit kehren sie dahin zurück, wo sie herkommen: Entweder stehen sie in der zweiten Konzernlinie, werden für größere und lukrativere Innovationen instrumentalisiert und sind deshalb den Kapitalmechanismen nur indirekt ausgesetzt, oder sie werden von Liebhabern und Visionären getragen und Musik kann sich deshalb relativ frei entwickeln.

In der Vergangenheit haben Independent-Labels den Druck des Kapitals oft unvermittelter abbekommen als Major-Labels. Patrick Wagners Schilderung seiner Bittgänge zu Frau Müller von der Deutschen Bank sind hoch dramatisch. Wagner und sein ehemaliger Partner Hoelzl, Gründer von Kitty Yo, mit Künstlern wie Peaches oder Maximilian Hecker eines der wichtigsten deutschen Underground-Labels, hangelten sich von Kleinkredit zu Kleinkredit. Gestützt lediglich durch die Gutmütigkeit der Sachbearbeiterin. Independent-Labels wie Kitty Yo haben oft ein brillantes Programm, aber da ihre Macher meist Fans und fast immer unterfinanziert sind, entsteht schnell ein existenzielles Problem. Gerade wenn ein Künstler zum Sprung ansetzt, um ein neues, größeres Publikum zu erschließen, fehlt das Geld, um nachzuinvestieren.

Dabei hat eigentlich die Stunde der Independents geschlagen. Ihr Marktanteil steigt unaufhörlich, da die global operierenden Majors sich sukzessive aus den lokalen Märkten zurückziehen. In Deutschland sind die Independents bei einem Marktanteil von 25 Prozent angekommen, wobei 78 Prozent dieser Umsätze mit einheimischen Künstlern gemacht werden. Fast die Hälfte des Gesamtumsatzes mit deutschen Künstlern läuft über unabhängige Firmen. Etwa 1 000 Independent-Labels gibt es in Deutschland, das Problem von Kitty Yo kennen sie fast alle.

Wer Geld einsammelt und Strukturen aufbaut, um die Zukunft der Musikwirtschaft in Deutschland mitzugestalten, sollte das im Auge behalten. Es ist richtig, gezielt einzelne Independent-Künstler gegen Anteile an den Einkünften finanziell zu unterstützen. Man muss sie nicht, wie es früher die Major-Konzerne bevorzugt haben, aus ihren Systemen herausnehmen, man sollte sie vielmehr in ihren Umfeldern belassen und diese durch die Finanzierung stärken. So wie sich die Mehrheit der Independents im VUT (Verein unabhängiger Tonträgerproduzenten) organisieren, um politisch gehört zu werden, sollte ein neues Niveau der Zusammenarbeit im täglichen Geschäft erreicht werden. Das Internet ist ein Netzwerk, und mit einer Netzwerklogik, das hat es bewiesen, kann man ziemlich schnell und massiv die Welt verändern. Vertriebsverträge sehen anders aus, wenn Independents sich bündeln und zentral verhandeln; ein Promoter hat bei den Musiksendern einen anderen Auftritt, wenn er die wichtigsten unabhängigen Künstler vertritt; und eine Administration ist erheblich effizienter und entlastet die kleinen Labels maßgeblich, wenn sie zentral für viele abgewickelt wird. Kleine Labels, die sich koordinieren und verbinden, funktionieren ziemlich schnell wie im Blockbuster *Findet Nemo* der Schwarm von Thunfischen. Schwimmen alle in eine Richtung, reißt jedes Netz, das sie einfangen will. Zusammen sind sie ein Wal, es muss bloß genügend Aktivisten geben, die wie der kleine Clownfisch Nemo bereit sind, in Führung zu gehen. Die Party für Bob in Sydney hat viele Facetten. Darauf die Glücksflosse, Dude!

TIEFE STATT REICHWEITE

Weiter ging es nach Chile. Mein Reiseleiter Jorge führte mich zusammen mit einer Hand voll amerikanischer Touristen durch die Höhenzüge der Atacama Wüste an der Grenze zu Bolivien. Gemeinsam machten wir uns einen Spaß daraus, Rammstein-Zitate auszutauschen. Er sprach kein Wort Deutsch, hatte die DVD *Live aus Berlin* aber nach eigenem Bekunden mindestens fünfzigmal gesehen. Er sagte »Dein weißes Fleisch erregt mich so ...«, ich ergänzte mit »... ich bin doch nur ein Gigolo«. Dann kicherten wir beide, und der Rest der Gruppe wunderte sich.

In einem kleinen Ort mit 750 Einwohnern, 4 200 Meter über dem Meeresspiegel, zeigte er mir sein Internet-Café. Es befand sich im Hinterzimmer eines kleinen Krämerladens. Hier entdeckte er, der Sohn des Privatsekretärs von Pinochet, der sich aus gutem Grund von der Hauptstadt in die Provinz zurückgezogen hatte, vor Jahren die Band in einem mexikanischen Netzforum. Demnächst will er mal nach Santiago fahren. Das ist jetzt wieder möglich für ihn. Bis vor vier Jahren, als die Briten Pinochet in London festsetzten und dieser sich auf diese Weise erstmals verwundbar zeigte, hatte Jorge noch zu viel Angst vor einer Rückkehr des Regimes, das sein Vater unterstützt hatte. Spätestens wenn aber in diesem Jahr in der Hauptstadt die erste Loveparade stattfindet, möchte Jorge dabei sein. Die Abschlusskundgebung ist vor dem Präsidentenpalast geplant, in dem Salvador Allende bei der Verteidigung der Demokratie starb.

Jorge zeigte mir, dass wir in einer Welt leben, die bereits heute bis in den letzten Winkel vernetzt ist und in der weit mehr Kulturen als die angloamerikanischen sich austauschen. Er ist, wie ich, Bestandteil einer globalen Gemeinschaft, die über das Internet Einfluss nimmt und Einflüssen ausgesetzt ist. Das Ende der Welt gibt es nicht mehr.

Der Weg zum Erfolg in der Musikwirtschaft führte lange über die Kanäle der Massenkommunikation. Um dort wahrgenommen zu werden, brauchte man ein gewisses Gewicht. Hatte man dieses Gewicht dank finanzieller Ressourcen erreicht, sorgte die Präsenz für den Verkauf. Durch die Digitalisierung gelten neue Spielregeln, gibt es unzählige neue Kanäle. Die Kommunikation muss erheblich präziser werden, Präsenz allein genügt nicht. Der Weg beginnt beim Opinion Leader, der persönlich und privilegiert angesprochen werden will. Erst danach orientiert sich Kommunikation an Szenen, verankert sich in der Nische, um schließlich den Mainstream zu erreichen. Schon 1999 gelang Motor der Beweis für diesen immer gleichen Ablauf:

Dank eines Newsletters stieg das Album *2001* des legendären Hip-Hop-Produzenten Dr. Dre direkt in die Top 20. Obwohl Dr. Dre zu diesem Zeitpunkt in Deutschland noch keinen eigenen Hit gehabt hatte, war er dem Opinion Leader als Mitglied der Hip-Hop-Supergroup NWA und als Entdecker von Eminem wohlbekannt. Der Transfer geschah dann durch den deutschen Rapper Jan Eißfeldt. Allen Fans seiner Band Absolute Beginner, die sich regelmäßig auf der Webseite des Acts aufhielten und den Online-Newsletter abonniert hatten, empfahl er das neue Album von Dr. Dre. Die Fans glaubten ihm, kauften und wurden nicht enttäuscht, denn natürlich hatte sich Eißfeldt alias Jan Delay für nichts hergegeben, was seiner Meinung nach nicht wirklich bedeutend wäre. Das Album wurde also von den Meinungsführern zur Kenntnis genommen, dann brachten es Interviews in die Szenepresse und schließlich der Rückenwind einer Chartplatzierung in den einen oder anderen Massenkanal. Am Ende verkaufte Dr. Dre über 250 000 Alben, und das in einer vor fünf Jahren noch relativ analog dominierten Welt.

Funktionieren kann diese Art der Kommunikation immer nur über glaubwürdiges Auftreten. Fühlt sich ein Meinungsführer vorgeführt, wird aus einem Fan schnell ein Feind. Die Ansprache muss sensibel gewählt sein, ein Geschäftsinteresse geht in Ordnung, darf aber nicht dominant sein und der Kontakt muss kontinuierlich gehalten werden. Um dies zu gewährleisten, hatte Motor bereits kurz nach Gründung 1994 seine eigene Website www.motor.de als Community-Plattform ins Netz gestellt. Mit durchschnittlich 252 000 Besuchern und 2,1 Millionen Kontakten pro Monat war sie nach MTV die bestfrequentierte Rockseite im Netz. Exakt 22 541 Fans leben, chatten und spielen mit einem Avatar, dem künstlichen Abbild ihrer selbst in den Etagen der einzelnen Künstler in Motrocity, 37 134 Abonnenten haben sich eingetragen, um von Motor per Newsletter alles zu erfahren, was sich bei der Firma Neues tut. Sie werden in Zukunft eine konzernunabhängige Website www.motor.de kennen lernen, die sich dem verpflichtet fühlt, was in der Szene wichtig ist.

Man sollte nur dann reden, wenn man auch etwas zu sagen hat. Eigene Kommunikationskanäle sind nur dann sinnvoll, wenn sie eine Botschaft haben, die über ein reines Kaufangebot hinausgeht. Das kann über das Internet oder über herkömmliche Wege geschehen. Es ist wichtig, die Kommunikation selbst in die Hand zu nehmen. Verglichen mit den Initialkosten und den laufenden Ausgaben von Zeitschriften und Fernsehkanälen ist das Radio das günstigste Medium für Musik. Es hat sich als Irrweg der deutschen Musikwirtschaft erwiesen, für das Formatradio Musik zu produzieren, doch es ist durchaus sinnvoll, für neue Musik ein Radio zu machen. Motor FM wird sich mit unterschiedlichen Partnern auf bestehende oder frei werdende Frequenzen bewerben. Der erste Antrag läuft bereits für Berlin-Brandenburg. Das Programm wird sich durch musikalische Vielfalt, deutschsprachige Titel und viele Neuheiten vom bestehenden Formatradio absetzen: Ob Punkrock, Hip-Hop oder Elektronika – anstatt auf den Massenmarkt zu schielen und auf eine günstige Position in der halbjährlichen Media-Analyse zu hoffen, wird Motor FM seine Werbepartner durch eine hoch attraktive Zielgruppe akquirieren, die das alternative Musikkonzept zu schätzen weiß.

Geht die Station auf Sendung, dann gleich weltweit – natürlich wird das Programm nonstop auch über das Internet übertragen. Setzen sich Übertragungstechniken wie Digital Radio Mondiale durch, das digitale Kurz-, Mittel- oder Langwellenradio, ist der Sprung ins bundesweite Radionetz auch über Antenne möglich. Bis dahin wird sich Motor FM Bundesland für Bundesland bewerben müssen. Das ist sicherlich eine mühselige Aufgabe, da die Sendeveranstaltung bisher nicht zum Kerngeschäft einer Musikfirma gehörte und deshalb die Kompetenz eines Rundfunkpartners wichtig wird. Doch als Bestandteil der umfassenden Rechtekette, neben Merchandising, Konzert- und Verlagsrechten und Markenkooperationen ist die eigene Kommunikation als Profit-Center im Dienste der Marke Motor durchaus ein logischer Schritt. In anderen Medienindustrien ist die Auswertung einer kompletten Rechtekette längst eine Selbstverständlichkeit. Ein Spielfilm, dessen Produzent nicht auch die TV-Rechte, die Pay-TV-Rechte, die Videoverleihrechte, das Merchandising, die Video-on-Demand-Rechte, die Kinoauswertung, die Tonträgernebenrechte und die Buchrechte kontrolliert, würde gar nicht erst gedreht. Häufig haben große Filmproduktionsfirmen zudem eigene Fernsehstationen und Kinoketten. Die Musikwirtschaft wird also nur erwachsen, wenn sie an-

fängt, ihre Rechte zu bündeln und konsequent lokal wie global auszu-
werten.

LUXUS STATT SCHUTZ

Buenos Aires, meine letzte Station auf der Reise, hat alles, um eine der
schönsten Städte der Welt zu sein. Doch zwischen prachtvollen Grün-
derzeitvillen, von denen der Putz ein wenig bröckelt, drängen sich
graue Funktionalbauten. Die schönen Alleen sind gesäumt von leer
stehenden Geschäften. Eine katastrophale Wirtschaftspolitik beutelt
das Land. Doch die Passanten stolzieren über schlecht gepflasterte
Bürgersteige mit einer Grandezza, als wäre nichts geschehen. Wie die
Tangotänzer, eine Ecke weiter, werfen sie ihren Kopf in den Nacken
und machen mit Haltung die Löcher auf dem Trottoir wett. Stolpern
gibt es hier nicht, oder es wird geflissentlich ignoriert.

Auf kuriose Weise erinnerte mich diese verwundete Stadt an den
ehemaligen Bassisten der Einstürzenden Neubauten. Als er noch in
Hamburg wohnte, war er einer der begehrtesten Männer der Stadt.
Da das nicht nur an der Band und seinen tadellos sitzenden Anzügen
liegen konnte, ging ich der Sache auf den Grund. Die meisten seiner
Verehrerinnen erwähnten als Erstes die Narbe, die sich über fast seine
ganze linke Gesichtshälfte zog ... In der Brechung des Schönen liegt
das Spannende, in der Würde, das lehrte mich die argentinische
Hauptstadt, zudem eine ungeheure Kraft.

Auch wenn es ein verlockender Gedanke ist, das ursprüngliche
Recht der klassischen Plattenfirma, das Leistungsschutzrecht, das
Recht an der Tonaufnahme, nur noch als Werbemittel für die mittlerweile lukrativeren Konzert-, Merchandising oder Sponsoring-Rechte
zu begreifen, wäre das ein Fehler. Denn noch immer können der
Download oder der Verkauf von CDs ein gutes Geschäft sein. Vorausgesetzt, das legale Angebot ist mindestens so gut wie das der Piraten.
Ein Download-Shop muss perfekt funktionieren, vollständig sein,
eine erstklassige Beratung und seriöse Bezahlmethoden bieten. Mit
aufwändigen Formen des Kopierschutzes, der mit den verschiedenen
Hardware-Plattformen nicht kompatibel ist, kann man kein illegales

Angebot schlagen. Dort gibt es die Ware sofort, ohne Wenn und Aber. Vielleicht sollte man sich an ein Experiment aus den fünfziger Jahren erinnern. In den USA gelang es, ein diebstahlsicheres Kaufhaus zu betreiben. Doch die Sicherung war wichtiger als der Käufer selbst, das Pilotprojekt in Chicago ging mangels Kundschaft binnen eines halben Jahres ein. Der beste Download-Shop ist der ohne Kopierschutz. Er sollte mit einer konkurrenzlos hohen Veröffentlichungsgeschwindigkeit punkten. Anstatt mit dem Angebot im Netz zu warten, bis die CD im Handel zu haben ist, gehört ein Titel spätestens dann in den Download-Shop, wenn die ersten Medien ihn zu hören bekommen. Besser sogar schon direkt nach Fertigstellung im Studio. Das macht es für die Fans spannend, das rechtfertigt auch besondere Preise. Es führt, sehr zur Freude des Produzenten, auch zu unterschiedlichen Versionen eines Titels, denn Arrangements und Mixe verändern sich im Prozess der Studioarbeit. Der Fan sitzt gleichsam mit im Studio. Das wird nicht jeder Künstler mögen, aber in der digitalen Welt ist auch der Kreative mit einem selbstbewussten Konsumenten konfrontiert. Was gibt es schließlich Besseres als einen Fan, der so interessiert ist, dass er sich mit ins Studio drängelt? Und gerade das Unperfekte ist meist besonders schön, das gilt auch in der Kunst.

Wenn der Kopierschutz weichen muss, um dem Kunden den Zugang zur Musik so bequem wie möglich zu machen, und das Taktieren der Plattenfirmen um Veröffentlichungstermine, Timing und Chartspositionen überflüssig wird, da ein Titel vom Mischpult direkt in den Download-Shop wandert, muss endlich auch eine letzte Hürde fallen: der Preis.

Damit der Konsument sein Geld wieder guten Gewissens für Musik ausgibt, diese Ausgabe als angemessen empfindet, muss der Preis für den veralteten Träger CD um mindestens ein Drittel nachgeben; natürlich ohne Qualitäts- oder Ausstattungsverlust. In der Marktwirtschaft bestimmen Angebot und Nachfrage den Preis. Wer einen höheren Preis für die CD erzielen will, muss mehr bieten. Ein schlüssiges Format für die zukünftige Präsentation von Musik ist das so genannte Enhanced Book, das erweiterte Buch. Als bewusster Gegenpol zum non-physischen, nicht greifbaren Download, ist ein Buch mit CD ein perfektes, sinnliches Angebot. Eine Generation, die mit großzügiger Vinyl-Optik aufgewachsen ist, wird es dankbar entgegennehmen, und die Steuerbehörden unterstützen es auch noch. Ein Buch ist im Gegensatz zur Platte steuerrechtlich als Kulturgut eingestuft, die Mehrwertsteuer liegt um 9 Prozent niedriger, bei 7 Prozent vom Endverkaufspreis. Je nach Ausstattung, Umfang und Druckqualität kann der Preis variieren, was aufgrund der Buchpreisbindung auch vom Handel an den Konsumenten weitergegeben wird. Es entsteht ein aufwändiges, haptisch anspruchsvolles Luxusprodukt, das gerade für den älteren Fan zum Muss und Vergnügen zugleich wird. Der Künstler kann sich visuell ausleben, seine Musik erhält ihre Würde, ihren Wert zurück. Die Aura eines Buches in Kombination mit der CD wird diesem Anspruch eher gerecht als der kleine silberne Träger allein. Das Enhanced Book kehrt zum Zeitpunkt der umfassendsten Digitalisierung und Entkörperlichung von Musik zu den Ursprüngen vervielfältigbarer Kommunikation zurück, zum Papier.

Jahrtausendelang war der Mensch mit seinen Ideen und seinem Können der bestimmende Faktor allen Schaffens. Erst bei der Jagd, dann in der Landwirtschaft, schließlich im Handwerk. Erst die industrielle Revolution änderte das vor etwa 200 Jahren; aus geschichtlicher Sicht also gestern. Es ist neu und es ist unnatürlich, über technologische Mittel die Qualität eines Produktes zu steuern. Die Maschine und das Kapital, sie zu bauen, haben begonnen, den Prozess der Produktion zu bestimmen. Digitalisierung bereitet dieser Entwicklung ein schnelles Ende und führt zumindest die Musikproduktion zurück zum Menschen. Die höchste Stufe digitalisierter Technik wird in Form eines Tonstudios für 1 500 Euro oder eines Videoschnittplatzes für 3 000 Euro wieder zu dem, was früher Hammer und Nagel in der Hand des Schusters waren. Digitalisierung lässt aus Maschinen wieder Werkzeuge werden und wertet damit den Menschen auf. Auch der Schuster musste wissen, wie er mit seinem Werkzeug umgeht, doch die Qualität seiner Arbeit steuerte er allein, nicht der Hammer, nicht die Nägel. Es brauchte keinen Großkonzern, um seine Arbeit zu verrichten, das Anfangskapital war vergleichsweise bescheiden. Jeder konnte Hammer und Nagel in die Hand nehmen und womöglich Großes schaffen. Die Idee zählt, das Können ist wichtig, die Finanzkraft zunehmend vernachlässigbar. Umgekehrt lässt sich Erfolg aber auch nicht mehr nur durch aufwändige Produktionsmittel und Marketingkampagnen kaufen.

Dieser Prozess gibt den Kreativen und allen, die mit ihnen arbeiten, eine verloren geglaubte Freiheit zurück. Voraussetzung: Sie müssen ihr bisheriges Geschäftsmodell überdenken, denn die Musikfirma der Zukunft begreift sich als Management, Verlag und Label in einem – nicht nur als Plattenfirma. Sie sieht den Künstler als Miteigentümer, nicht als abhängigen Umsatzbeteiligten. Ihre eigenständige Identität ist ihr wichtig, Beliebigkeit geschäftsschädigend. Sie definiert sich durch Netzwerke und nicht durch große Systeme. Sie baut auf eigene Kommunikationskanäle, statt sich vorhandenen Anbietern und ihren Bedürfnissen unterzuordnen. Ihr Angebot dient ihren Kunden und deren Bedürfnissen, nicht der Verhinderung von Diebstahl. Die Musikfirma der Zukunft macht Spaß, und deshalb sollten wir sie wagen!

DANKSAGUNGEN

Christoph Becker, tausend Dank für über drei Monate währende Geduld, Nerven und intensive Mitarbeit. Der Duktus lebt, Hucky!

In unser beider Namen möchte ich Karlheinz Brandenburg, Hartmut Fromm, Helge Haas, Jochen Hülder, Lars Lehne, Thomas Middelhoff, Holger Müssener, Christoph Post, Haim Saban, Andreas Scheuermann, Wolf-Tilmann Schneider und Jan Timmer für Auskünfte, Hilfe und Hinterfragung danken.

»Kinder, der Tod ist gar nicht so schlimm« ist ein Zitat aus einem Text von Holger Hiller und Walter Welke (geborener Thielsch) und erschien unter gleichem Titel als Song der Gruppe Palais Schaumburg 1981 als Vinyl-Single (Zick Zack ZZ 33). Spätestens jetzt wird es Zeit für eine Wiederveröffentlichung, Alfred!

Der Tod ist gar nicht so schlimm, das Leben geht weiter – auf www.motor.de

QUELLENHINWEISE

1 Stan Cornyn: *Exploding. The Highs, Hits, Hype, Heroes, and Hustlers of the Warner Music Group*, New York 2002.

2 Mike Hennessy: *Siegfried Loch. Eine Biographie*, Pressemappe Act Music 1998.

3 Richard Branson: *Losing My Virginity*, London 1999.

4 »Musik für junge Leute und andere Minderheiten«, in: *Die Welt*, 23. Januar 2002, (www.welt.de/daten/2002/01/23/0123hk309689.htx).

5 Katalog zur Ausstellung »Zurück zum Beton – Die Anfänge von Punk und New Wave in Deutschland 1977–82«, Köln 2002.

6 Jason Olim, Matthew Olim, Peter Kent: *The CDnow Story. Rags to Riches on the Internet*, Independent Publishers Group 1998.

7 Frank Gibney: »Middelhoff's Vision« in: *Time Europe*. Vol. 156, No. 20, 13. November, 2000.

8 Ebenda.

9 Aus: *stern*, Nr. 23, 27. Mai 2004.

10 Dieter Bohlen, Katja Kessler: *Nichts als die Wahrheit*, München 2003.

11 Dino Reisner: „Wo ich auftrete, möchte ich erstklassig sein", in: *Welt am Sonntag*, 7. September 2003.

REGISTER